荆楚文庫

〔光緒〕洪山敕賜寶通禪寺志

〔清〕釋天正　原纂

〔清〕釋松泉　增輯

〔清〕釋達澄　續輯

〔民國〕長春觀志

李理安　編纂

荆楚文庫編纂出版委員會

湖北人民出版社

荊楚文庫

〔光緒〕洪山敕賜寶通禪寺志

GUANGXU HONGSHAN CHICI BAOTONGCHANSI ZHI

〔民國〕長春觀志

MINGUO CHANGCHUNGUAN ZHI

圖書在版編目（CIP）數據

〔光緒〕洪山敕賜寶通禪寺志 /〔清〕釋天正原纂；〔清〕釋松泉增輯；〔清〕釋達澄續輯 .
〔民國〕長春觀志 / 李理安編纂 .
武漢：湖北人民出版社，2021.12
ISBN 978-7-216-10311-4
Ⅰ. ①光…②民…
Ⅱ. ①釋…②李…③釋…④釋…
Ⅲ. ①佛教－寺廟－史料－武漢②道教－寺廟－史料－武漢
Ⅳ. ① B947.263.1 ② B957.263.1
中國版本圖書館 CIP 數據核字（2021）第 212166 號

責任編輯：黄曉燕　趙　欣　陳　典
整體設計：范漢成　曾顯惠　思　蒙
美術編輯：董　昀
責任校對：范承勇
責任印製：王鐵兵
出版發行：湖北人民出版社（中國・武漢）
地址：武漢市雄楚大道 268 號
電話：(027) 87679656　郵政編碼：430070
録排：武漢偉創偉業廣告有限公司
印刷：湖北新華印務有限公司
開本：787mm×1092mm　1/16
印張：39
字數：537 千字
版次：2021 年 12 月第 1 版　2021 年 12 月第 1 次印刷
定價：216.00 元

ISBN 978-7-216-10311-4
9 787216 103114

出版説明

湖北乃九省通衢，北學南學交會融通之地，文明昌盛，歷代文獻豐厚。守望傳統，編纂荆楚文獻，湖北淵源有自。清同治年間設立官書局，以整理鄉邦文獻爲旨趣。光緒年間張之洞督鄂後，以崇文書局推進典籍集成，湖北鄉賢身體力行之，編纂《湖北文徵》，集元明清三代湖北先哲遺作，收兩千七百餘作者文八千餘篇，洋洋六百萬言。盧氏兄弟輯録湖北先賢之作而成《湖北先正遺書》。至當代，武漢多所大學、圖書館在鄉邦典籍整理方面亦多所用力。爲傳承和弘揚優秀傳統文化，湖北省委、省政府决定編纂大型歷史文獻叢書《荆楚文庫》。

《荆楚文庫》以『搶救、保護、整理、出版』湖北文獻爲宗旨，分三編集藏。

甲、文獻編。收録歷代鄂籍人士著述，長期寓居湖北人士著述，省外人士探究湖北著述。包括傳世文獻、出土文獻和民間文獻。

乙、方志編。收録歷代省志、府縣志等。

丙、研究編。收録今人研究評述荆楚人物、史地、風物的學術著作和工具書及圖册。

文獻編、方志編録籍以一九四九年爲下限。

研究編簡體横排，文獻編繁體横排，方志編影印或點校出版。

《荆楚文庫》編纂出版委員會

二〇一五年十一月

總目録

荆楚文庫

〔光緒〕洪山敕賜寶通禪寺志

〔清〕釋天正 原纂
〔清〕釋松泉 增輯
〔清〕釋達澄 續輯

《荆楚文庫·方志編》編纂組

組　　長：賀定安　陽海清（執行）

副 組 長：劉傑民（執行）　王　濤　謝春枝　范志毅（執行）

參編人員（以姓氏筆畫爲序）：

王　濤　李云超　宋澤宇　范志毅　馬盛南　陳建勛　梅　琳

張文静　張雅俐　陽海清　彭余焕　彭筱溦　賀定安　楊　萍

楊愛華　雷　静　劉傑民　謝春枝

編　　審：周　榮

顧　　問：沈乃文　李國慶　吴　格

前言

《〔光緒〕洪山敕賜寶通禪寺志》三卷增補一卷，清釋天正原纂，清釋松泉增輯，清釋達澄續輯。光緒八年（一八八二）刻本。

釋天正，雍正年間洪山敕賜寶通禪寺方丈。釋松泉，光緒間寺僧。釋達澄，光緒間方丈，曹洞正宗第五十世。

洪山敕賜寶通禪寺，坐落武昌黄鵠山東。唐宋以來，屢有興廢更張。寶通禪寺與隨州大洪山淵源深厚。宋端平年間，隨州遭遇兵燹，禪院遭毁，有司奏請，宋理宗『發帑金，詔建宇於彌陀殿前』，隨地『幽濟禪院』遷建於鄂之洪山，敕稱『崇寧萬壽禪寺』，元季建臨濟塔。明成化二十一年（一四八五），敕賜得名寶通禪寺，後又屢有修建整葺，臨濟塔更名爲寶通塔，明末又遭變亂，『蹂躪殆盡』。清康熙丙辰（一六七六），各方捐資興修建造，其『莊嚴輪奂，盛於前代』。

雍正十一年（一七三三），天正方丈纂輯寺志，記唐宋至清雍正朝事。光緒年間，寺僧松泉增補，記雍正朝後，同治光緒年間事。光緒八年，方丈釋達澄主持續修寺志，以寺藏前志爲基礎，『續修新志，載入種種』，增補一卷。志分上、中、下三卷，題天正編輯，松泉增輯。卷上記殿、亭、塔、龕和歷代護法住持，卷中録歷代碑記，卷下載藝文及寺産。又有增補一卷，題達澄增輯，增補碑記，記護法、住持，有梳理法派脈絡之《洪山寶通寺歷代祖傳法派淵源記》一文及捐資續刻廟志者名録。江夏袁蓮峰（名太華）書重修序，尊其鑒定。

二〇〇六年，江蘇廣陵書社《中國佛寺志叢刊》影印出版是志。二〇一八年，武漢出版社又點校出版，題名《洪山寶通寺志》。

兹據上海圖書館藏清光緒八年刻本影印。該本卷前有目録、序、凡例，目録明確標出每卷書葉數。比對湖北省圖書館兩部同版藏本，卷前順序稍異，爲序、凡例、目録。上海館藏本缺内封及卷下第二十三葉，據湖北省圖書館藏同版補配，卷前順序不作調整，據實影印。

（宋澤宇　楊愛華）

目録

增補集

光緒八年續纂

洪山寶通寺志

板藏本寺

崇甯萬壽寺記元季至正元年
又碑陰明季宏治十四年
又碑文明季天順二年
又碑記明季萬歷辛卯
又彌陀殿碑文明季崇禎十年
香火田碑文康熙十八年
報國寺碑記康熙二十五年
重修寶通寺碑記嘉慶五年
大慈殿碑記嘉慶十六年
又碑記嘉慶十七年附舊示條規

洪山寶通寺續修廟志序

國之有史家之有譜各直省之有志故歷來事跡皆有所稽考焉天下名山大川古剎叢林十方僧衆聚者數百而廟宇百數千年興於何時毀於何時建於何時盛於何時若無稽考何能知其原委是賴在有志耳寶通寺志載唐宋以來事跡瞭如指掌當時刷印分送必廣迄今僅本寺一部尚存似有神護使寺之不致泯滅也咸豐初粵逆擾鄂寶通寺之廟塔牆垣蕩爲坵墟僧衆逃亡不意即有匪徒欲分佔基址田園六年丙辰廟僧能慈回山砌磚爲室藉草爲榻

苦守其間八年督憲官伯相飭首府在大雄殿舊基
之中就一尊佛身修三間殿宇嗣後廟僧積逐年租
稞兼募化錢文東西兩邊又擴充數椽聊作客堂方
丈撿拾磚塊砌圍墻界址同治四年官伯相又建中
佛殿塑羅漢十八尊修山門塑水火金剛七年領帶
楚軍藍軍門魏曹兩總鎮捐修西首客堂寺中僧已
有數十人僅山上二殿之前後左右爲棲身所各處
殿宇七級浮圖其工甚鉅募化維艱同治十一年督
憲李公撫憲郭公以百廢具興命　余修寺塔勸武漢
各商殷實各戶輸將造浮啚建彌勒天王殿法堂禪

堂護法堂涼亭花廳齋堂又於寺之東南建岳忠武
廟歷三年始工竣光緒二年劉幹臣軍門於中佛殿
西首捐修祖師殿請鐵身像裝金供奉復於東首捐
修武聖殿心願均出至誠五年李制府令工程局修
接引殿塑諸天像東花廳西佛堂廟僧又募化功德
修觀音堂普同塔功行堂五觀堂大寮倉屋等工惟
是粵逆擾後廟貌重新田畝荒蕪清釐復舊廟規各
條亦斟酌妥協即宜續纂新志載入種種則寶通寺
之永垂不朽賴有志乘之永垂不朽也是為序
光緒八年夏六月沙羨八十又一老人袁太華謹識

洪山敕賜寶通禪寺志

凡例

一志中係天正相嗣祖編輯者均依原本三卷各歸各例編入

一志中二卷内豫訂者係監院某膺慧師膺字上一字恭避

聖諱改宏字

一志中歷朝年代循次編入

一志中三卷藝文之類下註某朝某年某公作使閱者醒目

一志中自雲菴興祖相傳至中頻詹祖皆臨濟派爲本寺主席　國朝乾隆五十七年經前督院畢秋帆公訪延覺音祖主持方丈後斯山主席始歸曹洞今仍之

一志中住持門自海灤祖一支相傳後住持方丈者宜擇有德者居之不沿俗例以三年更換爲率仍遵前撫憲高公清規示不得自立長老名色

一志中四卷住持門以前方丈嗣祖因兵燹事實失傳不敢妄錄謹書嗣祖上下

一志中四卷住持門從常明身座主老和尚首叙自

兵燹後寺中經典文券法器等件均經座主同監
院能慈暨兩單大衆竭力護持從此座主方傳二
支識現識福二師二師　傳四支出瓶拈鬮依次
輪轉爲本寺主席不得紊亂

洪山勅賜寶通禪寺志卷之上

江夏袁蓮峯方伯鑒定

嗣祖比丘天匠相編輯
侍者性天遠參訂
原本
孝感沙門佛林松泉增輯
古隨比丘戒空淡然編次

序

洪山勅賜寶通禪寺志序

蓋聞天地精英之聚結爲名山山川景物之勝爰建寺宇凡有可觀均堪不朽古鄂一大都會也塹山而城沿江而池控荆襄而踞漢黄其間都邑之壯麗宫室之完美層嵐叠嶂鹿苑鷲峯曇林月殿之星羅而

綦置可以供賦詠寄嘯傲遡元元以避谷談空空而

坐化者未易僕數而三大洪山惟鄂稱最周秦以前

無論矣唐有僧善信乃洪州人誕於代宗廣德二年

受度於開元嗣法於馬祖緣空四相力造五台居常

運水担柴爲僧炊爨而意量宏褒毖如也　敬宗寶

歷二年春祖偶假寐忽聞人語聲震若雷呼祖告曰

女緣在南逢隨而止遇洪而住祖驚疑起視乃妙德

現相諭令南來祖於是日遂拽杖履泠然御風行不

移時得隨之洪而駐足焉至則深入巖竇跏趺而坐

雲盤頂上虎踞左右飲泉食栢而已山主張公武陵

往覩異之因問坐意何爲祖曰吾欲募此山建一菴剎如喜捨吾令虎導女前驅公唯諾虎即翼公以行隨緣募化不數月而成精舍於是張公率其子拾孫貳封爵侯王五體投地以侍於祖是歲隨大旱張公具羊豕以禱祖叱之曰雨暘不時本由孽感徒殘生命無益耳吾爲女祈請以身代期三日果雨甘澍淋漓歲獲有秋　文宗太和九年五月念九祖晨興盥嗽設辦合十笑語　龍神曰吾曾以身許爾爾啖吾吾庶踐吾前言語畢引刀斷雙足以逝白液滂流神色不渝世壽七十有三有司以其事奏於　文宗賜

號慈忍大師供雙足於寺　勅額曰幽濟禪院後又
加賜靈濟大師兼封張公子孫十二人爲祖佐神以
護庇乎十方此隨之洪所由盛即鄂之洪所從來也
宋端平間隨地屢遭兵燹舉目荒煙一往焦土時荆
湖制置使孟公珙都統張公順慨幽濟禪院既以涉
墟而慈忍又不再來念切鼎新何惜改卜而況古鄂
方城漢水之隅奇離偃仰來自九龍與黄鵠山相掩
映者雲間東嶺樹裏南湖視隨之洪更巨觀也遂奏
請　理宗發帑金　詔建宇於彌陀殿前高其閈閎
廓其趾基　勅號崇寧萬壽禪寺迎雙足於隨徙寺

額於隨延雲菴興禪師於隨以主鄂席其制度規爲
仍隨遺意而恢宏卓越實與頭陀寺湖鐵佛龍華等
寺後先頡頏而向之詔建於隨今則開山於鄂矣乃
雲菴之後繼以無諍一再傳而則翁住於許而許之
洪亦建寺焉方　元世祖在潛邸興師南伐駐鄂元
興遥見慈忍化迹處皆成異采特加敬禮後班師還
命則翁函雙足扈從至京帝命安於秘宇而尊奉之
至元元年　帝登九五遣使偕則翁送雙足還鄂道
經許州遇許之洪而雙足莫能起儼若隨之洪卽欲
住隨者使歸奏　帝命有司建寺於許以則翁主席

於其間故許之洪至今得與隨鄂並峙也則翁住於許而不返無積禪師乃主鄂席繼則緣菴始建臨濟塔置土田三十餘石下及玉崖無邊漸就頹至竹谿而存者止舊彌陀一殿餘皆不堪追憶向非枯木禪師來主茲席其又何以接慈忍之正宗尋靈濟之墜緒也哉枯木禪師者嗣法於靈隱悦堂禪師者也妙真如來果證菩提捐衣鉢萬餘緡募耆舊宗森亦捐萬餘緡衆數萬始建大雄寶殿重脩寶塔及兩廊山門萬佛樓雲水堂藏經閣祖師殿公王殿天書閣鐘樓丈室庫寮香積等處始事於至順三年落成於

至正元年棟宇翬飛佛茄森羅蓋自幽濟　勅建以
後從未有如此其盛者也元翰林學士兼經筵國史
總裁叅知政事江夏郡公謚文獻金華黃公心儀其
人因撰其事而勅諸貞珉明昭王封於楚奏請高僧
龍門主席重爲開山故制較崇而其規模較遠正統
十年特賜藏經五千四十八卷復頒璽書護持成化
二十一年　勅賜寶通禪寺更塔爲寶通塔宏治十
三年劉公承奉長史徐公朋脩鐘樓明年奉政大夫
山陰王公傳其事以示垂諸久遠就東吳良工刊碑
付住持宗易歸竪彌陀殿左而僧人非二亦捐磨頂

踵力募重脩然而盛衰有數成毁有時明末喪變之
餘摧殘剝落亦殆盡巳即寺前香火田地寺後山塲
大段奸豪據爲已有而靦不知耻者真堪悼慟

國朝

聖祖仁皇帝臨御以來海宇昇平歲癸丑大司馬張公
巡撫湖北羣欽生佛息事寧民刑清政簡公退之餘
偕方伯徐公來茲山憩息見其殿宇凋殘不避風雨
顧謂徐公曰洪山數椽歷代　帝王所勑建難任銷
毁况山川景物之隆替關都邑之廢興都邑之廢興
關運會之盛衰我等身充大吏脩廢舉墜嵩賴乎旋

幹乃與方伯公捐貲與脩計日告成顏其額爲報
國祝
聖叢林外置水田五十石柴山一叚坐落夾山東陽嶺
等處以三十三石並柴山給禪堂延俞昭禪師開堂
接衆以十七石與各靜室資備香燈每歲止完正餉
漕糧其餘雜差均奉　各憲豁免永禁所有田地山
塲文契諭令嶶西兩匣收貯雜差禁示並荊南叅軍
楊公書文俱存常住本山所存界址東抵東巖大塹
南至鉢盂山嶺西至大路北至本山脊嶺周圍十里
正殿六重兩傍齋堂禪堂上下亭閣共計百楹寶塔

七層遶山八景僧塔四座靜室一十二處自唐宋元
明以及我
朝名公巨卿騷客詞宗　勅建捐脩憑眺歌詠類皆
有記有序有頌有聯有詩有賦有引有跋余本愚魯
至識至陋謬忝方丈非敢紀次蒙
撫憲德大人暨　各憲大人祭農臨山詢及洪山志
典正恐日久事湮勝跡無徵故傳次之以志不朽云
是爲序　旹
雍正十一年歲次癸丑季春月穀旦
臨濟正宗第三十四世嗣祖比丘無相手書

疏

欽差提督屯田總理鹽法兼管水利整飭倉糧湖

廣按察司副使荊谿蔣如奇於崇禎己巳年夏

六月書洪山寺募緣疏

郢多名蹟僊凡共憩然皆夷曠雄蕩之觀少行廻愸

觭足寄幽賞猷洪山一帶距城不十里層巒疊嶂巖

壑萬狀蒼翠撲人衣袂寺名崇寧萬壽特據其最勝

山門四松甚古虬枝霜皮可肅寺之規製亦不減祈

年未央山後一塔登其巔則諸山之散聚起伏參錯

畢獻如鳥之翔如獸之蹲如月之浮如錨之覆望武

昌萬家又如蜂房之綴且重湖環布暎若琉璃遥矚
大江轟雷噴雪心目益開昔人謂如鏡中遊兹山似
之讀舊記上有岳武穆手植松斗牛亭仙人石數崖
撥蘚尋之皆已廢爲蕪然兹寺相傳爲慈忍大師斷
雙足餇神龍禱雨處余深感慈師願力猛利事屬希
有昔神光斷臂爲求心要慈師斷足爲益衆生合千
古一揆皆非凡情可惻時早魃爲虐四野俱災方仰
藉大獅之享佑以挽雲漢何忍袈裟一片地任其荒
蕪剝落不爲之修葺乎　乘王孫華鎮華圦住持僧
宗子之請斥奉金數鐶謀一新之嗟夫大師不惜雙

脛唊神龍今人寧惜寸銖答大師也是爲疏

殿宇 此係原本殿宇基存

頭山門　一重三間

金剛殿　一重五間

彌勒殿　一重五間

鐘樓　一重五間

大雄寶殿　一重九間

彌陀殿　一重五間

方丈　一重五間

禪堂　一重五間

齋堂　一重五間

準提殿一重三間

官客堂一重三間

香積厨一重五間

兩廊各房九間

祖師殿一重三間

公王殿一重五間

祚胤殿一重三間

雜務寮六處

亭閣

官廳一重五間

斗牛亭基存

黃鵠亭基存

秋香亭基存

映月亭基存

遇仙亭基存

悠然亭三間

百子亭六方

白雲閣一重三間

更衣亭三間

司茶所一間

官舍三間

寶塔七層

一柱擎天

二儀高下

三山半落

四顧茫然

五雲多處

六合清朗

七級浮屠

僧龕

龍門海　寶曇應　巖序紀

僧非二

僧龕四座外有龕不足載志者勿論

常明大和尚三次主席有功行身後有龕

能慈監院三十餘年兵燹後歷盡艱苦功行衆

推備有身後之龕

八景

東巖　雲扃　杯蹲　翠屏

棲霞巖　獅子峰　仙人石　壽字雲

洪山敕賜寶通禪寺志卷一　一

但有點滴在山開載功勳庶不落空虛

護法

唐

按稽鄂渚黃鵠山之東十里許有洪山古名東山乃三楚第一雄峯上有黃鵠亭相傳劉宋時建寺始貞觀年間額曰彌陀寺面南山門西向細查乃尉遲公培植鄂城風水並非鎮壓井蛛湖怪之爲也

護國公張公武陵 有事蹟

文宗皇帝太和九年勑封善信禪師爲慈忍大師賜額幽濟禪院

武宗皇帝會昌元年勑封善信禪師爲靈濟大師

宋

忠武王岳公飛高宗紹興年間登山手植巨松形貌如龍

寧武軍節度使四川宣撫使兼荆湖安撫制置使漢東公開國侯孟公珙遷寺見前

都統張公順遷寺見前

理宗皇帝端平五年勅賜崇寧萬壽禪寺

荆南參軍河陽趙公湆字清老作東山賦壽字跋

元

世祖文武皇帝喜則翁佛法相契命函雙足扈從至

京後住許

掌理荆湖制置使呂公文彦追文德重修寺院與無

積爲香山友

善士陳覺富作緣見下

翰林侍講學士兼經筵國史總裁中奉大夫江西等

處行中書省參知政事江夏郡公黄公晉卿力護

枯木撰文石存

明

楚昭王名楨洪武十五年啟奏

太祖高皇帝請浙之龍門海禪師主此鄂席修理大

雄寶殿彌陀殿彌勒殿金剛殿禪堂戒堂等處莊
嚴佛像十七年鑄青銅鐘五千四十八斤於鐘樓
二十六年師湼槃　命建塔於本寺西山賜祭葬
二十八年　太祖命昭王往南京遷寶曇應禪師
靈骨建塔於本山之西賜祭葬

楚莊王名孟烷正統元年鑄青銅鐘一鳴重一千二
百斤於大雄寶殿

英宗皇帝正統十年賜藏經五千四十八卷賜璽書
護持賜親書金字法華經一函金像三尊命康王
季埱親送於藏經閣製備經櫃經蓋等事

楚靖王名均銚景泰六年修理大雄寶殿禪堂藏經
閣法堂方丈兩廊山門及香積庫寮等處天順二
年完工成化二十一年啟奏
憲宗皇帝勅賜寶通禪寺更塔爲寶通塔
廸功郎紀善官馬公純監修撰文立石於彌勒殿前
廸功郎紀善官管公延枝監修
右長史伴讀官馬公馴監修
都尉劉公承奉弘治十三年修鐘樓彌勒殿參知政
事右長史王公綖撰文立石
楚端王名榮㳚登山祝釐供佛齋僧詩賛數莫能計

陳墀王守成方清郭懋杜一山羅琳張希范劉孜八
位係府州縣遊洪山和僧萬川韻詩八首
楚惠王名華烇字鵠瞻萬歷十九年奏
光宗皇帝頒發帑金重脩各殿碑文存
賜進士出身勅兵備越粵兵科給事中侍經筵講官
李宗曾撰文立石於禪堂之東
璧山侯名藴瑠昭王九世孫重脩各殿莊嚴佛像及
五百阿羅漢造鐘香爐雲板繡旛然燈齋僧護持
共計三十餘年碑文存
賜進士及第光祿大夫太子太保禮部尚書文淵閣

大學士文忠公賀公逢聖撰文

賜進士第奉政大夫知河南汝寧府事劉公民悅監

脩各殿

賜進士第戶部山西司員外郎汪公桂委脩督工載

在寺碑

宗伯郭公正域護持有詩

經畧襄愍公熊公之綱字廷弼征遼得鼉皮造大雄

寶殿法鼓

榜眼熊伯龍於自在菴攻書有詩載石不全不錄

賜進士第翰林院學士兼太子太師禮部左侍郎程

公正撰有洪山記
大夫楊士奇有洪山記載縣志
學士楊東里登洪山有遇仙記載楚端王詩內本山
無存
武岡王名顯槐別號少鶴有詩
康靖王名孟炬壽昌王長樂王及諸王護持莫能盡
述
欽差提督屯田總理鹽法兼管水利整飭倉糧湖廣
按察司副使蔣如奇有募疏碑存
國朝

大學士吳公正治有詩
廵撫劉公兆麟每逢初一詣寺拈香拜佛祝風調
雨順
國泰民安
廵撫張公朝珍字玉如康熙十二年到任十三年遇
吳逆變亂公奉
旨運米自捐夫差造筏救民以及賑饑掩埋浮屍等
事一日偕方伯徐公惺字子星登山見夢中羅漢
告於徐公如是同脩殿宇佛像栽松培植山水煥
然一新賴公之力也公之好善不獨在茲又脩縣

學鐵佛寺正覺寺四面佛痘母殿福城菴立義學

數年買義塚數段公甍之後至今楚民無不稱羨

是以名宦不能除也有免雜差禁碑立楊福橋

藩憲徐公惺字子星捐脩各殿重鐫白雲臺石額有

序有詩有免雜差禁示傳寺

翰林院編脩經筵侍講學士知江南學院事胡公潤

於彌勒殿苦心攻書有詩有扁

臬憲佟公康年同時助脩

臬憲吳公毓珍同時助脩

糧憲李公爲霖同時助脩有扁

驛憲余公三汲同時助脩
學憲蔣公永脩同時助脩
都憲錢公騰雲同時助脩外造供器四十餘件
撫標左都督單　監脩
撫標左守府岳　監脩
武昌府杜公毓秀監脩有免雜差禁示
江夏縣劉公朝英委監脩有免雜差禁示
定南王偕諸王登山觀眺與俞昭聯句贈禮物八色
廵撫慕公天顏與潤堂佛法相契每以師兄稱之來
山必宿

徽匣大護法吴鼎和施柴山碑刊東廊

撫標左都督姚　有匾

督憲丁公造幢旛八掛供佛有免雜差禁示傳寺

撫憲楊公素藴有對二聯

督憲吴公琠　供佛燈三年

驛憲張公士伋脩理方丈

糧憲張公聖佐重脩寶塔更移塔殿建悠然亭贈嚴

序匾見二卷有免雜差禁示傳寺

翰林院編脩陳公大章有詩

督憲郭公琇與嚴序作詩文交

戎府圖公納有對見後
江夏縣洪公國輔重脩
聖牌掛旛齋僧與嚴序建塔
督憲鄂公海有扁獻佛
藩憲呂公猶龍為母請蒼石追悼甚喜公與師作語
錄序題像讚後助龕費
雲南藩憲李公本晟有扁
賜進士第授文林郎
武昌府武公廷适施供器齋僧阿哥有墳在山松林
之西

臬憲李公華之有扁
學憲王公祚興有扁
武昌府朱公昌緒有扁
撫標守府蔣公璟有扁
藩憲張公聖猷偕祚胤殿兩廂門樓
撫憲陳公納公每次登山憑眺吟韻甚多
翰林院編脩馬公汝爲有扁對
翰林院庶吉士劉師恕有扁對
藩憲張公聖猶護理督撫事務補葺公王殿祖師殿
糧憲許公大定護藩憲事脩白雲閣補葺方丈客堂

在山齋僧施衣施藥等事
武戎府張公廷樞補葺塔戶然燈等事卽今糧憲陞
江西臬司
候選州同秦公吉祥脩理白雲臺觀音殿並觀音像
又脩復興殿自在菴百子亭
督憲傅公撫憲張公學憲于公藩憲鄭公王公臬憲
桑公蔡公守憲殷公驛憲柳公本府章公張公捕
府祖公江邑鄒公王公張公兩匯吳公秦公脩理
彌陀殿大雄寶殿俱護持中頻公興工一年尚未
結局而中師逝矣

鄉進士張公文鍼在寺讀書寫經文

翰林院庶吉士王公開泰知博羅縣事進士開運知

房山縣事舉人開藩管理鹽運分司事舉人開銓

現任知大姚縣以及子姪俱在本寺寶德宫讀書

歲時往來聲氣相符不負讀書之地也

督憲邁大人每登山必拈香拜佛雍正八年辦供慶

賀　佛誕

撫憲王大人臨山觀視艮八細加查問山形來源

守憲朱大人親臨繪山圖形

雍正癸丑秋蒙

各憲大人奉
當今皇帝上諭於湖廣齋僧一萬敬謹辦理本山分齋
一千五百衆以酬雨願命方丈僧無相建醮祝
聖領齋三日方丈僧無相復率各菴僧衆誦經恭謝
皇恩無盡矣
襄陨守憲趙公爲毋脩福莊嚴
聖牌永遠供奉
本府張公給印疏募各鋪脩理一柱兩枋
邑侯張公亦從事
藩憲王公克莊陞太常寺募脩從事

原江西臬憲柳公國勳現任刑部郎中脩理從事
陝西臬憲楊公秘在山然燈裝脩羅漢金像二尊
學憲潘公宗洛登山吟韻甚多
藩憲李公基和臬憲王公肅章登山俱有吟韻
江南淮安府阜寧縣葉公存仁助修

住持

唐

始祖名善信禪師開創隨地大洪寺　勅賜幽濟禪
院賜號慈忍靈濟大師

宋

雲菴興禪師乃祖七世孫主此鄂席重爲開山寺院
一新增慈忍殿公王殿世世子孫以宗爲派至今
無異矣　勅賜見前
無諍順禪師欲開井一夜夢神告曰當面有泉爾何
不開師待天曉尋其潤地遂開二池名青白池至

今不竭

則翁寶禪師住未久遷於許爲許之開山徒衆詳於

許今住祖之裔也

元

無積聚禪師至元五年募脩殿宇呂公從事

緣菴遇禪師至元十七年興工始修靈濟寶塔至元

二十八年工竣門首置田地三十餘石崇禎十五

年遭奸豪盜賣　學憲爲學田後山一半並失

玉崖潤禪師寺遇災毀止存彌陀殿師募重脩工竣

增秋香亭白雲亭

竹谿禧禪師住未久而逝

枯木華禪師至順三年四圍定界元統二年興工始建大雄寶殿九間塑合堂佛像兩廊各九間山門三間改南向建萬佛樓演法堂鐘樓天書閣藏經樓方丈經臺庫寮香積廚等處至元元年工竣金華黄公從事撰文碑立彌陀殿前

明

龍門海禪師洪武十六年奉　旨召住重爲開山昭王從事殿宇一新皆師之力也

則菴鑄禪師　莊王脩理從事

銘鑄宗禪師正統六年興工重脩寶塔殿宇蒙賜藏
璽書等件康王從事
碧空鑑禪師景泰六年重脩大雄寶殿禪堂等處靖
王從事　復蒙　勑賜碑立鐘樓前
東暉鼎禪師宏治十三年修理鐘樓等處端王從事
碑立彌陀殿前
崒公宗禪師正德二年同宗愷宗𤦲并二各捐衣鉢
重脩寶塔及殿宇
東菴權禪師嘉靖七年脩理各殿楚王從事　光宗
發帑碑立禪堂之東

應菴感禪師萬歷三十七年方丈前後遇火師力募
重新
無明獎禪師崇禎八年碧山侯脩理寺院碑立彌陀
殿左緣菴置田失師之後木年兵燹止存正殿三
重其餘殿宇藏經璽書等事盡焚
國朝
俞昭汾禪師師𢖍撫張公藩憲徐公捐廉修理
潤堂證禪師撫憲慕公及徽匣吴公從事
嚴序紀禪師督憲郭公糧憲張公驛憲張公邑侯洪
公從事

蒼石立禪師督憲鄂公藩憲張公呂公戎府圖公等

從事

妙月中禪師有兩匣茶銀四兩八錢 折數傳寺每年

四月取

崑賢禪師兩廣督憲趙公護持

慧光定禪師武昌府章公從事

道瞻悟禪師糧憲許公從事重脩各殿師有兩匣托

鉢米十石傳寺 折數十二月取

中頻睿禪師各憲兩匣脩理從事撫憲學憲驛憲有

扁有對有詩

勅賜洪山寶通禪寺志卷之中

江夏袁蓮峯方伯鑒定

嗣祖比丘天正相編輯原本
副寺天客執叅訂
孝感沙門佛林松泉增輯
古隨比丘戒空淡然編次

雍正十三年寶通寺報國叢林爲欽奉

上諭事本年正月二十七日湖北武昌府江夏縣牌奉

武昌府馬　奉　布政司李　按察司馬　轉奉

督撫部院　牌開雍正十二年十二月十七日准

戸部咨開山東清吏司案呈雍正十二年十一月

廿八日内閣抄出奉

上諭直省向有各處叢林寺院有齋田者皆係歷代住持僧募緣所置或係地方善姓所施永存常住爲香火齋食之用因歷年久遠或爲本寺之不肖僧徒施主不肖子孫私行變賣以致敗缺善緣毀損常住聞得本地之人亦多以此爲恨着地方留意清查其已經賣出者若概令還則滋煩擾至於典出者應令設法募化給價回贖歸於本寺其各叢林寺院即令現有之齋田俱着查明登計檔冊永爲常住之產業不許售賣將來有續置者亦報明地方官申明上司載入冊內該各督撫等留心訪查保護倘有仍蹈前轍

私相授受將賣田及買田之人一同治罪或有不安分之僧因朕此旨借端生事一並嚴懲特諭欽此相應行文

上諭事理施行等因咨院行司檄府仰縣行查到山除報冊外理應勒石永遠庶善緣不致毀缺叢林得有攸矣

武昌大洪山崇寧萬壽寺記

鄂之城東有佛刹曰大洪山崇寧萬壽寺此黄鵠山也而謂之大洪山者蓋大洪隨之名山自隨而鄂自鄂而許地雖異而號名不殊示有所本云爾鄂今爲武昌山距城十里而近北枕江漢南帶湖湘東屆壽昌下瞰樊水層巒叠巘交拱互揖西接城闉民堵萬區前臨通逵而市深邈不相及山之巔有岳忠武王手植巨松斗牛亭仙人石鼓崖尤爲奇偉地位峻絶風物清閒寺特據其最勝處遡其所自出推靈濟慈忍大師爲初祖大師諱善信以唐廣德二年四月六

日下生於洪州南昌王氏受度於本州開元寺比邱清照而契心印於馬祖道一禪師北遊五臺感妙德現瑞相發願爲衆僧執爨三年僧力却之大師涕淚血泣戚嗟不已有神告之曰汝緣在南方衆不汝容盡行矣乎逢隨即止遇洪即住大師遂挈瓶錫南還以寶歷二年秋抵隨州覩一山巋然問於逆旅主人曰此爲何山答曰大洪山大師惕然思神之語則延緣而入至於山麓諸水所委滙爲重湖龍神居焉旱乾水溢有禱輒應時久不雨鄉人張武陵具羊豕將以致禱大師見而悲之謂武陵曰雨暘不時本由業

感害生自利徒增汝罪可且勿殺吾爲汝祈約以三
日必雨武陵聽之大師探幽履險得山之北岩泊然
宴坐運誠默禱及期雷雨大作雨既霑足而止武陵
求訪大師於巖中大師時猶在定蛛絲羃面附耳而
號拄體而告久之方覺武陵遂施其山爲建精舍太
和九年五月廿九日大師密語於龍神曰吾前許以
身代牲輟汝血食今捨身飼汝可享吾肉即引刀斷
左右足白液滂流儼然入滅雙足留鎮山門肉色久
而不變四衆哀慕稱之曰佛足有司聞於朝賜號慈
忍大師所居精舍賜名幽濟禪院後以禱祈屢有可

驗累加大師號曰靈濟慈忍其佐神十有二封爵自王而公而侯等差不同皆天下知名之神威靈烜赫被於四方此隨之洪山也

宋末隨數被兵洪山又當其要害爲南北必爭之地邊境之民既多流散叢林之下亦無以安其居京湖制置使孟公珙隨人也與都統張公順謀遷其衆適於樂郊乃度地於茲山以唐東山之彌陀更洪山請雲菴與自隨州捧佛足及累朝所被告勑徙寺額僑置焉乃奏請賜今名曰崇寧萬壽禪與爲之開山此則鄂之洪山也

興之後無諍順則翁實繼之　元世祖皇帝在潛邸
師師南伐駐蹕郢之元興寺遥見茲山之頂有神人
立於雲端詢之爲大師化迹所寓深加敬異暨班師
實因函佛足扈從至京師特命安置於秘宇而嚴奉
之　上既正位宸極有旨遣使偕實護送還山道出
許州佛足重莫能舉使者歸奏　詔即其地建寺此
又許之洪山也
鄂經推陷之餘實又去不返呂公文德制置京湖請
無聚主之而寺以復新繼之者緣菴邁建臨濟塔增
菴院田土三十石地一段而玉崖潤無邊詠竹谿禧

又繼之寺以災毁禧方謀起其廢俄委順而化至順
三年今住持華公實來毅然以興復自任積衣盂之
貲躬求良材於江上造大檝以歸顧舊址局於地勢
隘陋褊迫位置不皆合於規式乃夷崇阿堙巨壑累
石爲基使就顯敞首創大佛寶殿棟宇之制悉擬於
京師列刹而華師有加焉兩廡山門之上爲萬佛閣
演法樓僧有堂輪藏及祖師公王有殿天書有閣而
鐘樓經臺丈室蒙堂旃檀林前資寮庫庾庖湢之屬
無不畢備始作於元統二年某月訖功於至正某年
之某月廢錢總若干萬緡出於華公者一萬出於耆

舊僧宗森者二萬餘皆出於衆施及經用之羨財金
碧髹彤輝映林谷宏模偉觀人天具瞻其在先朝嘗
以爲中宮祝釐之所須以香燈金幣褒禮甚厚三大
洪山法席之盛莫武昌若也華不遠數千里來徵文
以記之滔竊惟毘盧身土周徧一切三千世界一
須彌無去無來非彼非此然則山未有寺法界宛然
寺之既遷依然故處增減成壞之相了不可得豈世
俗文筆所能記乎若夫法身大士示現有爲於如幻
境所饒益事應化之迹亦有可得而言者庸次第本
末俾歸而刻諸華別號枯木嗣法於靈隱悅堂誾禪

師云

元翰林侍講學士兼之經筵國史總裁制贈中奉大夫江西等處行中書省參知政事護軍江夏郡公謚文獻金華黄溍晉卿撰文

大元至正元年桂月吉日立

書重立大洪山崇寧萬壽寺記碑陰

黃鵠山建寺蓋自宋始名曰崇寧萬壽至我朝　洪武癸亥楚　昭祖特　奏以高僧如海號龍門者來蒞法席重爲開山創造益修前規　正統乙丑欽賜藏經五千四十八卷及　璽書護持成化己巳復一奏請更寺額錫曰寶通宏治庚申寺之鐘樓勢將傾圮弗支承奉劉君過瞻咨嗟乃啟而重脩力主其事仍命前住持宗喦募緣裒集營搆越明年辛酉春始成時左長史徐君暨予偕往落之暇詢寺之初建所由人罔知者歸考諸郡志第曰洪山寺在縣東一十

五里舊傳大洪禪師寃禪於此所紀殊畧一日忽覩
元學士黄文獻公集中得武昌大洪山崇寧萬壽寺
記於是寺之興建顛末之詳無不具悉遂端録以示
宗畠僉謀刻石而立焉石乃遠致東吳且就其良工
書以刻之涓歲之孟冬辛酉立於彌陀殿左之前仍
覆亭其上式垂永久竊惟寺記蓋至正間文獻公爲
枯木師所求而作既作而付諸師俾刻志今寺中碑
無存者豈其時逢元季擾攘相仍而不遑於爲歟公
之文如繁星麗天光不可掩何獨此記失刻於斯久
閟於百五十餘年之後其亦有待於今而復彰歟抑

靈濟大師顯異之跡茲山創始專勝之由諸名僧繼
續精勤之歷歷者當錄此記而益暴白於人間歟夫
公吾浙之先正乃潛溪宋公所從而學者精明俊朗
雄蓋當世顧予何人而敢望其端倪之萬一適因寺
記之刻得與周旋誠莫大之幸也復不揣凡蕪聊識
其歲月梗槩而并列其助貲相成者姓名於碑陰實
從宗晶之請晶號東暉積年勤勩外此猶多云
奉政大夫脩正庶尹
楚府右長史山陰王綖書
皇明宏治十四年辛酉冬十月望後一日本寺住持

宗鼎等立

重修洪山崇寧萬壽禪寺碑文

廸功郎紀善　臣馬純撰文

廸功郎紀善　臣管延枝篆額

將仕佐郎伴讀·臣馬馴書丹

湖廣西南大藩地方數千里郡若干而武昌爲首藩臬都閫諸司在焉洪惟

聖祖高皇帝龍飛開大一統之治建邦樹土分封聖子我先王昭殿下來既爰宅於兹暨莊及憲迨我先王嗣厥德四世積八十年餘　聖化所漸王德所被民生日厚風俗日美非他藩他郡比猗歟盛哉若洪

山崇寧萬壽禪寺者則又武昌第一名山巨刹我楚
建福祝釐報本之所其山去城東八里許其脉自東
而始紆迴盤折若起若伏綿亘數里至茲則崔嵬巀
嶭秀麗挺拔如雕琢繪畫狀層巒叠嶂清地茂林前
後左右映帶暎𥚃繚繞佳氣氤氳紫翠蒼碧爭妍競
美花香樹馥相間遠近四時之景陰霽不侔而山之
變態亦不侔登之者心怡神醉棄塵絕俗忘食忘歸
真天造地設勝境福士彼爐峰虎丘矢竺不是過也
昔遷靈濟祖師於茲道場歷五代重開山於龍門海
禪師後六代復興則菴鑄禪師延金碧空鑑禪師又

二代我　聖朝頒賜經藏且累累得人住持以揚斯
教山益以名寺益以大然其間興廢脩而復弊弊而
復脩凡幾度弗可具舉迺景泰六年乙亥春我王詣
寺脩報　先德再拜行觀之餘深以殿宇山門廊廡
諸屋歲久積弊弗堪弗稱　聖真在天之靈無以爲
禮我　皇上深仁厚德頒賜經藏勸人爲善無以崇
奉昔寺僧雖嘗募緣脩理并見脩於　先王迨今復
弊庸可坐視弗留意耶迺命中官承奉二范等又皆
樂善大人君子上下一心影響形聲相應承命惟謹
必親必躬卽日鳩工積材舊者新之缺者補之損壞

者葺理之倒塌者扶持之粧嚴佛像繪畫屋材彩飾壁墻若佛殿若經閣若廊廡若法堂若山門若禪室等處無不爲之經營丹青煥耀金碧輝煌足以妥奉諸佛菩薩足以崇奉經藏以闡　皇恩足以俊示名山真境足以爲衆僧焚脩禪定暨朝夕祝釐足以爲宮民遊觀仰瞻爲善且我王理國之暇一來登眺開豁心目與夫脩報先德何往不可哉既訖工命　臣純紀其實迺惟　佛入中國尚矣然其爲教無非欲人爲善而不爲惡以超凡入聖與儒氏所謂率性脩道希賢希聖希天而一意也直在乎住教事者何如耳

或者不察乎此欲岐而二之謂事佛矯福是以己私
行乎其間實壞其教豈至論哉我王嗣厥德上體
皇上頒賜經藏歛福錫民與先王脩寺孜孜爲善欲
人同歸皇極之心於佛寺一弊卽致意脩葺之爲千
載不朽之規雖古東平樂善未足擬論中官承奉等
又皆協心竭力以爲之且繼繼繩繩得碧空鑑公等
以闡揚斯教是可尙而可紀也謹拜手稽首紀其實
而獻以詩若夫歷代開山住持僧與今日提調脩理
中官等名位則皆刻於碑陰云詩曰
惟茲武昌　實首諸郡　惟王建國　廼爲大鎮

風俗淳美　凡百具稱　洪山在左　地靈人勝
惟茲洪山　天造地設　俯瞰大江　崔嵬巀嵲
惟靈濟師　禪心玉潔　遷錫於茲　於焉是決
赫赫大楚　世稱其賢　今王嗣德　克光厥前
迺覩厥寺　蓋亦有年　殿宇頽毀　良用悵然
爰命中官　爰葺爰理　材積如山　工來如子
峩峩佛殿　濟濟廊廡　爲屋若干　旣完其美
工已告訖　佛教益尊　用奉經藏　用闡皇恩
會極歸極　返本還源　臣純拜命　再拜獻言
惟王受祉　受祉惟繁　惟山降神　永裕後昆

大明天順二年歲次戊寅四月八日立石

重脩大洪山萬壽寺碑記

蓋聞依真起幻幻滅而真長存設像闡靈靈昭而像斯顯無無不有法法皆心故摩騰白馬肇淪遥源祇樹鹿苑闢開淨土若非振錫上方曷曜慈燈於火宅儻或慳金列剎幬明慧日於雲林是以波羅越穿五大石而雉草齊武城以三臺宮居苾蒭斯起纂壇喜捨之津抵掌皈依之府哉統之濫五衍之軾指導迷途闢入正之門援超彼岸者也來去莫窺廢興有待維兹大洪山萬壽禪寺者肇跡慈忍大師或禱雨龍潭而鄉人挃體或現身雲表而御蹕驚魂歷許隨而

異地同神越唐宋而千秋益振其來尚矣厥槩勝焉背巒飛鷲相輪高朗於碧空面水旋圭塵劫頓消於色界況大映帶衡湘駭尼珠之獨照連綿廬嶽欣寶鐸之齊鳴誠羅衛之名區桑門之福地也肆我　昭祖開封函經初賜諸王積果紺殿屢新載在椽管勒之貞珉者莫可縷指矣爰及於今漸將就圮乃有嵫陽郭公卿秉握夙因精研內典用其渚餘以矢心王室攄厥葵悃而炳續楚邦架石墩湖不翅徧橋之渡闢塗草店寧誇援撼之風功德暨山河大地芳馨溢宮省賢聲復傷此寺胥頹深幸前功可繼捐貲鳩工

庀材計衆然猶懼一木之無支念萬緣之有結上書
國主請分内帑之金勸化宗王益佈十方之善民用
子來功如神助飛棟流丹水月澄空龍聽法香楹絢
綵曇花繞殿鳥聞鐘懸燈夜朗色色銀城玄鑰晨開
登登蓮座陋彼松林蘭若永稱梵刹蜂臺高題蕭字
輦茲國祚皇圖徹悟幡風紹此三宗五覺世彌積而
靈宣名逾邵而眞著敢効言於彫篆仍贅偈於蒭蕘
偈曰我聞一切法非有亦非無彌峰砂芥子靈椿短
蟪蛄釋迦居紫霄青龍騎文殊所以智慧人冥心棲
玄區倬哉嵫陽公大乘超鬼盧布斯無量福千秋鎮

皇圖

萬歷辛卯季夏之吉

賜進士出身奉

勅備兵越粵前兵科給事中侍經筵晴川李宗曾撰

重脩洪山萬壽禪寺彌陀殿碑文

賜進士及第光祿大夫太子太保禮部尚書文淵閣
大學士賀逢聖撰文
賜進士第奉政大夫河南汝寧府知府劉民悅篆額
賜進士第戶部山西司員外郎汪　桂書丹

嘗聞之佛語有曰出世因緣一大事云吾謂此二者佛與人共爲佛也佛爲人種人亦爲佛種因佛與人作緣人亦與佛作緣人不得佛不能成佛亦猶佛不得人不能自成佛也嘗試縱而論之如來以給孤獨長者作緣四十二章經以漢明帝作緣惠遠以陶潛

作緣支道林以簡文作緣大顛以韓愈作緣佛印以蘇軾作緣無如許由巢父之於堯卞隨務光之於湯武皓魯兩生之於漢高莊子陵之於光武陳摶之於宋藝祖鐵冠道人張三峰之於我明二祖皆儒不遇聖不獨成儒仙不遇聖不獨成仙佛不遇聖不獨成佛一也儒者曰天命曰時仙曰前後身佛曰劫曰因果亦一也楚梵刹以洪山爲第一肇於宋元盛於國初而弊於萬歷之中歲庚子余讀書其中目擊之迄今幾四十年莫有莊嚴佛像玉帶山門者我璧山賢侯老親翁於前萬歷癸卯歲同太翁時軒翁遊此侯

陰發二願一爲太翁祝釐一爲己身祈嗣如願則一舉而新之乃祝釐而太翁果登八十祈嗣而侯乃生丈夫子五人今尙未艾也是爲侯非得佛爲緣不可也然佛之種福於人亦廣矣畢世而未有一人能報佛恩者今侯舉三十年前願而酬之一旦謂佛非得侯作緣之是舉也今日削一椽明日煆一瓦今年製數桷明年燒數磚錙量銖度尺計十籌積三十年而一旦釘之不差累黍其用心亦密矣微獨此也所發心者彌陀殿因而及阿羅漢及廊廡及諸神像龕幢鐵爐之屬種種殿至於今歷年數百上頹於瓦漏下

纏於溝塞梁棟盡松幾不可稽自侯一拜祭屋壁皆有聲侍僧愕然殆折而節節皆糜爛不可旦夕支則侯之心殊有天啟佛牖乎殿凡七楹材盡易以杉賚且不貲往上希瓦今盡筒瓦中間佛像三諸天尊神凡二十四殿後有海水及幽冥教主閻羅諸神相周圍堂戶窗檽走廊殿內石座圍欄俱各脩葺莊嚴殿之南爲伽藍殿頹堵等於彌陀蓋造如新搆殿之下千手千眼大士殿外廊九楹俱屬一新置鐵鑄大化錢爐四香爐三十鐘十餘雲板三其彌陀殿置繡旛二掛繡千佛旛二掛以其精徵以爲僧人念佛發大

歡喜置長明燈三殿外東西二殿故有五百阿羅漢
日侵月化爲各方丈那爲檀那請爲各菴堂寺借幾
空矣一一爲之廉其居住紀其日月得其姓氏指戶
而迎之無一失焉侯思初發願爲祝聖祈嗣特於殿
左置壽羅漢殿額曰德壽殿於右置送子羅漢殿額
曰祚胤殿擇浴佛白請諸佛祝壽前一夜命從者倉
卒置五百阿羅漢于位得手即置之初無從亘而日
之也旦視之則凡屬長眉大仙類者則皆左也凡屬
送子者則皆右也則又奇矣又獨徵此也侯搜五百
阿羅漢已第缺其二一夜夢二僧一坐牀一坐門坐

牀者口啖生肉一片坐門者舉手向侯曰不爲禮矣侯起占之莫非此二僧也即鈌二者乎因省其二像補之即稱之曰生牲羅漢不爲禮羅漢以余揣之生牲也生子生孫錫胤之報也不爲禮者老者不以筋骨爲禮壽徵也祝壽之報也則更奇矣是夜鐘鼓之聲達旦不絶是日男女合堂念佛珠連魚貫自山門及天王殿而正殿而菩薩殿而彌陀殿週圍旋繞凡萬餘人歷六年不斷聲震林木香烟如霧觀者以數萬計儒冠羽流亦與焉四方遊食僧道俗人負子扱飱飲食費米數十石蔬千腐萬捧茗傳湯如雲吁何

盛焉匪翳佛靈則侯之孝慈真誠懇惻入夢寐積歲年固有以感天地通鬼神況戴髮含齒者乎侯孝矣視太翁襄太翁子子矣生諸侯成諸侯父父矣大孝大慈大悲矣卽心是佛不在西方矣由是而因侯起孝因侯起慈以一孝慈因作衆生孝慈因由是而緣侯作孝緣侯作慈以一孝慈緣作衆生孝慈緣因因相續緣緣相禪侯之壽侯之子又寧有涯際也余如是而大有感於吾儒之弟子大負吾儒祖也夫佛生於周顯王時前此無有也又生於西域中國無有也三皇五帝夏商周盛時家可化戸可封豈曾念阿彌

陀佛哉乃吾儒自盤古以迄於周聖帝明王卽極天覆地載日照月臨霜降露隊之地莫不尊親何周綱解紐之後帝王師而所不能得之血氣之倫而西方丈六金身反掌而有之何也學佛之弟子眞而儒之弟子僞也夫無愼獨之功而談位育無格致誠正之脉而語治平無愛親敬長之念而談仁義無磨杵穿硯移山鎭海之志而語成功二十年不退轉之毅而談結局婦女童子或笑之況斯民乎吾楚固無論其精者周程祠改就皁隘四賢祠鞠爲民舍豈周程王諸先王之鬼不靈也無璧侯若而人爲之弟子耳故

儒門冷淡安問金磚安問莊嚴哉是堯舜禹湯孔孟
顏曾與世兩無因緣也聞璧侯之風吾儒當捫心蒙
面而退矣因紀侯盛事而併及之侯楚昭王九世孫
賜名蘊瑠號璧山生子五人盛浞侗初弱冠以是年
領歲薦盛涉鄰初盛潛寅初甫髫年入黌庠盛淮端
初盛　嘉初稚年咸具成人之概殿以崇禎十年乙
亥二月十八日興工於戊寅年秋月落成焉紀其事
者里人賀逢聖也

樂助洪山寺禪院香火田碑文

今上之十有二年歲癸丑余奉
簡命來撫楚北其時民蓄物阜閭井熙恬政務之暇間覩名山舊刹而寶像莊嚴而棟宇崩頽風雨不蔽者往往有之至若洪山一寺在屬古聖僧顯化道場亦復傾圮零落不堪寓目余竊有志脩葺適緣滇黔告變外廹軍旅內勞供億牽耗歲時未遑及此奄至十七年戊午余因捐貲募助始事鳩工越十八年己未春夏之交一切殿廡門屏煥然落成且值滇寇遠遁楚疆寧謐四境之內復見太平余竊心喜焉有寺而

無僧有僧而無食皆非永久之道也值此勝地道場
無一禪院以禮善知識爲後學津梁亦屬缺陷故另
創禪堂以居戒僧爲十方學者參證之所余復捐置
香火膳田除各堂僧衆另有膳田外此禪院香火田
共計叁區一在楊福橋田種一十二石六斗九升已
行該縣另立僧戶給之以示永免佃人雜徭止完正
賦收其籽粒以爲諸戒僧焚脩齋供之資庶幾茂寺得
藉僧而不致傾頽僧得藉食而不至於轉徙後之
主此者凜守恒業將使禪學日崇招提日盛豈獨鴈
堂鹿苑之獨臻其勝哉余記其事貞之於石以垂永

久云

康熙十八年歲次己未仲夏月穀旦

巡撫湖廣等處地方兼提督軍務兵部尚書兼都察

院右副都御史正一品張　立

重脩洪山報國寺碑記

江夏之大洪山舊名黃鵠黃鵠者不知昉於何代堪輿所誌楚鄂之山由岷而來至贛分壠越嶺降勢層巒叠嶂數千餘里始入江夏從東南錦繡山六十里許斷而突起起而突斷有飛舞之形類若鵠立且視其土色如金故號之曰黃鵠山如洪山者黃鵠之一峰也崛起東來界江不過十里與鄂城之黃鵠相接峰巒參峙雌雄互應占者謂靈氣所鍾建唐靈濟慈忍大師發跡於隨之大洪山禱雨救旱刖兩足以享水神白液滂流時人指爲佛足藏於隨地宋末隨爲

南北相爭之士京湖置使孟公珙都統張公順延雲菴興迎佛足卜遷江夏造浮屠創殿閣請旨勅寺額曰崇寧萬壽茲山遂有大洪之號厥後佛足爲元世祖北徙於許許亦有大洪山之名然佛足雖移而江夏之大洪山歷來不替至明楚昭王奏請如海禪師移錫於茲大振叢林成化間再賜名寶通其崇盛未有逾者惟是鄂郡上接黔粵西蜀下通三吳豫章北連周秦由三國至於今日爭戰往來廢興不一其間居人詩書之傳業士地少世耕聚族多不滿百房屋亦無久守其繁華駢盛多藉五方湊合所以洪山於

鄂城接壤其興而廢廢而興者凡數更矣然終不能泯沒者因靈濟得名而名可久名可久而脩葺創造固代有人也雖然前代之事余不及見僅得於元碑明碣中讀之稍悉其略而今之洪山又非昔日之可論也何則明崇禎癸未流寇荼毒四方被禍頗衆惟武黃尤甚城郭宮室盡爲焦土洪山亦罹災焉存者浮屠與大雄殿耳我　朝鼎革四十年巍官大吏富賈巨商亦多遊覽曾未念及此而萌重建之心者康熙十五年丙辰大司馬張公玉如撫軍湖北正寇氛猖狂軍興旁午之際公一日乘數騎詣東郊陟洪

有覘覘險要以爲禦防之計因覩殿閣朽廢墻垣傾頹是昔者之金暈玉櫛今則青蒿緑芥矣昔者之銅駝彫龍今則敗瓦殘礫矣昔者之鐘魚梵唄今則蛙鼓蛩聲矣昔者之璃光珠彩今則熒火鬼燐矣公徘徊久之更見牧馬腥膻荒烟慘淡不禁山川興廢之感於是與藩伯徐公子星商脩建焉公竭力捐俸董衆樂輸命匠籌晝重脩諸殿房寮堂庫山門金碧輝煌丹青絢綵外則築墻圍護栽松植栢中則自天王殿抵山設粉垣置禪堂以振宗風垣外兩旁建精舍以勵清脩備價置邑田五十石柴洲麥地一爲禪堂

接眾之資一爲精舍靜持之費於本寺西山重脩二
祖之塔其一爲明龍門如海其一爲寶曇應公又慮
公卿士夫韻人遊侶登臨宴賞動擾僧衲浮屠下創
臺榭亭館廚竈椅棹篚篕之類無不畢備以需供用
十九年庚申春工始落成至是四方咸以太平
上聞公將入　朝待封論功廕爵孰思以洪山告成
功之數日微疾薨矣嗟呼洪山乃公之苦心矣豈天
之待公久四十年無人問者一旦得公乘大願力煥
然復興公卽以是證妙果乎然安知公非靈濟再來
與洪山傳不朽者爲宗門一大開闢並知公之所以

不朽不在脩建洪山而在功成之後告蕆也公之德業功名自有銅符寳鼎昭著千古又不必與洪山并日而紀爰是而爲之記

皇清康熙二十五年歲次丙寅大慶七月　穀旦

原荆南叅知軍事廸功郎邑民楊　璿　薰沐拜撰

重脩洪山寶通禪寺碑記

欽賜花翎瑪尙阿巴圖魯兵部侍郎兼都察院右副
都御史廵撫湖北武昌等處地方提督軍務糧餉
軍功加十級高杞敬撰

寺在湖北省城江夏縣東十里洪山舊曰東山唐寶
歷中有隨州大洪山釋慈忍禱雨自斷其足宋制置
使孟珙遷其衆奉所留足於鄂州東山曰崇寧萬壽
禪寺後遂稱洪山寺宋元以來代有興廢明成化年
間賜額
國朝康熙雍正間復脩是爲寶通寺乾隆五十七年

總制秋帆畢公按部至是山殿宇摧毁緇流散失慨
然脩之時龍華寺僧覺音者有戒行以爲此寺方丈
並禁他宗無得攘奪後三年畢公南征卒於軍覺音
亦相繼示寂二三宵小闇黎顛倒宗派侵礬香火寖
至敗壞頻年軍旅多故地方官吏無暇以問而兹寺
又漸廢矣上年秋楚北平余自軍中奉
命還駐鄂城復至是山既追悼畢公之亡而覺音之
不可復得廼驅逐惡僧求覺音之法徒主席此寺復
其田産如舊成畢公志也吾聞文中子云佛爲西方
聖人傳毅亦稱金神所居龍象讋伏謂之大雄其法

以慈悲爲宗覺悟爲本因緣爲用而歸於勸人以善與儒家言先知先覺博施濟衆成人之美殊途同歸故三代以下矜寡孤獨廢疾有養瘺顓蒙不爲匪僻而善人君子遇疑難解厄苦若有陰相之者感應之說爲多故釋教與儒教並行於世而余之有事軍旅頻年履險難得脫皆獲康吉毋亦佛力之賜則慈寺之舉又曷可緩哉寺之始脩也余方爲武昌郡守不三年余奉

天子命撫此土而慈寺今昔盛衰不同而前此脩寺之人已不可復見亦可慨矣於是一時同事諸公曰

是不可以無記遂爲立規條勒諸石庶使後之人有可攷也

畢公脩事始於乾隆五十七年四月朔訖於五十九年五月望日大殿高四丈三尺廣逕九丈二尺佛像三中爲鐵佛高各一丈六尺余重脩佛像繕葺圍墻本赭近離火年前境多故用星家言廼塗以黄取土正色以鎮之經始嘉慶四年八月初六日落成於五年正月望日既成余執香告虔香花瓔珞寶幢莊嚴咸具寺田五百畝是爲記覺音之法徒名海溁例得書監脩

欽命候補道荊州府知府前武昌府軍功加三級紀

錄三次張方理

賜戴花翎武昌府知府軍功加三級張　璿

署宜昌府前江夏縣軍功加三級陳元京

候補江夏縣知縣加三級王　澍

賜戴花翎施南府同知軍功加三級周季堂

候補知州鶴峰州州判軍功加一級沈思誐

候補知州通判軍功加一級徐鑅慶

嘉慶五年歲在庚申二月望日　　立石

記

重脩寶通禪寺大慈殿碑記

余膺總制兩湖之
命以辛未孟春自淮安馳赴武昌節樓先一日行抵東郭
外之洪山寶通禪寺宿焉詰朝禮佛觀前政畢弇山
先生暨長白高中丞脩建兩碑具悉顛末而寺後大
慈殿方事工作詢厥所由則廉訪元和周君繼志而
爲斯役也廉訪先大夫舊客鄂城首脩是殿迨廉訪
自荊州調嵩郡時已漸傾圮正思脩葺旋奉
恩擢督運章江未踰年復有湖北提刑之

命爰始追念前因用酬夙願以是年之春始事閱四月而
工竣寶冠華曼像設莊嚴金碧煥然有加於舊乃具
陳緣起以請於余曰願有記也余惟大士從聞思脩
入三摩地動靜二相了然不生能所圓融有無交暢
所謂上合諸佛本妙覺心同一慈力下與十方衆生
同一悲仰自是而成三十二應入國土身自是而令
衆生獲十四種無畏功德自是而善獲四不思議無
作妙德蓋道成而世尊爲之印證焉而願力深重愛
生人中復安彌陀釋迦二世尊之下而助之闡法行
化於支那震旦中湘漢之區蓋莫非其應現也廉訪

陳臬楚中而罄我願力俛順兆情上體
天子好生之心內承先人保世之訓於以求我大士妙明
之體圓通方廣之用其志其事蓋有默際而仰契之
者是役也豈區區求福田利益而已哉余故樂爲記
之維時董其役者海寧陳君用粱住持僧海灤也例
得並記

嘉慶十六年歲次辛未清和月中澣三韓馬慧裕記

記文

重脩大洪山寶通寺碑記

大洪山宋以前名黄鵠山在會城東十里許高聳而秀及伏而又起是爲中峰再伏再起則會城依之東至寶陽西至漢陽以達於江所稱黄鵠磯是也大洪山在隨州有崇寧萬壽禪寺宋末隨州被兵大洪僧俗流冗荆湖制置使孟珙居其衆於茲山而山與寺額悉徙稱焉習久而忘其故遂以大洪黄鵠判爲二山而不知茲山爲黄鵠之首山而會城之元脈也崇寧萬壽禪寺元元統初重修黄文獻公記之明成化

中重建更其額曰寶通楚府長史王繼記之寺當山
脊霤水直衝溝洫少淤殿宇輙形摧圮我
朝康熙十五年張撫軍王如創脩於前乾隆五十七年畢
制府弇山興復於後金碧洪麗爲武昌諸剎第一而
水患未除曾未十年傾毀如故大吏總制百公中丞
常公均有志重脩而先後移節以去余歷官楚中疊
荷
聖恩由丞尹而郡守洊膺廉訪之
命後先凡三十年竊念會城中所宜脩復者若武昌府儒
學江漢書院皆一一默識於心將以次興舉而茲山

爲會城脈絡所經由原及委爰以是爲首庸於溝隊之未通者濬之以固其址償田之失業者復之以贍其貧始合衆力脩大慈殿七楹馬制府朗山先生爲之記既又勉捐清俸之餘而諸君子之好義者咸來佽之由是接引彌勒羅漢三殿藏經之閣鐘鼓之樓月臺石欄山門照壁既完既固煥然復還舊觀蓋閱一年而工始竣焉而或者不察乃以余爲崇信浮屠求福田利益其亦不諒余心矣夫利益在一人則私利益在地方則公寺故有靈濟寶塔創於元大德延祐間中奉奎宿及梓潼鐵像奎宿久而失去十數年

前余爲補鑄一尊而梓潼像則增飾焉善信許君因
然長明燈於其上其時精星術者以爲文光照耀徹
於翼軫之分大湖南北將有鼎元崛起之祥已而其
言果驗然則余之爲是役也豈區區一手一足之烈
而已而況其本志之所存固有不止於是者乎可與
樂成難與慮始自古而慨之是用述其本懷勒之樂
石以諗夫明於地形而知所先後者

嘉慶十七年清和月湖北按察使吳門周季堂記

洪山寺記

程正揆

山之有水猶美人之有粧也山不水不色水不大不姿洪之不以水姿也其號國之淡掃蛾眉者邪吾楚以水爲鄉洞庭湘澤幾茂病水瑶江漢遊人逐流既厭反不屑黍贊作波之臣則晴川黄鶴俱水德王而洪之獨以抔土稱霸勢使然也山頂有塔高百許尺放目可極可接百里外烟霧覘武漢諸形勝恰似郭令公受子孫羅拜不暇細辨名目領之而已故洪之自出手眼不借馮彝輩爲唇齒也無怪予别洪十餘年丁丑之秋謝子應侯招以靈運屐續鷗鷺盟日繼以

夜聽山僧課畢應侯假寐予獨爲塔上游曙色未開山光欲秘江河天地盡歸蒼莽異哉登塔者以見爲奇予乃以不見爲奇此不可見者造化之內帑也何物程子攫之昏夜不顧山靈之忌而山靈亦不以不見程子面目爲慽嘻賓主之道不以相謀實不相厄也如此

洪山寶通寺接眾叢林本屬一廟因殿閣甚多分僧
看守致混立名紊亂清規稟經驅逐後餘僧亦陸續
死亡各廟均已廢圮今兵燹後奉 憲命 余勸脩塔殿
寺宇一新嗣後住持相傳各僧統歸本寺即岳王廟
看守亦不分食永遠遵戒並錄前示蓮峯手記
兵部侍郎兼都察院右副都御史巡撫湖北武昌等處地方提督軍務高 為
申嚴條約以肅清規而杜覬覦事照得洪山寶通寺
自唐及今千有餘年誌乘備詳號稱古剎緣有寺僧
宗全明彝等串賣寺產遂致頹敗不堪經 前督院
畢捐廉首創集眾興脩不特添置寺田用供香火且

選訪僧覺音住持方丈維時本部院任守武昌一切
俱經清理詎　畢督院去任覺音亦示圓寂曾未十
年該僧怙惡不悛仍復妄生覬覦將　前督院建立
勝蓮居方丈占作酒肉場並欲朋分官產乘便自肥
本部院現駐省垣該僧等膽敢毫無顧忌紊亂前規
冥頑已極札飭該管府縣盡法懲治外合再嚴列規
條出示勒石永禁爲此示仰該寺方丈海濼及勝蓮
居百子亭無量閣藥師閣各僧等嗣後務須恪守清
規謹遵條約如敢仍蹈故轍該方丈立卽指禀地方
官以憑究辦立時驅逐庶千年香火常存　前督院

功德亦永垂不朽矣毋違特示

一洪山寶通寺代有興廢雖屢遭兵火而節次建脩不乏其人此番之荒廢皆由現在山上之百子亭藥師閣無量閣勝蓮居四房僧衆盜賣田產不守清規所致其中無量閣住持宗全勝蓮居住持明彝二僧不法爲尤甚此次責逐後如該二房接辦住持僧再敢干預方丈事務定卽嚴懲還俗

一前督院畢　訪延覺音方丈經理一切此次又經本部院擇定海濼接管此後總以一支相傳務在方丈得人不可相沿俗例以三年更換爲辭致啟

覬覦之端各房僧亦不得自立長老名色如違懲
究
一方丈房宇本係勝蓮居隙地盜賣於李德隆銀匠
脩爲公所除懲創外此房前後兩層俱充公所改
爲方丈上懸　前督院畢　匾額與勝蓮居僧明
彝無涉嗣後敢再藉端欺佔定予責逐不貸
一四房僧眾品類不齊此後凡受戒之僧恪守清規
者准留於寺其餘未經受戒以及葷酒食肉賭博
兇横滋事不法者該方丈立卽指名稟逐如方丈
徇隱查出併究

一山門內四房僧各有地畝或產柴草或種菜蔬現
已委員立界清楚自後各管各業毋得彼此藉端
爭佔其餘隙地均歸方丈如有不遵定當究懲

一洪山舊存田畝若干此次又蒙　前督憲畢　置
買新田畝若干以為香火之需該方丈永遠遵守
撥稞收租如該佃戶有意拖欠藉詞不完者禀請
地方官着追更換

一寺內殿宇牆垣山上樹木該方丈應隨時修補照
料毋任殘缺倒塌倘有居民牧放牛馬恣意砍伐
以及房僧暗行作踐者俱即指名禀究着令賠脩

一十方往來安單僧衆必須查明來歷方可收留毋
得狥情容隱致干併究
一寺內隙地尚多該方丈擇其勤能之僧隨時開墾
不得怠惰偷安任其荒蕪
一寺內田產現經本部院示禁盜賣永資保護復恐
將來代遠年湮又萌串盜情事不可不預爲籌及
現在本寺田產俱歿洪山寺戶下完糧使後人一
閱而知爲寺產倘有盜賣一經發覺呈控即將盜
契塗銷按律嚴究永杜覬覦
一洪山之陰近有鑿山取石者此後永行禁止不許

在山取石致傷山脈並飭地方官時往稽查獲則

報究

嘉慶五年二月初五日示

洪山勅賜寶通禪寺志卷之下

江夏袁蓮峯方伯鑒定

嗣祖比丘天正相編輯　原本
副寺天客執𠫭訂
孝感沙門佛林松泉增輯
古隨比丘戒空淡然編次

新舊賦跋詩歌匾聯

東山賦　宋慶元重午河陽趙湑

山固多嘉木，由翦伐無時，使不得蕃息，以軍營覘此實爲主山，乃禁樵採，封植養護，則大者挺然干霄，小者叢生攢立矣。因即山之陽得勝處，偶拾餘材架屋爲閣，榜曰東巖，取其秀而木茂者，又得數所，白雲根雲扃仗仙飛雲棲霞冲霄清嘯爽塏若巉巖翠屏堆雲獅子峰此又壯其石而名之也弈局琴几石鼓筆牀因其天成粗加斲削循此之巔至黄鵠亭得夾道蒔松俾與時盛樹結蔭與東岩相爲表裏後之來山嶺不以人廢閣哉

扁對

佛殿扁對康熙壬辰孟夏湖廣總督部院鄂海敬書

道尊德重

寶地弘開背蒼崖臨廣澤見濤白巖青幻出高深流峙相

法幢高啟連亘郭帶層城聽晨鐘暮鼓喚回名利市

衢人　關西楊素蘊題

千百年霸國雄圖今歸何處惟餘竹影松聲長留殿

角

大小乘如來妙諦喚醒多人誰道花香鳥語不是禪

機　舜水陳德士題

彌陀殿扁對雍正乙丑桂月穀旦

會稽章培基題

金碧莊嚴

韙韙熙熙看大地旋轉法輪迴不是當年殘山剩水

巍巍蕩蕩憑慧力贊襄王化何莫非此間花雨祥雲

方丈扁對 康熙己未仲冬 三韓張朝珍題

法流慧日

白日傳燈千丈香雲天上見

青山說法一江花雨月中來

癸未孟夏三韓張聖佐贈嚴和尚扁

心會真如

官客堂扁對 康熙己未仲冬 三韓張朝珍題

爲善最樂

層臺直接青天百尺竿頭須進步

蘭若高臨大壑萬峯頂上好清脩

塔湧香花地

山圍日月天　燕山圖納書

官廳扁對　康熙己未仲冬　三韓張朝珍題

楚岫飛霞

長廊古殿高開萬里青天端座金輪頂上

層臺翠巘現出一江明月如行白玉鏡中

千江一月　關西楊素蘊題

奉職治平時政暇尋僧高刹揮麈淹留共假浮生半日

移麾山水郡公餘攜客層臺躡屐登臨且拚快意當

年　關西楊素蘊題

塔亭扁對

湖山曠覽　癸未夏日西河王祚興題

塔前扁　糧憲李爲霖題

肩拍衡嶽　武岡王題

一覽衆山小　上摩蒼穹　南越周岐題

水樂山壽　康熙癸未孟夏瑯琊李華之題

雲襯高峯　癸未梅月瑯琊蔣璟題

悠然遐想　癸未初夏張聖佐題

一鈎明月常今古

萬壑閒雲自往來

白雲閣扁對

雲靜天空　康熙己未仲夏三韓張朝珍題

俯睬一切　康熙辛丑初夏蓉湖許大定題

風生碧澗魚龍躍

月照青山松栢香　天啟丙寅孟秋古越張元芳題

天王殿扁

三楚大梵宮第一佛地　康熙庚午仲夏江夏郡公馬思賢題

祖師殿扁

仰止維殷

公王殿扁　雍正丁未春王住持宗田等立

萬緣資始

塔殿扁

癸未孟夏吉旦
督糧使者三韓張聖佐題

法雲真際

武昌府朱公昌緒贈住持宗輪扁

東山道席

雲南藩司李公本晟贈住持宗暹扁

寶山一柱

江西臬司柳公國勳贈方丈天正對

入定禪心早麗日

苦脩功行欲彌天

督左都督沈公其權贈昭方文天正對
箇中珠玉尋真印
望外煙霞藉遠公
撫左都督姚公贈任持宗利扁
再見錫飛
撫憲張公朝珍贈任持宗文扁
分翠軒
坐入雲中千樹綠
分來江上數峯青
翰林院庶吉士知博羅縣王公開泰贈任持宗江扁

色空覔島

無初堂

釋無念悟偈

數載空山昏霧濛凭欄終日待晴空夜來忽覩霜天

月萬象全彰一鏡中　楚昭王迎至本山未久遷

九峰寺

靈蹟附奇異

鉢盂山　杏花村　東山賦　雙龍池

岳王松　白雲臺　琴牀　石鼓

堆雲　雲洞　雙井　員一

方一
岳王松在本山之巘爲武穆王手植明季斧於賊今
復茂
聖僧橋無念曾打坐凡雪雨橋上無濕至今亦然
寶通塔遇中秋燈光最勝
崇禎八年塔放霞光紅於火樹是年賀逢聖拜相
大德十一年陳覺富朝南海登山頂獲佛牙舍利送
入寶塔頂上永鎮山頭
石佛似玉巡撫張公土中拙得入寶塔頂上
外事

天啟三年楚府宗室侵佔面山住持無明奬力復還寺

康熙三十三年衛丁侵佔東陽嶺寺田住持濟生利力復還寺本府武公判案

雍正六年劣矜盗賣寺山土棍盗買强葬住持退菴密力起還寺本府張公判案

壽字雲跋

有士大夫政和甲午遊嶺見其石壁上雲結壽字體法不凡人莫能髣余乃以千錢募工人得紙本遂書以壽刻石以傳世新家趙史君錢嘉錢模於郡

齋法俱得之不敢藏於家刊諸東巖石上專與好
事者共之慶元乙卯秋日𠫭軍河陽趙湇謹識
同治十三年督憲命脩建
岳忠武王廟豎立神像碑供奉左首
漢光祿勳楚國先賢孟孝子恭武公祠右首
明兵部尙書經畧遼東軍務熊襄愍公祠
督憲合肥李瀚章題聯匾
忠孝昭天
浩氣滿中原當年纊幟攜軍壁壘分屯諸統制
故封仍岳鄂可惜金牌趣召江山忽换小朝廷

前堂楹聯沙羨袁太華敬題

俎豆蒸嘗千秋盛典
忠臣孝子萬古傳人

光緒二年總統忠義軍黃岡劉維楨捐脩

祖師殿題書楹聯

輪迴幾萬世歷錬四十年金粟光中纔得化身成正
覺
封勅九重天赫濯三千界寶通寺裏不遺餘力度諸
生

觀音堂光緒二年江夏彭汝琮題聯

座上慈雲占斷西湖三月景
瓶中楊柳分來南海一枝春
同治甲戌袁太華承脩寳塔題前亭匾聯
七級浮圖欣再造
千年古跡願常留
山水煥然
又黄岡劉維楨題匾聯
勿須極頂留餘步
却好回身看後頭
天地大觀

又遊客題聯

山色滿亭花滿地

雲根爲壁寺爲林

新建大花廳袁太華匾聯

得過且過之

鳥語淸辰宣佛號

花飛靜院悟禪機

題贈方丈達澄大和尚聯

方圓流通方是十方佛子

丈尺度量丈成萬丈廬山

遊洪山　袁中道

醒却穠華夢來爲冷石游紆迴緣綠嶂枕上見紅樓雲影江天靜林煙沙渚浮倚欄神頓爽信矣癖山丘

洪山寺　馮雲路

杖藜登絶巘曲徑繞孤亭欲向傳心偈重來問譯經江雲連水白野竹上山青寂寂禪房久山中夜不扃

寶塔燈輝　胡介祉

洪山古道塲化塔標巇嵲䂬始自何年巖巒振高潔丹梯凌虛無紫雲互明滅升巔類轉蓬搴空似盤穴

爐氣霏烟霞鈴音響環玦漸見燈輝流夜色更幽絶層層祇樹光面面曇花結朱樞映爛熳寳座顯曲折近擬舍利紅遠若繁星列洵知三昧火大地照俱徹慧覺路非遥湛然生禪悦金篦刮眼膜回首消一切

游洪山次壁上韻　陸光旭

雙旌奕奕映清班人似冰壺氣似蘭西雒賔朋懷舊好南樓風雅許追歡他鄉白髪今愁改多病青尊此會難爲是冥鴻天界闊孤飛欲傍五雲端

登洪山寺　劉朝英

手扳朝朝興未從秋來躡屐到龍宫金銀氣色寒郊

外樓閣參差暮靄中塔勢欲飛初罷磬禪心方定復
聞鐘誰言世出蓮華國却是城頭姑射峯

遊洪山　　陳大章

出郭聊爲一日閒禪宫高倚翠微間濤聲遥撼三江
口嵐氣平開八分山古殿龍蛇昏白晝空堦雀鼠走
頹闤晚來更躡浮屠頂咫尺青霄路可攀

登洪山寺　萬歷丙戌少鶴山人韻

攀徑登臨到上方娑婆世界本非常蒼松路繞三三
里瑞靄燈分七七光閉戸有僧身即定問禪無語妙
難量我來解悟浮生話鳥語猿吟度曲廊

登洪山塔　沈㮚

一大龍蛇窟渾如洞裏仙興豪頻歷險步健每當先眺遠三千界登臨咫尺天褰裳成羽翼飛繞白雲邊

寶通寺留題　楚端王榮㳦五首

父王展祀寢園率昆季恭迓駐蹕

恭迎象輅郡城東宿衞森嚴霧雨中雲薄層巒連寶刹秋浮叢樹動金風法堂有像三生悟精舍無塵萬相空瞻企靈泉起天末松楸遥望鬱葱葱　宏治庚申

恭迎睿駕再駐洪山

仙仗山行日未還趨迎破曉出重關遥瞻鴈塔撐斜

漢又爲祇園到此山石洞飛花蒸霧潤春堦過雨長
苔斑笑看昔日留題處不用紗籠護壁間　宏治壬戌

恭祀寢園還經洪山用前韻

寢園展祀駕言還却訪高僧正閉關雨後新犁耕野
隴春晴好鳥叫空山塵埃不到地偏淨竹院初晴笋
脫斑延佇渾忘歸去晚斜陽半閣翠微間　正德癸酉

偕姻家吴世實都閫游洪山分韻得風字

命駕偶遊山郭外探禪因訪梵王宫禾稼及時逢好
雨閭閻解愠有薰風遠郊但見雲連水幻境應知色
卽空花草含烟繞暮景霓旌摇影月明中　嘉靖甲申

再過洪山

久不過方丈山花傍鳥迎聞鐘來法界帶月出宮城
江郭烏初度浮橋水漸生參禪師惠遠一笑已忘情

過洪山寶通留題　楚武岡王顯槐五章

恭承寵命謁親園便道來臨不二門滿路好花開野
隴一犂新雨足孤村雲房清梵音初落草砌荒碑跡
尚存何處暖風吹不斷諸天遊罷近黄昏　成化丙午
聖天子仁篤親親無間存歿吾先妣追封次妣以戊
申歲四月十有九日焚黄禮成藩臬諸司咸與其
事祭畢讌謝於洪山謾賦一詩用紀一時之盛

輪輿出郭動和鈴隴麥黃秋稻正青謐典光華同曉日羣公揖讓聚文星徑深花竹僧房靜地勝雲山仙跡靈山有暘東里學士遇仙記盛事躬逢知不偶願歌天保答虞廷

步人招提思爽然一時冠蓋萃英賢南開殿閣初長日西瞰大江欲暮天樽酒酬賓臨鶴舞鉢雲聽法侍龍還芳村田鼓聲高下膏雨前知是稔年　宏治己酉

地遠人行少山空菊吐花龍涎焚石鼎蟹眼歠團茶僧定午無梵鴉啼晚帶霞重過遊舊處慷慨億年華

宏治己酉

禪門一徑寂勝日謾追遊不雨山長潤無風雲自流

目空三楚潤林窓四時幽到此忘塵慮勞勞愧未休

時予再上病疏不

允故云庚戌歲

遊洪山次韻四首 嘉靖壬戌六月七

日長沙月川周誥

招提風景快遊人溪外鶯花別有春杖履不辭穿野

徑酒杯那惜醉芳辰宿緣未了三生舊華髮結看幾

度新況是湖南形勝地不妨行樂莫逡巡

深深蘿薜喜同扳石磴潆洄紫翠間棟宇齊梁元壯

麗水雲荊楚擅清閒談經淨几聞僧語棋對幽林動

客顏歸路鴉啼天欲晚漸看燈火下柴關

野寺經行又一年滿前風景尚依然楓酣葉落霜垂
地草冷平湖鴈唳天綠酒漫傾容我後黃花須插讓
君先都將好句銘佳會磨石還從次第鐫
開宴禪房正暮冬深杯話景對萍蹤燈明山廓千尋
塔月滿城闉萬井鐘鳥外江山仍故故雲邊樓閣自
重重扶筇更上高間望滿眼晴霞散九峰

洪山陪餞沈秋官次劉西陂先生韻四首　慈谿錢照

山中麋鹿不驚人山上松杉歷幾春惜別何緣當此
地來遊猶幸及茲辰曇花不共年華老梅萼偏同歲
律新覽景欲圖今日醉未妨歸騎復逡巡

巖扉晴雪共躋扳疑在瑶臺玉宇間矚目可知紅日
近舉頭猶見白雲間竹房暫爾棲塵跡茗盌悠然豁
醉顏蘿月松風渾似把試從仙子扣玄關
山僧迎客已頹年雪茗爐薫只手然訪古共欣談往
勝尋真漫復禮諸天遊從羣彦時多暇足躡崇巒步
欲先舊約已酬塵外興新詩聊向竹間鐫
江村木落正深冬江閣尋春有故蹤白見梅梢含淡
月清聞林杪出疎鐘離筵共惜猶堪把勝會應憐不
可重何事匆匆攜太劇夕陽旌旆又前峯

天正辛亥六月坐關募化 江西臬憲柳公贈詩

忍視浮屠在劫灰入闍投果鳥飛來若非慧性超三
輩安得羣生看度杯

一綫紅光松際迴錫飛到處即天台桑門蒲塞今何
若莫把和南衣鉢猜

天正　韻

一層山起一層山塔頂摩天午夜間欲彈林前車馬
客清風明月許誰閒

東巖詩二句其餘磨糊字不能辨

幾處稻粱喧鳥雀數聲鐘磬起漁樵

隆慶五年三月陳埤王守成方清郭懋柱一山羅

琳張希范劉孜八人俱嘉靖孝廉游洪山步萬川

上八韻

巾車出廓遠相隨正值東風和煦時山接鳳城瞻王氣雲開寶刹禮仙儀花迎塔院香偏劇日轉巖屏影漸移共喜拂衣得幽勝談玄端會訊支師

有約城東逐步隨春風桃李正當時且將詩句酬嘉會莫厭疎狂簡禮儀小鳥噪晴花底碎淡雲篩日竹間移迷心偶覺皆虛幻何必空門訊遠師

郊外尋春日日隨投閒共喜值清時賡歌愧我無佳句笑傲憐君有令儀隱隱磬聲雲外度栖栖花影坐

間移此來不爲躭幽寂擬透真詮一問師

勝日登臨策杖隨徘徊猶憶少年時春分雲谷來鶯友人聽簫韶是鳳儀景物真成天外趣風光會見眼前移逢僧說到無生處我亦歸來自有師

雅會相邀喜暫隨高情得得趁芳時登山無待笻支杖藉草聊同野蔌儀花氣薰人看易醉松陰過午覺頻移坐深真樂溢胸次點也當年信我師

乘興悠然杖履隨招邀還恐負明時歌逢嫌媚杯無算語不諠譁樂有儀乍到竹邊山色映忽驚花裡日光移老僧似解沉吟意想是當年一字師

莫怪葛壘到處隨一春能得幾閒時高懷未滅陶元

亮完福誰同郭子儀對酒且陪春社約勒文休擬北

山移竹林不怕蒼苔滑明日重參玉版師

尋春步屧謾追隨草軟花香正及時行到上方依佛

果莊嚴四大攝威儀爐烟細細因風裊塔影團團向

日移坐我斯文適石塔飽叅誰是白蓮師

歌

洪山影壁雙龍歌

葉澤森

楚江江上山嵯峨蜿蜒詰曲周盤陀東有一峰更蒼潤金輪宮殿凌滄波滄波千頃更匹練迴瞻長江漸如線紺宇丹樓一徑通雕墻峭壁雙龍現借問此龍胡爲來云是前朝朱邸開養就神池吞日月吸呼帝座走風雷鎬壁蒼黄祖龍死塵灰沉沒土花紫瓦礫榛蕪棄道傍山僧舉手勞相從憶昔真龍起沛豐手提三尺定羣雄鯨鯢斬盡封京觀雲夢來游舞大風宮中時報生龍子錫圭胙土當於此方城維城漢水

池千秋萬歲神明祉朱甍繡瓦倚斜曛楚舞燕歌鎮
日聞才人艮苑朝朝雪神女高堂暮暮雲爲雲賦雪
無窮已離宮别館連天起玉砌金鋪耀日明銅烏鐵
鳳飛烟裡一朝蛾賊滿江關龍去江流竟不還賸有
丹青鐫舊壁敗鱗殘甲落人間洪山有寺千年築佛
火青燐互相續中丞詫現宰官身塗金釁碧輝林麓
却傳此物委泥沙拂拭牽攜供寶華從今諦聽空王
法此後應忘帝子家嗚呼龍種當時絶春陵佳氣長
銷歇東風樹色秋風靡蜀國鵑啼春雨血獨有雙龍
護法筵晶熒鮮采炫金蓮任他赤豹元熊鬭只伴青

獅白象眠龍兮龍兮莫悲吟秦宮漢闕誰長存昆明
劫火幾度噴老僧守護勤朝昏君不見延津流光赤
如電風雨飛去雌雄劍

告示

鑾儀衛大臣文華殿大學士兵部尚書都察院右都御史湖廣總督部堂世襲一等果威侯官　爲

再行出世嚴禁事照得洪山寶通禪寺爲　神靈式

憑之所前因訪有馬隊步卒在寺住宿强取什物蹂

躪磚瓦當即示諭嚴禁並令地方官隨時查拏在案

現值興脩該寺之時恐有不肖兵勇人等仍入寺中

亂取磚瓦器具等項合再出示嚴禁爲此示仰兵勇

人等一體知悉自示之後毋得擅入寺中將磚瓦器

具任意攜取蹧踏倘敢故違許該寺指名稟究其各

凛遵毋違特示

右仰通知

同治四年六月　　日示

告示碑

欽加鹽運使銜調署湖北武昌府事漢陽府正堂加三級紀錄十次鍾

署湖北武昌府江夏縣事蘄圻縣正堂加十級紀錄十次恩　爲

出示諭永遠遵行事據寶通寺座院僧常明等禀稱

緣省城賓陽門外寶通寺係　唐文宗皇帝太和九

年勅封善信禪師爲慈忍大師賜額幽濟禪院至

明太祖高皇帝請浙之龍門海禪師至此脩理　大

雄寶殿彌陀彌勒金剛諸殿禪堂戒堂等　莊嚴佛

像鑄鐘建塔　英宗皇帝正統十年賜藏經五千零

四十八卷賜璽書護持賜親書金字法華經一函金

像三尊　憲宗皇帝勅賜寶通禪寺重脩各殿佛像
金身迄今清規靜肅雖荷佛祖之光實官斯土者仁
政所孚之地也然模範固凡整齊而僧衆賢愚不一
蓋此寺住持三年更換每值退院之時凡錢穀重物
悉入己囊已成舊習兵荒叠經廟宇灰燼片瓦俱無
座院僧常明同方丈心源首座能慈副寺隆德監院
知客及合院大衆等不憚艱險矢志興脩募化善士
凡粒米寸絲與衆同甘屢蒙　欽差大臣湖廣總督
爵閣部堂官及各　憲台培脩梵宇廟貌煥然僧等
自愧菲微叨住斯寺承諸檀越善助廟宇漸次光輝

切念弊不除無以紹隆佛化法不立何以恪守清規而推其要惟公之一字可以報佛恩而服僧衆與其私而不足何若公而有餘茲特與方丈首座監院副寺知客及合院大衆等公同商酌條欵粘呈於後但恐年湮代遠叉復更變爲此叩請批示立案賞給告示勒碑永遠遵奉等情據此除批示外合行出示曉諭爲此示仰寶通寺各僧衆知悉爾等務各遵照後開條欵謹守清規不得徇私妄爲倘有違犯不遵一經查出或被告發定卽拏案從嚴究懲決不稍寬凜之慎之特示

計開各條欵

一方丈和尚付法務須合院公議公舉道高德重叅足學足之人方准付法不得任意徇私

一新方丈進院安衆之費仍舊新方丈自出不得較量進院之後每月定送衣單錢二串正一切香儀悉歸方丈

一方丈除應酬檀越喜憂等事外專以領衆叅禪過堂上殿二時課誦爲主毋庸分心雜務

一寺中凡善信布施銀錢穀米及一切送禮誦經禮懺出息盡付監院總管歸公濟用務要登記明白

出入清楚每月同方丈及合院大衆算賬一次倘有含糊俱可查問

一監院必須大衆公舉每年議給衣單錢拾貳串正倘有私弊刻衆出入不清白方丈及大衆公擯

一方丈原廟人等來寺不得充當監院副寺知客等職餘職亦須量力

一寺內各職衣單俱照舊例務須恪守戒律自方丈以及內外僧衆日後倘有私吸洋烟不遵清規立即擯逐不服者出院

一本寺凡來討單居住者不論生熟客堂白方丈移

選擇賢否可任則任不得任意徇情留住擾亂規模

一凡外來挂單僧衆客堂務須盤問來歷清白方可給單如有形跡可疑者概不准收留

以上所議各條欵均係本寺僧衆公同酌議日後倘違亂不遵者立即擯逐決不寬恕慎之慎之

右仰知悉

同治年　歲　月　日示

江夏縣正堂恆　爲諭飭事案照同治六年寶通寺僧心徽稟稱王子恩夾山晏湖莊十四石三斗一升五合九石五斗三升五合額收租穀一百二十一石六斗一百一十九石一斗拜隨據該莊頭王傳烈晏大旺等稟認田八一石七斗七升五合一勺八石二斗四升九合零額完租谷八十七石七斗五升一合六勺八十二石四斗九升三勺似僧稟田租較多而佃認田租較少除飭該莊佃等暫照所認數目趕緊折銀完繳并飭該莊佃等趕將錢漕自行清理外尚有未認田地租谷山林屋場等項仰該僧查明另稟以憑核辦切切此諭

右諭仰洪山寶通寺僧心徽遵照

同治七年七月二十三日

此二庄田朦混太多將來精明寺僧必須細查以

重香火

江夏縣正堂恒爲諭飭具領事案照洪山寶通寺僧
心靈稟請給領香火銀兩等情前來查該寺晏王兩
莊田産係道光三十年僧月空稟經前縣飭照夾山
學田章程由縣折徵租銀轉給該寺以資香火在案
嗣因兵燹案卷焚燬致未照常接辦茲據該晏王兩
莊佃民將同治七年分折粗銀兩遵照舊章完納前
來自應仍給該寺僧承領除飭照學田每石提給書
役飯食紙筆盤費運脚等銀二錢四分一釐四毫外
共實存折徵租銀三十二兩四錢三分八釐六毫仰
該僧即行赴

縣具領以憑給發毋違切切特諭

右諭仰洪山寶通寺僧心靈遵照

同治八年二月二十四日

江夏縣正堂陸　爲諭飭事案據
龍神廟　住持僧　瑞峯
天后宮　本悟　等稟稱
賢良祠住持僧自安因至普陀進香該廟空曠乏僧
住持僧等遴選得洪山寶通寺僧自成年三十八
歲自幼出家經典純熟向守清規堪充住持接奉
香火理合出具互甘各結稟請給諭等情據此合
行諭飭爲此諭仰該僧自成遵照卽入
賢良祠住持兼看節義祠香火務須虔誠伺奉不時
在廟打掃潔淨毋許閑雜人等在廟喧嘩該僧亦

應恪守清規毋得干預外事自取咎戾凛之慎之

切切此諭

光緒五年四月二十二日

江夏縣正堂熊　爲出示嚴禁事據洪山寶通寺住持達澄稟稱緣僧素處洪山本屬佛堂重地前

蒙

各大憲再三捐費繕治圍墻蓋欲分內外以肅清規禁諠囂以免污穢也今有鄰近村民每多陋習婦女託踏青之說出入無常婢妾假挑菜之名往來不忌竊思羣倫雜處恐滋弊端欲以理諭而不能亦以勢禁而不可只得敬叩出示嚴禁並傳集地保逐家曉諭等情據此除批示外合行出示嚴禁爲此示仰該處附近居民人等知

悉爾等須知寶通寺乃佛堂重地理宜清靜家
有父母夫男者務各誥誡婦女勿得入廟閑遊
挑菜預杜後患是爲至要倘敢不遵許該住持
投鳴地保指名赴
縣具稟以憑飭拏其家夫男坐罪該處地保更
應家諭戶曉諄諄誥誡禁止遊廟挑菜陋習切
勿稍涉大意各宜凜遵毋違特示
光緒七年三月　　日示住持達澄勒石

洪山寶通寺新舊田地坐落地方田地坵畝收
穀石斗數目總記
一本山後壠起一壠兩塝喻姓田邊爲界水田七坵
共種一石零六升歸陞租長塘一口地一塊又謝
家嘴起水田二十二坵共種三石五斗一升五合
歸陞租内一坵七升半交租門前水塘一口山塲
一段庄屋一所又水口湖東邊起水田十四坵共
種二石八斗三升五合歸陞租内有一坵四斗五
升作地種又彭家田邊張家塘下並新廟門口水
田八坵共一石一斗歸陞租内有二坵二斗交租

又新廟右邊大壠起水田四十五坵共種十一石
四斗二升歸陞租內有五坵一石四斗五升歸租
大花池塘一口小花池塘一口均公用又大塘一
口又桂家門口起水田六坵共種八斗歸租以
上總共水田一百零二坵計種二十石零七斗三
升租穀二百十九石一斗四升四合
一山前南竺巷雷姓田上界起水田十五坵共種三
石歸陞租又田家園門前路邊起水田五十一坵
共種六石七斗九升歸陞租藕池一口水塘十八
口以上共水田六十六坵共種九石七斗九升正

穀一百一十五石八斗六升四合

一仁惠礄山下左邊田起計水田三十六坵共種六石四斗五升五合歸仁租又水田二十一坵共種三石六斗歸㓝租又一坵田二斗五升歸卜租又一坵田三斗歸對租公塘三口私塘十五口以上計五十九坵共水田十石零六斗零五合穀一百三十四石七斗九升八合

一楊福礄横嶺傅家海破塘下起水田十九坵共種一石五斗又大塘下正頭起水田三十五坵計種三石六斗六升五合又礄頭東塝起水田五十八

坵計種五石一斗九升又正壠西塝上起水田三十三坵計種二石三斗三升五合總共一百四十五坵内除免租五坵計種十二石六斗九升内除免租三斗九升又除香火三斗共計田十二石正實納租穀一百零八石庄頭熊陳二姓外熟地四石五斗六升衆姓承種每年地稞錢一串六百文庄房六間水塘大小五口園林稻場石磙俱全路邊禁碑一塊又法師洲官壋草廠一段東二百二十一弓南九十八弓西一百三十一弓北七十九弓中間二百零八弓出路一丈二尺寬到河邊有

堆草碼頭

一葉庄正壠獨斗坵起水田三十九坵計種三石九斗一升六合五勺又官塘背起水田十一坵計種四斗四升四合五勺又官塘東塝起水田三十六坵計種一石九斗六升七合三勺又腰塘嘴楓樹田起水田二十一坵計種一石二斗五升總共一百零七坵內除免租四坵共種七石五斗七升八合三勺內除免租五升又除帮穀一斗一升又除水淹一斗四升實納租穀七十二石七斗八升三合

一石庄大塘東塝起水田三十三坵計種二石一斗一升又董家門前起水田十七坵計種二石零二升五合又正壠起水田三十一坵計種三石六斗六升五合又全家塘大路起水田十一坵計種七斗零五合又汪家山邊起水田十九坵計種一石五斗零五合又張四海起水田十六坵計種一石零八升總共一百二十七坵内除免租十一坵共種十一石零九升内除免租四斗八升實種租穀田十石零六斗一升另有收租細冊再石庄門口大塘不許外人車水

郭家壠水田九斗五升共九坵每年額租十二石
七斗三升又塟地一塊一切新米新麪年糍供應
載各庄租冊
一同治十年眾姓功德捐置曹家壠水田五石零七
升共壹坵每年額租六十三石八斗
一同治十年武昌縣人高紀玉捐置郭家壠水田壹
石五斗俟再查坵每年額租二十石零一斗
一同治十年武昌縣人高紀玉捐置郭家壠水田二
石五斗計二十一坵共租三十三石五斗歸臥收
租熟地一塊墳地一塊

一光緒元年漢陽齋婆劉克貞捐置郭家壠水田一石每年額租十三石四斗正計坵數待查

一光緒五年收回真武觀水田十二石每年額租穀壹百二十六石正坵再查

一光緒七年漢口粤東公所社人許門陳氏克恭捐置東嶽廟後水田一石八斗額租二十四石菜地十四塊礁稞載收租册内

一黄河獅子嶺王子恩庄水田十四石三斗一升五合額租壹百二十一石六斗現只認地稞一兩四錢屋基一塊租八十七石七斗五升一合六勺其

有正糧兑米由該佃每年收租穀内先代完納餘
租每石找錢五百六十文歸寺無論水旱照交
一夾山晏胡庄田全壠無雜抵港右首清明嶺陸地
水田九石五斗三升五合額租壹百十九石一斗
一升地稞二兩三錢庄屋二間屋基二塊現只認
租八十二石四斗九升三勺其有正糧兑米由該
佃每年於租穀内先代完納餘租每石找寺錢五
百六十文水旱無欠此庄田港之外有荒山段經
廟僧議讓況姓屋後栽樹園林中有大路仍人行
走得受香火宅銀八十兩其有山下陸地向係況

晏張三姓栽種仍屬各管各業立有合同廟僧况姓各執一帋爲據

以上二庄係前寺僧月空託縣户書代辦因十餘年拖欠尤多光緒五年寺僧常明禀明情形經陸縣尊批仍歸寺自行收租嗣後洪山寶通寺已載入志各庄田地不得妄託旁人代管亦不得妄自變賣掉換嚴戒

一各庄除王子恩晏湖庄外正額錢漕載僧賢二里六甲洪寺畢榮户内完納錢糧正銀四拾二兩一錢四分二厘漕糧正米七石二斗一升

一載黃河一里八甲洪寶成戶內完納錢糧正銀拾
壹兩六錢零四厘漕米一石九斗四升四合
一載下陽洪春榮戶內完納楚稞正銀七兩一錢二
分
一載東山洪畢榮戶內完納楚稞正銀三兩零三厘
以上錢漕楚稞稟定歸從平它敘銀一兩五錢六
分完正一兩奉准飭房備案其王子恩晏胡庄錢
漕不在此戶之內
一鉢盂山因屢被偷墾現召人開墾種糧每年照收
成多少分撥歸寺濟眾

一督憲飭令看管岳王廟舊基恐有失落現着人開墾種地藉得保守以待將來建造

一寺外東山向被奸民劉知安屢次盜賣與人塋坟光緒二年稟縣將劉知安驅逐遠徙嗣後廟僧隨時留心保護以重廟基

光緒八年大護法新捐香火田三庄

一江蘇候補道實授漢陽縣正堂林印瑞枝買曾紀祥田坐落洪山後高陂嶺劉家壪大小十四坵水田叁石貳斗額租叁拾三石陸地四塊稞錢五百

公山一段私山二段庄基一塊一重二間

册名黃駿榮正銀壹兩四錢二分八釐漕米貳斗五升五合

一許克恭買葉定春田坐落廣福屯八坵壪大小七坵水田九斗五升額租九石五斗

册名楊天付陳開厚正銀四錢七分五釐楚稞

一許克恭買黃民安田坐落廣福屯八坵壪大小三

坵水田四斗五升額租四石五斗

冊名胡萬順　正銀二錢二分五　𦳝漕米四升五合

洪山勅賜寶通禪寺志增補集

江夏袁蓮峯方伯鑒定

沙門達澄惟忍增輯
比丘戒空淡然參訂

增補

重脩洪山寶通塔碑記

鄂省東關外洪山寶通寺之寶通塔歷朝以來興而廢廢而興其未能泯滅者緣關全省文風故耳寺由唐建於隨州洪山敕額幽濟禪院宋端平間隨地兵燹寺已灰燼奏請帑金遷建於鄂之洪山勅號崇寧

萬壽禪寺元季至元七年添建塔於寺之東北山腰
名臨濟並置田三十餘石贍僧至順三年又建大雄
寶殿及各殿宇將塔重脩高十三丈三尺廣十一丈
二尺頂一丈三尺明成化二十一年勅賜爲寶通寺
更塔爲寶通塔正統景泰宏治正德嘉靖萬歷前後
屢有脩建崇禎乙亥春楚昭王九世孫壁山侯重脩
彌陀殿脩葺千手大士五百羅漢諸殿宇內外煥然
一所戊寅秋始落成越六載而明末喪變蹂躪殆盡
國朝康熙丙辰巡撫張公朝珍藩司徐公惺暨　各大
憲捐資興脩建造殿宇、置檻寶塔七層其莊嚴輪奐

盛於前代又增香火田五十石迨後乾隆嘉慶間
督撫畢公高公叠次脩葺咸豐初粤逆三次滋擾殿
宇蕩然寶塔禿兀八年戊午歲前兩院憲官文恭公
胡文忠公建復二佛殿餘工欲舉未果今百廢俱興
各大憲培植地方以塔關全省文風亟宜脩復　李
篠泉大府　郭遠堂中丞　命　華　勸捐興脩並發銅
萬觔鑄塔頂遂極力廣勸武漢實收捐銀九千五百
九十餘兩錢七千一百九十餘串但照所估工程未
及十分之五無如能捐者吝於輸已寫者吝於給以
致工程難辦且塔非草草可了故未敢延友設局　華

亦椤腹從事惟期樽節以歸實濟昔日之飛簷護欄
及塔下圍廊皆以木瓦每二三十年輙有補脩今飛
簷易以石護欄易以鐵圍廊易以八方石台頂照舊
增高五尺用文筆峯鑄銅一萬三千觔希其垂久於
同治十年辛未冬興工至十三年甲戌三月將塔完
竣餘力僅建齋堂山門上下階台二百數十級雖架
木可起殿宇其他工料無欵可籌勢將中止幸奉
制憲撥發錢二千七百緡命建　岳忠武廟於洪山
即交洪山看守又得武邑勤苦積貲民人高紀玉捐
錢七百六十串復鳩工將架木於寺東脩岳忠武廟

並建寺之彌勒天王殿法堂禪堂僧房客廳之外尚有餘木經各匠作湊捐錢一百串將塔前之亭脩復甲戌仲冬始畢其間若有　神助竟大局告成惟大雄殿千手觀世音五百阿羅漢及諸殿並圍墻五百丈尚須巨款猶冀

賢士大夫巨商富室尚義輕財栽培後世方能復其舊制庶較前之莊嚴輪奐而後先媲美也勸辦工程不計薪水之戚友黃振之輝鏡甘篤齋守信分管雜務則廟僧常明達峯昌明能慈正海啟堂而已

光緒元年仲春月沙羡袁太華謹撰住持達毓立石

重脩洪山寶通塔寺募緣疏

佛稱三世過去現在未來也有過去開創於先有未來續緒於後若無現在之文星主持其中則先者何能承後者何能啟而過去之創空開未來之緒莫續矣惟洪山有三在鄂渚之黃鵠東者舊名東山推全楚第一峯方城爲城漢水爲池四方禪客名流吸烟霞而供吟眺者皆於斯息擔而著屣焉溯其源始於劉宋唐貞觀間額曰彌陀寺因鄂公培植風水而興文宗太和間勅幽濟武宗會昌間復勅靈濟宋理宗端平間勅崇甯萬壽禪寺先是唐敬宗寶歷間有慈

忍靈濟祖開刹於隨命名洪山傳七世雲菴興祖邀
萬壽之勑主席於東山並徙寺額於隨此由隨遷鄂
之始也雲菴再傳後有則翁寳祖蒙元世宗勑迎至
京後住於許而許之洪山復建寺是鄂之洪山爲現
在之洪山方能承啟於隨許矣則翁去後主鄂席者
廼無積聚祖也至元十七年緣菴遇祖募脩寳塔先
大德延祐間塔中供奉梓潼鐵像並奎宿燃長明之
燈文光照耀翼軫分野兆吾楚南北鼎元佳應久而
屢驗明太祖納楚昭王奏勑脩殿堂五處法相莊嚴
復鑄鐘建樓請龍門海祖主持之英宗正統間賜璽

書同御筆金字法華經復賜藏經金像三尊命康王
賚送藏經閣中製備經櫃經蓋等事成化二十一年
因楚王奏請憲宗遂賜寶通禪寺更塔爲寶通塔
此寺命名所肇端也歷朝聖帝明王以及名卿賢
哲皆於斯山竭力維持闡宗風於不墜者概難枚舉
惟我
盛朝金輪永鎮
玉燭常調安有道而樂無虞暨我　大護法現宰官
身在歡喜地咸矢忠藎而報
國祐民者皆仗　佛日天表圓成上智也雍正癸丑

秋

世宗憲皇帝勅諭齋僧萬餘住持僧無相曾建醮端

祝

聖安一時名儒讀書洪山本寺中顯達者代不乏人

若熊公伯龍榜眼及第若胡公潤學使經筵他

如兄弟捷春秋兩闈者若王氏爲最著王公開泰開運開藩開銓

以及子姪輩均在本寺讀書莫不明府宣猷萬家生佛是儒風之

煥然成章端賴山靈之默持毓秀也所以吳制府琠

之供佛燈三年丁制府之造幢旛八樹劉中丞兆麟

之禮佛祝

聖張中丞朝珍之感夢脩像栽松徐方伯惺之創首
重脩鑄石白雲錢都憲騰雲於助脩外復造法器三
十件同發信心普具德相乾隆五十七年前制軍畢
公見殿堂廢弛僧衆雲散慨然重建氣象振興迨至
咸豐壬癸之交粵逆煽惑諸佛回向而廟宇概付紅
羊者六載於斯矣咸豐八年戊午歲廼蒙　前爵閣
部堂官文恭公創首重興監脩者乃前撫憲胡文忠
公　佛殿正樑端書二公銜諱庚午軍門傅公先宗
捐貲助脩而功尚未竣也辛未嘉平之十六日復蒙
撫憲郭公　暨　各位憲台發慈悲心授意於邑

紳　袁公　同　全位大檀越起墜緒而振頹風
樂解智囊醵金勸事聚諸匠氏而鳩庀焉既承慨施
於前復望樂成於後今寶通塔既有端倪不日可以
蕆事而梵宇殿閣官廳以及墻垣並古時靈蹟八景
依舊凌夷似難壯觀如蒙衆善畢興循序同成勝果
理當編入洪山寶通志中永垂不朽　僧皈依釋氏廣
結衆緣郎乞　現在之文星普告同人成此盛舉惟
有頂禮三寶默祝九如仰求塔放祥光爲　大知識
端撰之兆謹疏
同治十一年正月本寺住持心梵本名佛林和南書

護法

國朝

欽差大臣太子太保文淵閣大學士湖廣總督部堂

世襲一等果威伯官公文遼陽人　咸豐八年

札委

知武昌府事如公山監脩

大雄寶殿左右兩廊山門等處　裝塑　佛像

侍像　羅漢　水火金剛　及供器等件　同治

四年會出示嚴禁馬隊步卒不准在寺滋擾

公薨後諡文恭公寺中敬立長生祿位

提督軍門蘇博通額巴圖魯一等子爵鮑公超

四川人助脩

巡撫部院胡公林翼助脩

記名簡放提督軍門統領楚軍明勝等營剛勇巴圖

魯藍公斯明

記名遇缺簡放提督軍門河北總鎮管帶楚軍明勝

左營巴圖魯魏公元祿

奏留湖北總鎮管帶楚軍明勝右營長勇巴圖魯曹

公俊揚同治七年同建客堂殿宇房屋多間製

送方丈說法黃呢寶蓋一座並約束兵勇開墾

本寺山場爲園種植菜蔬作常住大衆供養復
令撇運柴炭米糧給僧誦經數藏概不惜費
欽命提督軍門賞穿黃馬褂甘肅涼州掛印總鎮胡
松額巴圖魯侍公 先宗 江夏人助脩
伊洛堂程助脩
欽賜花翎記名簡放提督軍門浙閩總鎮伊勒達蒙
額策勇巴圖魯丁公 賢發 孝感人遺命嗣子艮
伍龍助脩韋馱殿七間
丁福田助脩普同塔
頭品頂戴紫禁城騎馬兵部尚書都察院右都御史

湖廣總督部堂李公瀚章撰對聯書贈住持心

梵

鹽運使銜卽補道胡公鳳丹永康人以新刻禪

林寶訓聽經閣同聲集淨土詩三書送住持心

梵

鹽運使銜調署武昌府事漢陽府正堂鍾

署武昌府江夏縣事蒲圻縣正堂恩　同出本

寺方丈章程永遠遵行示

江夏縣恒給王子恩庄夾山晏胡庄額收租谷

諭復出給領香火銀兩諭

同治十一年住持心梵募化衆姓功德修普同塔塑
地藏王像侍者像金身
湖廣總督部堂李公瀚章撥發炮銅一萬觔
湖北巡撫部院郭公柏蔭同撥制錢二千七百串
二品頂戴江蘇補用道袁紳太華勸捐督修寶通塔
八卦台塔前亭上山石堦台二百數十級頭門彌
勒殿四大金剛像法堂禪堂齋堂西花廳雲水堂
奉兩大憲撥發錢於寺東建岳忠武廟供石刻神
像碑左右兩祠供漢孟恭武公明熊襄愍公神牌
有忠武王後裔岳者翥軒捐修照墻並東西圈門

督部堂李憲命工程局建大雄寶殿供金身佛像兩
旁塑諸天像東首修官廳西首祖師殿築東西院
隔墻山門外修照墻圈門等工
記名提督統帶忠義勇劉公維楨修祖師殿請鐵身
像裝金右左寮房後倒座裝修齋舍又於東首脩武
聖殿供金身神像均係獨方捐修
廟僧逐年租積兼募化功德於西首修觀音堂兩廂
五大間墻垣另院預備女善人誦經住宿之所
前四川候補道彭紳汝琮捐脩神龕供金身觀音大
士神像並侍者像

住持

有事跡者録載

常明身座院老和尚主席本寺三次盡心募化脩理
本寺殿宇於同治八年監脩踏泊橋堤工眾業戸
送普化全慈匾額外捐衣鉢銀脩整本寺牆垣復
同首座昌明西堂啟堂監院能慈副寺隆德暨兩
單大眾清理常住鉢盂山及本寺坐山界址俱立
石碑清界

主席識現和尚勸理座院老和尚清理山場界址外
復募脩殿宇客堂方丈新製常住莊嚴法器等項

主席識福和尚勤理座院老和尚清理界址田產租
稞外募脩殿宇官廳加補莊嚴法器常住器具等
項於同治元年浙江兵備道陳公印慶滋送皆大
歡喜匾額
方丈心源和尚培補常住法器募脩二佛殿山門樓
脩理客堂禪堂上客堂等處商議座院老和尚同
閤寺大眾公請方丈章程請永遠遵行示
方丈心巖和尚鳴櫵募化法緣不辭勞瘁培補常住
器具等項鐫方丈章程永遠遵行石碑並稟縣請
王晏二庄額收租穀諭

方丈心靈和尚募脩房屋倉屋培補常住器具等項

並稟縣請給領香火銀兩諭

方丈心梵和尚募脩韋馱殿普同塔加補莊嚴法器

及常住器具等項刊刻妙法蓮花經金剛經普門

品經金剛論經板永存常住於同治十年掛山門

大殿禪堂匾對

方丈達峯和尚恭繕小楷金剛經二部裝演整齊鎮

支峯塔項捐刻歸元鏡妙經全板印送

方丈達毓和尚稟縣請將寺中香火田地正餉兌米

歸九八五平宅紋一兩五錢六分完納楚稞照完

奉批備案募化劉軍門捐脩祖師殿左右寮房殿
後裝修精舍置備器具齊全和尚爲軍門懸掛匾
聯和尚能詩能畫並精琴棋與軍門時有唱和
方丈達雲和尚稟請縣尊給還戸房萬姓代管王子
恩晏湖兩庄田地仍歸本寺收租以資香火
方丈達澄和尚請縣示禁婦女入寺㧞菜混雜無知
踐蹋一切等事募化施主輸捐香火田地

洪山寶通寺歷代祖傳法派淵源記

毘婆尸佛偈云身從無相中受生善哉斯言生生之不已相相之皆空求無相於有相莫不慈恩普渡而衆生同歸於廣生也要知有身即有心是心即是佛人不離祖祖皈依佛此我

本師釋迦牟尼文佛爲西方大摩訶首楞嚴故凡南無者皆僧祇傳至二十八代　達摩圓覺祖開東土正菩提傳至曹溪六世　慧能大鑒祖列分五家之宗派而五家中推曹溪臨濟相傳爲甚衆惟我善信祖開刹於隨遵臨濟派嗣馬祖法因隨大旱山主張

公武陵率子孫具羊豕以禱雨祖叱之曰雨暘不時本由孽感吾爲汝以身祈三日果雨歲大熟迨至唐文宗太和九年五月念九日祖引刀斷雙足以啖龍神世壽七十有二有司奏於朝蒙文宗敕賜幽濟禪院錫封慈忍靈濟禪師供雙足於寺此隨之洪山也傳七世至雲菴與祖宋端平五年蒙賜崇甯萬壽禪寺祖因避兵捧雙足並告敕寺額徙遷於鄂始開洪山寺院此鄂之洪山也至無諍順祖夢神語得開甘泉至則翁實祖於元至元問奉詔送雙足至京歸途過許雙足不起祖遂開山於許此許之洪山也而鄂

之洪山呂制置公文德遂請無積聚祖主之至緣耆
遇祖於至元十七年募脩寶塔於至元二十八年塔
工方告竣並置門首田地三十餘石至玉崖潤祖募
化重脩至竹谿禧祖不祿至枯木華祖於至順三年
淸寺四圍定界元統二年建佛殿塑像改山門南向
並建萬佛樓各寮房等處而廟貌爲之一新至龍門
海祖於洪武十六年奉太祖召爲寺中住持重爲開
山之祖昭王監脩殿宇而佛法一新賴祖之力也至、
則菴鑄祖於正統元年募化鑄青銅鐘一鳴至銘鑄
宗祖於正統六年重脩寶塔殿宇正統十年蒙英宗

賜藏經五千四十八卷並賜璽書護持賜親書金字
法華經一函金像三尊命康王親送於藏經閣製備
經櫃經蓋等事至碧空鑑祖於景泰六年募脩大殿
禪堂等處天順二年完功成化二十一年蒙憲宗皇
帝勅賜寶通禪寺更塔爲寶通塔至東暉鼎祖於宏
治十三年脩理鐘鼓等處至峯公宗祖於正德二年
同宗愷宗楠并二諸祖各捐衣鉢銀重脩寶塔及殿
宇至東菴權祖於嘉靖七年脩理各殿蒙光宗發帑
至應菴感祖於萬歷三十七年因方丈被刦祖力募
重脩至無明獎祖於崇禎八年脩理時值明季流寇

猖獗叠經兵燹僅存正殿三重迨至我
朝定鼎俞昭汾祖重興佛法募中丞張公朝珍方伯
徐公惺同脩殿宇佛像鐫石白雲至潤堂證祖募慕
中丞天顏重脩至嚴庠紀祖募郭制府琇張糧憲聖
佐張驛憲士伋重脩方丈並寶塔殿亭江夏洪明府
國輔更重脩焉至蒼石立祖募鄂制府海送匾獻佛
呂方伯猶龍作祖語錄庠題像讚後助龕費張方伯
聖猷同護督撫事張公聖弼糧憲張公廷樞均重脩
焉至妙月中祖輸茶銀於每年四月支取傳寺至崑
賢祖募兩廣制軍趙公脩理至慧光定祖募武昌太

守章公護持至道瞻悟祖脩理山寺有兩匝托鉢米十石於十二月支取傳寺至中頻脅祖復爲脩理以上諸祖行實因年深日久傳聞不確謹依原志中所載者約畧而記其大概云

竊寺自唐宋元明以來代有隆替至我

朝康熙雍正間始得重爲脩理乾隆五十七年畢制府秋帆公按部吾楚遂爲斯山大護法丹楹畫棟復舊日規模並訪延龍華寺聲漢覺音祖戒律精嚴使主斯山之席以後遵萬安禪師宗派至遇安海瀠祖至曉參了遐祖至浣塵悟鑑祖至覺成真慧祖接續

相傳遞衍不紊而諸祖語錄事實莫獲其端倪不敢妄載至我身德常明祖使實通之復與法傳二支遵顯聖散木澄禪師續派遞傳二支乃我法伯祖識現和尚下傳法伯心源心靈兩和尚此長房也次房卽我法祖識福和尚傳法伯心嶶和尚暨法師心梵和尚法師本名佛林號皓月本號松泉從此四支分傳各清各支循序列編庶幾井井有條同振禪說之家風而不墜也仰祈諸祖默佑提撕凡我後賢無忘法喜此達澄和南而溯根本於大木清源委於流水矣

玆因寺志告竣謹縷述歷代祖傳法派而爲之記

顯聖散木澄禪師續派曰

識心達本　大道斯彰　能仁敷衍

古洞源長　果因融徹　顯密均揚

法雲等潤　靈樹舒芳　慧燈明耀

徧照慈光　應化乘運　玄印元綱

匡扶奕世　傳承彌唐

大清光緒壬午年蒲月穀旦

曹洞正宗第五十世惟忍達澄手書

現住本寺十方長老禪衲道友捐資續刻廟誌

芳名列後

本寺方丈達澄和尚　捐錢伍串文

漢鎮古三皇　能慈　捐錢叁串文

陂邑界河寺　啟堂　捐錢壹串文

潛江古佛寺　慧仙　捐錢貳串文

岡邑半偈菴　一心　捐錢拾玖串

應山興隆菴　恒椿　捐錢貳串文

應山培龍寺　普濟　捐錢壹串文

孝邑普濟寺　永真　捐錢叁串文

應邑復興寺　正紀　捐錢伍百文

四川雲峯寺　聖榮　捐錢伍百文

河南慈悲寺　方提　捐錢壹串文

本省丁公廟　體亮　捐錢壹串文

孝邑天台寺　澄泉　捐錢壹串文

孝邑楊家廟　持偈　捐錢壹串文

孝邑朝元閣　輝耀　捐錢壹串文

天悅關帝廟　心寬　捐錢壹串文

蘭山福慧菴　效古　捐錢伍百文

孝邑雲隱菴　千慧　捐錢伍百文

孝邑紅石菴　樹德　捐錢伍串文

省城護國寺　西緣果　捐錢叁串文

隨州仁壽寺　仁岸　捐錢伍百文

巴河昭忠祠　雙雲蓮　捐錢壹串文

應山復興寺　妙峯　捐錢伍百文

京山超凡寺　正樂　捐錢伍百文

應山諸佛殿　本淨　捐錢伍百文

商城甘露寺　真明　捐錢伍百文

巴河昭忠祠　芳興　捐錢伍百文

羅邑龍牙寺　正念　捐錢伍百文

荆州得勝寺　果森　捐錢伍百文

孝邑朝元閣　普明　捐錢伍百文

孝邑極樂菴　心意　捐錢伍百文

孝邑大石菴　學容　捐錢伍百文

孝邑邱家大廟　同秀　捐錢四百文

巴河　祖如　捐錢伍百文

孝邑繞龍寺　祥光　捐錢伍百文

武邑新安廟　能脩　捐錢壹串文

孝邑能仁寺　朗月　捐錢壹串文

河南嵩縣寧國寺　能科　捐錢伍百文

蘄水興福寺　界乾　捐錢壹串文
金口廣嗣菴　續華　捐錢貳串文
省城許居士　克忝　捐錢叁串文
漢口多寶林　陳氏　捐錢貳串文
湖南衡州府　何德宣　捐錢貳串文

荆楚文庫

〔民國〕長春觀志

李理安 編纂

《荆楚文庫·方志編》編纂組

組　　長：賀定安　陽海清（執行）

副 組 長：劉傑民（執行）　王　濤　謝春枝　范志毅（執行）

參編人員（以姓氏筆畫爲序）：

王　濤　李云超　宋澤宇　范志毅　馬盛南　陳建勛　梅　琳

張　晨　張雅俐　陽海清　彭余焕　彭筱澂　賀定安　楊愛華

劉傑民　謝春枝　嚴繼東

編　　審：周　榮

顧　　問：沈乃文　李國慶　吴　格

前言

《〔民國〕長春觀志》四卷，李理安編纂，民國二十五年（一九三六）鉛印本。封面鈐『湖北通志館圖書室』印，内封題『長春觀志 丙子年印 李經軒題簽』，鈐『長春觀十方叢林』發行印。

李理安，號千山道人，渤海人氏，清光緒二十二年（一八九六）至長春觀。

長春觀，係著名道教十方叢林之一，位於武昌，背倚雙峰山。相傳建於元代，爲紀念道教全真派北七真人之一長春子（邱處機）而建。李理安至長春觀後，見長春觀自肇興以來，盡歷遞嬗滄桑，典籍散逸。尤咸豐二年（一八五二）兵燹，觀中簿書遭焚，圖經飄零，碑版鮮有留駐。又長春觀志譜多年闕修，經軒氏恐峌峒秩事墜隳，資考少憑，遂致力賡續。惜『觀中酬酢紛紜』，稍有閑暇，便廣搜羅致天下關於長春觀之事，筆端彙存，稔熟興廢。搜羅事工畢，交監院留存，又有失散。李理安依所存資料，分目編次，於民國二十五年修成此志，並付諸印鋟。

志分四卷，卷首有表一、序二、凡例及目録。卷一有述古考道教設壇東門淵源，祀典叙設二壇崇祀隆儀初衷，沿革記長春觀方位及肇始興廢，長春觀廟圖繪其時廟宇鱗次，圖跋釋殿宇走勢功用，又有地基圖勘屋宇占地坐落。譜系載道教遞傳關係，尊李耳爲道祖，理南北分宗脈絡，録龍門正宗流傳支派，又有傳記道教名士。卷一末潘九陽傳後彙録潘九陽醮聯廣夥，讚其『酬世極品』。卷二傳亦詳略殊異，續録衆有功本教者。徐鶴嶺傳後録入心悟一卷，蔡鐵耕傳後録入文昌帝君陰騭文詩帖一卷，徐教廣傳後又討論國教問題。卷三有《周髀算經》之節録播測量學説，天文詳節記天象物候，卜歲恒言録農諺卜農事，輿圖輯玉縱論各省州府地理地貌。卷四載李理安收藏之李靖兵書《李衛公望江南》，較他本少醫方、馬藥等内容；録氣象説《勘合真機》；卷四末有文藝、碑誌等。

是志内容豐富，繪圖精美。雖道教仙真同列，渺茫難稽，輯録訛漏多處，編排體例亦顯雜蕪，仍可資考憑，頗具史料價值。

二〇〇〇年江蘇古籍出版社《中國道觀志叢刊》影印出版是志，二〇一八年武漢出版社點校出版是志。

兹據湖北省圖書館藏民國二十五年鉛印本影印。

（宋澤宇　楊愛華）

目録

卷三

卷四

長春觀志 卷一

丙子年印

長春觀志

長春觀十方叢林
工料每部壹圓

李經軒題簽

進
邱祖表
爲纂修
長春觀志成稿謹奏
表上進者弟子李理安等誠惶誠恐拜手稽首
上言伏以道訪崆峒宏啓丹邱之笈碑傳岣嶁聿新青簡之華稽三古以垂庥遍蒐
柱下彙十洲而作鑑悉發名山是以碧落侍郎駕瑤車而持節絳都御史命瑕邱而
頒乾藝林氣鬱
文昌册府光騰
禹甸竊維
師祖傳經之要本德性以牖顓蒙
列眞訓世之規憑志乘以彰素履則有
長春遺蹟澤覃江漢之間函夏無塵
道邁
羲皇而上訪雙峯之軼事手澤猶存窺三洞之祕章心傳可按然而滄桑遞嬗兵燹迭經撫蠹編而文思
渺茫讀殘碑而字跡漫漶倣夏五郭公之例爰闕疑聞徵觀民設教之遺惟存梗概緬殊績於官李慘濟
經營膺艱鉅於何侯山川跋涉教原東土聲靈赫濯之區式是南邦文物衣冠之藪繇是典章
聖諧分部搜羅道學詞章按班覈實此皆因仍舊誌補入新編者也至於星野輿圖參攷封疆而郡布城

池碑碣更兼祠祀以馨香蹟駿者例所勿登隱栝者義將偏擷一序探璇華所自錢公薈蕞維勤三才標
圖會之源王氏搜羅宏富西渡流沙之廣漠函谷實號尊經南華秋水之文章漆園亦稱鉅典握玉衡而
月旦象發芝函秉金鑑之風徽秘闢丹篆集思廣益務期無黨無偏起例發凡敢冀有倫有脊辛勤披校
午夜覃思兩閱稔而告成三分籤而罔懈披雲撥霧遵
寶訓以盟心紀瑞凝禧效颺言而稽首景
宗傳於邃古日月同光垂典則於來茲
乾坤不朽弟子等無任瞻仰
聖慈激切屏營之至謹奉
表隨
進以
聞
天運　年　月　日　弟子李理安膺上

三洞瓊華序

錢大昕

微乎希哉高上之原也宅妙一於太虛賫至道以元化無極爲谷觀用而強名吹景鏤塵言思而不可至慈御運開刧度人立玄教於混成闢正圖於元始前稽龍漢寥廓無先上溯赤明洞神可攷三墳寶牒象符闡生氣之精八會靈書鴻迹肇文章之祖是則扶刀坼掖玉歷轉輪吐彼四十萬言師乎一十三聖緘之珠匱貯以金房誠上帝之元觀爲真人之寶命者也旣而渦水飛形守藏寓化反景虛堂黃首論鴻濛之奧浮提書客青泥灑篆漆之文函谷而敷五言蘂珠而遺七字篇成妙炁遙光法恒之宮風唱銘音徧化羅提之國三蹻之津盛起太初之道逾洪藻笈琅科結璘迴曜飛步昇元之術洞靈妙有之經華如晨童典乎天上青城白水傳落人間乃有丹轉流珠書探隱景芝養洞鼻道悟琴心懷龍藥以千年駕頭車而萬里引先生於庭下爰感青童召處士於山中非無白鹿眞卿上解不俟蘆刀羽客潛形唯賫竹杖至復無爲妙道變化多方威敕朱兵靈飛六甲控游鯤於交騁馭八風以翩翾叩獅豸之霞關把麒麟之電鑰遂巡樹裏驚翻四照之花窈窕壺中便接九霄之路莫不研瑩至教凝抱元模幽通天地之情偏得神元之道淵深微妙隱見靈奇紅波自湧長留大夏之春甲子初開永住禪黎之刧足令善思菩薩託左伯而歸眞魏國神鸞向通明而受記者也僕也爰在弱齡便懷神契翔心雲路結志霞門尋洞中之靈叟欲問刀圭訪河上之仙翁冀論門戶婉娩元母來貽五岳之圖曼倩張星共討十洲之記發願於丹陵之下盟心於寄帛之間勤搆遺文冥躭奥帙法賫石而潛識書倚酒而私窺未得破觚方當析骨第以真神元册三洞所傳閟皂茅峰六丁所守誠多方而難究或比類以非符韋編博士校且不窮元羽臺郎修而未徧不緣撰集安備要精于是露浣薔薇燭然波律載抽丹筆靜閉元關裂黃緗於郄公檢寫上清之術分

碧牋於許斧詳抄洞房之方約波衆言都成一部三師所授金口所宣威儀三千大戒三百內文內記秘籙秘章八角垂芒五經結烝狀龍蟠而鳳走體雲躍而雷奔該素女之琴絃極軒黃之圖書復有璃宮玕殿光碧圖華火藻六層雲墉九色挺玉根之神嶺舒慶液之祥波三元七寶冠燦夫容繡羽銀泥裙飄蝀蜺林霞素女學唳鶴而吹簫龍月靈華煉行雲而拊石五百珠吏翺翔太赤之宮四六瑤仙坐嘯空青之樹洞天小大福地深岑妙藥千名奇禽百號固已廣搜博採類貫條編總衆枝於眞根納萬流於一壑當復珠巾玉案錦帳珊床千香芬郁而朝薰五華緋絅而夜繞行疑刻鵠帙似飛龜朱首青目如接曲陽之流紫度赤斑不俟輪寥之館置之枕中即登眞之隱決懸之肘後代鴻烈之仙方皇哉唐哉曠矣遠矣嗟乎駒影方流日中不再艱鋒易蠹愆浪安乎非雌牝之云修詎谷神而不死方欲絕籥觀德歷藏見神證太寶之杳冥守元珠之清淨山林隱棟混沌留年生朱雀之金花飛素河之姹女並華陽以遺累偕瓊刃以蕭條雖復至理未淵絳名晚立石髓當閉琳映遲逢暫而諷此幽詮繙斯綠蘊神遊元籟氣御圓珠採環鋼于寶樹問磨鏡于靈簫如登霄度之天似挹彫柔之海詎不委蜕塵躅遺世而獨立者乎

詞尚瑰偉

穿穴道藏慮周藻密文亦樸茂古雅非庸手所能姚先生評此顧若不足者意其別有所見與聞先生於真誥洞元諸書儲積至二巨篋寓目最廣則所得固當不同是篇原本祗以散圈絕句其有數聯接疊連圈首出乃在湖北長春觀閱道藏作也故以此篇冠諸序中當乾隆嘉慶時長春觀道藏尚未殘缺錢大昕候補於湖北後爲府爲道轉陞布政使善隸書此文選入四六法海鈔出

乾隆三十九年長春觀臨院朱合眞交結甚廣當時道藏完全故名士者流觀閱藏之人多多不但錢大昕也

原序

大凡名山勝蹟祖師道場十方叢林運會之盈虛人事之因革祀典之隆替靡不詳蒐登載以資考證多因滄桑遞嬗刼衍玄黃古蹟故事或庋藏於複壁或瘗貍於冢墓歲紀綿邈漫漶莫稽丹文綠牒之華玉版金鏤之實其幸存於石室天壤間者蓋寥若晨星也予於前清光緒二十二年至長春觀崆峒軼事數典多忘詢之僉云本叢林志譜闕修若干年矣以往道藏經書散佚自洪楊肇興以還碑版鮮存觀中簿書化爲煨燼哀輯甚難藏經圖史飄零淪亡考獻徵文湖廣通志有其一二江夏縣志僅餘其壇墠先農神祇雙峯梗概焉若及時不加賡續過此以往茫茫墜緒殆將中斷伊誰之咎歟予曩昔都講觀內酬酢紛紜未遑安息稍有暇晷廣爲搜集天下名山圖說舊聞關於長春觀之事一一筆而彙儲表徵盛衰殷鑒興廢閱稔而蔵事交監院不存惜失甚多今分天文輿圖傳錄藝文諸目舉例發凡曉其綱要亟付手民鱗次彙録惟恐援古證今難免滄海遺珠之憾旁搜遠紹以補其闕是有待於賢哲也夫

民國二十五年歲丙子

千山道人李理安經軒氏謹敘

凡例

一　本志裒輯本觀之事故條分類別不厭求詳至觀以外之名流勝蹟與有攸關者亦必縏徵博引以免掛漏

一　本觀肇興最古採訪事蹟斷自元始其間因鼎革之際迭經兵燹無可徵信者寧闕無濫以資慎重

一　本志遠代仙眞皆有列仙正史不難稽核今即鄂省所有志乘遺文以證各名山世譜庶免龐雜

一　自漢唐以來道隱於俗尚無大異本觀歷代沿革興廢不一以五祖七眞開教立宗全眞分別正之

一　自元明以來法卷猶有存者則詳加蒐尋凡方丈監院道友姓名籍貫有功名教叢林者立傳無功不錄

一　已逝者其記載爲傳生者爲錄以資識別守古生不立傳之例也

一　本觀所有珍藏秘本係某人手存註明保存姓名附於傳錄之後或世系闕略傳鈔甚難則必多方購求以饜衆望其有因時地異宜未經採入者則必將原稿妥慎保存俟續修補載

長春観志目録

卷一

卷二

同善會善士錄　　天文詳節

卷三　　輿地輯玉

周髀算經　　勘合眞機祕本珍藏

卜歲恒言　　碑誌彙編

卷四

望江南李衛公祕本

白玉蟾詩詞

長春觀志卷一

述古

李理安撰

聖人知道之大原出於天知神之大原生於道故兢兢而敎焉易曰觀天之神道而四時不忒聖人以神道設敎而天下服卽性命之學天人一貫之旨也洪荒以前年代悠邈相傳首出御世者曰盤古氏是爲開天之祖東開龍漢木星主之南開赤明火星主之西開延康金星主之北開開皇水星主之中開中皇土星主之因名五帝施化日月運行五星起點故開天經文五星而有廟焉乃在宿列之處而肇端也自伏羲氏仰觀俯察因畫八卦以通神明之德以類萬物之情而易象以著神農氏教民稼穡留播穀之經種樹之篇軒轅氏云積體萬物起於點而萬治起於始焉周室末造有老子生於苦縣明太皡之教述遂古之風在厲賴鄉設堂傳教載在史册信而有徵門弟子曰衆以請赴嶺南過穆陵關今麻城西八里五老宮在焉居無何過白沙關而歸又同弟子之請至廬阜會五老赴江南鄂城未居而西入長松之島雙峯之山湖港之鄉卽江夏焉施教設先農壇神祇壇故考邑志圖在東門之外幾閱滄桑古蹟不改可謂異矣降及後世歷秦漢唐宋附有老子之宮迭奉勅建何以證之今之門上菊花釘同王宮古先聖賢之製猶其遺蹟也世之旁搜文獻者循流溯源彰彰可攷固非同郢書燕説之無徵也

長春觀志

祀典

古之明聖建國開都以奠山川首重惇宗祀典者原爲酬答百神以報歲功也故都治有五壇八廟之位制有天壇焉以祀天神之祀有地壇焉以祀地祇之祀卽古郊社之禮禘嘗之義也有先農壇焉以祀神農所謂饗農及郵表畷也有日月風雨之壇焉崇祀則雨暘時若歲無疾癘百穀蕃昌品彙咸宜書所謂禋于六宗是也而祀八廟以宗廟爲首古之聖賢忠孝節義並祀焉外祀五岳四瀆十二河源亦祀焉書所謂望于山川徧于羣神是也祀典之義其典至鉅其意至深或勅王公臨祀或飭大員往觀省府縣治同祀鄉賢有大功於國於民興廉舉孝以式典型無不有祀焉祀典之隆莫如孔孟春秋兩祭之凡在治內每逢朔望官必親臨拈香以昭敬愼而孔子嘗親問禮於老子退有猶龍之嘆是老子者洵爲中國道德之祖玄妙之宗也他如佛教胡神祆神不與焉天下之有名佛寺祗聞勅建幸觀而不崇祀焉以無功於中國故不入于祀典祀典之設大矣哉今纂修長春志聊敘二壇之古以識顛末俾有望於將來考鏡之資云爾

沿革

古今地有興廢事有沿革國有代遞人有變遷惟星野之分纏山河之大體雖經剝復循環而舊跡猶昭昭可攷也江夏雙峯山古名松島原想當時故多松後世或斬其木而之便或侵其地而之肥湖港相連舟帆蟻集武昌未開五口未變雙峯山後常集漕船後開新河堤岸隔絕可謂一大變遷閱湖廣通志江夏縣志大東門外有二壇一先農壇一神祇壇秦漢唐宋因之元世祖時因邱祖棲眞於此遂改爲長春觀仙眞代出爲湖北叢林特著屋宇千間道友萬數香火輝煌繩繩弗替可謂盛矣嗣後或罹水災或遭兵燹瓦礫盡赤有道之士興而復之仍其壯觀碑版石刻漫漶斷碎不可復識者什之七當其鼎盛之時輶軒之使採訪或遺洎夫續修志乘而悔憾無及緣湖廣通志先修永樂十二年復修康熙二十六年皆逢鼎革之後强半不全況長春觀又無賢主人之咨訪各山道友之記聞今也島嶼之區而成闤闠荒陬之鄉而變殷闐考興廢之遺跡按道藏名山而錄之知先農壇神祇壇老子宮卽古長春觀也聞今之洪山東勸農亭立先農壇附會無稽蓋不足紀焉

長春觀廟圖

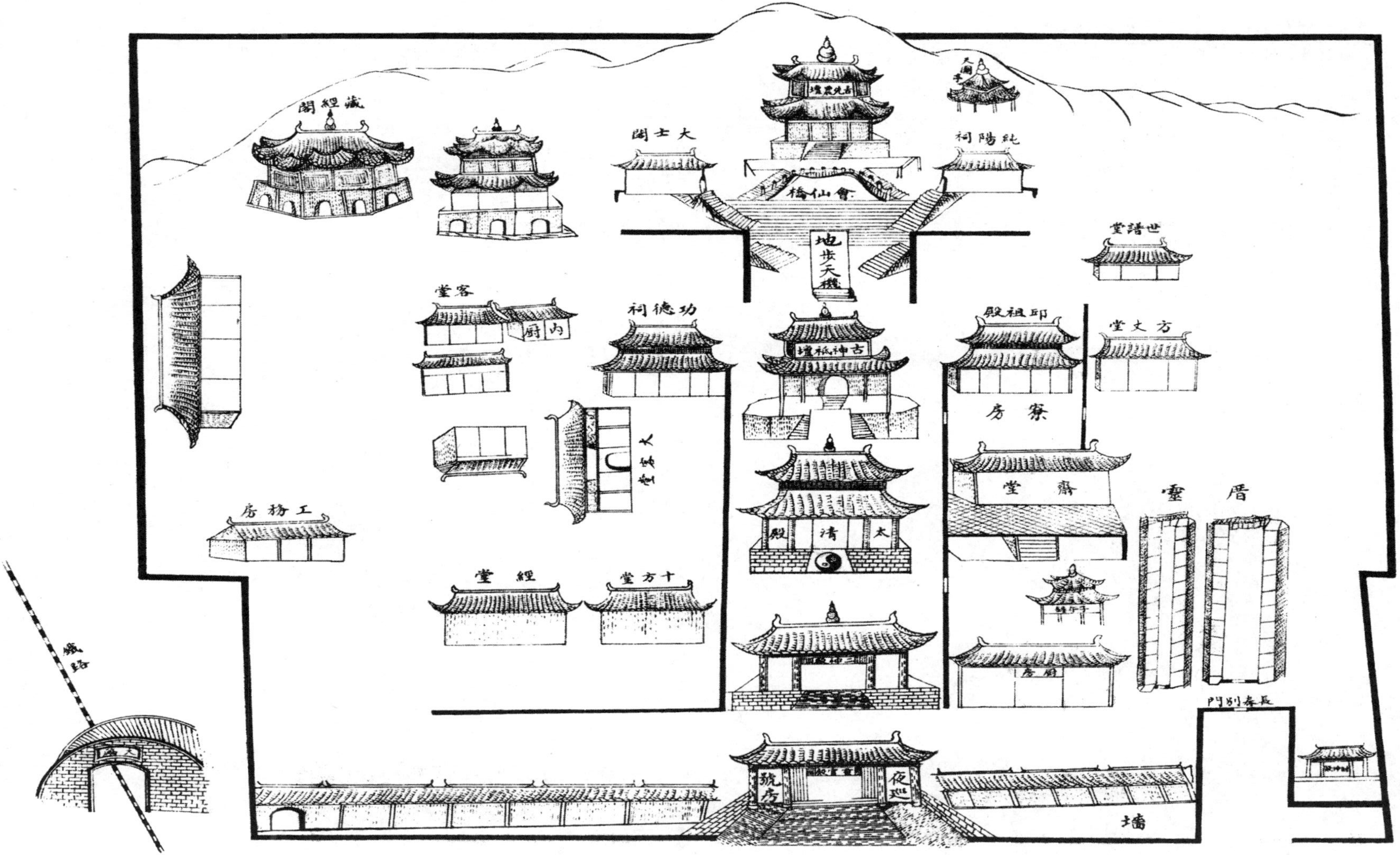
藏經閣
大士閣
純陽祠
會仙橋
地步天機
世譜堂
客堂
內廚
功德祠
古神祇壇
邱祖殿
方丈堂
寮房
大客堂
齋堂
太清殿
工務房
經堂
十方堂
靈厝
廚房
長春別門
號房
夜巡
牆
鐵路

圖跋

長春觀之爲雙峰也倚武昌大東門名著三鎭風景清幽非圖無以括山之全勝疇昔運會汙隆興衰遞嬗今則事功之隆度越前代巍巍大觀迹其十方創修苦衷不可使之晦而弗彰爰繪圖以明之入山門乃靈祖殿再進二神殿再太淸殿由左而登階入十方堂經堂二登入客堂横列則功德祠樓三楹串客而左庫房賑房右爲知客寮再進南屋三間監院室及會客堂北三間飯廳串而北女客堂三楹東近内廚又左北藏經閣上三而下五爲西之壯觀也西連五楹暫立小學校後有茅庵兩所乃羽客之潛修也由太淸殿右爲子午鐘亭亭上爲齋堂亭之前爲大廚房再東爲厝靈屋四十間東南隅財神殿後爲山折而左進爲古神祇壇紫微殿右爲邱祖殿連寮房以應紛紜之事務也又右爲方丈堂亦三楹串過登級爲宗堂堂三間由紫微殿左右階可登分路地步天機拾級而上爲會仙橋橋之左爲大士閣橋之右爲吕祖純陽殿乃何君佩瑢大善士所建橋之上先農壇及三皇殿上爲皇經堂衆善士以供玉皇上帝而設焉右亭古之天圖亭也左茅屋三間内供東平王因前淸光緒末葉修築鐵路而遷於此又西來城樓同善會募建樓後茅庵二椽好修之士靜養而長居焉此長春觀之崖略雖千古已杳之跡湮没而不可攷今姑存是圖將有宏大之規模猶冀後人之繼續弗替也

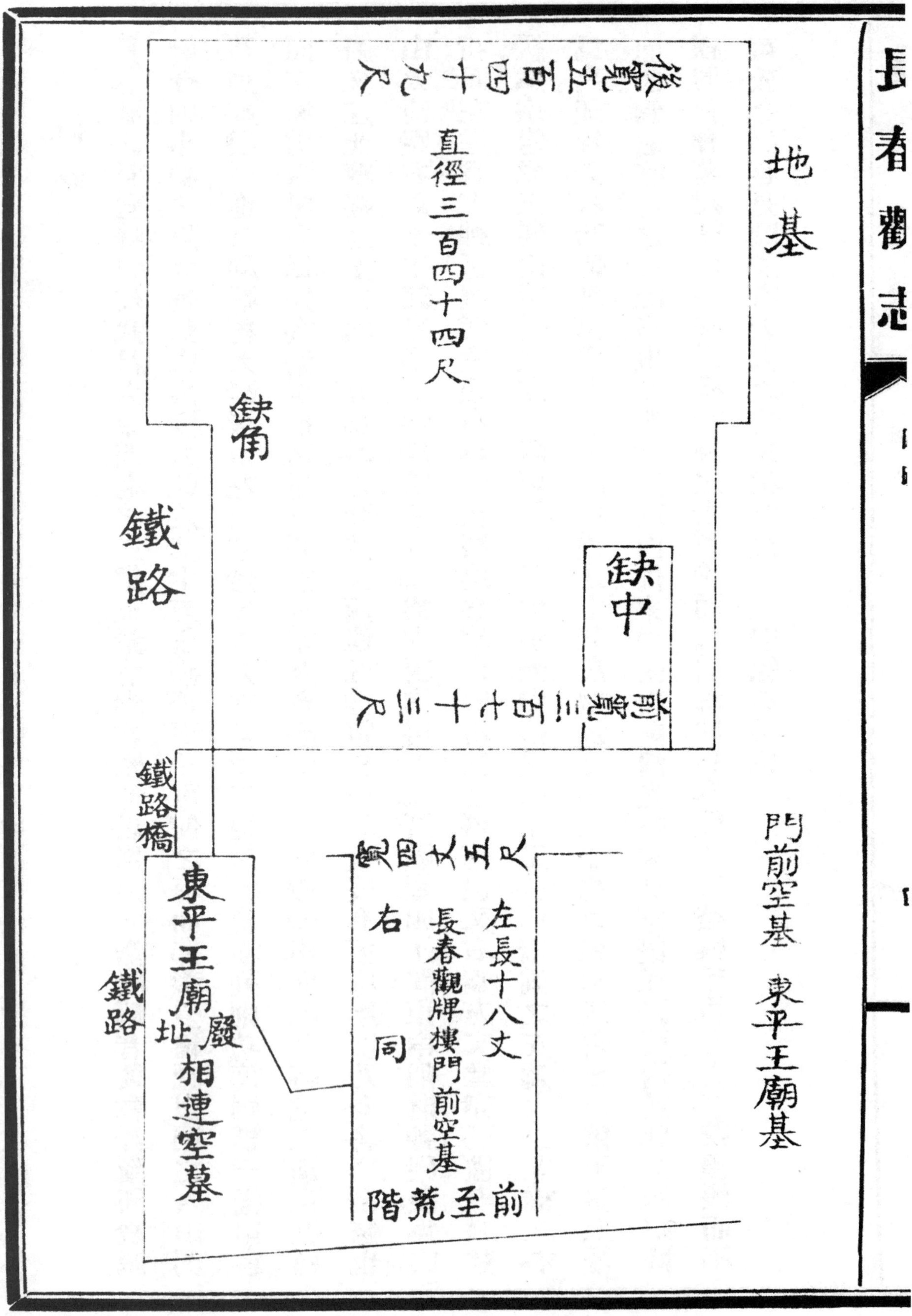

地基
後寬五百四十九尺
直徑三百四十四尺
缺角
鐵路
缺中
前寬三百七十三尺
鐵路橋
門前空基
東平王廟基
寬四丈五尺
左長十八丈
右同
長春觀牌樓門前空基
前至荒階
東平王廟廢址相連空墓
鐵路

譜系

夫全眞之宗名自古秦漢而下載在神仙志鑑昭昭可考隱逸之流往往成仙列仙有譜系有傳記東華演教北五祖南五宗一脈而繫連北宗重陽開道長春律宗下接元明之世尚可攷證惟咸豐初元洪楊之刼武漢首當其衝長春觀被兵燹盡成焦土所有方丈監院事蹟大半不可搜尋茲由遺書之軼事名山之傳聞碑譜之訪求僅述崖略而羽化霞靈確有可徵者爰記姓名鄉貫出家地址生平功績修道何年詳爲立傳其生者則以語錄並志焉若夫代遠年湮則倣夏五郭公之例以闕其疑不敢以臆說誤後人也

道祖

太上道祖

姓李名耳字伯陽謚老聃仕周為柱下史唐朝追崇廟號世祖玄玄皇帝法籙稱太上老君

東華帝君

姓李名亞字元陽號小童君春秋時人元朝勅封全真大教主東華紫府輔元立極少陽帝法籙稱鐵王天尊

正陽帝君

姓鍾離名權字雲房號正陽又號都散漢時人元朝勅封正陽開悟傳道垂教帝君

純陽帝君

姓呂名巖字洞賓號純陽子唐朝進士元朝勅封純陽演正警化孚佑帝君嘉慶五年奉旨加封燮元贊運四字以昭敬典

海蟾帝君

重陽帝君

○海蟾帝君

姓劉名操嘗為遼相得度來南自號海蟾道人元朝勅封海蟾明悟宏道純佑帝君是為南宗啟教祖師

○紫陽真人

姓張名伯端字平叔號紫陽北宋時人著有悟真篇雍正十一年奉 勅賜號禪仙

○杏林真人

姓石名泰字得之號杏林亦宋時人

○紫賢和尚

姓薛名道光號紫賢初為僧與紫陽真人友後遇石杏林真人乃授以道

陳泥丸祖師

名楠字南木號泥丸一號翠虛翁宋朝人著有翠虛篇

白紫清真人

本姓葛名長庚後繼海南白氏名玉蟾字以閱衆甫自號紫清真人著有詩文全集行世以上張石薛陳白五代為南宗五祖

重陽帝君

姓王名嘉號重陽又號害風南宋時人元世祖時勅封重陽全真開化輔極帝君是

長春帝君

姓邱名處機字通密山東棲霞縣人重陽帝君授以至道潛修龍門山後應元世祖

趙大宗師

名道堅號虛靜南陽新野人勅封混元宗師真君傳以心印衣鉢付三大戒并以元世祖皇帝命開龍派御賜二十字輩密付之使日後流傳戒法為龍門正宗一代律師

為北宗

皇帝三聘出山一言止殺天下初定復遣其十八大弟子分十八路以招撫天下流民全生安堵皇帝乃追封其傳道師五代皆加崇帝君號勅封長奉為長春全德神化明應主教真君稱以儒仙命主全真道

宋大宗師 名道安 賜號太元

尹大宗師 名志平 賜號清和

孫大宗師 名志堅 賜號太素

夏大宗師 名志誠 賜號守一

宋大宗師 名得方 賜號太玄

教開龍門正宗派並封其同學者六人其十八大弟子皆以招撫功賜封號爵大宗師真君成道後奉勅供奉其像乾隆年間
高宗純皇帝御題聯句讚曰萬古長生不用餐霞求秘訣一言止殺始知濟世有奇功

○王大宗師 名志明 賜號清真

○于大宗師 名志可 賜號光範

○張大宗師 名志素 賜號冲和

○鞠大宗師 名志圓 賜號抱朴

○李大宗師 名志常 賜號崇真

鄭大宗師
名志修
賜號光教

張大宗師
名志遠
賜號凝神

孟大宗師
名志穩
賜號敷化

綦大宗師
名志玄
賜號洞明

何大宗師
名志清
賜號明真

楊大宗師
名志靜
賜號明遠

潘大宗師
名得冲
賜號冲和

長生真君
姓劉名處元字　號長生
封長生輔化宗元明得真君開隨山正宗

長真真君
姓譚名處端
封長真凝神元靜蘊德真君開南無

丹陽真君

姓馬名鈺
封丹陽抱一無為普化真君開遇山

太古真君
姓郝名太古
封太古廣寧通玄妙極真君開華山正宗

玉陽真君
姓王名處一
封玉陽體元廣慈普度真君開嵛山正宗

清淨元君
為馬丹陽真君之妻孫氏不二勅
封清淨淵真玄虛順化元君開女真清淨正宗
以上邱劉譚馬郝王孫七宗
為北宗七真

龍門正宗流傳支派

自一代至八代

第一代趙虚静律師
第二代張碧芝律師
第三代陳冲夷律師
第四代周大拙律師
第五代張無我律師
第六代趙復陽律師
第七代王崑陽律師
第八代伍冲虚律師

趙道堅律師傳

趙道堅者號虛靜南陽新野人也初業儒博聞强記精於體認不能爲應世學至性淳愼言語謹默鄉里稱古人喜參道典尤善莊老與世浮沉父兄不之識也聞七真演教獨擔瓢笠謁長春邱祖道譜載長春真人姓邱名處機字通密山東文登縣人生於金遼之地王重陽祖師度之入道潛修龍門蟠溪諸深處後爲元世祖皇帝三聘出山遂一言止殺天下初定復遣其十八大弟子分十八路以安撫天下流民因而安堵全生者無算世祖乃勅封真人以長春全德神化明應主教真君號曰儒仙主全真道教開龍門派追封其傳道師五代皆加封帝君并封其同學劉長生譚長真馬丹陽郝太古王玉陽孫不二爲七真各開道派謂之金蓮七宗譚劉馬郝王五真亦各加號勅封真君孫亦加號封元君其門下十八大弟子以招撫功皆賜封號爲大宗師按全真道派邱祖師一振之遂大行於天下焉誠敬精嚴執弟子禮邱祖與語而奇之曰此元門柱石天仙領袖也他日續心燈而流傳戒法者必此子矣遂侍祖遊燕闈教凡有作爲不言自合或侍終夜不發一語祖乃傳以清虛自然之秘棲隱龍門者多載道譜載出撫西北路七載安堵流民二十餘萬人逸林載退修龍門十有七載按此篇蓋本諸鉢鑑錄復出侍祖於白雲觀統大衆道譜載首座趙律師奉元世祖勅賜封號抱元趙大宗師道堅於至元庚辰元世祖之十七年乃大乙統元年也正月望日受初真戒中極戒如法行持無漏妙德祖乃親傳心印衣鉢受天仙戒贈偈四句以爲龍門派計二十字逸林全真錄載元世祖賜開龍門派欽定二十字即道德通元靜真常守太清一陽來復本合教永圓明之源派也遂謹識之未敢妄泄是爲龍門第一代律師行維戒律精嚴威儀整肅弟子中鮮有當意者修持凡三十年功圓行滿將示化始以戒法口訣於皇慶壬子年元仁宗元年距至元庚辰已三十三載十月望日鄭重其禮親授河南道士張碧芝名德純此篇暨以下四篇一本於鉢鑑錄較之原傳其文稍簡

張德純律師傳

張德純者本名珩號碧芝開封洛陽富室子形容魁偉性豪俠多致術士丹客講摩不倦家因破而病作乃悟所行皆妄想無益身心性命遂棄家入道滌除舊習專精元旨年已三十餘矣聞龍門衣鉢已付趙祖遂以弟子禮事焉歷年十八一無指授而誠敬不之移祖知爲道器將示化始呼至前囑曰昔我子大闡元風廣行教化其間得道承宗者豈爲鮮少乃獨以無上之道傳付於我今又三十年矣不敢輕授以辱太上正宗得子以承我事畢矣汝其珍重以持德純跪而受之遂隱華山肩荷律教有年逸林載五十餘年此仍本於鉢鑑是爲龍門第二代律師逝至大元至正歲次丁未元順宗之三十五年爲改元至正之二十七年實元代之末年也距皇慶壬子已五十有六載七月望日以傳錄東昌陳致中名通微遂遐隱不知所終

陳通微律師傳

陳通微者原名致中號冲夷子山東東昌人也早喪父母往來羽流間學正一驅邪祈禱之法大著靈異人爭崇事師苦其煩擾爰盡棄之逃至華山過碧芝張祖精舍見祖誦道德經神志恬適顧其左右皆儀度閒雅通微禮足長跪請教祖不答進叩如前遂止宿且深自抑損者久之始得改授今名疊承三戒以上悉本之鉢鑑不嗣是謹行妙德苦志玄功秦晉之間多所闡揚爰度羽流周遊有年其事蹟殆不可考參考於鉢鑑逸林兩書特删去其各種神異事蹟得遇乃入青城至洪武丁卯明太祖二十年距前元丁未已二十有一載正月望日迺以戒法傳西安周大拙名元朴而隱是爲龍門第三代律師

周元朴律師傳

周元朴者原名知生號大拙陝西西安人賦性不凡既玄教躬耕自樂而運值元季郊野多事不能安居遯隱終南又值士寇倡亂徵聘異人術士搜求甚急遂棄家入青城山（道譜載時年四十八）皈依陳祖冲夷子擔荷戒法是時元門零落有志之士皆全身避咎元朴隱青城不履塵市五十餘年面壁內觀不以教相有爲之事累心弟子數人皆不以闡教爲事律門幾致湮歿住世一百一十年始得天台道者張宗仁承當法戒復得頓空氏承傳宗派重負乃釋元朴顏色如童足登峯頂如履平地於景泰庚午歲（明代宗元年距洪武丁卯六十四年）十月望日他適不知所終是爲龍門第四代律師宗仁名靜定頓空氏名靜圓姓沈原名旭

張靜定律師傳

張靜定者原名宗仁浙江餘杭人世業儒精通性理永樂間舉明經不能趨時隱居不仕講學於苕溪父母既葬慨然有物外之志謂其子曰了此一件人子大事吾此形骸不復累爾矣天地雖闊我當逍遙其間安能拘拘于老學究坐以待死耶遂遊名山參訪高人達士嘗言若有陳冲夷吾當北面事之至天台而喜依止黃冠家羽士三四人以師事之亦不郤吟詠唱和精入元元經典丹訣一覽即解（東原語錄稱其著作頗多後皆燬棄）盤桓十餘年體顏子之坐忘子綦之喪耦也更號無我弟子益衆然猶志在訪求一日有乞食道者曰天台景緻不如青城師何不一遊遂遠遊青城至山即聞周真人道德之名登涉月餘始相見不覺屈膝曰真我師也印證不數語真人曰道雖如是有一大事託子乃舉如意戒律師派授之曰雖時當晦蹟先聖一脈不可不續後當擇一至士授之再傳而行矣仍還隱天台（道譜載無我律師居天台山年已六十餘得青城山周大拙祖師遺徒招之遂往受戒復還天台時

（在景泰元年）是謂龍門第五代律師於嘉靖壬午歲（時世宗元年距景泰庚午已七十二年）七月望日以傳琅琊趙德源名眞嵩

沈靜圓宗師傳

沈靜圓者字哉生原名旭晚號頓空氏山西太原籍江南句容人稽其生也父遜（逸林載永樂朝進士）母嚴氏（逸林載年四十）禱於茅山感夢而得者故名旭生而能言母驚曰汝果神人默乃是若妖也自便遂默不復言至九歲弟珏生始呼母父喜示以書遇目即成誦與之筆揮灑成文章而性無好尚是年母逝十三父又卒能攜弟珏成禮扶親柩歸葬山西路遇天台道者張無我贈以要言泣拜而別嗣是有出塵志正統戊辰（明英宗十三年）秋出遊名山復遇天台道者於青城山斯時道者已遇大捆周祖受宗旨戒律改名靜定矣既見相慰問願師之張不答冀而前瞥見皤然而翁雙目如電危坐大盤陀呼張曰攜來得非沈旭歟宗教如是律法亦如是遂跪請命名靜圓字曰哉生皤然者大捆周祖也歲己巳（英宗正統十四年）七月望日晉付玄脈曰是祖祖親傳善護持善付囑靜圓拜而受之禮畢命行乃偕張辭去辛未（代宗二年）至天台有顯者據桐柏山靜圓檄告山神即日猛獸毒蛇繞守桐柏左右年餘顯者悟願施山山乃完己卯（英宗天順三年）至金蓋掛此瓢於書隱樓慨仙蹤之不振弔逸緒之無承有終焉志問水尋山陶情適性居有年一日晨起見虎臥簷下逐之不去謂曰汝具天性奈何好殺今後能戒否虎起而復伏若受戒然與處數載有如貓犬之附人儕衆異之咸皈元一時滿山蓄髮遠近稱爲勝事成化乙酉（憲宗元年）春遊禾郡遇華亭衛平陽於語溪遂攜至南宮授以宗旨元脈命名眞定拂袖而散是爲龍門第五代宗師後亦人無見之者

趙眞嵩律師傳

趙眞嵩者原名得源號復陽子山東瑯琊人也父母以乏嗣禱諸斗得天花白鶴之祥生而端莊體相超然有出塵姿性薄浮名年二十精通經史博覽道釋要典二十五父母亡追痛不已思有以報遂出遊武當至茅山閱道笈掛單瓢奔走吳越山水間冀得明師四載無所遇適天台登桐柏歷盡崎嶇平陽道現甚喜之贊歎間忽應聲曰美則美矣爾知更上一層否顧之不覺近前笑而拜恍如舊識曰子非瑯琊趙得源耶生死凡骨固有常道能者從之進叩姓氏曰張無我遂請皈依許之命名眞嵩具誓戒請元旨不之許事有年日時至矣乃攜登瓊臺密付戒旨曰我將他適汝毋久居自度度人太上一脈惟汝能任王屋山清虛洞天也往居以俟時遂別去不知所之眞嵩獨居雙闕飲食頓減夜夢父至責以大義遂至王屋山精修不二法（鉢鑑載嘉靖二年師入王屋山）黃鶴來翔白猿奉果益謙謹不自滿旣且面壁忘言雀栖其髻忽聞山有笑語聲漸近呼趙眞嵩者再若父母音乃開目蓋坐已三載所至果所生悲喜交集乃復相笑而昇（按鉢鑑載眞嵩隱青城得大定有雀栖其髻上帝命其父母呼之始覺已三年矣父母撫其背曰是是非非古到今是非不動至人心若是至人心不動動心還是是非人言畢相笑而昇曰可矣好持之嗣是六通具足逸林載某居青城山入定三年雀栖于髻上帝勅其父母降呼遂開目悲喜交集父母咸怒責之曰上帝以汝道成故活我兩人汝心仍動恐不久也眞嵩跪拜而慰之曰親言誠是然親勿憂父母至前寸心不動非人也仁至義盡斯謂純天兒惟恐不孝罪深天心或昧二親之來或由意造倘非天命今果命出自天則父母已昇天也無患聚不久也父母咸作喜色曰兒言是也前言試之耳遂攜上升朝謁玉帝旋入東華紫府參謁列祖復下天台神度衛平陽歸于青城謁張無我律師乃神遊海上三山時來往於世間卒度王崑陽眞人授戒律）嗣是六通具足崇正戊辰（明莊烈帝元年）上黨王平訪至始得傳其所受乃返天臺復入王屋而終隱焉是爲龍門第六代律師

衛眞定宗師傳

衛真定者字元宰號平陽子嘉興石門人也其先世居華亭宋末元初正節公開白社書院於石涇塘遂家石門真定生而魯父母不甚恤之而性至孝兄弟間有過則分任不辭既長有出塵志父母不之問常出遊數月一歸一夕宿社廟夢神告曰明日有真師至負奚囊持拂塵者是也遽然覺坐守至下午遇頓空氏一如夢示乃禮而師之遂偕至南宮命名眞定授以宗旨而散自是坐如尸立如齋儼乎其若思茫乎其若迷父母益惡之諸昆季皆忽視鄉里無有識之乃雲遊名山川備歷險苦師無倦志歲月寒暑俱於相忘既而土寇四起嘗出入其間若履昇平妙境遊至蜀有老神仙者獻賊之所崇奉也見真定延坐而禮拜之問以救刼之祕真定笑曰天生人天殺人在天可挽今天生之人自殺之無可挽汝亦非必在數者以未能出全而貪功弗去我不知爾究竟也噫至道可謂神矣若夫海行而馭風扣鏡而致粮特其餘事未可以爲至道之驗也不爲之詳崇道德薄神通宗教立法如此真定生於正統辛酉（英宗六年）十月朔日卒於順治乙酉十月望日住世二百有五歲是爲龍門第六代宗師得其宗旨者桐鄉沈一齋名常敬

王常月律師傳

王常月號崐陽原名平山西潞安人幼有道士顧之曰樵陽再生矣言訖不見然初無好尚父兄皆留心元門尊事張麻衣爲常月治危疾大顯神力而去常月棄家訪之時年弱冠而向道之心已篤遍遊名山踰越險阻風霜道途歲月寒暑幾於相忘者八十餘年至王屋山得得心動遂遇至人至人者復陽趙真人也隱居久就懇指示眞人不答者月餘師食松枝飲清泉拜求更切麻衣特至爲之請命名常月始知張與眞人友也又爲求戒援以二册眞人囑曰成道甚易然亦甚難必以苦行爲先種種外務切須掃除

依律精持潛心教典體道德自然之元奧探南華活潑之真機方爲穩當汝大器當晚成遂再拜受教周流諸山備嘗甘苦搜覽三教經書孜孜不怠過一古觀中道籍頗多晝夜檢閱每乏燈以香續火光照而讀八九年間參師二十餘處印證五十餘人此本之鉢鑑續時值軍兌相繼搶攘聞九宮山多異人訪不可得至最深處見一人巍然獨坐觀顏拜謁即前復陽真人也驚喜過望真人問十年之闊持心應物何得何失常月歷敘玄風頽敝邪說流行罹諸艱苦徒增浩歎耳眞人曰君子窮於道謂窮通於道謂通若違時妄行安能免世俗之謗議匪類之妒忌哉吾有三百年來獨任之事當付於子寶而秘之時至而興大闡玄風是在子矣遂轉授天仙戒又云昔我長春眞君於元世祖時廣行戒法流演太上清靜律寶心心相印祖祖相傳皆守靜默而厭有爲單傳秘授不能廣行是以羽流道侶鮮覩威儀幾不知玄門有戒矣今因緣將到任大事者非子而誰乃傳衣鉢辭謝不敏眞人曰得人而傳非勉强也子於二十年後遊燕京謁邱祖於白雲觀是道行之時也師生於嘉靖壬午嘉靖壬午爲明世宗元年也五月二十二日於順治乙未鉢鑑續載其年一百三十有四歲始遊京師而狀如五十許秋遊京師掛搭靈佑宮歲丙申順治十三年三月望日說戒於白雲觀因緣護法天然會合皆符眞人語歲戊戌陶然皈命名守貞即靖菴先生己亥黃珏至命名守元即赤陽律師凡三登壇而得弟子千餘人威儀楚楚莫不欣羡二十餘年間諸山闡揚殆遍戒子得道者仙蹤勝蹟亦復不少此節悉本于鉢鑑續較其原傳刪簡十之九又載王常月前於崇正庚辰年五月五日於王屋山手錄大戒三册首授江西伍端陽名守陽即沖虛律師先于甲申元旦卒住世一百五十九歲將示化時在康熙十九年呂雲隱所撰傳文及鉢鑑續原傳均載之又以自用如意源流拂塵傳於姑蘇呂樹名守璞即雲隱律師

沈常敬宗師傳

沈常敬字一齋號大和子浙江桐鄉人祖籍吳興（遷居桐鄉）世業儒（逸林謂沈江南人中明世宗辛丑歲進士贅於苕溪施氏遂家焉）家貧無隔宿糧而處之泰然人問之曰我樂其無累心事古人謂之清俸脫恐有滿日還比富鄰遺擾或及是所憂也已而有某姓自蘇來遷家富而貪居鄉不仁失戒而災常敬宅亦因火燬遂遷居武康課小沙彌性縱酒常以白眼觀世（逸林亦謂沈常敬性縱酒一日有醉漢過其門常敬適自友人家大醉而歸相值不及避乃格之漢仆墜石而死因遭縲縶月餘而出遂戒酒遍遊名山而鉢鑑續不載懶雲子謂其事可疑故不錄茲特附註之爲縱酒者戒）年四十入金蓋榻於邃雲習靈匼（音欽）也既靈而棄之曰是幻化非至道還揣六韜奇壬於武林旋又棄之謂是鹿鹿家數非妙用也退習長生久視之方於元蓋洞天久又棄之曰是戀尸者事耳志士豈可溺此遂遊名山路遇平陽子與談合遂師之始得太上宗旨乃至茅山而居焉是爲龍門第七代宗師得其傳者玉陽孫師赤陽黃師也歲癸已（順治十年）季秋十六日宴然長逝葬於茅山生於嘉靖癸未（明世宗二年）六月十九日住世一百三十有一歲

伍守陽律師傳

伍守陽字端陽原名陽江西吉安人宗師守虛之兄也（鉢鑑續載有此句未詳其出誰人門下想亦係龍門八代宗師）幼精性理明佛三昧年二十舉明經志在成仙不入仕籍朝士屢推之遯入廬山師事曹老師（名常化號還陽）李泥丸曹師授以大丹秘未就（即天仙正理所稱曹老師者蓋本此）李師曰希仙者須立三千功八百行乃可遂授以東老遺書遂竭情烹鍊丹垂成而飛者五十有七次乃出訪泥丸於何山（即金蓋之西北麓）之南麓得五雷法而返丹乃成將試取吞泥丸突至曰毋洞

汝五臟未堅服恐不利不如以點石得則普濟乃點所坐大磐石轟然若雷聲雲霞爲之色變金成而泥丸杳矣嗣是濟人作福無虛日吉王聞之羅致而師事之守陽恐有禍及遯至天台之瓊臺趙復陽知而俯就曰汝乃律門真種子盍至王屋山清虛洞天與我常月子（即王崐陽律師）徜徉時日乎并授以內丹口訣曰是爾所曹某所事之書也守陽遂拜辭踵至王屋崐陽律師已預俟於洞門外乃大悟洞澈金液微妙一見契合遂皈投疊受三大戒得名守陽字曰端陽以時值重午節也（以上鉢鑑鉢鑑續兩書均載）相處有年返服還丹始得質凡咸化自號沖虛子手著仙佛合宗天仙正理（按伍師門下有姚耕烟謝凝素兩律師實爲傳道受戒弟子）至歲甲申正月朔日忽沐浴辭衆而逝地曰武陵

懶雲子曰經有之爐火非至道惟至人得不假以自悞若沖虛子者非我律宗之至人與體其金液洞澈大戒疊承又曰返服還丹始得質凡咸化然爐火之學亦未可盡埽第學者當自問其五內何如耳經言豈欺我哉

此係兼事內外丹訣而登真者律宗惟此一人然其傳世兩書絕無一語涉及爐火撰者並不刪其廬山事實而篇末論以數語極徵理趣倘非過來人不能道者

趙龍德傳

趙龍德者明初高尚之士也幼慧悟好奇書及壯以兄弟侍父母遯跡於名山任其遨遊西訪青城山常至成都八關八門一日三見人以爲仙後遊武當太華廬阜往還江浙赤城天台間足跡幾遍天下友賓柑老人告劉基基負笈物色而訪焉初遇於長春觀無何至廬阜太極觀基日夜覃思星象之學遂感其

誠以天文秘旨授之告基曰藏器待時可也又諸張仲鐵冠子後必可會於廬如龍德道人者雖儒之隱流然亦道中之儔侶師於何人没於何日葬於何山皆不可考口述而記之

王一浩傳

王一浩者龍門系張三丰之故友也當明鼎初定四方敉寧專誠道學精鑒賞好書畫行止灑然常語道友曰如結丹之後身强體健凡中國大小州縣所在名山以圖焉有道友結伴十年壯遊得畫名山圖八百稿皆跋於後而記之後有客從海外來攜三仙島圖並琉球都山圖以補之所可奇者蓬萊之山水觀星辰燦如天上後雲門王圻者與一浩同宗集於三才圖會之中巍然大觀凡一百六卷彙輯諸書圖譜共爲一編分天文地理人物時令宮室器用身體衣服人事儀制珍寶文史鳥獸草木十四門採摭浩博足資考證而天文四卷名山圖八卷則皆一浩所製也惜此書世傳甚少洪楊刼前長春觀有之今遍購幽燕金陵各大埠書不可得惜哉聞此版雕於雲門因歲饑子孫不能世守轉售流離於他家故留此以待訪焉一浩至清初壽紀百歲之上常住廬山太極觀有皈依學道者弟子某粮以給之衣以予之偶他出忽月未饋人以爲死焉迨饋者至啓扉而栩栩然生與之語亦語之異矣因廬志未補今姑誌之

姬知常傳

姬知常者尹壽法派出家羅山能文學工詩賦道教之砥柱也跋涉山川逾越險阻人嘗見其狀貌蹁躚真神仙中人也問其長若無一者究其蘊淵乎深乎霽月光風雷雷爆電氣味融洽與道友經處三五載欻然散去每見其登山玩水必以詩賦紀勝道友嘗勸之不出世莫入世不入世莫出世公舉長春觀監院當茲世衰道微之際人心譸張爲幻有田數百畝戶佃粗粮一粒不予四顧蕭然人衆待哺未數月辭

衆北上後有雲山詩集傳世惜羽化生處未得其詳猶有憾焉

楊清治傳

楊清治者明末季來長春觀自稱河北人雲遊天下名山幾遍談說海外仙山歷歷如見體貌魁梧衣道服徜徉城市間觀中道友疑其募緣施從其蹤跡行而不止也又嘗至觀後白鶴泉松柏參天鶴鵲千百呼鳴顧而樂之喜吟咏脫稿卽焚世不得傳邀道友同出遊山深水遠從者病渴手指鑿地卽泉飲足止焉要非與世忘情者再顯清初入青城山頗著神異不可殫述然又聞在王屋山與羅念菴白衣道人分散殆非駐世之神仙也

潘九陽傳

金指潘九陽者世居鄖陽北門外父母早世九陽獨慕玄學前清康熙初隨朝武當太和山偕善士往入山時年十六歲脫俗有提點屢試志不渝乃爲命名加冠見者無不稱贊九陽無他好惟吟咏經懺從事有所得輯道藏中超死救苦祈禱之文名廣成輯要立志雲遊天下名山行萬山菁密中罷勞甚枕石以臥而入夢焉山神告曰速起而迎八仙此緣不可失也忽起見有七人襤褸甚徑過焉一人後至跛履九陽跪而求教祖師曰身無法術不可入藏業之中虎狼蟒蛇之窟也教以五雷大法表奏天宮司祈禱關鍵蹤而受之祖師行去留一鉢之餘九陽未敢食一指攪之遂變金指焉時稱金指潘入武昌逢旱滿城百官上下負㾦祈雨未應九陽偶遇童子戲書雷字於掌教往督府賣雷震聲滿城市以是知九陽之有道也請設壇於長春觀祈得甘霖遍野霑足而止焉經懺風開或三日或五日必表奏醮天白鶴翔空靈雲護壇今已三百年武漢三鎭人人知硃表之驗想當時之勝事後訪得上眞宮有九陽醮聯一本補入

傳中浙江甯波府佑聖觀淮城孚佑宮皆爲九陽開山遺像三十六雷部九陽之一也如此異德異行而不傳後世教中之悲也今并開經懺顛末裒輯對聯之廣夥頣奥衍堪爲後學之津梁道家酬世之極品也

潘九陽醮聯彙錄

萬衆盡騰歡延康初紀六百萬歲溯列真宴會崐崙今宜神功再顯
十方共功德天亓復化八十二身看羣聖推尊斗極正當福曜先臨

春日融和溪岸梅花飛玉屑　雨淨郊原嫩綠陰中邀綵鶴
惠風浩蕩堤邊楊柳舞金絲　風清寰宇新紅叢裏奏丹誠

花雨淨瑤壇祇迓清虛景福　柳絮飛空散去餘殃增五福
薰風搖翠節導迎碧落天恩　荷錢貼水圓成衆善解三災

手拂旌旗龍鳳纏身來紫極　瑞應天關金闕化身無量壽
身峨劍珮龜蛇捧足下玄天　光生月窟琳宮祝聖共承恩

東西朔南訖曁
歲時日月虔修

靈顯沐恩膏蔭翊家邦齊掃欃槍歸化日　年越古稀慶衍門閭樂治世
烝民蒙祉福澄清寰宇同瞻糺縵慶薰風　福由天降香生蘭桂映慈暉
春秋紀合八千烏爭鳴千樹木　真慶降虹流三月三辰邀綵鶴

甲子周回三百花開豔萬人家　士民仲燕賀一觴一詠紀蘭亭

永聽真經明壯彩雲景色
常聞妙道遠酬金殿香盟

恩錫一門弧帨雙懸增福壽
春當三月芝蘭並茂繞庭階

春色融和萬物青青生意好
玄恩浩蕩一門穆穆福祥臻

春色韶華幾陣香風來紫陌
天仙昭假百年善字註青篇

父母預修

福德齊修正值芳春仲慶賀
椿萱並茂安居蔗景自優游

紫燕剪霞綃春日香花迎醮席
丹荆秀雲朵和風繙綵舞壇竿

柳媚花明絢彩三春淑景
天高地厚能通一念精誠

烟結紫霞瞻拜仙壇齊設醮
花飄白絮皈依洞府潔明禋

翻蕊筊結珠烟虔迓仙真登玉陛

閶闔雲開綠輦黃輿來北闕
園林春曉花飛絮舞滿東郊

預修

簇簇杏桃開出千機雲錦繡
雙雙弧帨種修百世善因緣

又

路接烟霞仙府韶華開盛宴
花鋪錦繡春光富貴趁良時

八十男壽

壽祝華封八十耆翁開綺宴
觴稱綠醑九重春色醉仙桃

天竺虞山二烓旃檀同繳閲
芳辰淑景萬枝花柳競爭妍

春浮　淑景
花筊　和風

柳綠花紅此地是瀛洲勝景
山青水碧耆邊即蓬島仙居

望日初臨羽士肅雍迎鶴駕
三春已暮楊花飛舞迓鸞輿

三界迓神祇風光淡蕩

長春觀志

誦丹文翻綠牒扈從聖駕下瑤壇
雨過園林洗褪殘紅添嫩蕊
燕來簾幙啣將香綠結新巢
時屆暮春深綠濃粧描四野
氣當芳景殘紅淡抹寫三方
晴霽園林喚友流鶯鳴翠柳
薰風庭院穿簾蝴蝶舞清溪

母壽古稀

三月暮春糝徑楊花南陌舞
七旬壽毋慶修善果北堂開
東風桃李錦雲香祇迎鶴駕
北極星辰珠斗燦普降鴻恩

對壇

柳鎖青烟翠色遙分登醮席
桃酣紅日清香遠送御仙壇
日暖風和燕子雙雙飛瑞戶
人安家慶香烟裊裊遶祥門
簾捲東風爲送花香來法席
幡懸曉日却扶曙色到齋壇
燕語鶯啼聲協琅亟標瑞里

九天接仙仗春日融和
五福並至五世同堂瑞日芝蘭光甲第
八秩榮華八徵序備春風棠棣振家聲
花甲歲齊眉孫竹芊芊生嫩綠
林壬鄉序齒蟠桃個個結新紅
新雨碧桃朵朵結成福果
隨風綠柳枝枝寫出長春

併牒

姑洗良辰歸併牒文而報庫
季春美景荅酬天地以超宗
禁闕頒恩千載著題金刻簡
蟠桃益壽今春始見錦敷葵
日暖風和桃李爭妍添豔色

壽

鶯啼燕語鳳凰引駕賜禎祥

醮

一席風和香裊御爐金篆細
齋坛日永燈搖銀影玉符明
春水綠波瑞映雙塘承北闕
小桃紅色祥開萬戶靄東風

保病

芳菲門豔綠陰多三春勝景

母壽　壽　祝文人捷報　淨粮舡

鸞翔鳳舞影隨金闕御仙蹤
春滿北堂一樹萱花未老
星輝南極百年壽域初開
雲集玄都滿月相瞻北極
日晴紫陌賣花聲過南樓
壽域開法筵法力潛孚閬玉潤
恩波成雲錦雲恩默佑掌珠新
楊柳舒眉明看九重春色
芭蕉捲葉暗封一道青詞
壽比崆峒一粒長生眞妙藥
福齊洪範千秋不老進流霞
復旦慶光華龍門捷報
好音傳里社桃浪先登
投珠達中天經逐魚音流蕊笈
裹糧齋上國春回鷁首去江潯
風景晴和百鳥爭啼開柳院
天香馥郁萬松齊降鋪瑤壇
萬紫千紅滿地韶華鋪錦綉

災障潛消紅日靄五福洪疇
六秩年周千樹蟠桃初獻玉
三春月屆萬株仙杏欲蒸霞
天邊將滿一輪月
世上還鍾百歲人
挹瑞露仁風而不老
挺金枝玉葉於長春
堂開五代
八旬八徵　壽星四照
飈御
雲浮
星雲麗近初春節
山海祥開益壽圖
七曜珠燦寶籙萬年

三綠四碧九重芝蓋下蓬萊
十洞真仙引見碧空列聖座
九重上帝指登紫府太清天

四月

四月清和綠柳陰中鳴百鳥
三天高邈彩雲端裏集羣仙

誠格中天大賜瑤章多祉福
時當首夏宏敷玄範慶嘉祥

紫氣祥雲天上萬眞皈大化
紅稀綠暗人間四月正清和

稚筍成竿搖動一軒飄翠葆
圓荷浮水鑄成滿沼疊青錢

日照薔薇瑞簇五般紅景
風翻麰麥祥鋪萬里黃雲

節屆清和梅染絳腮香拱聖
雲裁乳燕蓮擎翠蓋影朝天

時値清和綠沼荷錢初貼水
香回玄造瑤壇芹草敬抒誠

紀叶長庚齡增瑞甲
仙翁長壽　名壽全昌
壽趾陪基　周甲重開

四月清和綠暗紅稀春已去
三江湛寂碧天日暖夏初臨

紅日堂階知有九天仙鹵降
綠陰庭院料無半點俗塵飛

荷葉疊青錢買得清和多麗景
楊花飛白雪飄揚初夏慶良辰

靈蓍揲成文一點丹心常向日
嶰竹聽協律千尋翠節自凌霄

浩氣塞庭前灼灼鮮姸星富貴
壽齡宣八表雙雙來往報平安

壽命一夔買住半分春色
雲間雙鳳翅瞻萬朵祥雲

四月八旬壽

景屬清和綠樹陰濃成翠蓋
香回玄岳紫檀烟細透蒼穹

四月清和瑞靄南山看麗色
八旬華誕恩承北斗煥祥光

雲淡風輕正屬清和景候
花明柳暗方當長養時光

景値清和閬苑風微開宴會
歲週甲子萱庭日暖麗瑤壇

時値清和玉架薔薇開豔色
誠投翠幕金爐柏子結祥烟

五月

善月修齋採碧艾以抒誠蒲劍祛邪安萬姓
朔辰佈悃摘丹葵而敬獻桃符鎮宅福黎民

律中蕤賓蒲劍祛邪安兆庶
蓂舒朔日桃符鎮宅福羣生

蘋藻醻神靈看疊錫洪庥人民共泰
葵榴呈錦繡正巍峨廟貌福祿齊臻

青艾烟薰蕩穢滌邪迎瑞氣

玄岳繳香盟恩酬福降
清和値美景壽永祿豐

四月預祝

誕値蕤賓預祝清和添麗景

五月生日

天開壽域疇陳洪範永康寧

燕剪穿簾綠樹枝頭迎帝駕
荷錢貼水碧雲影裏迓天恩

綠樹團陰四月欣逢暉賓婺
紫芝呈瑞羣仙畢集宴瓊筵

艾旛　葵榴　蒲劍
招福　作供　降邪

善月修齋四境清平邀景福
良辰達悃一方祈禱萃嘉祥

艾葉如旗能向端陽祛百惡
菖蒲似劍堪於五月斬諸邪

日遇端陽虔潔蒲觴迎聖駕

蒲黃酒饌狂蛟猛虎挫威風
庭院風清忽覩鶯梭擲翠柳
池塘雨歇遙瞻鳳詔啣珠綸
梅子黃時淑氣臨風當盛夏
葵花紅日傾誠奏帝願祈天
梅雨滌瑤壇萬樹海榴燃瑞燭
蘭風噓法界九霄瀛鶴御仙驂
黃道天開當五月蕤賓應律
華堂晝永幸九重炎帝司衡
黃鶯紫鷰奏玄音恭迓雲端鶴駕
瑤草錦葵絢綵色欣迎天際鸞輿
燭影輝煌綿亘清光垂萬古
篆烟縹緲氤氳柳氣貫三垣

六月

日色炎炎暑氣嚴威迎聖駕
荷香拂拂風光蕩漾接仙輿
酷日行天白玉京中陳素悃
薰風掠地紫金闕下飄清香

時臨善月採來芹藻迓天恩
花獻葵榴聊表凡忱時五月
齋修蘋藻願祈景福永千秋
星火中天堂宇浮蒲開盛會
蕤賓應律庖廚薦麥話良辰
綠樹陰濃景值蕤賓紓景象
黃梅天際時當仲夏慶祥和
酷日當空喜見榴花噴火
薰風透戶遙知荷葉生涼
梅雨弄晴滿眼秧針青刺水
薰風解暑一溪柳線綠連堤
荷花香透南薰時當六月
蘋藻處攄上境逕達九天
細細午風影動綠陰鶯囀媚
炎炎夏日光飛畫棟燕泥香

爲子謝士
壽百歲
雷尊誕

誠啓三天即日嚴陳蘋藻供
士告五方即日速痊桂子恙

時臨六月微風遙遞芝荷香
蓮綻西池飄十里香風天花飛舞
星輝南極增百齡壽域福果周隆
綠樹陰中聽黃鳥聲聲聒耳
紫檀香裏迓羣仙隱隱臨軒
蓮幕風清華彩映瑤林玉樹
槐庭日永榮光披金薤琳琅
長夏風清十里荷花香滿處
閑庭日永一場槐影綠沉時
日色初炎惟有榴花紅噴火
夏時方半更無柳絮白漫空
玉井　採蓮
冰池　薦菓
運心三界本無私東震發生純粹包含梵炁
臨下萬天威有赫南離炳瑞光芒應現昌祥

七月

碧落澄虛萬象森羅臨斗柄　星士
玄壇密邇五靈安鎮奠坤維
紅蓮香裏奏丹忱願殄時災修景福　公醮
綠樹陰中迎翠蓋思安人物沐恩光
道力匡扶願賜康甯多祉福
誠心傾企仰伸祈禱沐慈暉
語燕呼雛仲夏時光閑鬧熱
鳴鳩喚雨熟梅天氣半晴陰
紅豔滿庭惟有葵榴方向日
綠陰覆戶遙看槐柳遍屯雲
漠漠池塘風送荷香來醮席
沉沉庭院日移槐影到書籤
太陽開圖
神霄立極
又
惠露嚴霜上帝陶鎔登泰域
春風夏雨九天化育保康莊

七夕　繳橋燈　中元誕　又

日吉時良奉迓鸞馭來道座
秋清氣爽祗迎鶴駕到齋壇
一葉碧梧飄漸覺炎威稍退
九重丹桂長頓令福祉增崇
螢火飛來前野移光明後野
蟬琴噪罷北枝滯韻過南枝
日色炎炎暑氣無如三伏盛
香烟拂拂風光不與四時同
梧葉瀟瀟正値新秋麗景
鳳花簇簇適逢七夕佳期
溽暑漸除瑤臺遍洒金莖露
新涼乍至銀井輕翻玉宇風
燈光遠接星光萬物榮華酬帝澤
誠意上通天意四民覆育沐神恩
禮頌清虛七炁天中開壽域
恩頒赦典五華宮內出金文
上帝赦愆尤佇雲臺而降格
中元邀默佑望玉闕以抒誠

玉露生涼翼翼蛾謁中帝闕
金風初動翩翩鶴駕降凡居
七孔針穿此夜王孫鬥巧
九華燈照今辰齋主沾恩
大火初流白帝新秋司令序
光天如洗銀河良夜燦清暉
玉露夜垂織女弄梭七夕
金風時動井梧飄葉初秋
繳燈祈福
令節中元
九府降臨恭紉幽蘭爲佩飾
中元植福虔陳香芷作椒芬
又
既望建齋一月會期已半
地官赦罪三元節令方中

蘭盆會

會取蘭盆接引孤魂登極樂
齋脩金籙用資淨魄上超昇
逢地官赦罪良辰薦幽靈早登彼岸
遇冥府判生令節承法音遷往仙鄉

又

金風蕭瑟寶笈宏宣度盡九州苦境
玉露淒涼法餐廣布均施十地窮魂
七祖九玄不遠千里而來均沾法利
六親三黨可證九蓮以去共樂慈和
太乙垂憐隱隱雲中來接引
王官開宥重重案下判生方
一葉秋飄大啓青華昭令節
三塗月朗宏開甘露灑幽魂
紅蓮香裏建良緣六道四生游澤圃
綠樹陰中脩冥果三途九野化鶱林

地藏誕　衆施食

山菓闌蔬野人稱祝晉慈尊願六道四生息楚
酥酡甘露法力咒施周餓鬼釋九幽十類停酸

淨宅

銀漢架金橋普度元辰生人世
錦堂培玉樹蕃榮枝葉衍宗祊

玉露生涼
金風蕩暑
入此門來步步回頭省幻夢
到彼岸去心心向道樂真常
恩覃水陸
澤被孤幽
九陽沛澤
萬類粟晨
壇闡瓊章隱隱清商浮紫極
齋誠寶範悠悠洪澤潤華居

護駕有驪龍雷雨半空擁重地
傳秋惟太史梧桐一葉響銀牀

秋至涼生鶴駕遷臨舒玉露
夏回暑退綸音頒下透金風

抄叢話

洛水元龜初獻瑞陰數九陽數九九九八十一數數通乎道道合元始天尊一誠有感
岐山丹鳳兩呈祥雄鳴六雌鳴六六六三十六聲聲聞於天天生嘉靖皇帝萬壽無疆

八月

巖桂生香美景適臨八月
畝禾熟穗芳辰將近三秋

晝靜瑤壇紫氣昇騰瞻北斗
清秋碧落白雲飛處見南山

父壽

壽酒盃傾萬斛桂花香滿挹
老人星現千年椿樹本長存

又

沆瀣挹清秋既叶三生多祉福
琳琅瞻化日益綿百歲樂雍熙

又

瑤天環珮鏗鏘福履永綏光下土
丹陛瓊仙萃集壽祺長享頌高堂

六十壽

丹崖碧水盤旋九萬里如山哉如河哉氣補地維金甌固
白露青霜呼吸八千年爲春也爲秋也心立天德玉京通

又

宣最上秘文頓釋八萬四千塵勞善果周圓三生有慶

丹桂飄香節屆中秋迎爽氣
白蘋發秀時當八月御清風

風送桂香馥馥芬芬浮宇宙
日移花影重重疊疊上瑤壇

又

桂蕚香中上帝忽頒丹鳳詔
蟠桃會上羣仙共進紫霞觴

又

香氣靄瑤臺南極祥光開壽域
桂風飄玉砌北辰灝炁散天花

霞觴稱壽
丹鳳呈祥
仙迓霓裳
壽綿鶴算

八月終用

預修

啓長生筵會喜歷三百六十甲子玄功懋著五福咸臻

秋色平分喜佈三元雨露
月華正滿現開大地山河
巖桂飄金風送天香迎帝座
江蘋吐玉日移秋色映仙壇
丹桂花開馥郁天香羅萬斛
紫霄風動飄來雲馭迓千真
桃實出西池始信仙家意味和天香而悠久
壽域開南極惟見凡室祥光與月色以齊明

醮啓中秋現五彩玉盤而輝萬國
齋修八月供滿壇金粟以馥三天
絳節擁青霄丹桂香中迎綵仗
金風飄玉珮碧梧影裏有清聲
東皇嘯指南山松柏森羅陪作千年壽算
西母傾翻北海魚龍潛躍流來萬派恩波
井梧飄葉
巖桂吹香

九月

金粟飄香清景甫臨九月
黃花帶露丹誠徑達三天
九日未臨白露冒黃花含蕊
中秋將盡金風飄丹桂餘香
菊放黃金舒清香普延仙仗
黍堆白玉鶯妙膳少歟天真
西極高登預種將來善果
東籬遠眺佇看晚景清香

菊發黃花滿地鋪成金世界
楓生赤葉半寒湧出錦乾坤
黃菊丹楓來絢三秋新景象
金書玉軸益隆五福舊乾坤
菊雨新晴現出一天星斗　雨後星
芹誠上達增崇百歲遐齡
誠格三天鶴髮齊眉同福壽

又

時維九日龍山攜手共登臨

摘菊獻神明惟冀災消旦夕

保患

採蘋延聖　但祈福賜家門

九月初臨慶誕酬齋祈福祉

生日薦先

三秋已暮答天謝地薦宗親

楓燦錦屏列聖紫微遙駐蹕

菊菲綉幄衆仙珠斗看擎魁

籬菊綻秋惟見黃花開爛熳

楓林醉曉儘多紅葉錦斕班

老圃秋榮霜後花開猶豔麗

繳香

名山香繳神前芹獻更精嚴

滿徑黃花舒放清香迎百福

一盂玉粒虔修妙膳祀三天

善果種藍田福布百年美景

下浣預修

黃花存晚節時當九月下旬

桂子抒金風送清香盈萬斛

蘭蓀苗玉天開黃道到重霄

金谷桂開飄天香而供聖

玉爐檀爇結雲篆以傳誠

又

採菊東籬聊獻南辰祈賜福

摘蘋南澗遙迎北斗願消災

淅淅金風江上吳楓剪翠

瀼瀼玉露籬邊陶菊舒金

菊英遍吐東籬無邊光景

鄉間公醮

禾稼豐登南畝共慶豐登

老桂吐三秋萬姓分香酬上帝

鄉間公醮

嘉禾生九穗四郊擊壤慶豐年

蓉菊兢芳糚點暮秋存晚節

預修父母在

椿萱並茂喜看仲子佈津梁

黃菊傲霜枝九月光陰已暮

紫檀騰瑞炁三天仙仗迂臨

生日逢本命

菊月建清壇奉祝生辰逢本命

楓宸陳素悃解祲威宿衍遐齡

月到梧庭雲外旛幢和影亂

風傳桂殿壇中金玉帶香敲

梧葉風飄四野秋聲傳淅瀝

十

芹誠天鑒五方士禁奠神明

士
時居中秋岩桂正開金谷
醮安五士澗蘋少格蒼穹
宴設蟠桃偕老壽同花甲
六十壽
庭芳桂子洪恩慶衍箕裘
卑悃精虔誠動神祇同鑒格
中秋佳景喜看人月共團圓
人間金粟齊香恭迎帝駕
天上冰輪將滿光照法筵
丹桂芬芳飄散天香延鶴馭
雷
蒼穹慈憫宏頒雷赦宥民愆
萬聖臨軒香襲金風拂拂
一門衍慶恩沾玉露瀼瀼
醮啓中秋五彩玉盤輝萬國
齋修八月滿壇金粟馥三天
爲女拜大懺
道禮內庭婺女月光同燦爛
玄宗大懺福齡雲彩共吉祥
拆枝丹桂以爲香奉延三寶
炊粒紅蓮而上奉普獻諸天

桂子芬芳飄天香而延鶴馭
蘋蘩涓潔禳星宿以奠龍神
果熟蟠桃弧帨雙雙家慶
香飄桂蕊兒孫弈弈庭芳
萬斛飄香岩畔桂花開八月
五雲散彩盤中黍米現三天
月色溶溶時獲團圓福有象
桂香拂拂日添馥郁壽同登
桂子芬芳萬斛天香迎鶴馭
士
芹誠昭假一緘士赦奠龍神
五色彩雲光擁玉盤銀漢遠
萬枝丹桂香分金粟紫壇高
蘭馥金爐
葵傾玉陛
醮啓松花
香飄桂子
星燦銀河
悃抒玉陛

織香

金粟花開景屬中秋月有色
玄岳香繳恩覃合室福無疆

七十壽

八月中秋丹桂飄香凝百子
七旬稀壽蟠桃宴設會羣仙

重陽

重九飛昇秀挹先天同衍慶
億千應化功宏率土盡沾恩

母壽

萱草忘憂壽值古稀壽誕
黃花含笑茂隆美景餘香

女祝母壽

壽域宏開時臨落帽佳辰萱草茱萸欣並茂
福筵大啓正值授衣令節菊花楓葉慶聯輝

又

瑞曆頒恩看閬苑春熙重華再祝
祝光予福應西池秋婺戩穀將呈

又

瓊圃萱花周甲子方當六十
瑤池桃實數春秋將歷三千

又

東籬陶菊傲霜枝餘香尚在
南極老人增壽算五福咸臻

又

燃柏子薦蘋蘩降仙游於層漢
宴蟠桃斟菊酒慶壽誕以重陽

星士

客燕東歸桂子舒黃安士禁
賓鴻南渡桐孫舞翠順星躔

滿林紅葉錦班爛光連金闕
三徑黃花香馥郁彩映玉階

星

雨洒芭蕉釀秋寒于九月
香焚柏子薦誠意于中天

金書紀善
玉簡儲祥

岳降令辰
鴻禧天錫

又

花甲初周羣仙齊赴瑤池宴
松林乍永百歲頻添海屋籌

又

北斗瓊書王母桃同祝千春壽考
南山丹桂淵明菊共施萬斛馨香

又

九日遇飛昇祝賀玄天咸請福
重陽逢甲子協脩清醮願祈恩

新晴
九月築圃方欣南畝豐登
三日爲霖或作西城祈禱
鎮宅
菊花帶露吐黃金數榮新宅
鎮宅安吉
黍米和盤堆白玉淪祭蒼穹
蕉葉封章恭奏凡誠昭后土
菊花洒露蕩滌塵穢在寰居

十月

預修
十月小春誠建預修醮祭
三清四梵證盟今日津梁
又
梅漏寒香正是小春天氣
人培善果方爲後世津梁
風動雁行斜江上白蘋添暮色
露寒天氣肅籬邊黃菊傲秋香
試夢瑞梅尤借小春呈瑞色
傲霜金菊尚存晚節帶餘香
七十壽
景屬小春喜遇蟠桃花正吐
壽登七秩欣逢華誕宴初開
六十壽
果熟蟠桃剛遇小春十月

保忠
籬菊舒香暮景榮華存晚節
潤蘋祈福患身痊妥納蕃禧
六十壽
壽屆六旬丹桂留香迎瑞誕
時當九月黃花綻錦慶芳辰
序屬三秋露浥東籬菊蕊綻
時維九月風飄西苑桂花香
又
序屬小春喜見嶺梅先吐玉
時當陽月欣逢海屋更添籌
十月爲良春露疎梅留表極
三天煥赫道含黍米在中央
梅漏小春煖透南枝開幾朶
芹抒一念醮祈合室納千祥
梅報小春日轉南枝看細影
菊存晚節霜凝老圃挹餘香
四十歲還受生
不惑欣值小春蟠桃正熟
受生宜酬大道福果維新
醮鎮蓬居福享百年之永

纖香

籌添海屋慶祝嵩範六旬
梅放一枝歲序將新回造化

香焚三載愿心方滿荅玄恩

六十壽

壽屆小春正喜蟠桃剛綻蕊
年逢六秩方期海屋始添籌

萬象初臨禳災殃隨時消散
一陽來復祈福利遇節添增

蘭盆會

大有豐年開法會續建蘭盆七祖九玄咸度化
下元令節啓齋脩高懸寶筏四生六道盡升遐

滿林紅葉錦斑斕序值小春光照寒潭剛曉月
三徑黃花金鎖碎時逢太素祥開長夜正初冬

十一月

醮啓預脩時近一陽初動
恩臨下土人臻五福之源

梅綻南枝願介百祥多慶祝
寒生北陸初添一線大吉祥

萬籟俱清霜月明空添吉曜
一陽乍動雲霞映日發祥辰

節逢冬至日添一線之長

十月小春燄透千根梅蕊綻
三天厚地朝覲雙闕笏班齊

鎮宅 保扶

鎮宅迎祥喜遇小春添歲月
祈恩保福欣逢大有書春秋

梅報先春預佈當來景福
松擎晚節端祈現在榮華

慈雲廣被
慧日高懸

六管灰飛報一陽于初動
九天恩澤鍾五福以先修

醮鎮蓬居福享百年福永固
節逢冬至日添一線壽方長

籙演天元珠弧環斗
泰策揲圖壽星甪輝

預條

雁陣驚寒禦冷索裘宜早辦　　日麗丹山　祥開壽域
梅芬待臘知時結菓必先培　　雲繞壽極　齡錫萬億

楓葉飛丹只道渡頭桃已報
蘆花舞白猶如江上雪初飄

天開黃道　開光大吉

開慧眼滿殿金碧北極威靈重顯萬國
翊神座一堂環珮南天善信普渡羣生

十二月

霜月娟娟光照池塘凍柳　　木吼風號臘月陰凝始肅
寒風凛凛氣捲毳幕征裘　　霜天露降冬時彤漠生寒

飲蜡吹豳喜聽人間臘鼓　　景值嘉平牆角數梅將露玉
紀元迎歲挽回天下春風　　時維丑月門前五柳欲窺金

紀元

臘遍人間正值居家脩福果　　醮席風高遙望寒雲縹緲
春回天上偏宜善士建良緣　　齋壇日映頻看絳節徘徊

金闕迓尊容肇錫嘉平普建齋緣同慶祝木落江澄萬瓦霜花銀燦爛
瓊枝發秀蕊陽回大呂允敷峻極達玄穹陽生地轉幾枝梅蕊玉玲瓏

陰極陽生梅蘂含香迎鶴駕　　采石江寒星斗一天珠映
歲寒冰結霜華結蓋迓鸞輿　　玉樓日暖珮環萬里雲敲

隴折梅花將約洪禧迎臘至　　閭門大醮　萃集嘉祥共保千齡遵玉歷

齋陳蘋藻用申蟻悃逐寒回
剛得方亨瑞靄共葭灰凝彩

冬底

陽和漸長祥雲與慧日流輝
六出凝寒盡慶太平玉燭
一枝破臘新添馥郁金英
天意衝寒已放梅期結他生福果

預修

岸容待臘將舒柳長爲來歲壽眉

通用

內外同修期百年而後用
祖宗共薦願三境以逍遥
奉籙脩真今世壽齡多歲月
建齋設醮來生福果廣栽培
美景良辰始建預修齋醮
今生他世永爲受用福田
修玉匱化靈文資培福果
採溪毛陳淪祭昭答玄恩
焚籙預修佈種來生福果
答天謝地追懷過世宗親

保根

禬禳熒燧咸綏萬戶樂金闔
天運三百六旬循環陰消陽長
歲功七十二候終始否極泰來
梅報先春預佈當來景象
松擎晚節端祈現在榮華
庫藏堅牢貯積來生受用
玄恩浩蕩資扶見世安寧
內外承恩瑤簡宏開增福壽
祖宗受煉玉京滿願上雲霄
籙奏上天人心與葵心同傾忠赤
福培來世經力資醮力共効威靈
經演十迴廣度衆生德至盛
朝修九肅同積善果福有餘

雙壽

聖境願修齋酬盟薦祖
靈文虔設醮修己寧家

脩齋植以賴玄功琴瑟慶佳辰榮誕
對高明而祝禔福鳳鸞培後世津梁

天氣朗清會見籌添海屋
烟光凝結行看雲近蓬來

聖化沐昌時宜結良因于現在
松齡登壽宇堪培善果來生

盛世樂康寧

盛世樂康寧實慶前生修種
明時膺祿壽宜培後世津梁

答天地報祖宗盡誠盡念
種福田培善果脩德脩身

種蘭得香種粟得糧自古良因不漏
作善降祥作福迪吉於今報應無虛

果熟三千慶衍蟠桃大會
庫分十二福生洪範九疇

生日受生

徵爪豆因緣廣種善根來世
按祈禳典式厚培福果今生

經展琅函爲修善果當身及時勉勵
誠通玉闕廣佈津梁來世未雨綢繆

福爲修成蚤向寸田勤種福
功因行得速從餘地早施功

周甲雙修錦上添花無量福
同庚偕老籍中增算有餘春

六十雙壽

納鏘悟經言伉儷一忱共啓
延生臻道力優游百歲同登

善果有因前世已修今世得
福緣無量今生須造再生功

修懺法以滌前愆善因不漏
按經言而償宿負福果非虛

百歲共登永結修爲福果
一誠虔啓仰酬高厚洪恩

日擁蓬萊宮素悃虔虔報答四恩修懺法
雲開蕊芝殿丹心翼翼鏘酬十地閱眞經

生日受生

慶誕還生火棗千年結美實
酬冥請福蟠桃萬樹放新花

星士保患

受生倒庫

又

果必有因今世種因來世果
恩無不報得生當報受生恩

納錢酬冥以答生前借貸
投財寄庫堪爲後世良圖

輸納冥財償宿欠而消現患
禬禳星士却災迍以益遐齡

向答前因猶恐虧其宿負
續酬餘欠復思倒于今時

功裏施功宜向竿頭重進步
福中植福奚殊錦上更添花

醮格天庭祈歷壽元百歲
錢酬獄府滋培福果千春

壽誕通用

五鶴齊飛應信西池王母降
片雲出岫須知南極壽星臨

八洞神仙齊捧蟠桃慶壽誕
五方星曜咸持芝草賀長生

雲擁青華海上仙姬獻壽

冀逋欠永銷簿書丹臺益算
祈原貸廣削錄籍紫府延年

納錢延生一點精誠培冥福
酬天薦祖數年積念報洪恩

慶誕酬天祈命宇暮年隆固
諷經納錢培福田他世津梁

重寄津梁藉報先年庫藏

又

再培冥帑冀延今世年齡
納錢酬天無負受生夙債

受生

禮經乞懺增修此世遐齡

白鹿車來正是壽星降世
青鸞駕下方知王母臨凡

仙旆來臨千歲安期仙棗進
真輿交集九霞阿母壽筵開

鴛鳳乘鸞誕集諸真景貺

香飄碧落天邊帝子呈祥
列宿垂祥甲子重開四百
衆星錫福壽源倍益三千
爐浮寶篆凝瑞氣中天恩來蕊闕
燈燦瑤花結祥光南極喜動萱幃
懺滌塵愆福果與蟠桃共熟
虔修善事壽齡和靈芝同馨
壽如南岳松堅貞不老
福似東溟水流注無窮
南極流輝鶴舞青霄
東華註算鳳啣丹詔
太丘積厚以彌高鸞翔嵩嶽
海水惟深而愈永鶴浴瀛瀾
會取蟠桃大集羣仙列綺席
香焚柏子虔陳凡悃上瑤臺
端簡臨朝願鑒華封三祝
肅躬勤帝惟希允副一成
瑞氣擁南山一朶曇花開壽域
鳴金振玉宏宣大洞玄音
春滿北堂一樹萱花未老
星輝南極百年壽域初開
甲子初週眉壽喜登六十
蟠桃方結春秋已赴三千
老子駕青牛頃刻下臨仙仗
麻姑騎彩鳳須臾來蒞凡居
東皇嘯指南山培作千年壽算
西母傾翻北海流來萬派恩波
化日光天世際亨嘉幸運
蒼顏白髮身登耄耋年華
玉珮朝元巨棗安期書鶴算
珠幢擁御蟠桃方溯報鴻禧
福如東日初昇千古容光必照
壽比南山高峙百年歲紀無騫
歲例修齋祈本命庚星昭鑒駢臻純嘏
年規祝誕望高穹衆聖迂臨懋衍遐齡
門懸彩帨

祥雲扶曉日千年玄鶴舞華辰
忱達玄穹朝覲玉眞天際到
光凝婺宿恭迎金母壽筵開
南極祥開青鳥金仙注壽
北辰輝映丹臺王母書年
星燦南天堂上年年稱壽酒
醮通北極階前歲歲舞斑衣
福海波中湧出一輪清淨月
壽山嶺上飛來萬朶吉祥雲
南極老人慶祝五旬壽誕
西池王母獻來千歲蟠桃

通用

皇穹眷佑殄九厄以削三災
紫極垂庥集千祥而臻百福
黃帝垂恩疾病痊安仍康健
紫堂錫佑災星退舍降禎祥
斗府鑒誠默運斡旋大化
患軀蒙庇早諧勿藥神功

慶衍鶴齡
五鶴騰霄天送紫微玉誥
九龍擎日仙供王母瑤觴
摘蟠桃以稱觴佇看麻姑來洞府
採靈芝而獻壽遙迎王母下瑤池
慶祝慈幃喜値稀齡祈五福
崇修善果願延遐壽進三朋
棗進安期衍百歲千年壽算
經談火洞解五星四曜威芒

治病功曹錫金丹而永壽
當生本命開玉歷以延年
迎壽星進來無災不解
軀病魔出去何福不臻
天意昭回撥轉斗標延福壽
人心願切特修醮祭叩蒼穹

南澗採蘋竭徧岷峨至禱
北樞拜厄仰依斗極靈光

鶴舞青霄帝降中黃大道
鳳啣丹詔恩垂太紫長垣

誠達星垣燦燦珠璣呈瑞彩
恩邀斗極綿綿福履注祥光

女

玉露滴星壇闔閤有災從此愈
天香飄月殿宗祧在望賜將來

又

濟困扶危祈佑闔中康泰
祈恩禳告保安殿下栽培

寶額增前仙梵依依迎帝祉
紫微宮畔衆星朗朗錫恩光

金香結篆遍七元玉闕以通誠
玉斗傾光錫九轉金丹而保命

鎮宅迎祥納蕃禧而天長地久
抒誠保福享安榮以日富月昌

保扶星士

家宅人緣祈蒼穹而覆護
星辰士炁申丹悃以祈禳

斗府垂恩宅宇禎祥如日至
星宮錫福室家悔吝若冰消

天聽九重副凡悃而禳災解厄
鼎爐一縷邀真聖以請福延生

玉局垂科斗炁鍾靈能造命
銀河有筏玄恩解厄懇延生

又

本命降期天上洪鈞施造化
元神注照闔中弱質賴匡扶

星燦三垣紫鳳啣書臨壽域
光昭八表紅雲捧御降層霄

此日慶康彊紫府長生新注字
合門錫祉福金書不老永刊名

雲漢燦祥光星回南極
清門昭瑞靄慶拱北辰

雨星

雨露洪施沛恩澤而潤身潤屋
天星順度降妙劑以消難消災

星士

醮鎮中宮頒示龍章安宅第
誠抒上界敕宣鳳誥錫恩榮

星主　土表

香繳兩山完舊愿而盡誠盡禮
醮安五土鎭新居以美奐美輪
雲臺山上放毫光香盟達御
星斗宮中流燦土烝　爲祥
勅赦土顏廿念潛通諸土府
馨香上達一封朝奏九重天
淨宅祈安人眷享乾坤德澤
禳災制火家居沾雨露宏恩
肯搆肯堂美奐千春喬木
以禳以謝奠安五土高神
搆宇工完世澤天長地久
禱穹誠至恩波日富月昌
宅宇鼎新光耀千春基業
家聲丕振益隆百世芳名
宅拱五龍時序悠悠迎福慶
門旋四馬公侯滾滾衍箕裘
保扶弭災通用
上帝好生爰著禬禳鉅典

齋天鎭宅

脩醮齋天首積功少酬覆載
鎭居安土衍餘慶恒享榮華

又

鎭宅延恩百世清江衍福澤
保家協吉四時磐石永安貞

又

答報生成繳香盟而齋天薦祖
保安身命順星宿以告土軀災
淨鎭凡居福利普沾一室
保安人眷禎祥常納四時

燈宅

燈愿上中普錫光天祉福
宅庭下鎭恒霑厚地恩膏
革故鼎新衆信輸資完勝事
禍淫福善玄天錫祐顯威靈
誠動天隨兌納盈餘有慶
川平路坦往回步履無艱
軍士清寧恰喜不逢風浪
糧舟安穩惟祈早達京師
誠叩清都遙格金眞降盼

保胎

下民蒙福式遵祈籲虔誠
神之格斯保乾親之康泰

天之高也鑒震子之祈禳
天鑒孔昭錫富壽康寧福祉

道從人欲建醮天謝地清齋
潔己脩齋仰冀覃恩如練水

誠心建醮惟祈賜福似滄溟
巽口同音演玄章禳災請福

鳴金振玉宣妙法報德祈恩
子惟父之憂豈堪疾苦

天從人所欲爰獲平康
月紀清和三尺黃童脩醮祭

天頒景福六旬老母却災迍
薦蘋藻以陳情倘祈偕老

爲糟糠而請命既荷再生
病極膏肓深切震男常遠慮

誠陳肺腑敢祈乾父沛恩施
醮設一誠秖迓龍鸞上馭

恩頒下土默扶家眷康寧
醮謝蒼穹俾家居而有慶

恩覃宅宇祈長幼以無虞
誠格神靈豫兆太平有象

道通天地豐亨悠久無疆
雨過雲收掃災殃于頃刻

人惟意迫祈妙應以蕃昌

保孫女

祖庇女孫厥疾逐曉雲殄跡
天從人願蕃禧和春露滋身

保母

子惟母是憂丹衷致禱
天從人所欲素悃靡忘

又

疾極傾危瑞挹北樞化日
數延悠久光聯南斗壽星

保幼子

天錫聰明歷歲華而壯健
神資智慧冀襁褓以常安

保女

乾三畫而爲父不言所利
巽一索則曰女惟疾之憂

螻蟻傾忱爰致一心祈禱

胎安十月誕生麒驥佳兒

祈男

熊夢來占冒致愚忱以禱
鴻庥默佑果膺男子之祥

南極注生亟抱麟兒來斗室
東都毓秀早協熊夢慰凡忱

保兒

斗爲喉舌司恩同鴻造
人有手足義情切鴒原

得子

果遂愚衷默契夢熊吉兆
仰干聖聽願符投燕祥懷

目疾完願

昔因兩眼昏花呼天致禱
今願一心採藻伏地酬恩

爲商

開心見誠叩闢九重之遠
乘時射利辭家千里而遙

癆疾

癆備三因實切中遭厄
誠存一念敢祈在上宏恩

醫家保患

春至東郊已轉杏林生意
光回北斗汲來橘井清香

中書母預修

真宰鑒誠駐上國侍臣第宅

熊羆入夢可扶六甲艱危

還願

開厥有先已見熊羆叶喜
憂其無後屢祈鸞鷟呈祥

孟氏著書不孝深惟無後
老君有禱至誠遂感生賢

產後酬恩

誠叩龍鑾庸致丹衷禱祝
祥呈荊室會祈就蓐平安

目疾祈禱

銀海失明難寫筆花生喜慶
玉宸致敬申庸蘊藻達凡忱

日邁月征嗟逆旅登臨勞苦
風餐露宿藉玄穹覆佑宏恩

佐治清廉遍布東吳德政
醮脩虔恪祈消內闔災迍

綠鬢烏紗安享太平盛世
青篇紫冊茂延不老遐年

羽士六十

鶴髮黃冠壺裏乾坤長久

慈親享壽介西池王母年華

火醮通用

劍劈雷霆熒爍爲之退舍
言敷道德紫皇永以開祥
樂業安居常享太平吉兆
連甍接棟永無烽焰災臨
掃石焚香百拜仰瞻火部
回風息焰九重垂佑民居
下庶禳災大地均霑雨露
上天垂佑四方盡息風烟
天一生成永殄丙丁厄運
坎三潤澤均霑雨露恩膏
乘雲駕六龍朝覲玉容天上
談道跌九鳳蕩滌赤鼠寰中
上天彰赫赫威嚴民知悔過
下庶竭拳拳誠懇志切求安
石燕已高飛天上大施甘露
畢方今遠去人間頓息炎烽

桑田滄海世間甲子須臾

壬癸挑泉灌澍離宮以上
丙丁報火投傾坎位之中
上帝傾光蟻悃通天虔禱祝
熒星斂焰鹿車在宅永無憂
天感孚誠熒惑星旋三舍
人祈禔福冥空垂降千祥
發景公善念虔誠熒星退舍
闡老子玄科奧妙黎庶沾恩
閼伯收威炎上災危永息
虛皇設教玄中妙道宏敷
人意回天熒惑退纏次
凡情格聖福星照注垂恩
鸞馭下璇霄帶得一天新雨露
瑤壇揮法水洗除合境惡烟烽
滄海流恩一境咸沾新雨露
祝融斂禍四時永杜惡烽烟

帝德汪洋遙沛九重雨露
天恩浩蕩頓息萬里烽烟
雨露垂恩萬戶安寧叨景貺
烽烟除患八方康裕慶昇平
醮禮藉玄壇物阜人康時迪吉
水星臨福地烟消塵靜夜無驚
醮禮玄冥四境書雲承慶澤
壇禳熒惑羣生闔戶沐仁風

通用

聖德週流戶戶太平咸效頌
玄功廣佈家家康裕共蒙庥
一境免烽烟門閭兆瑞
九天昭祈禱衆庶蒙恩
醮奏離宮一境烽烟絕患
誠通坎府千門雨露沾恩
仗寶笈之瓊書疫癘驅除民樂業
憑玉符而鎮攝庥祥齊沐境安康
衆姓寅恭脩醮禮而邀迎福履

聖德巍巍永靖烽烟無後患
天恩浩浩常沾雨露施羣生
里域淨風烟允賴皇穹賚福澤
門閭深雨露仰爲大道洽恩波
道法宏施看衆姓安康邪氛殄滅
仁風廣佈聽兆民歌舞塵界清夷
集衆姓以酬恩佇看膏澤施四野
秉一誠而格帝從今祉福錫寰區
玉輦迓雲端恩施春秋冬夏
瓊輿漫空際澤覃南北西東
虔懇天恩願保一方寧泰
永憑道力還祈萬戶隆昌
寶醮虔修福澤普覃衆姓
瑤壇靜設恩庥永佑同誠
從善如歸歲啓醮筵酬覆載
皈眞有素時憑道法蕩炎熛
玉帝垂慈鑒格今辰醮典

一方胥慶設齋筵以永殄災殃
俯醮禮精嚴願誠敬上通三境
竭凡民誠懇祈福祥下布九州
竭蔡忱以格天心仰答生成高厚
展琅函而通帝座永邀福祉身家
脩懺法以酬天衆姓共傾葵藿
迓帝眞而降世一方同沐恩波
九天大聖削罪咎于過書回凶作吉
雷部諸神免天條之譴責轉禍爲祥

雷醮

醮謝雷神祈嘉祥而駢集
誠通天地保禾稼以豐登
赤子積誠願首愆而祈福祉
蒼穹垂鑒冀洪庥以錫祺祥
掃開六合塵氛天真降鑒
收起一聲霹靂人物亨貞
玉簡百年注上長生字籙

過關

金鷄三唱廓開度命關津
登無上法橋脫出關津躋壽域

九天請命赦除夙世愆言
上帝無私每彰戒而使警惕
下民有禱必悔悟以資脩持
三洞經翻息上界雷霆威怒
九天幽醮報北堂老母深恩
布九天雨露雲雷不祥者隱
赦多年愆尤罪咎轉危爲安
蕙帳現金星但願同年有永
華堂抒玉局惟祈幼限無關
白鶴乘風飛舞金橋下邁

又

紫鸞嘯月翱翔玉闕來臨
福自痘司來童子天花期妙綻
恩從天府賜孩提襁褓冀平康
上帝好生密賜痘花而發綻
中天照命疏通關隘以隄防
玉帝垂慈默賜天花而發綻
瑤穹定命密賚月桂以崢嶸
陽日麗中天九秋有望

拜虛皇寶座翹瞻雲漢詣大階

祈晴謝晴祈雨通用

道法昭彰四望黑雲遍野
天恩溥博一時綠雨漫天

雨散雲收陽德金烏初現瑞
水平風靜歲時玉燭慶調和

謝晴

穡事豐登頓苦霖零濃潑墨
葵誠豫禱倏舒暘若慰羣黎

西風夜捲黑雲收天光朗照
北闕曉來紅日近誠意潛通

奇爲陰耦爲陽萬物生成咸遂化
油然雲沛然雨三農災旱頓無虞

昇坎降離默運一天造化
驅雷役電宏施三尺霶霈

巡司祈雨

誠啓巡司一禱回天有力
雨來翔日萬民樂歲咸休

官祈雪

雪爲玉谷精禾呈臘瑞
守分千里任亟爲民祈

祈雪

無臭無聲剪碎銀河水澹

陰霾開下土四烝朗清

政出黃堂一禱回天眞有力
雨甦赤地萬民豐歲樂無疆

皜皜陽光四野雲霓咸仰望
昭昭上帝一時雨澤盡長流

祈雨

誠其意正其心仰叩九天洪造
油然雲沛然雨普施三日甘霖

又

風捲雲奔廣布連天黑陣
雷轟雨驟蘇回大地蒼生

又

法有靈通能致漉浮瑞應
歲無嘉雪莫知豐盛時期

懺悔

天地無私修善自然獲福
聖賢有教修身可以齊家
帝德誕敷康衢修善

自形自色洒來玉宇塵開

以上康熙六十年以下至乾隆七年

對壇通用

絳節徘徊紫府丹臺同禮聖
仙衣縹緲金容玉相共朝尊

金碧交輝入渺渺大羅境界
玉真朝拱瞻巍巍無極尊嚴

淨啓瑤壇懇致凡誠而上達
裝嚴寶座儼然天帝以迂臨

瑞氣盈庭玉燭金臺隨日耀
仙風清導旌幢寶蓋自天來

法席當前竭趨蹌而罔旣
天顏伊邇錫福澤以無涯

金鼎爇沉檀信達青霄列聖垂庥法席
銀臺燃蕙炬誠通碧落諸真俯澤齋筵

五色瑞雲開黃道光華天顏咫尺
九重恩詔下清班羅列仙仗徘徊

天高聽卑當不違顏咫尺
民心誠懇仁里沾恩

施惠澤佈仁恩至意昭垂凡意
下龍輿來鶴駕人心感格天心

振金鐸諧玉音秉簡朝真而對越
肅鴛班聯鷺序俯躬謁帝以傾誠

玉燭搖紅移下一天星斗
銀蟾吐碧引來三島神仙

靄靄雲飛應齋壇而毓秀
氤氳香裊遶醮席以增輝

庭擁丹霞望望皇車達肸鑾
闕浮紫氣翩翩仙仗降靈壇

龍鶴交驂
仙真並集

蟻悃上通
龍旌下降

金猊浮霧

人求必應焉能盡報涓埃
簾幙風柔華彩映瑤林玉樹
庭幃晝永榮光披金蕊琳琅
香霧盤旋恍睹玉皇臨醮席
幢幡縹緲如聞寶蓋降塵居
香靄螭頭霧鎖瑤壇紫炁
烟淨龍袞天開黃道紅雲

玉輅乘風
蓬萊不遠
仙仗方臨
三老光臨專演長生秘訣
羣仙龍顧壽延久視遐齡

清齋通用四言聯

誠格楓宸　齋由誠格　丹誠上達　謹抒丹禱　九重不遠　香飄碧落
恩沾蓬室　恩自天來　洪覎下頒　上叩玄穹　一念潛通　雲擁青華
福隨日至　宏開法會　道垂恩祐　精誠達御　丹誠有請　恒沾福慶
恩自天來　肅建齋筵　天鑒精衷　至道臨侗　玄造無私　永沐純禧
天垂福廕　一誠露懇　天恩廣被　千門永泰　一方寧謐　離宮息熾
帝念精誠　萬福天開　帝澤弘施　萬姓安康　四境清平　水慾儲祥
一方樂善　恩隆下土　迎祥集慶　離宮息焰　祝融絕跡　康衢脩善
萬聖垂庥　誠格高穹　釋罪除愆　坎府流恩　水德垂庥　仁里沾恩
民心誠懇　方隅安泰　天心在宥　祝融屏跡　九重恩湛
帝德誕敷　里域清寧　帝念維新　熒惑潛威　五福雲臻

橫額

一方胥慶　福遍閭閻　國泰民安　合境增祥　各家履泰　合里昇平

祝融永殄　逐戶迎祥　火燭無驚

附長聯一

紫霧盤旋上帝擁旌幢下邁
綵雲縹緲天真隨御輦來臨

薦亡

薦父終七
嚴範昇天七七喪期今日已
孝思慟地綿綿抱痛幾時休

冬至
地府陽间月冷椿庭魂縹緲
人間冬至風淸蓬島魄優游

又
風動桂陰倚杖思聽林木響
日沉椿影凭欄愁望嶺雲飛

週年
二月將歸椿樹杳然空曉霧
年週已屆桃花依舊笑春風

冬
霜天落葉悲風嘆親魂兮何在
寒夜哀鴻叫月洒血淚以無窮

秋
風動桂陰倚杖忍聽林木響

秋
椿謝瑤枝嚴範昇天瞻有在
桂飄金粟孝思慟地抱無涯

八月
百年椿樹殞秋霜山川失色
八月桂花含暮雨庭砌生寒

上元週年
上帝降凡居恩沛上元雨露
嚴親捐館舍悲看几度梅開

秋
露冷風淸無限孝思明月夜
蓼紅蘋白幾多血淚楚江秋

一陰
百舌羞啼陟岵瞻親徒泛浮蒲酒熟
一陰漸起趨庭泣父空懸續命絲長

十月
序屬小春景觸丹楓空洒千行血淚

日沉椿影凭欄愁望嶺雲飛
旬餘謦欬無聞未識神遊在何處
七　音容莫覩惟期魂去早歸來
嚴範昇天九七歸來承善果
孝思慟地九重詔下拔雲霄
天喑哲人雪戴千山孝服
物悲賢士風號萬壑哀音
菊露幾枝痛滴思親淚眼
蕉書一副虔抽籲帝誠心
慧日昭昭將見嚴君離永夜
凍雲漠漠不堪孝子泣長天
拂拂金風撤父靈筵興鷹悼
冷冷玉露宣慈秘密度生方
時值中秋月有圓時人有缺
脩齋四七功無量數德無邊
抱痛罔極終身祈慈悲之冥護
失怙已將一月念靈識以何依
哀感蓼莪經四十九朝痛違孝養

時維十月凋零黃菊徒深五七悲哀
白鶴淚空霄接引清魂朝帝闕
秋蛩鳴夜月倍添孝子泣靈闈
孝子思親痛灑百千萬淚
先君棄世倏經四十九朝

報嚴君罔極深恩魂經五七
盡孝子追脩非禮魄度九重
問寢無聞鶴淚靈椿人寂寂
趨庭莫對鳥啼寒樹夜迢迢

冬至
天意衝寒椿謝影凋經　七
岸容待臘梅開香靄遍三千
地底陽回月冷椿庭魂縹緲

冬至
人間冬至風清蓬島魄優遊
白髮嚴親借金風而誕桂窟
青宮慈父洒玉露以到椿庭

中元
父歿子懷忽値中元令節

情關風木洒百千萬淚念答劬勞
喪盡禮孝盡誠竭人子報親之念
出必告返必面磬齋心事帝之勤

四七

八十四翁奄靡凡俄經四七
九幽大懺度慈父往化大千

冬五七

五七甫臨仰聽慈尊而超度
新冬纔到痛思吾父以難忘
五七脩齋莫覩閻王鐵面
百千罪釋常瞻大道金容

十月

終七齋敷良月嚴魂超北鬱
皈依哀洽小春怙魄度南宮
情切蓼莪孝子哀哀興念
誠通楓陛嚴君穆穆超神

十月

景過三秋籬邊露滴黃花淚
時逢十月庭前目覩白雲飛

八月

丹桂臨風香滿蟾宮當八月
靈椿萎露魂隨鶴駕御三天

薦母

人爲意切仰瞻東極慈容
奉養全虧空慕萊庭孝敬
劬勞未報竟遺風木傷悲

大殮

孝道在庭中盡哀致禮
親棺殮堂上事死如生

二七

神識飛昇極樂三千境界
孝誠懇切爰修二七清齋

首七

首七方臨玉案初逢秦廣
一靈長逝親恩罔答劬勞

除服

極目白雲除服報親當盡孝
舉頭紅日抒誠事帝少傾心

冬

微雨洒寒窗愁看逝波流白璧
淒風號石木不堪血淚染丹楓

秋五七

金菊飄香廣布九秋瑞氣
玉爐騰霧虔修五七冥齋

少年守寡

我念我親更逢守寡存孤恩尤難報
人爲人子須知懷胎乳哺身自何來

終七

婺星隱曜暌隔慈顏恍惚四十九日
萱魄游仙宏脩善果報酬百千萬恩
萱草香消空嘆庭幃闃寂
婺星光掩何堪河漢沉昏

下元薦兼保病

鞠育罔酬節遇下元報母
致誠感格醮通上界祈安
陟彼岵兮籲天薦敷蘋藻
誠其意者瞻母哀感蓼莪

陳雙萱薦貞母

貞女辭塵表忠節馨香留萬古
嗣男竭力　褒章炳耀顯中吳
莫報親恩五十年依然孺慕
誠通帝德三千界倏爾陽回
北堂萱草謝三秋失慈母兮何如

十一月生忌

東極蓮花開九品知孝子也有懷
痛母氏劬勞血淚已枯　日
念慈親鞠育悲號不息三更

三七

誠格九重天東極雲開方濟度
時逢三七日北堂夢斷永悲傷

七月半

會建蘭盆度北堂而登月殿
誠修芹獻延東極以下雲衢

孝子家齋天

大孝顯中吳報親終養
一誠達上界祀帝祈恩
蕊闕雲開庸致薦脩盛典
萱闈風慘難酬罔極深恩
東極雲開庸致籲天誠懇
北堂風冷永懷陟屺悲哀
老子跨青牛頃刻仙靈並集
麻姑騎彩鳳須臾魄　隨臨
三七違慈蚊蚋猶思銜飽日

夏用

一心哀痛羔羊尚跪乳恩時

景謝北堂慈範 已睽虗定省
思瞻東極孝思初展藉齋脩

七內

東極垂慈願灑大千甘露
北堂傾逝俄經七之良辰

哀徹終天子欲養親親不在
痛傷罔極兒當奉母母何存

六月應父母

椿樹俄傾蟬抱高枝哀葉底
萱芝猶茂鹿啣瑞草獻堂前

六月首七

蟬噪風前慟哭初聞首七
猿啼野外悲號遍訃大千

舊業休提但要把孝子心腸摧破鐵圍幽暗
來緣莫料也須將嚴慈親面目引歸玉闕通明

七中

血淚滴黃泉違親顏几七晨昏思深風木
丹忱通紫極瞻慈容百千化現接引迷津

百日

沉四月悲思鶴夢已隨風陣散
抱三年哭踊烏聲空帶月光寒

事死如生事亡如存我念我親祇要心常如在
無父何怙無母何恃人爲人子須知身自何來

孝子報恩時序正臨首夏
萱親棄世光陰倏屆小祥

泣杖子哀哉落日影中悲老鶴
斷機人去矣淒風聲裏哭慈烏

先母週年報劬勞而申孝
中秋八月修功德以除靈

除靈

梧影淒涼目接已興悲母念
秋聲慘切耳聆更動憶親心

二月

堤柳垂絲難繫思親腸斷處
隴梅褪粉空懷報父母夢回時

三月七終

七有終而痛無終白李紅桃俱增傷感
生無待而死有待金科玉典頓豁冥愆

二十週年

棻惆格獅慈二十年訓誨維勤親恩難報
椿萱雲迷蝶夢萬千真精虔有感子道重伸

清明

晝永憶趨庭節屆禁烟仗道而脩善果
春深愁陟岵屺俗傳寒食逢時式展孝思

三月

紅衣落盡暗香殘感時因濺淚
白日長愁明訓杳恨別在終天

薦祖考祖妣

九月

南浦白雲飛難忘德祖深恩淚傾十載
東籬黃菊綻不盡慈孫孝念腸斷三秋
獅座浮空承楊枝洒塵以薦水源木本
霓裳散彩沾蓮花法雨無忘春露秋霜

四七

祖母奄塵新歲俄臨四七
孫男申孝撫恩當報百千
蕙帳雲陰難報含飴罔極
蘭堦露泣空悲烏哺私恩
臘欲去春欲來幽谷蘭蓀香泣露

春枝萱樹兩摧凋親恩莫報
月殿雲階同超舉元德殊深

天齋

祖父流芳當報劬勞之德
乾坤鐘秀仰酬覆載之恩

七中

祭竭厥誠一念不忘祖德
喪盡其禮几七聊薦仙鄉
追想北堂少效報劉令伯
投誠東極仰瞻赦罪慈尊

愛日長報日短吳山梅蕊冷瞻雲
日間小祥痛祖母淪亡已週一載
誠皈大道仗慈尊接引早陟三天

荐荊

曲斷琵琶湘女怨絃愁不斷
珮遺江浦鄂君香被恨無窮

終七

荊室淪亡終七感終身叙守
慈尊憐念再三祈再造洪恩

桃臉傷紅荐悼荊魂　七
柳眉舒翠恭迎芝蓋三千

春

恩愛兩忘花落桃源春去早
死生一別魂遊蓬島信來稀

終七

菱鏡塵蒙倏爾七終蓮步返
荊釵玉斷翛然一夢蕊宮遊

娥月歸天影射幽窗隨玉魄
婺星墜地光流泉壤照冰魂

雲淡秋空室掩不禁終七淚
風清曉夢魂招猶憶隔重泉

有子

痛室老夫兩眼淚垂雲雨地
傷親孝子千聲啼破雪霜天

冬

綉幙寒侵幾度夢殘驚夜月
畫樓塵鎖一人隔別楚江秋

鏡爲塵埋不見鳳鸞對舞
琴因絃斷頓敎鴻雁孤飛

芝蓋迂臨紫鳳啣書來北闕
荊輿杳緲青鸞傳信赴西池

蓬島風清五色彩霞迎鳳輦
楚峯雲散一輪明月照鸞幃

上帝迂臨遙見長空飛五鳳
淑人杳逝不堪夜雨剪孤燈

孟案寥寥孤鶴夢中常自淚
莊歌落落雙星天上爲誰明

清明

楊柳風微偏到禁煙看冷食
槐柯夢斷不堪撫瑟弔荊魂

妻兼妾

楊柳掩金斂翠眉愁空蕙帳
梅花吐玉含香淚溼盡鮫綃
愛室傾殂遺幼嗣百千萬苦
義夫傷悼失內助四十九期
鏡破環空隕墜小星迴錦絕
水流花謝繾綣宿蝶夢魂香

荐子

生子寧馨指望曾元養曾子
臨淵驚懼何期顏路泣顏淵
夢裏分明依依繞膝情愈切
醒來髣髴迢迢縈念我徒悲

幼子亡

兒抛不老之親情懷悽慘
父泣少年之子涕淚流漣

又

玉碎荊山空費切磋成主器
珠傾合浦徒然拭淚泣鮫綃

薦子保孫

事有難明善人不盡獲福贏博酸心何極

未婚

憶春風綠暗紅稀未賦桃夭先歌薤露
嘆今日丹旐白旐罔招玉質速返蓬壺
魂度廣寒永伴嫦娥遊月殿
誠通閶闔遙瞻仙仗下雲衢

七夕薦妾

燕子樓空腸斷馬嵬埋玉
鴛鴦帳冷忍看鵲駕填河

百日

夫惜荊殘百日遙瞻青鏡掩
子哀萱謝六時遠望白雲飛

菽水誰承幸躋珠光超北極
斑衣缺舞早攜萊彩赴南宮
荷芰生香接引慈悲獅座
椿萱返孝超拔俊傑麟兒
舐犢愛難忘對鏡時憂心益痛
篋書香乍散傷情處血淚何窮

理有足信仁者必能昌後遺玉發祥可憑
棄世六旬忽值節屆清明薦拔玉麟賫道法
離親兩日又遇時新寒食虔修寶筏度蓬瀛
冢子傾亡違別堂前彩服
雙親垂淚痛失掌上明珠
歲及已週太息麟兒早歿
誠通九陛空瞻鵷鷺迁臨
荐伯父叔父伯母嬸母
報伯父罔極深恩魂經　七
盡孝姪追修典禮魄度九重
切念靈魂追遠慎終于歿後
時思伯父孝當竭力在堂前
水碧沙明黃菊香中超懿魄
天空雲淨白毫光裏覲慈容
姪女渡沉淪超昇快樂
伯嬸母謝塵世脫盡繁華
荐媳
中饋忽沉念冢婦屆臨　七

淨宅
長子傾殖慈父返追終七
凡居淨鎮人緣順泰四時

伯叔父終天屈指已經　七
孝姪追荐深恩未報埍埃
節遇一陽忽起孝思追叔父
赦原九地特頒惠澤及幽冥
明月光淒恭藉慈尊而追拔
淸風聲慘荐賫伯嬸母以超昇

又
誠達東宮忌日薦超冢婦

七中

一堂有感願慈尊恩沛九泉

又

人壽難期痛殞閨中冢媳
死生永訣悲傷堂上慈翁
奧藏啓幽扃淑魄招三昇碧落
瑤篇闢黑壤芳魂終七陟丹陵
老眼茫茫看醫往醫來幾陣悲風媳已去
中堂隱隱憐爾姑爾夫一時灑淚我難看

薦壻併女

老淚潸然愁哭東床佳壻
誠心至矣願超北府清魂
生世二十年愛忍割腸脩懺法爲汝解除孽障
離膝四五日情鍾在我禮穹蒼願爾超拔幽冥

四月用

新月畫眉天外佳人難再得
蓮衣褪粉洛中神女復何逑
荷錢點水買甘露以潤香魂清涼自在
麥浪翻空駕慈航而津淑魄彼岸非遙
白首老懷痛愛女夢消珊枕
青鸞佳信召淑魂班侍瑤池

醮中北極良辰銷繳遠香

未嫁女

法界頌瑤章十絕靈旛迎淑女
冥君開霽色一函寶笈度貞魂
素月廣寒萬里無雲升化魄
青蓮體潔一塵不染附香魂
道力親深助上天堂路徑
金風玉露忍傷蘭砌馨香
黃葉舞堦驚破幾囘思女夢
碧梧飄砌番成一片憶兒心
花落蘂蕉遽別庭前棠棣
蘭凋蕙謝慟傷堂上椿萱

奄紅塵四十九朝翫荷日身歸青塚
享青春一十七歲懸艾時面別紅粧

薦兄弟

棠棣分枝水落此鄉情更切
雁行失序秋深故國恨猶長

雲散長空鴻雁徒然失隊
花隨流水鶺鴒難挽連枝

獅座垂光庸布腹心誠惘
雁行失序可勝手足深情

青雁倦飛雲更痛鶴陰無子和
紫荊方接木猶思槿樹不開花

一葉飄階淚滴梧桐深夜雨
三元赦罪歌悲棠棣早秋風

雨打榴花連日低頭含宿淚
風吹艾葉常時搖指嘆分枝

首七追修亡弟克經秦廣案
再三懇禱慈尊甫降鬱羅臺

奠粥燎鬚克體天倫順事
獅座浮空七七追思情未盡

鶺原悲切重重急難意何忘
翹首鶺原惆悵兄魂意不返

皈心獅座翹瞻帝德應當前
夢杳西臺月向江天孤雁叫

恩開東極魂升蓬島九蓮香
棠棣花殘可嘆連枝今喪折

雁鴻聲斷堪嗟同氣已分離
青雁不成行嘹唳金風偏淅瀝

紫荊非連理飄零玉露暗彫傷
幾陣悲風吹散天邊紅雁侶

一番愁雨驚飛原上鶺鴒羣
鴻雁聲中對寒檠而腸斷

紫荊花下撫玉樹以心傷
弟溺水 鴻雁聲悲隻影觀逝水以魂飛心傷夜壑

沂哀求薦願書姊弟深恩

薦內考內妣

孝女銜哀對椿庭而洒淚
館甥致敬叩蓮陛以陳情
江上丹楓淚洒他年血未冷
籬邊黃菊情深買筊墨猶存
烟鎖柳提實切冰清悲慟
雲依蓬島荐登泰嶽尊靈
迎日初長感節序方來肅陳坦悃
望雲何處慨音容如在祇達甥誠
半子修齋除徹外堂靈席
九泉蒙惠洞開大地幽魂
花謝水流嶽府臺前超岳丈
冰清玉潤東廷文下淮東床
誠格青宮中半子追修典禮
魂辭黑壤登五雲快樂仙鄉
泰山其頹將盡門楣報本
青峰在望持脩道典超靈

紫荊義切連枝覩狂瀾而腸裂情慘汨羅

妻父妻兄相繼奄歷三載
孝甥孝女敬當報本一誠
孝啟東林超度冰魄升碧落
誠通北闕頒宣玉簡下黃泉
徵善士以成真忽奉三天詔旨
叩慈尊而度苦聊伸半子情懷
太岳傾頹半子感恩思報荐
宏仁濟度九蓮載魄願升遷
半子修齋荐岳父母超昇蓬島
一誠上達迓天真陟降衡茅
半子攄誠報荐冰翁大德
衆真垂睨超遷厚地冥魂
大道垂慈賚妻母昔時寄庫
小祥斯屆薦岳翁今日昇天

岳父母
半子追修有忝東床孝道

薦外孫
外親承薦祈登西極仙鄉

孫女將嫁而亡
醮格諸天聊致一忱禱祝
時臨　七庯仲半子哀情

雜薦類

涙洒孤幃痛念槁砧何在
恩覃九地遙看瑤簡高頒

薦友
一十四朝鴛帳孤單秋色老
百千萬涙鸞粧寂寞鏡光寒

齋設蘋蘩舅父誠通東極
恩頒泉壤甥魂超度南宮

宜室當期將謂含飴今遂喜
結褵未果奚堪捐館返生悲

血症而亡拜血湖懺
下民如有誠感在薦揚之際
丈夫非無涙洒于死別之間

薦僧
瀚海平波帝駕乘獅垂濟度
鶖林開爽冥靈化鶴任翩躚
覺性真空更悟虛無妙理

岳母
蘭珮停聲空仰百年泰水
閨儀蒙教宜輸半子芹心

梅漏南枝堪應小春節氣
誠通東極徒伸半子哀情

荆室投誠願鑒寸心恭恪
夫君辭世難忘五七喪期

薦孫
衰祖啼孫自惜桑楡晚景
老父哭子獨傷蒲柳先秋

母舅
孝甥懇誠痛母舅條經五七
慈尊開度仗冥官頒赦千條

涙洒西風泣故人釆蘋致薦
符頒北府超清魂御氣飛騰

道月常明皈潔夜光熒夙世
秋雲易散飄飆仙跡脫塵凡

感鶴賦新歸西去丹山添赤舄

薦外公婆

義男薦主

本來寂滅還從玄化生神
德澤彌天兩世外慈登至境
玉宸近日三淸上聖蒞瑤壇
二七追修撫愛恩酬萬一
十王慈憫超昇路開三千
洗滌千愆昇碧落虛無境界
圖明一性登青華長樂天宮
泉路茫茫欲渡迷津惟妙道
淸魂杳杳期超仙域賴靈文
獅座浮空露洒楊枝來接引
霓旌結篆光舒蓮葉照幽沉
道岸豈難登總爲孽風翻浪
天堂原有路良因性海無波
丹簡罩恩慧日照明長夜
玄文演妙寶珠璀燦靈臺
聽法聞經願卽還神離北府
執符把籙克諧度品上南宮
魂度來陵證無去無來之果

薦師六十冥壽

又

神龍驚怛化東來紫氣失青牛
師範常存花甲甫登歸冥籙
心喪已畢感懷欲報到泉臺
懇薦主魂三島仙遊纔朔望
仰延玄馭九泉慈跡應澄淸
九色蓮花拂拂香風賁九地
一枝楊柳冷冷甘露潤重泉
獅座浮空下東極妙嚴境界
龍光照燭赦北都幽壤靈魂
八景洞明照徹北都幽暗府
九陽宣達遊來東極妙嚴宮
道日高明漠漠夜臺開曉
靈章玄妙溟溟幽壤能通
蝶化莊周不記當年夢幻
鶴歸華表重來舊日家鄉
獅座光臨接引亡魂登極樂
鸞輿降鑒賁超淨魄赴仙都
生死本空萬派水流還入海

神遷紫府悟不生不滅之因
聽琅琅五帝慈音魂離北府
乘巘巘九皇聖駕魄上南宮
寶笈璠書能懺多生業垢
琅函睿號可消累積愆尤
天寶靈臺廣佈慧光幽夜曉
道華慈座特垂甘露法雲深
夜壑開光魂度逍遙道岸
天衢耀日神超快樂仙鄉
悟道登眞承受今生福利
解寃釋罪不經他日輪迴
太上垂科玉匱啓盟眞鉅典
慈尊立教金書頒救苦靈符
夙憾頓消盡釋九幽孽報
眞常得證仰瞻三寶龍光
救苦眞經可滅恒沙罪障
慈尊睿號能消億刦愆尤
許宴清都得覩慈尊睿相

去來如幻五更月落不離天
會啓青華黍米光中來聽法
齋脩黃籙浮黎土上去登眞
誠悃上聞帝渥均覃厚夜
綸音下錫慈光普照重泉
會啓青華珠節旌幢天上降
齋脩黃籙香雲環珮月中來
符命遙頒九地慈悲承厚澤
綸音寵錫三天覃赦沐宏庥
仗此經功一洗生前業垢
承茲懺力誕登殁後津梁
離苦登眞快樂九霄常自在
超凡入聖逍遙三境罷輪迴
東極頒恩上帝高昇獅座
南宮度命慈章速降龍軿
太乙垂憐魂度青華長樂界
慈尊哀憫魄昇東極妙嚴宮
悟道登真天上逍遙常自在

陪遊淨境高居妙道神鄉
玉簡超生不歷幽陰境界
金籙度命聿登洞府仙鄉
玉清靈寶尊普度無邊罪咎
大聖慈悲主常垂不捨洪恩
東極垂光大啓冥眞法會
南宮度命廣開受煉心詮
旃幢雜遝下淸都聖凡交會
誠悃慇懃通紫府幽顯霑恩

懺

展十卷靈文縹緲霓旌臨法席
禮千眞聖號浮空獅座度亡魂

又

披琅亟十秩鴻文天花飛舞
拜玉闕九重龍詔淨魄高昇

又

寶笈弘宣三晝精虔脩冥果
瓊科普闡九陽惠澤沛泉臺

聞經聽法人間罪業盡消除
宣玉笈誦瓊章功覃九地
啓冥關超苦趣魂出三途
十卷朝天展孝思而賚冥福
一誠蹈地希慈惠以度靈儀
風引淸魂早降蓬萊三島境
雲隨仙仗快登紫府九霄宮

又

神識洞明永沐慈恩黃壤
性靈澄湛同看慧日清天

通

長樂界中得自在逍遙之果
妙嚴宮內證無爲淸淨之鄉

薦亡通用四言聯

齋脩黃籙　克諧仙化　遷神洞府　萬真垂度　經宣金笈　一靈高舉
會啓青華　承此善功　煉質南宮　九夜舒光　名列玉清　萬聖遐臨

南宮度魄 嬉遊聖域 弘慈普蔭 恩覃十地 飛昇十極 轉輪福慶
東極垂慈 殞聽法音 惠澤遍沾 孝格九重 遊宴三清 隨願往生
恩沾黃壤 金城煉質 克登道岸 速離幽暗 逍遙雲路 高懸寶筏
誠格青宮 玉洞凝神 逕上仙都 克入光明 遊宴蓬壺 普渡迷津
法宏開度 青華靄翠 逍遙自在 齋筵肅建 魄登紫府 齋崇黃籙
道曰好生 碧玉流輝 與道常存 法會展開 魂度朱陵 恩降青玄
飛昇金闕 克諧昇舉 性靈澄靜 魄超仙界 神儀澄徹 早登蓬島
遊宴玉京 不滯幽陰 神識洞明 魂返太虛 性地開明 永脫輪迴
恭迎雲馭 神魂煉度 一陽初動 懺禮朝天 懺禮九幽 一靈上度
肅迓霓旌 仙化成人 萬象回春 恩沾厚地 恩沾十地 萬聖下臨
音容如在
靈性昭然

匾額

地湧金蓮 千眞環拱
列聖並降 萬聖齊臨
隨願往生 慈馭遙臨
魂超黑鬱 克登道岸
獅駕浮空 梵景覃幽

法宏開度　獅光接引

長春觀志

卷二

長春觀志卷二

渤海李理安撰

徐鶴嶺傳

徐鶴嶺者中州人也以博雅稱學富韜鈐乃清開國逸賢隱於道流與蜀人鄒魯友康熙間魯爲川陝總督撫遠大將軍年羹堯幕賓嘗稱頌之羹堯亦羅致幕下以術奇稱口傳張三丰趙復陽乃世界不死之神仙佐羹堯北征三千里伐西藏平青海定川邊羹堯性嗜殺時時勸戒以養天和不聽留書謝不敏竟逸去入鄂隱長春觀頗著神異有得靈卮法具三十六門乃歎曰古未有以術幻成厥志者神氣搖搖黃冠草履足跡遍江湖不復出世亦一代之奇人也後嘗至故鄉訪舊知裔亦無能識者乃至天台徘徊於林中息息通神不思究竟較之浩體有倍老焉鶴嶺休武昌及廬阜有年惟從事文昌化筆壽百一十三歲有懷抱秦鏡心悟秘本今隨傳並傳

心悟序

三代以後人材絕少上無聖君下乏賢臣豈真古今人不相及哉以上下之皆失其道也何以言之古之君有養賢之典造士之法材成而升之朝官之祿之而其臣亦即以其所學事其君是上下兩相得也及至後世舉士之典未嘗不設名雖存而實已廢至於養士之典則杳乎無聞噫養之與教既已兩失其道欲使淑世之士自爲養而復自爲教不亦難乎以無識無才之子而立之于朝投之以危難試之以疑懼有不僨乃事者鮮矣予作是書欲使後世好學之士深明其故即可以自教而上之人有用人之責者視其人之所長而授之職天下烏有不治者哉

心悟其目有十

體性　度情　惡似　審胥　察色　詳言　察微　庸情　化育　運用

體性

天之所以與人者爲性人之所以事天者爲學性者五常學者講習聖人得其全大賢得其偏性有異故學有異學既異故人品亦異人知人品之不同出於學問之不一而不知受之于天固已不齊何以見之一曰觀其好惡以知其長短二曰觀其勤惰以知其成否三曰觀其純駁以知其深淺四曰觀其大小以知其厚薄五曰觀其能否以知其偏全六曰觀其慎忽以知其誠僞七曰觀其交游以知其攻治○何謂觀其好惡以知其長短好惡者情情出於性性所長則情喜性所短則情惡好者人之所入惡者人之所止故自有學問以來未有學其所惡而棄其所好者也天資既近人事漸興好而失學漸忘其好此棄天之罪也○何謂觀其勤惰以知其成否天志既誠加工自力然或猛於始懶於終或誘於外物或阻於境遇或見理未明誤聽人言以遷將怠者日損勤者益而不可限其所至也○何謂觀其純駁以知其深淺五德共稱有偏有全一德獨舉有全有偏故能晰理能知人者知之純能晰理不能料人者知之駁能成事能赴難者勇之純能赴難不能成事者勇之駁推之五德莫不皆然蓋其本性之初得於天者深則彼此可以兩全得於天者淺則陰陽止得其半○何謂觀其大小以知其厚薄有人於此論細事則始末俱明論大事則利害倒置遇小敵則神色俱奮處大難則心思盡亂大小之殊厚薄攸分也○何謂觀其能否以知其偏全蓋非仁無以服衆非智無以知人非禮無以接物非信無以約民非義無以制事蓋知人不明則智不足處事不當則義不足一有不足則隨在見病因其所病而求其所不足多寡之數因是可知○何謂觀其慎忽以知其誠僞内外如一始終不渝一有虚僞乃見於微微者人情之忽好名者流能修飾於正人對面之時而嬉笑於狎暱親近之傍致慎於友朋初遇之時而敗露于起居寢食之次以此

推之萬無一失○何謂觀其交游以知其攻治同乎我者充廣我所長賢乎我者補救吾所短好同惡異則無補救之方取異去同則乏充廣之術好勝則鮮直交多忌則無良友喜彼則招往毀異則自弛好爲人師則不如我者至忌人之善言則良友自遠懷人之細過則密友日疏豈曰交游之道無益於性分以內哉

度情

夫性動於內感於外卽爲情情之所發因人而異無定而一定者也聖人之性情淡然無與物來順應事過物往湛然寂然賢人之情是非內明好惡自當守而不縱公而不私豪傑之情譽之不喜毀之不怒意之所激或過於高外之所施或過於厚然心能裁制自無大謬英雄之情見利起遇害則止一往直前天下莫能當其甚也屈人以自伸危人以自安小人之情較論毫末小得則喜小失則悲觸其所忌畢世不忘庸人之情無喜無怒無哀無樂因人而移不能自立一日數變莫知其由嗟乎彼豈無情哉性既滅矣情安獨存人情至此亦難矣哉

惡似

孟子嘗曰惡似而非似之亂眞可勝言哉自有萬物以來有貴則有賤有美則有惡有眞則有似然莫非陰陽對待之義也然貴賤美惡不啻黑白之異不足辨亦不足惡也至于以似亂眞則真者反爲所撓苟非明理之人鮮有不受其愚是以雜學似博而非博固陋似約而非約佻巧似乎警敏多疑似乎持重遲迴似乎詳審輕聽似乎從諫自用似乎多能汎交似乎好賢又有外似靜嘿而實以養拙言似直道而實以攻私語輕富貴似乎能高而心乎勢利動稱聖賢似乎聖人而行實庸人且也貧似乎勤吝似乎儉瑣瑣百計似乎切近而無遠大之志犖犖不同似有崇高之慮而徒虛驕之氣溫然似玉而其中未必有悠

然似靜而其中無所守推此以往詐似智暴似勇苛似察狠似强妄可窮詰是故愚者事後而悔辨之不早智知明理雖有詐僞不可以欺

審音

聲音之道起于書契之先有物必有名有名必有音天地既設萬物既生而聲音卽備焉要而言之莫非五行自然之數也故宮土商金角木徵火羽水聖人以之定律而正樂而以一人之身備之則有得其全者有得其半者有耑者有兼者有助者有雜者有反者故論其本體則宮之音洪而厚商之音爽而明角之音長而和徵之音雄而壯羽之音淸而麗論其命則宮之音緩慢商之音急促角之音悲徵之音燥羽之音沉配之五德則商爲義角爲仁徵爲禮羽爲智宮寄乎四德爲信參之四時則角爲春徵爲夏商爲秋羽爲冬宮寄乎四時爲四季合之國事則又爲君臣民事物之屬此皆可以觸類而推也範圍天地曷有過於此哉○故人得宮之音可以備五行之用宮而兼商將相之材徵音少助乃爲有本帶角則必以婦人之仁僨事得其病則遲鈍不濟○得商之音其人有斷制之才商而兼羽剛決而有思慮宮音少助則爲有本帶徵則必以浮燥僨事得其病則殘忍而自害○得角之音其人有寬洪之量角而兼徵宏詞而多藝文羽音少助則爲有本帶商則必以侮斷害事得其病則太柔而自廢○得徵之音其人有明敏之資徵而兼宮豁達而遲重角音少助則爲有本帶羽則必小信敗事得其病或燥急而無常○得羽之音其人有深沉之慮羽而兼角能慮而且愛物商音少助則爲有本帶宮則必以凝滯害事得其病或詭譎而失正○致於混雜則宮商相間不可一定者庸愚之類不足究也然審音之道亦非易得當於不疾不徐不輕不重求之太疾則難辨太徐則非眞太重則氣竭太輕則難審且必候其七情不動之時天性發見之際而我平心以審之嗚乎微哉

察色

人心藏乎內至微且深也一有相接徵而爲色色根乎心而見於面善察乎色如見其心也君子之行表裏無私故其色之於心內外如一言之與色亦相符也故無俟乎辨小人之行內柔外剛故其色眞僞雜出勢無一定因心不純遇事而改約而言之心與口相應者其色誠心與口不相應者其色僞故僞仁則蹙額以憂人而無藹然之色僞敬則端方以相接而無欽服之色僞聽則首肯以相從而無欣慕之色僞約則怡然以自定而無懇摯之色僞愛則柔容以待之而無神變之色僞譽則沖和以許人而無快足之色將叛則刑合以相親而有神離之色色既明矣當相其神故佯喜則色柔而神滯佯怒則色雖厲而神和佯哀則色雖慘而神舒佯樂則色雖溢而神阻且內疑者色相對而神目亂多忌者色相降而神剛愎然此其大概耳人當觀其人之異正及其所遭之不同貌豐厚者誠僞多藏深求之而始得羸弱者好惡皆露淺觀之而即見處得意之時則神飛越非一時之所能收處憂患之境則神抑鬱非一時之所能改心有所偏遇事而遷理之常也苟非有不動心之學者安得不以境遇易其心哉善觀人者以此而推思過半矣

詳言

易曰將叛者其辭慚中心疑者其辭枝吉人之辭寡燥人之辭多誣善之人其辭游失其守者其辭屈聖人之論辭未有如是之詳切明著者也而猶有未盡者焉試詳言之無次敘者心無主也多爲已者好私人也高遠而無實者學不充也與事不相合者閱歷少也徑情而無隱者養不足也久言而廢事者迂闊人也畏難而不應者無志人也不盡人情者理不明也執一而不變者偏人也守己而好爭者狹人也知非而不肯屈者暴人也好言鄙事者小人也言與心相反者詐人也前後矛盾者中無主也心未服而口

先譽者卑汚人也心已服而口不言者多忌人也言無大小必切於用者能人也言及天下而引爲己任者賢人也聞善言而不信者下愚也能解惑者智也能知微者靜也不可屈者勇也知非而肯告者直也不輕許人者愼也表裏如一者誠也踰久而必驗者明也可告之天下可勒之金石者美言也上利國家下利民生者大言也能通天地之造化者微言也能翼聖賢之經傳者正言也大小畢舉遠近兼該者至言也凡此數者不可多得者也然又必察其聲色以參之其言善而氣足以達之者言未有本也其言善而氣不足以副之者竊取乎人者也其聲前下後高者持益堅也前高後下者內不充也聲揚者肆也聲抑者敬也聲之高下與言相當者其言可信也言美而聲不和者謬也言甘而聲蕩然者誘也言寡而聲長者意有餘也言長而聲短者意不足也凡人聲音不與平昔相合必微察之至于聲色之別已具察色故不復贅

察微

善觀人者不必于其大也以我之至靜鑑人之無心而大概自見故魯昭三易衰而君子知其不終孟敏墮甑不顧而郭泰知其有學陳平割肉自以爲能宰天下高洋斬絲而神武喜其能斷金日磾目視不瞬而漢武因以顧命凡此皆見之至微者也故善觀人者必察其微微者私僞之所不及施而天真因以外見耳

庸情

庸人之情一曰暗二曰驕三曰吝四曰貪五曰狹六曰輕變七曰多疑八曰自用九曰輕聽○暗者賢愚不辨親疎倒置知人固非其所長也若軍變至前或大或小宜緩宜急不聞有權衡以裁之也故或可憂之事而奮身不顧無後患者返逡巡不進利害昭昭莫能分明○驕者偶有所知即自矜一有所得即自

伐飢寒迫其身則逢人自抑稍有溫飽睥睨一世其甚者見貧窮之親戚若或浼之○吝者非獨秘其知識用小利而除大害不爲往者小而來者大不顧身可辱也貨可惜也○貪者無厭也今日與之異日拒之猶勿與也不盡人之歡竭人之有則其心未厭卽使求非常之利而受非常之禍終不悔悟狹者其量小也故與人交則不能容人之直其臨事也小得小失則較量精微大得大害則茫無畔岸○輕淺者無定也雖使智者爲之謀勇者爲之斷而成敗於旁人之一言不獨此也終身之怨而忽爲刎頸之交莫逆之人而或起睚眦之怨甚至骨肉之間釁起干戈蓋其蔽錮者深非口舌之所能爭也○自用者自以爲是也明不及自照而自以爲及萬里才不及中人而自以爲高千古於是每舉輒敗堅執愈甚沒身不悔其何足怪○輕聽者內無主也衆譽卽爲賢衆毀卽爲愚雖心腹數十年之交而不勝一風聞之語故終其身無一心腹之人是以宴樂則聚會日多有急則彼此不顧彼方怒人之負己而不知平日固未嘗有人也至於厭故而喜新縱情而肆慾趨勢利而鮮廉恥遠方正而比匪人千古庸人若出一轍人盡知之予故勿論

化育

人之材質莫貴中和不得中和乃思其次次者偏才也長於此則短於彼長者其美短者其病善觀人者見其長卽知其短善教人者養其美而去其病欲養其美非擴而充之不可欲去其病非補偏救弊不可天之材萬有不齊大略言之則有英明有沉潛有厚重有敏捷有豁達有周密有勇敢有眞誠有機智英明之質長於用事短於晰理沉潛之才長於晰理短於應事厚重之資長於持久短於應變敏捷之性長於應變短於持久豁達之度長於作始短於深慮周密之士長於深慮短於作始勇敢之徒長於奮發短于審詳謹愼之人長于審詳短於奮勵眞誠之輩長於守經短於處變機智之流長於處變短於守經故

人能自知其偏汁進之機是已之偏而毀人之偏自限之道善教人者因其長而推廣之善用其長也噫三代以下以師道自任而不愧誠難其人矣後世之士有過人之質者以聖賢化育人材之意而私以自淑斯誠予之所厚望者也

運用

君子之用人也猶醫者之用藥也必先知其性而識其材用其優而制其病然後可以各盡其長而無失不然必將以有用之材而置之無用之地暴其過而顯其所不能何異乎用生人之藥而爲殺人之具乎古之善知人者非有異術不過知其品知其心而已然知人之品不若知人之心知人之心不若知人之才知人之才不若知人之性性者始終常變皆莫能外知其性則爲優爲病不求自得性之所具人各不同前既言之更言其大略則有剛有柔有緩有急有動有靜有疎有密兼此數者而歸於中正斯聖人也賢人以下皆得其偏豈天性有偏耶受於氣者不均則才亦各有所短○剛之性能强而不能屈以柔者輔之則屈伸自當柔之性守雌而不求勝以剄者輔之則强弱得宜緩則處後而不能應卒故不可不救之以急急能應卒而不能持久故不可不救之以緩至於動宜理繁劇靜宜識利害疎不可以斷大體密可以慮變故彼此相需誠爲至要若非上之人有以洞悉其短長爲補救之以相與共事而使偏才之士恣行其意以求得志於天下其不至於僨事者鮮矣嗟乎人才之難自古亦然何况今日乎是故暴戾之人或時而可使者有所以制其不敢也背叛之士有時而暫用者有所諒其今此之未能也此二者尙可用而况於偏才乎

余少遊金陵偶遇僧人濬井得石函焉啓而視之乃三悟也攜之以歸細細讀之乃知永樂初姚廣孝所著廣孝勸興靖難之師爲春秋之所不許然其書包攬三才爲戡亂致治之金針夫子所謂不

以人廢言也予也平江右之亂其後深入嶺南所向克捷濱海而止雖以社稷之靈此書實有賴焉事成之後遂深藏之後之學者能得是書以不殺爲心則可謂深得余心者矣　姚江王守仁謹跋

郭陽曉傳

郭陽曉者自號住住生陝西西安諸生得吐納之功同管來春爲侶嶗山後休太和山中嘉慶時湖廣總督畢沅慕而迎之舘於長春觀汪方伯新刻伺之同幕賓僚蔡鉄耕果賢遂皆師焉陽曉不尙奇異但導性理諸書兩湖大員傾倒一日羣宴以兕觥進汾酒多至七百餘觥惟見熱氣鼎騰有如山中之出雲然衆益歡服至壬子歲忽他適四方訪之始知就養崇明祝氏家也招不返嘉慶戊午歲夏至日忽復來長春觀一無所攜休三日飄然去謂住槎山竟無蹤新安鮑廷博遇祝於虎丘因叩其蹤巳於去秋病逝墓之北郭外九月矣相與詫異而散鉄耕爲傳其志如此

蔡鐵耕傳

蔡鉄耕者吳江博學多文之士也與江李顧齊名因就畢沅幕師事郭陽曉學長生術煉九轉功知世事之虛空以德行而至善半生遊幕盡成虛花脫儒冠隨易道裝同道友名山以遊足跡半天下生於江南名勝之區以江浙爲舊俗依鶴林道院蔡天一律師屬系同宗潛修焉以陰隲文每句爲試帖體詩八韻成之後議付梓於世被道友攜去今之訪得於天台山屬原鈔珍本遂並傳以誌焉

文昌帝君陰隲文詩帖

陰隲文詩元和蔡鉄耕作也先生名雲爲古吳名士嘉慶朝江蔡李顧擅四大家之稱詩集盛行而鐵耕尤津津陰隲所著詩帖八十四首溫柔敦厚盡得勸懲之旨幼學誦之深有裨益焉云

帝君曰吾一十七世爲士大夫身

一身超萬刼六府翊三垣在昔星精降於今帝位尊遞歸仙佛聖廣立德功言古訓危微辨彝倫孝友敦覺民斯道顯正己此心存衆職仔肩任多生屈指論人天懲合撰物我省同源普望齊回首來酬贊化恩

未嘗虐民酷吏

虐酷原於忍仁人首念兹嘗爲民吏長未逞宰官私用愛流眞意從寬布大慈關心惟凍餒觸目況瘡痍哭虎苛難避呼鷹慘莫支所遭何至此偶試亦無之懼使愚氓怨羞將賤役欺絲毫鄰刻薄淸夜不堪思

濟人之急

一掬窮途淚情形目擊初濟人期踴躍赴急忍躊躇大道寧論我先憂定屬予勢眞同走鹿計勿誤枯魚到此知難緩逭云待有餘相機焚劵債矯制發倉儲續命良田少歡顏廣廈虛萬方饑與溺禹稷意何如

救人之危

一念斯人與如傷不忍看蹈危誰任咎趨救敢辭難憂憫心先赴周旋力更殫險途全患害病衆起凋殘未聽顚連告奚云缺陷完軍中生命保案下死囚寛立傳輕游俠陳書急治安平成眞永賴萬世有餘歡

憫人之孤

苦衷徒鬱悒孤况最淒涼便得他人憫難令彼願償影爲形件侶心與口商量弱歲哀何怙深宵泣未亡童烏添老淚牧犢轉哀腸此境誰寬慰於情自慘傷分憂空有意補恨實無方遇可矜全者還期一力當

容人之過

不省吾之過翻嫌過在人有容期養德自反且修身獲罪多緣誤原情始見真哀矜從肆赦愧悔冀重新所貴包含徧毋勞指摘頻十分能忍辱四結已忘嗔納受開宏量銷鎔付大鈞一腔同善意空洞測無垠

廣行陰隲上格蒼穹

陰隲權歸掌蒼穹簡在心廣行蒙厚眷上格顯徵忱位育中和極乾坤父母臨冥冥安定久赫赫感孚深倫敘民同樂功成帝亦欽靈臺通北斗苦海奉南鍼本願無生滅精光自古今何疑天界遠默向寸衷尋

人能如我存心天必錫汝以福

人天通一氣我汝賦同形錫福叨殊寵存心保最靈固聰明聖知嚮壽富康寧降鑒恩隨渥升聞德自馨盡思邀厚貺願各肖前型積善功無據希榮夢可醒獨知嚴夙夜餘慶聚家庭左券持方寸回光鏡六星

於是訓於人曰

是彝于帝訓欲向世人宣竟負從前願仍餘未了緣慈悲流不盡苦惱積無邊俛首將愁絕捫心肯嘿

然沈吟提法語鄭重付眞詮正好迎機導還須降筆傳立言皆有據敷教幾會偏珠玉隨風散聲聲落九天

昔于公治獄大興駟馬之門

感應徵諸昔于公福自求興門嫌責報治獄信詒謀疑案頻申訴微官遽乞休婦冤沉萬古魃虐亢三秋表墓精誠格還家涕淚收功從囹圄積蔭托閈閎留偶爲兒孫計曾教父老修他年容駟馬定國早封侯

竇氏濟人高折五枝之桂

肯爲人援手高枝傍月攀十郎陰濟世五子顯垂名感夢靈根結貽謀妙蔭成孤寒徐造就婚葬亟經營斷火困隨指揮金橐易傾哄心宜毓秀種德定攀榮圓滿三千善飛騰九萬程莫輕祈折桂竇氏勵躬行

救蟻中狀元之選

好生功第一元氣蘊靈臺救蟻全命多登龍奪大魁穴居觀聚族水決憫流災待渡橋編竹移封國就槐慈悲隨地發榮寵自天來竟作羣英冠良由衆善該長人君子德濟世相臣才首選推公序僧言莫浪猜

埋蛇享宰相之榮

結念關同類埋蛇卜爾昌妖由枝首作禍以隻身當遺孽嚴誅磔餘腥密揜藏殘生猶未殞後患尚能防已與人何異威行愛不妨仁心存造次大度越尋常種福災先弭調元德更彰孫饒名勒石相業靖

巒方

欲廣福田須憑心地

欲應須先感人天既遠徵福如田可廣心似地堪憑皇極宏敷錫靈臺儼奉承懷新培有漸積厚載能勝嚮用祈盈願操存勉服膺所憂基易壞何慮產無恒實遂由根茂農勤獲歲登請看仁熟後百順氣全凝

行時時之方便

恕道行何盡時時結好緣爲方須絜矩因便或從權吾力非難到人情大抵然迎機隨檢點注意與周旋當面休拋手終身敢息肩蹉跎功可惜饒益量無邊致愛存俄頃忘私積歲年隙駒容易度樂善仗爭先

作種種之陰功

種種完吾分全憑一念通陰行眞積善明作似貪功願滿寰區內神勞夢寐中艱難須獨冒利益自均蒙注册時添數焚香夜告空避名常不及補過正無窮肯市私恩小邀衆譽隆終當彰偉績妙算屬天公

利物利人

盡性參天地推恩保國家物生人實共害去利無涯入世情難忍謀身念已差卵胎安孕字草木暢榮華孝弟民風古耕桑俗尚嘉蠢靈咸自得胞與不徒夸序必循先後功宜被邇遐仁心彌六合獨處願常奢

修善修福

積善膺多福專修不並修其旋占得吉攸好叙爲疇克保無疆受全歸有益求一門從此入百祿自然迺擇地先知止承天早集休厚培元氣長嚴純禍胎留命定還思立功成亦望收斷非衆用力只與乃心謀

正直代天行化

中正兼專直惟乾實大生果能修德化自可代天行妙顯平康用深聯與好情贊功希不息承命契無聲繩墨操權定鈞陶變俗成一心通主宰萬類感精誠盡使回邪轉難容枉曲呈請看金闕座奚翅壹聰明

慈祥爲國救民

爲國心無盡宣恩急拊循慈祥宜告衆拯救况關民賦役加深痛兵刑寓至仁如傷奚忍視有屈必求伸代播朝庭德遑居社稷臣愛眞同赤子和欲召陽春苟負安懷志徒慚仕宦身蒼生方託命報主是何人

忠主

奉一人爲主人人願盡忠况經分以職宜不有其躬啓沃君心密光昭聖德隆勿欺嚴進退止敬勵初終豈養廉循望遑矜譽謂風立朝慚負學報國忍居功生死精誠合行藏大節同莫嗤芹曝獻至愛實由中

孝親

孝道人誰盡親恩爾自思一心容易動百行首先推底豫期能化全歸愼勿虧未遑充順德盍各認良知髮膚明明受精神暗暗衰便堪娛暮景何足報深慈供職慚餘力成名誤後時鮮民空抱恨早誦蓼莪詩

敬兄

親莫如同父尊卑序易明幼皆宜敬長弟敢弗恭兄誼合嚴慈範心兼愛慤誠吹篪隨伯氏進酒奉先生不用傷煎豆旋當悔斫荆感恩奚忍慢循禮自忘爭束帶中宵度推梨少日情反身全悌道式好互相成

信友

如水交何淡初心保勿渝我先施以信友亦感而孚安取形骸略還期道義俱苔岑通臭味蘭室證功夫風雨情無隔雲泥契不孤分金遑待富掛劍弗嫌愚慷慨多輕諾慇懃或厚誣問誰眞耐久隙末陋蕭朱

或奉眞朝斗

每懼功夫懈誠通路一條眞從青簡奉斗向紫宮朝洞府藏三島樞機運九霄東來迎不遠北望鑒非遙法力專心仗恩光俛首邀五千尊道德咫尺戴魁杓精氣兼神聚威儀卽禮昭圓明中外澈妄念豈難消

或拜佛念經

佛現蓮花座經繙貝葉書拜從回向始念在發聲初象教崇膜唄凡緣借劃除於心求卽是無法說何

如卍字莊嚴後千名諦聽餘和南皈七寶淸梵演三車稽首興還伏凝神疾叉徐因之求實證不是學逃虛

報答四恩

中處何爲者恭承四大恩亟思隆報答專望密閑存生始資元善修和賴至尊寸膚皆鞠養半解有淵源俯仰心常惕行藏品必敦立身全子道篤志奉師門厚德酬難稱私衷愧欲捫涓埃無萬一孤負不勝言

廣行三教

三教心源合遺經一一傳行須精進力廣有總持權學統垂羣聖儒林列衆賢妙明無漏果宗密上乘禪窈窈崆峒旨元元道德篇分門俱待後峙鼎互推先信奉濈方寸流通滿大千吾徒攻釋老此理昧同然

濟急如濟涸轍之魚

反觀蒙叟喻濟急濟如何涸轍驚初見枯魚泣正過緩言商激水忿語諷監河視彼雙輪跡嗟無一勺波泥塗方失所升斗易盈科東海歸程遠西江去路多停車關惻隱索肆悔蹉跎有力哀窮者情形熟揣摩

救危如救密羅之雀

救人須救徹忍見蹈危機譬彼張羅密如何放雀飛結繩原恐漏彀罻或嫌稀猜瞿驚還觸翩翻誤欲依心求開一面力怯潰重圍祝網從教脫棲檐不礙歸安全謀果善左右命無違解厄援爲例銜環莫

漫祈

矜孤

羣仰慈親蔭羣深愛子情孤兒何所恃矜念自然萌爲弔零丁苦難忘夙昔盟腹遺從幼膂卵翼幾時成寒弱虞人侮恩勤類己生十分珍以重六尺託非輕歌哭酬荆相艱危匿趙嬰本心慈愛具慷慨豈求名

恤寡

竟有崩城慘殊非化石頑同人相與恤寡婦自來艱寂寂孤身外勞勞十指間松筠貞不改穉穉利偏慳日用頻煩計天恩代請頒餘生聊足慰小事豈無關賦憫空房守詩憐遠道還惠鮮欣得所夜哭免潸潸

敬老

吾老行吾敬推恩審所同壽居諸福上齒列達尊中望稱衣冠古榮邀饋醑隆神仙隨地遇平格與天通勿厭迂龢拙休欺聵且聾任勞甘盡力循分慣卑躬醇謹師耆德澆漓挽世風衰翁由爾慢爾亦願爲翁

憐貧

在貧安且樂未必受人憐傲骨撑成獨歡顏庇欲全饑寒交窘迫道義奉周旋著意燃眉際原情啓齒先素封惟盡力同病亦隨緣重以溫詞慰龢將德色捐有無何足據豐約偶然偏孰是盈餘者流通妙補天

措衣食周道路之饑寒

道路多行乞何堪淡漠遭饑寒周本急衣食措殊勞暮夜愁饘粥風霜怯縕袍儘當憐范叔常使就黔敖乍見如相識無儲轉欲豪閉門慚飽暖入市　啼號絲粟謀皆豫枌榆惠共叨端居窮遠目心事首還搔

施棺槨免屍骸之暴露

古人棺槨制施惠及屍骸暴露嗟難免貧窮慘可懷晴光秋燥烈寒氣夜昏霾朽腐填於壑縱横析似柴助喪陰檢點敦匠預安排遞使周身斂從教入土埋邨墟魂有託泉壤澤無涯一舉全仁孝陽和處處皆

家富提攜親戚

漫說仁難富須知富易仁提攜何事急親戚幾家貧葛藟懷同姓葭莩念舊姻呼兄銜孰重使鬼儗非倫封殖惟吾厚贏餘與衆均蔭濃根益固情密誼如新特拔皆寒士相招盡故人嗤他奴守藏枉自役心神

歲飢賑濟鄰朋

阻飢遭儉歲自給愧晨昏不薄鄰朋誼非矜賑濟恩斷煙驚比戶淋雨憶同門務使歡顔動遑將飽腹捫發倉權或擅糶穀價何論鄉爲扶持睦交從緩急敦飯香添處處菜色減村村還溥豐年利區田古法存

斗稱須要公平不可輕出重入

同量均多寡同衡定重輕機關施出入斗稱失公平貿易期相濟便宜忍獨爭貪求奸計伏智取盜心生久久謾難過冥冥算倍精勿欺懲薄俗有利讓豈氓熟察盈虧理嚴防詐僞情主操家政者教戒貴分明

奴僕待之寬恕豈宜備責苛求

請思奴僕苦待下愛宜深備責非寬政苛求豈恕心爲傭勞實甚自鬻慘難禁本以庸愚廢兼因凍餒侵過多憐錯誤才短度勝任所賴仁慈撫休援勢分臨勸懲安可略餙隙不堪尋笞楚留蕭氏無從訂賞音

印造經文

度人尊佛老載道重經文已自流傳久猶煩印造勸學宮須典籍秘閣校邱墳八索書誰授三乘部孰分棗梨雠點畫楮墨落煙雲囊有新編贈香隨丈室焚皈心成衆善創首屬元勳開卷無非益還憑廣見聞

創修寺院

佛寺兼僊院隨緣創與修莊嚴分供養捐募合營謀紺宇棲僧衆丹房集道流榛蕪奚忍視風雨不勝憂奉敎誰離象興工急待鳩宏規看大起舊跡幸長留鬱茂黃金地光明白玉樓宮牆高萬仞各認一門遊

捨藥材以拯疾苦

正苦窮難淚誰驅二豎來拯貧先療疾捨藥豫儲材寒暑能無感呻吟劇可哀刀圭貲不給床褥命方

倠妙劑供持贈沈疴藉挽回折肱精辨物援手樂輕財市豈韓康賣林因董奉栽十全通萬變聚粟弭天災

施茶水以解煩渴

釋煩頻解渴施澤路人霑水味烹來熟茶香沸後添肩挑途正遠汗滴暑方炎枯吻於斯極焦心況又乘一甌持可贈七碗喫何嫌酸子梅林幻寒漿蔗境甜漱芳逾露井浥爽就風檐徧服清涼散功多費實廉

或買物而放生

同是含生類人偏與物讎買如鍰納贖放似獄寬囚水陸羣相聚刀砧命暫留解囊遑吝惜開網任遨遊預就權宜計旋經委曲謀蠢靈從性辨貪怖卽心求下箸何多費銜環況重酬無爭無後患寃報亦隨休

或持齋而戒殺

長齋持豈暫時殺戒何寬僧律非相强儒風且自安剪蔬堪引箸剁肉遽登盤舌本涎方墮刀頭血未乾忿慈甘淡泊忍復恣貪殘試脫葷腥味隨充惻隱端法身從此淨生命尚無完謂物供人啖輪迴欲避難

舉步常看蟲蟻

敢詡全生衆還防舉步疎己看蟲啓戶常恐蟻遷居尺蠖形伸屈元蚼陣卷舒相逢行且住未見視姑徐蠉蝡名兼統微幺義特書窺園頻檢點繞垤故踟躇草腐宵明後槐安午夢餘無心干殺戒辠案也

難除

禁火莫燒山林

可憐焦一炬殘忍莫姑容山阻燒痕入林環火燄衝獸蹄巖路僻鳥語樹陰濃星迸流千點煙迷匝數重縱焚來不測鷩竄去何從遇刼哀延頸成災慘結胸穴攻懲獵戶野燎戒耕農豈獨春宜禁開畬慮逼冬

點夜燈以照人行

匆匆殘照沒杳杳暮煙生夜得懸燈點人如秉燭行月華沉不起雲色晦難晴單步全憂窘雙眸半苦盲分光蒙接引落影趁縱橫薄向風前罩高從木末擎黃昏遮去路明白送歸程迷覺爭俄頃焚膏急盡情

造河船以濟人渡

渡口人爭濟河干水激瀧造船供擊楫通道異成杠不便波橫彴難將水聚矼泳游虞險地厲揭病寒江小結中流宅頻回隔浦艭製仍觀落葉待或繫枯樁坐客添三兩飛橈動一雙慈航超刼外彼岸又何邦

勿登山而網禽鳥

何事窮珍味危登翠嶺坳依山安鳥性布網逼禽巢出谷紅香啄棲巖綠影捎丸飛愁逐宍媒引慮調膠不意閒扶展偏思廣佐庖重圍遮洞口千目罥林梢虐助鷹鸇鷙悲增鷃雀啁虞人非爾業仁術勿全抛

勿臨水而毒魚蝦

試結魚蝦侶臨淵樂可知藥攻何太毒水產竟無遺掉尾羣遊沼揚鬐競躍池梭花閒自織芒草害方滋下視貪謀動中流殺計施不綱疎恐漏非釣得嫌遲逼若犀相照吞如鴆弗辭慘殲鱗介族慎勿羨漁師

勿宰耕牛

牛老非其罪牛耕替汝勞酬勞翻欲宰待罪可能逃犂駕衝煙雨車旋轉雪濤重難容喘息熱不耐煎熬受養恩先報全軀惠更叨半生隨牧笛一命送屠刀助彼登嘉穀供他享太牢哀鳴求勿殺寃苦代呼號

勿棄字紙

字無倉頡造治豈結繩前落紙能分曉成文勿棄捐靈機天地洩祕旨聖賢傳口耳通千界心思印萬年筆鋒輕莫掉墨瀋靜方研篆隸真行俱形聲事意全煙雲收臘迹灰燼了殘箋道路求遺竇休拋誦讀緣

勿謀人之財產

財產由天授無煩以術謀況人皆自保而我欲何求眉列明分界心欺密運籌高貲驚厚積美業羨豐收稍試貪侵技旋同刦盜流危機隨處伏毒餌不時投聚貨終身仗傾家轉眼休一毫釐勿取妙算凜當頭

勿妬人之技能

樂取人爲善因之善與同技能先已妬學業定難充習藝精通道懷才大建功明明奇獨擅籍籍譽交隆竟以優形絀邉將拙較工謗疑鬨衆爨猜忌結私衷有美何從揜無瑕未便攻勿徒彰器小受益在虛中

勿淫人之妻女

孰爲無父女總是有夫妻受辱人誰願宣淫爾自迷擎珠從掌護舉案與眉齊亦欲全清操當思去禍梯目嫌窺繡戶口患玷香閨況效雙飛鳳而忘一點犀陽臺酬雨夢陰獄慘泥犂勿到償前債回頭悟噬臍

勿唆人之爭訟

婉曲平爭訟人方服至誠口唆甘鬼蜮心計懍巉巖後義殊多故終凶實大凡覷他持兩局破爾戒三緘驟以陰謀說徐將巧語讒潛身施狡獪染指肆貪饞暗結讎家恨明干禁網嚴是非全勿與簧舌愧喃喃

勿壞人之名利

妬名名實勝謀利利空眈陰使人功壞明由我見參德修尊且顯義取富非貪便爲身家計還憑度量涵禍機嚴摘發敗爨巧搜探瓦裂縈何有冰銷窘不堪中傷纔意滿被毀可心甘慎勿圖傾覆平情審再三

勿破人之婚姻

天合婚姻巧人謀乃勝天誰歟能使破或者本非緣線欲因鍼度絲經隔幔牽吉占眞匹耦嘉禮早完

全畢竟流言動無端定局還嫌疑生白璧離間誤青年豈謂繩難繫終傷鏡不圓勿忘成美事怨曠一心懸

勿因私讎使人兄弟不和

讎不關兄弟於人巧取償只因私憾蓄竟使太和傷豈必忘飄瓦何人導鬩牆嗔根埋伏久禍釁指揮忙推刃甘心逞操戈假手戕滿腔平壘塊同室變參商難得荊株合偏將芥蔕藏直情圖報怨勿自棄天良

勿因小利使人父子不睦

父子情方睦何來啓釁人竟因圖小利不使叙彝倫蚨血求奚厭蠅頭剖必均每懷長戚戚無暇勸親親容我爭毫末需他汩性眞賊恩方解體害善乃肥身細故牽連及貧機指晝頻孝慈心易轉勿恃算通神

勿倚權勢而辱善良

偶將權勢擅動與善良讎何故危猶倚從來辱自求攬綱歸我手據位出人頭難引英豪附翻貽寵利羞黨碑排正士寃獄陷名流榮祿安心仗窮荒快意投冰山消一旦柱石顯千秋勿以專而肆招賢爲國謀

勿恃富豪而欺窮困

富原非大患窮亦莫深悲患在豪方恃悲夫困易欺聚財吾有分失業彼何知封殖供誇耀艱難付笑嗤吝和驕並長利與勢相隨乞貸無輕息追逋不緩期滿盈求獨勝空乏使全虧勿太僻斂甚還勞易

地思

善人則親近之助德行於身心

藉人成德行助我正身心親近求賢切觀摩入善深不言存可信有覺見皆欽蘭臭隨時合萍蹤到處尋依燈開闇昧借筏挽浮沉良寶歡然贈嚴師儼若臨染汚承沐浴藏匿受砭鍼表裏交重習無慚託士林

惡人則遠避之杜災殃於眉睫

避人緣疾惡眉睫杜危機莫謂災殃遠須知悔吝微辨姦憑照察指佞絕依違轉瞬憂難弭抽身奮欲飛眼看蘇糞壤心恐浼冠衣稍以殷勤接終爲禍患歸相暌分兩地不納閉重扉巖別薰蕕器勿貽識者譏

常須隱惡揚善

淑慝嚴分剖從違率故常惡情奚待隱善狀底須揚律己存心厚成人用意良含容歸內省獎掖出中藏諒彼瑕方匿隨他美欲彰遏萌消穢跡播化發幽光事晦終慚沮名高易激昂自茲希大舜樂取正難量

不可口是心非

是非明有素心口應良難言僞何堪冒情真不可謾立誠辭戒妄敦信義求安外內曾交勘昭冥許洞觀豈容人受誑轉使己從寬莊語懸唇舌邪思隱肺肝藏刀顏强笑照鏡膽終寒欺慊嚴分界聞聲早見端

翦礙道之荆榛

荆榛荒古道一手鬬攢叢恠蔓蟠多礙繁條翦始通翹翹薪自錯濟濟楛原同路出平蕪外人來積莽中縱横遮欲斷障蔽掃還空略費芟鋤力爭傳接引功廓清成拔兌披豁失冥蒙心眼交夷曠安行樂未窮

除當途之瓦石

瓦石紛拋棄當途雜往還積將成廢址除不礙通闤匀整鱗排屋玲瓏骨斲山隨檐應已碎擲地定皆頑屐齒雙扶處街頭一闃間零星隨檢點收拾儘寬閒觸目思同患存心顧後艱尋常方便事豈必破囊慳

修數百年崎嶇之路

路險修難緩蹉跎數百年崎嶇看若此基址幸依然龜背凹兼凸羊腸斷少連輪蹄危積歲梯棧阻登天一念攀援苦重謀繕築堅及時休誤後計費尚因前石豈驅丁鑿金還仗巳捐自今安客夢廣結旅人緣

造千萬人來往之橋

千萬人呼渡浮橋試架空往來全濟衆營造大興工溜急濤噴雪湖寬浪湧風喧喧荒浦畔擾擾亂流中鞭石飛梁起横波陸路通兩堤緣似蝃一道化如虹彼岸超升捷殊途率履同力能勝任者度地建陰功

垂訓以格人非

獨抱婆心切全提俗耳難格非由己正垂訓代人看自是迷誰覺無聞過遂安箴規隆貺贈箸錄廣雕刊論性明皆善閑邪戒勿寬危微分界限因果助波瀾懸作千秋鑑投如一粒丹立言功德並普發衆情歡

捐貲以成人美

天以財豐汝惟人善用之捐貲邀實惠成美勝虛詞後樂心難滿先憂力儘施彌縫完缺陷裒益準偏欹共此流行物交相快慰時周旋歸有濟慷慨奉無私遑惜千金散恒虞一簣虧環觀多抱歉獨富欲何爲

作事須循天理

理卽生初性惟天實賦人存心須有養作事自然循動輒思皇降行皆勉日新路歧嚴辨義宅曠强求仁井井條堪析平平道易遵四端充善念萬物備誠身所患牽私欲徒傷昧本眞聖狂分界密勿負秉彝民

出言要順人心

良心人我共言出本心聲只要循天理何難順衆情十分和氣接一片善機迎似向風中坐如看水下行坦懷隨吐露逆耳總眞誠舌戰鋒誰利胸藏鏡各明從違嚴獨覺唯否卜公評寂寂疑環聽三緘啓勿輕

見先哲於羹牆

誦讀希先哲羹牆結遠思見堯眞在是學舜定如斯終食心常敬閒居意不欺三餐無盡味一室有餘

師異世觀摩助羣蒙啓發資嚴乎環指視靜則燭鬚眉尋得簞瓢樂期將美富窺銘堂懷魯直日用問誰知

愼獨知於衾影

善惡知幾獨昭然愼所趨擁衾千慮息對影一身孤初念人誰覺眞情我豈誣寢興滋懼否瞻顧抱慚無心定圖非反形存性與俱隱微皆見顯夢幻亦工夫理欲嚴分界靈明獨握樞卽時精剖決舜蹠孰爲徒

諸惡莫作

諸惡緣私起良知杳莫尋作時徒苟且悟後尚浮沉種種邪萌長層層業障深滔天陰府案立地佛門心重塵新磨鏡全憑痛下鍼四魔將盡逐六賊最先擒勿使纖瑕匿常如衆累侵本來無不善造禍悔從今

衆善奉行

去惡純存善心知遂力行密將眞意奉廣與衆緣迎良貴唯天賜虛靈有地耕拳拳珍弗失步步勵斯征後恐鬭相繼先憂擇未精四端隨順應一實足平生宏願包羅備微功積累成吉人爲最樂吉兆卽時呈

永無惡曜加臨常有吉神擁護

惡消徵吉聚行善動天公永絕加臨患常叨擁護功叢辰星亦衆司命象方崇變幻隨心減馮依與德隆禳當深省後禱在闇修中表裏光輝徹幽明正直同三言三舍徙百行百靈通何待謀趨避存誠勵

始終

近報則在自已遠報則在兒孫

行善何須報天恩在在彰考時分遠近權物稱低昂幾輩當身顯誰家累世昌形存看影附源發卜流長偏視疑無定衆觀信有常數榮隨候驗算息計年償懸賞明頒給因材妙酌量康彊逢吉兆機括乃心藏

百福駢臻千祥雲集

福備箕疇冊祥該尹訓篇駢臻加至百雲集彙成千畢厚神詒爾元和氣使然行隨功並著慮與得俱全絡繹來何地氤氳降自天循名奚不順考履必其旋圓滿符盈數周遭納好緣一門含衆妙爲善樂無邊

豈不從陰隲中得來者哉

陰隲無人信從中反覆思去來天意顯得失我心知達士三分曠愚夫一點癡機關靈莫測兆朕渺難窺浪說遭時偶徒嫌造物私浸淫持僻見婉轉破疑詞畢竟誠求易緣何夢覺遲聖功俾相協豈獨秉殊姿

崔教淳傳附張孟張合附

崔教淳者出俗九公山陳某之高足也五嶽朝歸發心於長春觀方丈監院四十年無怠惰色當長春觀鼎盛時道衆多至數百惟與同戒兄張教智親善煉性煉形藏拙不顯未幾教智爲北京白雲觀監院教淳詣之嘗以日中則昃月盈則食消息剝復與天運而循環乃不辭勞瘁躬應艱鉅以期立功當世傳於

將來道光之世南海島夷日叛白雲觀尙賴豐稔傳戒二壇受戒最著者後有孟豁一張耕雲法嗣咸豐七年法英軍入北京議和要求無中國三教人士不和清恭親王面邀教智同天津海張五海廣寺僧圓慶法英邀天主教士樊國良基督教士華之安證盟定和前清時代中國不重道釋教士又避外夷嫌疑終不趨進慕勢如是功烈若淹沒不傳後世更無述矣

何理森傳

何理森者當道光中籍貫不可考性瑰奇特異俗時以划江船爲生計而力雄於人雖有數十輩不能角覇焉由是標名漢口江岸當國家多事之秋官禁商民夜渡理森獨接送人民商賈以價倍蓰焉船戶見利而不得垂涎力敵而不勝暗謀陷害通於官以灰砂攻之雙目失明幸無家累訟於官不得直聞長春觀多道術請出俗皈依衆見甚憐之復請於衆曰吾目雖傷力有餘日至山後白鶴泉挑水三十擔任有數年亦知修真之大旨閑則跪於靈官殿求懺悔時崔教淳年耄辭退方丈監院兼職聚衆謀議虛監院之座如有推理森而座焉衆叱之退下居無何亦如牽衣而登又座焉衆又叱崔方丈曰止可能試之議定經堂人等嗷嗷以嫉之次日開皇經壇必監院而登領班如式諷誦無一字而缺訛衆以爲怪理森自言靈祖傳誦雙目明之如昔日又城中買米不得因狂風怒吼二十日一城將絕粮長春觀人口道衆難理森乃哭於衆曰監院非吾所願靈祖害我雖自鎖靈祖前不欲生靈祖現身護法以到湖南見米客多船候風止北上靈祖告以如汝等願到武昌將篷纜就緒吾能送到武昌先將米貨售長春觀百擔船戶稽首如教開篷一夜聞南風大作天明而達鮎魚套口登岸於長春觀送米至門門嚴扃呼開乃見理森鎖於靈祖面前衆船戶異之昨日教篷纜之整者乃老人也送米百擔不取直而去至今傳於名山武昌

人士之口惜生於某年羽化某山尋其闕聞以爲憾

何合春傳

何合春者里籍不可考性倜儻志量軼羣有興教起廢之功前清咸豐初元洪楊兵初入武昌火光燁燁燭天燬民居廟宇無算淸兵佔領數日又失焉如是者三洪楊兵怒益縱火武漢闤闠之藪及各叢林壇墠盡成焦土道友雖衆散于四方洎大亂戡定道友或來于他方者亦不過問焉基址竟被隣右俗者佔去十之七田園無存聞有坤道士某陂廬以守以待有德者坤道士因無紀載其姓名惜哉湮沒而不傳同治三年合春由武當山來發願恢復壯觀時兩湖總督官文因親陟洪山椒尋羅協台戰死之處歸城西眺二墳有光芒萬道化爲綵蓮過長春觀之門雖殿宇頹牆破垣惟老子之像在焉徊徜如有所思夜未寐復見老子而告曰二墳之圯汝振起之明道之宮汝興復之吾有賴焉是寐是夢如神有言乃集屬江夏士紳量力佽助擬先脩老子講道之宮以資景仰而爲民望合春當茲篳路藍縷經營慘淡之際而獲官署之倡蓋冥冥中有默宰之也長春觀之重脩大半係官總督所監造嗣有提督李世忠亦過遊於此見老子看守顯然蹴而泣曰此老在兩軍陣前救吾非一次矣吾非老氏之子孫不能如是之照拂也願以七百兩黃金爲報所惜老子之殿制軍修之甚爲抱憾合春丁實大難之際而能竣事如斯之速蓋由性天渾樸潛修大願而有以感應之也合春生卒年月未詳葬於武昌洪山千子岡有碑誌

同治乙丑張耕雲傳戒記

干本賢者同金公諱教法者前後相繼監院當同治初年受戒北京白雲觀張耕雲爲主壇律師二人出戒期後回武昌復任監院之職當同治之初四海敉平年歲豐稔長春觀微有積存倉庫之餘往請耕雲來長春觀說戒開壇攷道家傳戒非奉旨奉諭必干法禁止之例耕雲未出京有友人功德善士勸之曰

莫若緩行請頒部文之勑也耕雲意欲急行員之中曰德不孤必有鄰人以其能我以其德毋庸請頒部文來長春觀擇日開壇應酬謝絶有睚眦道流之長官諭禁牒度引其舊例不可戒期百日未得圓滿以出牒而遣之後又在蕲州玄都觀人不滿五十衆亦傳戒焉長春觀由道光初年崔方丈以下若汪公宗德鞠公復智林公本立張公至瀛雖無大功於叢林然補苴罅漏亦有功施不爲無益羽化而葬於叢林之公墓今尋其誌有一二焉記張耕雲傳戒之歲同治乙丑年三月也

徐教廣傳

徐教廣者乃奉天督標左營守備儘先記名之游擊也籍山東泰安府肥城戎行之子弟少通詩書以父職而校古北口提督署傳振邦麾下後馬左二統領入奉天剿賊屢立戰功而哨長而哨官至管帶營官因剿匪兵擾於民經左寶貴奉令而撤職委褫由是忽萌隱逸之念賣馬售刀投奉化縣無量宮而棄屣塵俗已旋又札委不就親朋勸之不再起遂道冠雲遊天下爲孤雲野鶴之行來武昌長春觀掛衲訪友未多日前任監院汪宗德羽化衆議舉廣繼之不得辭以隨衆願教廣有奉天僚友時爲武昌協統知其避世訴於制軍勸再就廣不肯其淸風亮節雖文官武僚莫不欽崇之也於叢林功績頗夥其最著者洪山後墓塋二十畝千子岡墓塋五畝道林園五十畝租賦請兩湖總督憲諭武昌縣豁免又逢辛亥革命之後民國成立初年北京開道教會以白雲觀方丈陳明賓爲正會長以奉天太淸宮方丈葛月潭爲副會長以教廣爲湖北道教會會長鼎革之際百度聿新各教之士以爭立國教上書者天主耶穌回教孔教道教五教書數上爲前淸翰林學士孫樹勳國教芻議一書之上而外教息喙焉教廣由京攜來諗於衆曰古有匹夫一言而爲後世法者今將孫樹勳先生之書庋而藏之以備異日史乘之採擇焉

國教問題

今日憲法議定國教紛紛反對孔教成一問題議廢孔者誤會部令廢經孔教原有之道德俱廢議尊孔者慮原有之道德根據剗除愈抱定漢後尊孔之儀式而不肯斟酌禮運以觀其通均之一偏之見也國會中人主張刪去憲法草案十九條第二項反對者駁議刪去此項條文提出尊孔之意見書顧其書稱孔子不語神非宗教家又贊成孔子主張禮運大同而未知大同之治本於太一宗教（理論詳見後注）竊以爲既欲定共和國教應據禮運宗事太一爲本而決無黜神道教於國教之外之理由今但據周制國教斷定孔子非宗教家並云吾國本非宗教國直不知吾國古有宗教乃爲儒教所掩也上年秋擬爲呈請酌改憲法草案十九條第二項意見書既成因見國會提出尊孔法案不入憲法又余主張孔老並尊慮有疑老者遂擱置不呈然孔教與各教中間非老子不能作大公調（老子五千言述古史道紀上篇注重婆羅門教淨行同意下篇敘述宗教源流遷變並可救正儒蔽而與佛耶回各教俱通日爲中國內部原有之宗教孔老通家並行不悖故主張孔老並尊）近日復聞國會議國教無結果平心而論法律上雖認信教自由而吾國內部原有之孔老學派亦斷不能盡廢若必如孔教會守定門戶之見以空言維持國教力爭定入憲法國會又堅持宗教非宗教力爭孔教不能定爲國教則是長此斷斷辨論而永無解決之期望不揣冒昧爰錄前撰之意見書蘄請全國公民有道之士裁奪焉

呈請酌改憲法草案十九條第二項意見書

大總統國務總理參衆兩議院各省長省議會內務部教育部孔教會教務聯合會憲法研究會國教維持會諸鉅子先生鈞鑒竊聞國會議員張魯泉討論憲法草案十九條第二項主張刪去國民教育以孔子之道爲修身之大本一語原議云孔子之道專爲君主說法草案第一條中華民國永遠爲統一民主

國如國民教育以孔子之道爲修身之大本確與國體相左又孔子之道尊天敬鬼神確含宗教性質草案第四條中華民國人民於法律上無種族階級之別均爲平等如對孔子之道特別規定實與第四條矛盾又草案第十一條中華民國人民有信仰宗教之自由非依法律不受限制如以孔子之道特別規定於國民教育項下是先以憲法條文壓迫其佗宗教等語議員趙炳麟提出三條理由主張勿删一謂孔子之道注重民主不專爲君主說法無礙國體一謂各教注重神道惟孔教注重人道應以孔子之道爲脩身大本規定條文限於修身教育無礙各教平等一謂孔子教爲世間教爲人倫之教與佛耶回教別行無礙各教自由及其統一各等語查此議案民國三年三月三日浙江行政公署奉內務部國務院通令孔教不能定爲國教國教不能定於一尊仰轉行所屬一體遵照等因在案自國教問題打消由孔教會電爭復經憲法起草員提議於十九條下添注國民教育以孔子之道爲修身之大本一語誠如趙議員說巳非國民尊孔子之初心矣吾儒束髮受書服習孔教豈有自毀國教之理惟國教由歷史上信仰而來歷史上之國體變更則國教亦因之而變在趙議員既以爲孔子兼注重民主何以不知民主以道德爲重而宗教乃其精神又以爲各教注重神道孔子注重人道而不知中國古神道教正所以爲修身之大法至僅以孔教爲人倫完備而謂大地各教主不足以代之則未明於天地之大全適足自限於半教之國（外人屢譏我爲半教國）又將何以改造民德而進於日新竊謂伏周制之軌躅馳大同之遐想既羈絆於世教矣何能一道德同風俗乎此昔人所謂學步邯鄲會未得其髣髴又復失其故步遂匍匐而歸者也要知我國宗教源流未諳現今國體及世界大勢不明瞭實未可以談國教茲事關係改良國民教育及他教公認主義請說明不必如是添註之理由

憲法揭明孔子之道其一蓋慮國民廢經夫經誠不可不讀特周制詩書禮樂以教士乃女商所謂橫

說之書吾國六千年來無直系之宗教歷史漢後定六藝爲專科士非讀功令書不得中程宋明後稍稍講道講性命至晚清漢學家猶不明中國原有宗教乃爲周制國教所掩海通以後波教（唐救文波斯經教出自大秦此大秦是波斯西鄰之敍利亞明史作如德亞即猶太因東漢羅馬滅猶太得其舊約經典乃成羅馬教故朱一新有大秦教出自波斯語要其實波教亦從猶太得去唐後其地爲回部所併故亦爲回教之母教蓋自伏羲以來論天道之顯以猶太此書爲最古緣大秦東百辣河間地即古巴比倫中國易乾坤古文及爾雅閼逢困敦等皆巴比倫語今英法人因掘得磚書爲證愈信中國易從巴比倫來錢唐夏君不信以巴比倫俗重女權輕父權詎知此原是五六千年前西方風俗且巴比倫語有二種南爲文言北爲婦人之言巴比倫即舊約之巴別地意中國易乃文言而彼舊約有婦人之言參其中猷攷查中國文化先是太昊妹女媧行教河南自女媧至無懷十五君襲伏羲之號千一百五十年故至漢后開封府有猶太教人及禮拜堂因此可悟中國舊承東方文化禱耶和華的名尚在西紀元前此數距今六千餘年）西來出是新思潮與舊思潮之沸點伏於茲矣民國改元部令廢經議者大譁此次帝制既廢部令亦如之而孔教會期期以亡國滅種爲慮不知離經乃能辨志周制國教側去義農軒項宗教道德歷史不完（尚書以堯斷代將前二千年零古文化削去且二典開始稱帝其實舜稱堯爲天王見於南華經又據墨子呂覽莊子逍遙遊堯舜實賴許由以宗教道德化成許由神農後即四岳之一而儒書不詳甘誓洪範首開世襲專制而大同之局變爲狹義的大道隱也自是夏商周三代數百年一革命教育不以宗教道德施行周厲王后共和四十年旋託厲王名爲吳復帝制一傳而有幽王之亂此魔鬼與上帝戰爭歷史）世或以是爲孔子罪抑不知是乃時王之制大道固不在言傳書也試思孔子繙十二經以說老聃何以聃指天地日月星辰禽獸樹木教孔子放德而行循道而趨（見莊子天道篇）周公重儒術而孔子修之正之謂將以治天下遺來世胡云仁義益衰性情益薄（見列子仲尼篇）此無他文滅質博溺心之蔽矣荀子最尊儒而解蔽篇乃引道經人心之危道心之微謂其幾惟明君子而後能知之豈不以心爲形之君而神明之主乎古者一點一畫人心有自然規矩造後有易緯有道經最後乃有儒術若能儒道合一師賚非取用直系法以簡易頗亦可以教何棄之有小學所不可缺者在身心之美善耳孔子敘禮運平分兩階級前一階級天地爲本（仰觀天俯察地可爲法象）陰陽爲端（一陰一陽之謂道）四時爲柄

觀四時不忒因以神道設教（注：右行「觀四時不忒因」，左行「以神道設教」）日星爲紀（天以七紀故於日行值七宿之中洗心齋戒）此神道設教由坤乾之義來後一階級月以爲量（以中星分配月以月定四時與六千年前宿值日日紀歲異）鬼神以爲徒（合鬼與神爲教於是禮記以古之齋戒爲事鬼神與六千年前心齋主太一異）五行以爲質（水火金木土五行有專官與六千年前用地水火風四行異）禮義以爲紀（失仁始言義失義始言禮與六千年前重道德尚簡易時異）此人道設教由夏時之等來據此知民國始盤古而燧人氏終之爲婆羅門教開始自伏羲以道德冒天下而終於炎黃之戰爲第一期軒轅氏以君統治天下而終於舜之禪讓爲第二期禹承其後世及爲禮革命始開訖於民國紀元爲第三期自今以往天下爲公欲人人守素抱朴少私寡欲則必有宗教道德以煦育人民若專用儒術而不以古宗教啓其道心依然人人自私自利而進化無由是循西漢獨尊儒教之舊例而今非其時也

其一蓋慮國民廢禮雖然禮有本亦有運吾不知諸公所謂禮者列於孔教何種程度若於孔子告顏淵四勿即宗教家所謂上禮（上禮見老子下卷）否則空言禮義廉恥禮教有時而窮況四端乃善惡公共之物（叔苴子云惻隱羞惡辭讓是非善惡公共之物未可以盡性善四端者君子小人共由之門戶此乃至言）惟有道心方能自覺昔漢朱穆謂大道之行行違於道則愧生於心非畏義也事違於理則負結於意非憚禮也試問禹湯后六君子未有不謹於禮何以大同之運至禹而絕三代私天下自禹子始無可諱言（禹傳子事古今一大疑案儒家爲禹曲說禹薦益於天七年禹崩朝覲訟獄者不之益而之啓故曰天與子據戰國知其事者乃謂禹不勝其私而傳子知啓之不足以任天下而私意勝陽以天下授益而盡以啓人爲吏禹崩啓連黨而攻益取之此鹿毛壽等爲蘇代言汲冢周書亦載此事宋羅泌論禹傳子事謂尙書堯授舜曰汝陟帝舜授禹曰汝陟后而禹子益不聞有是言固知無遜益七年之事禹之私天下信然）孔子將禮義爲紀一段入於小康時代而出於大同之界則今日教國民進化大同自必以道德爲前提而禮從簡易爲得（君臣禮簡則下易近民民俗不以飾容飾繁爲禮則用節嫁娶喪祭之禮簡則婚者以時終者掩藏）先王本天之道治人之情故失之者死得之者生後世王者天道不講一以已出經式義度是直用專制督責而已晉葛洪枕中書曰易變禮興禮爲亂首蓋易首

坤乾尚平民主義用禮者夏時之等據南華經在宥篇古有在天下治天下之分宗教時代聖人之在天下以道德及後王治天下乃用禮（魏博士馬照對帝問太上立德即說三王用禮爲治）用禮治而文煩則僞僞則亂故禮生於不得已而非道之大原也孔子師於老聃聞禮樂之原明道德之歸（家語孔子謂南宮敬叔曰吾聞老聃博古而達今通禮樂之原明道德之歸則吾師也遂至周問禮以曾子問中四段老聃語證之確是禮記問禮故事史記老子列傳載孔子問禮一段歎爲猶龍而語不詳及觀莊子天運篇方知孔子始聞老氏禮運源流遷變之說車氏玉峯脚氣集疑禮運離禮義以言道似老氏之言今按禮運以禮爲小康之治原有不滿意處正是老子以禮爲忠信之薄而亂之首實亂古訓同治亂之首謂治天下之開首以三王前乃在天下也老子道德經四十九章云聖人在天下歙歙爲天下渾其心可以想見中國道德程度愈遠而愈不逮古孔子據所聞於老聃之言以告子游氏亦以子游有志學道故示以禮運之源流遷變有如此耳）一旦與於蜡賓太息大道之行有志未逮若使生當今日應不知若何大改革矣世運趨於小康則言禮世運趨於大同則言道德孔子招聘歌大道隱兮禮爲基今則大道顯矣法儒孟德斯鳩曰君主國用禮民主國用道德際此國體變更正宜規定民主教育（民主國家並非無元首之謂規定憲法主權在於人民爲對外保守國家利益關係規定民主教育爲對內法重民生主義仍爲保守國家和益關係）而不必標題何人之道以爲的不論何教派凡合於宗教道德者皆可以教育人民豈有既許各教自由平等而單提一教加入憲法之理此必不行矣

議者曰信若是則廢孔教乎凡一國必有一國之教例如印度以佛教爲國教猶太以基督教爲國教土耳其以回教爲國教吾中國以儒教爲國教奈何不定國教而任人信教自由曰惟信教自由乃能發起人民眞一之道心儒術始於誦經終於習禮孔子適周制國教亦曰今用之吾從周耳禮時爲大順次之體次之宜次之今不但人民各從各教約法已許信教自由以國勢及理論上推之若欲根本解決亦當從改良教育入手何者今日國民教育須抱民生國家兩大主義蘄合於共和道德之程度應先認明周制教育法是否含有適宜之性質據淮南道家言周制全爲無用之事煩擾之教塞民於兌道（語見道應訓武王得

天下虛民心不服問太公太公曰如此則彼皆樂其業供其情案業卽儒業滋儒訓業爲箴卷又云繁文滋禮以弇其賓厚葬久喪以竄其家爲三年之喪令類不蓄家脊族少慮患者寡可以持天下弗失據鄒魯儒家言喪祭之禮廢則臣子之恩薄君臣上下長幼男女非禮不定曰是誠然此漢後所以崇老者黜儒崇儒者黜老不知老氏以禮爲忠信之薄孔子亦曰薄於德於禮虛是貴乎執中之有道矣孔子雖用儒教未嘗不有志大道之行特欲俟人倫道德普及世界國際道德均等而後提議及之也今議者輒謂禮運大同乃烏得邦惡是何言夫大同原非一蹴可幾當此之時欲全國一致循共和正軌以行則必先有覺斯民之大道矣彼佛耶回之道皆出自治人事天老子經教亦同獨儒之俗者不信道焉能得民夫萬物爲道所造源出東方聖人古者太昊以神道教第一期則有少昊遠憲太昊而乘西行東方古書紀少昊事少馬遷史記劉恕外紀皆不紀少昊及觀路史少昊紀乃知少昊窮桑氏或不在中土蓋遠憲太昊而乘西行說者謂在西海濱也據路史疏仡紀黃帝元妃西陵氏嫘祖生昌意生子三長曰乾荒次曰安季曰悃乾荒生帝顓頊是爲高陽氏安處西土後曰安息悃遷北土後爲黨項之辟是今之波斯後藏青海部猶黃帝裔矣次妃方纍氏之次子封于清是生小昊據小昊紀謂其遠憲太昊而乘西行是稱少昊以拉克伯里支那太古文明西元論攷會中國易教發原在巴比倫尼亞可知少昊之父封于清在小亞細亞故東方史不詳據路史注云拾遺記謂窮桑在西海濱然則少昊窮桑氏由昌意之次子安季子悃未隨黃帝東行故路史少昊紀贊稱爲西皇因知左傳杜注少昊之墟在曲阜者乃其支裔也何以知其紹伏羲行教以今譯西史綱目紀洪水方舟事在少昊四十年疑此卽爲第一期少昊躬行道德時期漢書安息國或謂亞細音轉或云蓋本紀念安息日之義以名其國夫安息日卽易經先王至日閉關之脩法也又路史載顓頊佐少昊封于高陽高陽氏之墟乃在東方柳城衛濮之間是爲黃帝政教東西兩行之證楚乃顓頊後國故必有傳聞故騷冠騷經時述泰皇西皇而孔子刪書斷自唐虞則軒頊且未編及何論西皇少昊蓋此種教派絕對爲帝制所沮也時則顓頊氏佐之以行教於東方中有二大原因阻滯進化一少昊惟能任道故能紹伏羲以行教及其既衰家爲巫史人神雜糅顓頊乃命重黎南正司天屬神北正司地屬民自是地天之通遂絕尚書絕地天通是東方民族史上一絕大關係呂侯紀此以爲東西漸漏之始據路史解人神雜糅謂九黎實亂天德賢鬼而廢人故顓頊分其業是禁絕人鬼混於天神而上帝不黷也據尚書呂刑注絕地天通謂禁絕地天之祭小民不得通行是人民不得通于上帝以祈福而悔罪也由前之說近於宗教派由後之說近於帝制派然地天通以前人民心理與天道近故可教地天通絕以後人民心理與天

道遠故不可教一禹伐有扈以行其教（見呂氏春秋）而天行來復之教遂廢荆南宗教社會舊有教堂（詳見後）而北方周之孔教絕對不能行於陳蔡楚地（莊子山木篇孔子陳蔡阨後聞子桑雽之言絕學捐書光能子老君篇第三孔子定禮樂明舊章删詩書修春秋往告老聃老聃曰自昔聖人創物立事誘動人情人情失於自然而天其性命者紛然矣今汝又文而縟之以繁人情人情繁則怠怠則詐詐則益亂所謂伐天眞而矜已者也天禍必及既而削迹於衛伐樹於宋飢於陳蔡圍于匡皇皇汲汲幾於不免孔子顧謂顏淵曰老聃之言豈謂是乎據此則老聃勸孔子絕學捐書尚在未遭宋難及陳蔡之厄之前此儒教不行楚地之證）推厥原因南方宗老乃述羲農軒頊之教北方宗孔乃述虞夏湯姬周公之教（唐陸希聲道德經傳敍云仲尼闡三代之文以扶其衰老氏據三皇之質以救其亂又曰孔子祖述堯舜憲章文武導斯民以仁義之教老氏擬議伏羲彌綸黃帝冒天下以道德之化語見雲笈七籤唐傅弈上封事云臣聞羲農軒頊治合李老之風虞夏湯姬政符周孔之教語見唐沙門釋法琳破邪論上卷又日本井上圓了云孔子說堯舜以下之道老子說伏羲以上之道語見哲學要領）以此南北異派儒道分流而國化不進吾聞家語錄孔子之言曰五帝用說（演說天道注重道德）三王有度（度爲法度即世教）又嘗語老聃云道之於今難行也吾比執道而今委質以求當世之君而弗受也道於今難行也（此道指宗教說與論語長沮桀溺章歎息道之不行相同）然則孔子何嘗不以老聃所說之道語人君無如斯道與君主之根本私欲相抵觸是以語人事之法度多語天倫之學說少非不信天有主宰之大神也時格於君主制人民不得齋戒沐浴以事上帝（至孟子時君主勢益衰便敢說雖有惡人齋戒沐浴亦可以事上帝）此孔子之所以不語神而道之所以難行與今民國遵照約法共和不世襲一切君主專制掃除應依禮運之自然全國一致宗事太一以爲道本老曰主之以太一孔曰禮必本於太一（禮運篇夫禮必本於太一分而爲天地轉而爲陰陽變而爲四時列而爲鬼神其降曰命其官於天此即孔子說太一爲造物主據鶡冠子說泰一執大同之制調泰鴻之氣正神明之位又稱九皇殊制而政莫不效焉故曰泰一按泰皇爲九皇之長泰皇卽伏羲伏羲以神道設教宗事太一王肅注家語以爲元氣陸佃注鶡冠子以爲天皇大帝史記天官書以爲中宮天極星其信心起於泰士成鳩之道厥後九皇莫不信仰法天道無私易姓而王不以祖爵爲君此中華六千年前共和不世襲之古國由泰一宗教造成之泰皇時代事事取法乎太一故老聃法伏羲行教亦曰主之以太一見莊子天下篇孔子亦曰禮必本於太一夫太一爲生命之原故說文曰惟初太始道

立於一造分天地化成萬物此卽上帝惟一之旨禮卽盟禮老子孔子必以太一爲言者誠以上帝最信最兼愛無私欲一民志齊道德非此不能啓牖道心而進化也可知泰皇大同之制以天爲宗以德爲本以道爲門非惟老子孔子主太一卽佛耶回各教亦無非分演於太一神明之道而可共同研究於一堂亞東人說教有一異點必曰尊某尊某門戶之見由此而生亞西人但尊天重靈魂如佛者漢言覺自亞西言之卽是神漢西域傳西方有神名曰佛是也英人約翰思頓云佛與基督二教俱以神權較人力爲强故曰我佛普濟耶穌是人是神歐洲已爭論解決亞耶太修派謂是神之化權美李啓東博士云希臘文中凡稱眞宰曰西亞蘇是耶穌教亦我亞洲古神道教回教原名天方教又名清眞教亦不離回向眞宰之義老子五千言完全是反對周制儒教而含蓄古神道教及物理哲學於其中世人以其反對儒卽是反對孔因有不滿意老子之處而不知孔老並尊天重道孔子眞宰尚賴老莊書發明故愚以爲憲法可不提明孔子之道意從李博士說但云以道德爲修身之大本最爲渾括如欲揭明孔子毋甯並提孔老必如趙議員說各教修身莫如孔子若則豈眞如丁君義華所言不服從孔道以外各教育之方不得列於國民教育不受孔道之教育者國家卽可不認之爲國民卽欲自廁於國民而亦適成爲不知教育不知修身之蠢物耶嗚呼以是激刺各教會之意不特破壞統一未能表示佗教人以宏量抑且狹小民國道術無以爲共和教育基礎滋國人之疑障民國之化此大不可試就現勢論之

今設三問題中國現勢是否人民無暇治禮義而救死不瞻之時是否人民缺乏道德爭奪私利而不愛人不愛國之時是否人民喪失靈魂眞宰而無所定止之時要之孔教中屬於宗教之一部分儘可分別采入教科或另編微言錄倘欲奉爲教主定爲國教則必有非孔教人出而反對之惟有不立教主一衷諸道并孔教之名化除之可也

孔教會諸公謂加此條於憲法遂可以法律保孔教乎吾則以爲能改良教育雖無法律亦可存不能改良教育雖有法律亦存而不存天演公例物競優勝國力强則教會吸收於國家宗教隸屬於政治國力弱則政治服屬於宗教教會吸收其國家論孔子之道亦尊天畏命無如礙於君主勢力其教不能以

騶行君主制君天下曰天子惟天子得郊事上帝人民上同於天子而不得上同於天故墨子以爲災猶未去孔子講學至事上帝輒指掌不敢明言論語中庸確得兩證君主國家名教立國民主國家宗教立國名教立國教育屬於形表故儒之弊流爲有名而無情儒教是周公之教魯有名而無情是春秋人論傳曰惟其儒書以爲二國憂是時人疾儒弊之言 老子曰絕學無憂是憂周制詩書禮樂教士無救於治亂宗教生於道心不生於學術故老聃以爲可絕原儒之弊在於儒書一切名詞人人可以假借故老聃謂孔子名是公器不可多取自撰道德經只一言事善仁謂絕仁棄義民復孝慈蓋惡世人借仁義者寡而利仁義者多也嘗曰大道廢有仁義又曰道隱無名道常無名即謂後世徒有仁義之名矣孔子謀藏書周室繙十二經以說老聃中其說聃曰大謾願聞其要孔子曰要在仁義聃曰請問仁義人之性耶孔子曰眞人之性老聃曰請問何謂仁義孔子曰中心物愷兼愛無私此仁義之情也及觀列子仲尼篇孔子語顏淵曰曩吾修詩書正禮樂將以治天下遺來世非但修一身治魯國而已而魯之君臣日失其序仁義益衰性情益薄此道不行一國與當年其如天下與來世矣是孔子不曾自認儒教究有仁義之名而古人兼愛無私之情已亡故儒之弊距今民國二千年前早已見知特周室制定國教故云未知所以革之之方及今國禮變更若不改良數術乃張湛所謂會盡事終執而不舍者也

宗教立國教育屬乎性靈故自拉明教深入人心而不可解自拉明教即大易神道教凡究明物心神各體之爲何是爲哲學因萬物由一神體生教人敬愛天神以濟諸智慧之根是爲自拉明教此種教派據印度費大四書謂太初有神明八明因無生有轉化爲育語頗怪誕然老子亦曰天下萬物生於有有生於無又曰天門者無有也於是知玄能生神此道閎深奧妙故老子云無有入於無間是以知無爲之有益今日文明國各種理化科學俱可謂爲道之統系其一種化導人爲善之法門亦甚簡單無非信一兼愛少私欲忍辱至於積極遂有智慧勇猛乃婆羅門教精進功夫凡佛耶回皆出自此派一神教而我東亞之儒教不言靈魂不事上帝去道蓋遠斷其非爲良法 方今民國今觀各種亞西古教皆從婆羅門譯出而基督耶穌尤與吾華愛和平之性爲近今且信從益衆矣何其感覺人之深耶

廢拜跪撤禮制辦法甚合道術莊子人間世篇顏子語孔子曰與天爲徒者知天子之與已皆天之所子與人爲徒者擎跽曲拳人臣之禮人皆爲之吾敢不爲耶於此見周制拜跪孔顏亦應世法 正宜講演信一之道老子鶡冠子說宗教的信都有學理孔子說自古皆有死民無信不立亦是重靈魂愛國的話 民信能立國弱亦存民信不立國存亦渙故今日國民教育勿論孔子尊君之道非孔子尊君之道但有福於民國即道也如其道與國宜即婆羅門教亦可從如其道與國不宜即孔子當日服從之道指周制拜跪 亦不必從也此在乎改良儒術而可不必拘專一孔教之名者理由一也

抑謂刪此條於憲法將不能以孔教存倫理乎吾則以爲能尊重道德人倫教育亦可存三代之學皆所以明人倫而獨

不言天道故莊子說古代君臣父子兄弟長幼男女夫婦之倫附屬於天道篇老子說人倫雖難所以相齒歸重於道德莊子箸之於知北游篇並不廢倫理不能尊重道德人倫教育亦存而不存天演公理物極必反易窮則變變則通通則久老子道德經云反者道之動卽是易教帝制盛則以君權代教權禮官爲名教所從來帝制衰則以公道存人道宗教乃倫理之終極穆勒約翰曰宗教言天名教言綱常金子馬治曰若謂教育目的當自倫理學定之宗教卽倫理之結極論孔子之道雖正名定分而至於革除君主體制於教亦未有所違戾君主國家以家爲主體民主國家以公爲主體以家爲主體教育在於謀私利衣食住爲人生活關頭豈能反對生活主義惟有二公理一爲知足一爲利羣吾國自家天下太久人民祇知自利不知利他對於一切公共利益毫無熱心此可以見私天下之害惟私天下者日以利子孫爲長久計人民亦各爲其私各爲其私則爭權利爭而不已則相害彼殊不知無私乃私旣以爲人己愈有旣以與人己愈多消息盈虛自然之理自人人私爲己有則必有不利之人而國家患不均不均則不安不安則傾是故孔子問諸有國家者不患寡患不均不患貧患不安蓋均無貧和無寡安無傾然則將何道以使之均且和且安惟天之道損有餘以補不足最均且和且安人之道則不然此老子所以主張說天道以救人道之窮故小康之弊幾於貨力惟知爲己以公爲主體教育在於謀公利故大同之量雖有父子而不比恩黃帝教令有此語詳路史方今民國輕道德競權利尤宜講演兼愛之道順愛之政殊類相通逆愛之政同類相亡語見鶡冠子上二語述泰皇兼愛統一大九州下二語述後王不兼愛萬國併爲七國卽如夏啓與有扈同是黃帝後啓欲世襲有扈不服致有甘誓之戰宋羅泌注夏后紀謂夏失德始於伐扈孔穎達謂堯舜禪而啓獨繼故不服呂覽淮南謂有扈爲義而亡可知啓之爲利矣豈在乎同種不同種耶莊子天運篇老聃云禹治天下使民心變人自爲種而天下耳是以天下大駭儒墨並起蓋儒主親親墨主兼愛也故今日國民教育勿論孔子親親之道非孔子親親之道但有利於民國卽道也如其道於心不安卽婆羅門教佛耶回猶當改之如其道於心安卽定孔教爲國教亦不能胥佛耶回各教之民之心而改之也此在乎補救儒術而不在執惟一孔教之名者理由二也

抑將謂孔教是吾國內教佛耶回非吾國內教吾服從吾固有之國教而任他教之自由未爲違法不

知此在個人之信教原無所不可而必欲於憲法中揭明孔教爲國教無論佛耶回教徒各不承認即承認此派國教異日教育史上必不能增進國化毋甯提倡老子玄學與孔子之學互相維持一方仍可提攜各教俾無礙於信教之自由而教育必能臻於完全發達不然今日雜教並容條約所許以視孔子時代伯陽設教堂於厲鄉中國二千四百年前荊楚有教堂老聃說宗教此事如同漆室竟無一綫曙光照耀民國深可悲憫國會中人直以爲中國本非宗教國據此說是待今日歐化西來方知事上帝豈不誤會榮枝每讀老子四章三十五章五十九章決定老子演說古宗教宗教即道及觀路史餘論云荊州記江夏隨縣北界厲鄉村南重山有九井在山北重塹周一頃一十畝內有地云神農宅神農生此老子亦生於此崔元山瀨鄉記以爲老子教堂之故處是老子乃楚鄉宗教師也按老子楚苦縣厲鄉曲仁里人見史記老子列傳苦縣在陳國後屬楚老子邑於楚之瀨鄉瀨鄉即厲鄉見各書傳而教堂則他書罕聞惟莊子天運篇載孔子行年五十有一而不聞道乃南之沛見老聃及歸三日不談歎爲猶龍子貢遂以孔子聲見老聃老聃方將倨堂而應微踞倨通倨堂即危坐禮堂古人危坐即跪是必老聃行跪禱禮應微者謂息心聽氣虛而待物微即老子第十四章希夷微之微希夷微三字形容氣母詞緯書稱伏羲襲氣母老聃學伏羲故亦貴食母此蓋跪禮堂時玄默之狀據此則老子有教堂確矣桓魋爭禮容於樹下是時樹下不知習何禮據老子下經上禮爲之而莫之應則攘臂而扔之疑宋司馬即行太上時禱告拜跪禮司馬恐是墨教徒今撿尤能子老聃曾有天禍之警告可信中國舊社會皆習上禮尤爲紛拏其不能以後王飾治之文世儒繕性之學及歷代不完全之教育強全國人服從可想而知總之佛耶回各教產出於泰始之白拉明教此教距今有六千年先是西方講究一位全能無始無終之神原是無名老子稱道常無名最爲渾成後展轉相傳翻譯異詞稱爲八明轉譯爲婆羅門今稱白拉明或以爲種族之稱以婆羅門爲貴種故近人有謂山海經白民即婆羅門之異譯然在致義上論以梵言淨行爲最確此種教派蓋由泰皇受洗於神道而來易稱聖人以此齋戒以此洗心退藏於密吾東方向稱泰皇爲西方聖人唐沙門釋法琳謂即是佛今楊仁山亦韙之但亞西古代人民轉譯神道名詞無定或曰佛或曰西亞蘇總之社會極信神愛神佛言覺世耶言救世皆靈魂之教回教言人之爲善者靈魂清淨無染升天安樂作惡者魂爲體累沈淪地下佛教耶教俱如是說與埃及祭司講天堂地獄之理相同大抵此理都爲伏羲易教所包且據古教彙參引希羅多書埃及自古奉一上帝埃及古廟有一偶象名法大者謂造成天地萬物法大字音與中華古皇伏羲字相近恐或爲一按法大之理即老子二十五章域中有四大而王居其一焉人法地地法天天法道道法自然謂泰皇人事開闢創自然教也故他日老易明後自然各教可統一謂萬物由一神體生是爲西域治人事天之祖唐書西域傳有治人事天四字魏源云是婆羅門教按老子道德經亦有此語孔子教乃產出於虞夏

之司徒舊教謂五倫爲儒者要素是爲東方修身齊家治國平天下之原據漢博士述王制樂正四術外尚有司徒修六禮明七教德儒花之安箸西國學校謂與禮拜義相彷但注文正文俱云六禮冠昏喪祭鄉相見七教父子兄弟夫婦君臣長幼朋友賓客此六禮如何節民性七教夾入賓客亦不倫疑點另詳然而太一宗教亡則意何由而誠心何由而正老聃語孔子曰中無主而不止外無正而不行主謂眞主心中有眞主然後開道可留正卽道德經清淨爲天下正之正謂外有天道爲繫然後引人有眞光語見莊子天運篇經曰有國之母可以長久曰天下有始以爲天下母既得其母以知其子夫道先天地乃其母而各神教皆其子也必以爲神道無與修身何以孔子私居齋必遷坐榮枝嘗語人是卽孔子私禮拜此心齋非祭祀之齋遷坐者謂由安坐變危坐爾雅釋言㘸爲安坐跪爲危坐於此可見孔子亦行跪禱神明之禮矣必以爲孔子不信宗教何以欲使天下之人齋明修身顧老之倨堂應徵佛之膜拜入定耶回之禮拜祈禱其式不同而同源於義易大衍洗心大衍曆數當據京房易解爲十日十二辰二十八宿爲五十之數惟日本白河次郎箸支那文明史謂伏羲時只有二十四宿後始增四宿名經智新錄云唐虞時鳥虛星昴後世改名房虛星昴是今人已知伏羲時以宿値日特四中星尚未有星名耳前清江氏愼修河洛精蘊說中國有甲子而不知以宿値日西國惟以宿値日不知有甲子彼不知伏羲法天行教洗心齋戒早經用宿値日古人推驗氣候之法極精謂每七日天行來復中氣必反七七四十九故曰大衍之數五十其用四十有九用者用爲洗心齋戒之紀數每來復日令人民閉關歇業修心復性易稱至日卽來復日此神道教具在易觀卦盥卽洗禮原創於伏羲之十言教十二言教自伏羲傳教後約二千年頃少昊復能任道商太戊時摩西出埃及而行教於西乃山亦越千餘年保羅彼得由波斯傳教至於羅馬今東方人幾以禮拜上帝爲羅馬教而不知由小亞細亞西行歐洲十八世紀前以爲此種文化得自希臘羅馬爲彼固有物十八世紀後始知傳自歐東兩河間吾民國號稱以黃帝紀元而不知黃帝前後歷史之宗教源流則亡本矣七日來復來復在坤乾易之中間兼理氣數言逢七必反於人心世道有關係又何煩別孔道於神道外而專用儒術定國教乎竊以爲無論孔教非孔教合於公理卽道德不合於公理卽不道德必欲屬道於個人而崇拜之任舉何教皆門戶之見也此在乎確信天道至教聖人至德止須箸明以道德爲修身大本美博士李啓東先生主張改憲法第十九條第二項國民教育如上與鄙見同而不必指定以何人之教爲孔教代者理由三也

孔教者一家言之名詞也民國自泰皇人事開闢迄今將及六千二百餘年孔子所用周制國教止於法後王而堯舜以前尚有二千年零古始道紀純然宗教時代今其道德之意具在老氏五千言中他日規定憲法豈能以孔子之道一語概括且孔老通家正宜雙方並進然後貴清淨者不以席上為腐議束名實者不以柱下為誕辭魯論孔子自稱信而好古竊比老彭明楊龜山以為老彭即老聃不作即自然意宋儒朱子亦據曾子問篇數段證老聃確好古至前清桐城姚姬傳山陽潘德輿俱己論定老彭老聃一人姬傳謂宋國有老聃而沛乃宋地故孔子楊子朱皆南之沛見老子彭城近沛意氏嘗居之故曰老彭潘德輿據史記老聃生於苦縣苦在今歸德之鹿邑東十里漢書彭城古彭國今徐州地歸德徐州接壤信老聃以居近古彭國稱老彭又莊子天運篇孔子年五十一南之沛見老聃司馬彪注老子陳國相人相今屬苦縣與沛相近此足證孔子過宋至陳受道老子之可信據家語老聃確是孔子師據史記老子列傳孔子問禮老聃教孔子去驕氣多欲態色與淫志據孔子世家適周反魯辭去時老聃臨別贈言教以毋尚聰明深察博辨廣大以危其身教以為人臣為人子之道須克己皆是修身正義何嘗絲毫放誕或曰今日尊孔教救人道猶不及何說老教為不知舊教育法正惟專用孔教以為盡人事可以合天道而不言天道至教如何歷史以致人知君統而漸不知三一之道路史紀黃帝老子受要於泰一元君黃帝謁峨眉天真皇人問三一之道皇人曰而既已君統矣又杳三一无乃朗抗乎按泰皇時三一之道見鶡冠子泰鴻篇曰信入月信死信生列星不亂其行天明三以定一則萬物莫不至泰皇所以宗事太一起倡設教老子所以說執大象天下往今天皇真人謂而既已君統矣可知鴻黃世及己非民主故皇人不許三一妙身元元真主見景教碑文人人不信一不兼愛而因以不愛國私利日競道德墮落此大患也道德之教在乎克私欲克私欲之法在乎用神道教發起人天地之心彼君臣父子兄弟夫婦長幼男女尊卑先後之序見莊子天道篇自然攝化於其中惟泰皇明白於天地之德神明之位躬行道德以化天下泰皇即伏羲今西書稱為加勒底之人皇史稱道德最醇厚六千年前大九州共和而不以祖籍為君博選賢聖分九部以理民此種無私兼愛從明白天地之德而來莊子天道篇玄聖素王之道鶡冠子泰上成鳩之道俱讚美泰皇道德天道篇明白於天地之德者此之謂大本大宗與天和者也所以均調天下與人和者也又天道篇稱天尊地卑神明之位鶡冠子稱泰一正神明之位已顯然說伏羲宗事太一行教故稱三一稱神聖之教稱聖人之道與神明相得故曰道德其教令人民於來復日閉關修心復性泰皇亦於是日洗心易稱退藏於密

即宗教道家守之世教在乎說仁義禮

玄默也此之謂不言之教老子道德經第二章是以聖人處無爲之事行不言之教列子仲尼篇西方聖人不言而自信俱讚美秦皇

仁義禮亦自離不得道但後王利用以文致治術未嘗不自以爲聖無如世相感於不兼愛不躬行道德之實往往從其所行不從其所言仁義之情孔子明語老聃在兼愛無私後王內多欲外施仁義利用以爲美言其禮法專督責于下讀秦本紀觀由余之言徒知道德經云美言可以市尊行可以加人是以老聃絕棄仁義之公名注重少私寡欲厭棄周禮之煩文歸於朴素如徒以爲可文致治術毋諱誦言湯之仁義而不能禁務光之非議魯秉用周公之禮而不能免於師金及市南宜僚之諷語在南華經讀王山木天運諸篇此之謂言教非宗教

儒家守之今後兼用老子之教非特可救正儒蔽而尤與各神道教漸次疏通福音書曰上帝爲人賜福贖罪道德經曰古之所以貴此道者以求得有罪以免英儒韋廉臣謂老子言道在天先而未言上帝在天先不如耶穌福音書明言上帝在天之先而道爲上帝言行永不變更之理又云老子不論上帝而以道代上帝爲其學之缺處按老子謂人先有道心而後信上帝並不謂無上帝宗教生於道心有道心自然上帝在人心中故曰象帝之先此猶德國哲家謂耶和華之號起於老子之希夷微蓋希夷微三字乃老子於玄象中探索氣母之形容詞呼耶和華上帝則玄牝神之時也以求得謂賜爾新心得蒙福祉也有罪以免謂悔改所爲罪得赦免也明明保證此道最尊貴可以教人祈禱悔罪而受洗於神明也

又曰執大象天下往大象無形謂真神也天下往者謂是將爲世界公教也又曰樂與餌過客止過者過教堂之門樂者音樂餌者聖餅是猶可見南方墨者信愛神之遺意也以上道德經六十一章並二十五章文德儒花之安謂禮拜七日一週與大易七日來復義通今繹老子語益信距今六千年前太昊女弟媧皇封於汝陽世本稱其後爲天子此天子尚是婆羅門神話鄭董君疑其非婦人大誤當日河南開封有猶太人教堂楚顓頊后故楚鄉亦有之古教用音樂故樂記云以道制欲詩詠西方美人及日之方中在前上處亦出於衛樂官聖餅則福音書之陳設十二餅今僅見老子書此必媧皇及黃帝四五千年前西來貽傳的巴比倫古文化巴比倫爲加勒底京城易教發源處何獨至於今而疑之諸公若謂共和教育可不問而惟舊教之是保當日應無爭國體爭約法之必要若以爲民主應有民主之教何如宗事太一神道調和各教以劑於同孔子遵用周制國教迄今二千四百餘年帝制發展力盡孔子預言不過三千年而止論語中庸俱稱百世每世三十年計今當天行改革禮運孔子曾於坤乾易參觀之坤乾易須倒數現中國在坤卦六爻陰盡地位剝極當復以易緯載孔子說析當日推之析一爻當一日六爻當六日六日盡一陽來復以易緯載孔子說爻當月推之一爻

當三十日坤乾十二爻當三百六十日三百六十日盡一陽來復以易緯乾孔子說卦當歲推之一卦當二千年上下兩卦六千年六千年盡一陽來復　今我不會通而修改之豈無吸收於他教之一日至謂各國政教分離無牽動國際之理此尤謬解歐州政教分離乃臨於羅馬教皇握政教上大權壟斷布教利益故不許國教主義各國以國王爲教會首長並非各國政府脫離宗教甚至教會中人受他國無理壓迫而亦無干涉保護之義務也近日字林報礎議加入條件謂中德條約非純關商業性質含有政治意味雖至戰後尚須繼續存在又以京津駐兵及我兵不許駐於距天津二十里內藉詞今尚有愚妄退化之份子欲留此種條件常常警戒我華人欲洗此國家精神之辱能不返省　前清庚子亂後美國魏禮森箸一書名支那謂吾國教育無變動與長進惟以孔氏一家言爲根據三千年來學術不過此一事之問題而支那人事事無進步皆爲此所阻今約法上業經公認信教自由無種族階級宗教之別何必單提孔氏一教定爲修身大法蓋孔子教固在信教自由之中矣信如十九條第二項存在無論對於亞西佛耶回各教表示退出於我國民教育之外卽東方曾經演說神道之老教亦當在屏黜之列然儒以道得民不通於道則無以爲教方國體未改以前日本井上圓了尚謂孔老兩派並行方能保持學問之平均而學界日以發達見哲學要領　何況今已改爲民國耶其亦不詳審之過矣

夫天壇草案規定信教自由及各教平等此種約法已含有一神教意思在法案中特歐洲各國大率基督教國雖中國新舊教相半而根本上無甚大異故較我國易於調和我國則異是自中世紀入道教與神道分離南北異派二千年後北興南滅孔子遠承帝嚳系路史敍孔子在高辛帝嚳紀述君主之教故多說禮據日本白河次郎說堯舜非單純民主政禮惟政治方法用共和主義此言極是故廣後已行拜手稽首之禮老子遠承少昊系路史敍孔子在高陽少昊紀述民主之教故多說道德君主禮教姑置不論論其急者老子四十九章云聖人無常心以百姓心爲心此太昊時代民生主義二十七章云是以聖人常善救人故無棄人此少昊時代老者壯者幼者鰥寡孤獨廢疾者有用有終有養之教凡此皆由實業與道德養成之也大抵君主民主教育分別乃分別於公私之間私則一私而

無不私人各親其親各子其子乃三王以下家天下之教公則一公而無不公人不獨子其子不獨親其親乃三五以來公天下之教故欲人民兼愛愛國須由社會提倡道德之教始老聃提倡道德者情經中暗含古始道紀並不說明何代何王教育今以各經子史參攷確信其爲義農軒頊之教此教最愛和平講公理爲中國信賴神力之自然教容俟他日一一詳解向使兩派學者發抒通誼並用孔老崇拜之太一古教不以個人之教爲主以道心所從出之自然教爲主卽有基督教徒從西方來如子母融合何不可調和之有無如今日後老大帝國而驟復於民主共和人人不解原理不明歷史於是新學黜孔舊學黜耶如之何其可爲應時計不可脫離孔教亦勿固執孔教莫如以道爲各教之總鍵例如對於不恕道者告之以孔教則曰己所不欲勿施於人對於不兼愛者告之以耶教則曰己之所欲必施於人對於報施不公平者告之以孔教則曰以直報怨對於報施不忍耐者告之以耶教則曰以德報怨道德經第六十三章作報怨以德與耶穌相同試思老子生於周定王三年丁巳耶穌生於漢平帝元始元年若非中國原有耶和華神道古教焉能如此恰合對於屢禱屢獲罪者告之以孔教則曰獲罪於天無所禱也對於不禱不悔罪者告之以耶教則曰獲罪於天有所禱也耶和華聖經爲獲罪於天不禱者言孔子爲獲罪於天而禱他神者言惟立於君主政體下人民不建禮堂不事上帝以致養成二千年無真主無靈魂之教育或者猶疑其利原理與基督教近不合國情夫烏知其不合於後王之國情而合於中華民國之國情耶或又曰民主國不講君臣之義則不尊君講兼愛之道則不親親殊不知儒教所有尊尊親親諸禮儀不過大道既隱後之國情大道果行爲人臣者無己爲人子者無己老聃贈孔子語見孔子世家能克己則無往而非道而尊親自在其中況道何止尊親二千年來儒蔽坐在知尊親而不知愛民愛國今後習儒教者信能中心物愷兼愛無私孔子解仁義語見莊子天道篇則仁義之情得如其不能泛愛兼利則仁義之言爲虛名而於道德有斷矣習基督教者信能愛人如己愛敵如友則禮運中天下一家中國一人之聖人出禮運故聖人耐以天下爲一家以中國爲一人者非意之也必知其情辟

於其義明於其利達於其患然後能爲之何謂人情喜怒哀懼愛惡欲七者弗學而能何謂人義父慈子孝兄良弟弟夫義婦聽長惠幼順君仁臣忠十者謂之人義講信脩睦謂之人利爭奪相殺謂之人患按天下一家中國一人是中華民國上古聖人的世界宗教孔子言此四項須件件做到方能希望大同並非烏託邦據古教彙參中續印度紀略云上古聖人天下一家中國一人四海之內皆兄弟鵠冠子亦稱泰皇時合四海以爲一家凡此類稱聖人即易經道德經中聖人古稱西方聖人與基督聖經聖日有關係而講信修睦之時期至而爭奪相殺之刼運消豈非我佛普濟而天下大同之世界耶如其不能實行愛人如己愛敵如友則釋販耶穌亦與釋販孔孟等是故各教皆以道爲中心德爲符驗而不必有孔教非孔教之分矣孔教徒必欲將孔教定入憲法謂除孔教無有可爲孔教代者又以爲他教皆神道教推有孔教乃人道教最好的教育法殊不知講人道正離不得神道樂記曰以道制欲這個道便是神道孔子告顏淵克己復禮爲仁這是求道一日克己復禮天下歸仁這是傳道克己便是婆羅門教以道制欲的工夫復禮便是復聖人之神道讀路史前紀參宋羅泌解禮字便知又西儒比孔子爲梭格拉底古教彙參載梭格拉底答或問心中私欲如何去掉曰自己不能上帝能是梭格拉底亦信仰神道今按孔子告顏淵語與梭格拉底同解得此意便不必爭孔教非孔教矣孔子聖之時者道不以故自持方今大道顯現約法既將二千餘年世襲專制政體掃除復得　今大總統仁讓賢明保持民生國家兩大主義於國教上曾有並尊孔老之宣言見民國四年中報應請孔教會諸公勿以故自持依孔教精神注重克己復禮古教彙參載印度昔大四書說一書開天以後讚美七生出知禮士知禮中華所謂聖賢按此禮亦是聖人之神道即上禮以道制欲試將昔年老聃如何傳道孔子如何受道及其因教而遭天禍注見前晚年閒居說五至三無之道風霆庶物之教一一箸爲宗教語錄俾吾東亞發起道心庶幾儒道之徑術通而中西之文化亦通儒書少說古社會信天道的歷史及天道因果彙用老教既可信孔老俱尊天並可通西方婆羅門教然后可期社會道德發達全國人民知負國家責任而可鞏固共和基礎故爲他日國教統一起見應請不論何教派一以道德司左契老子經中具備佛耶回各體詳說六波羅密一布施二戒三忍辱四精進五智慧六禪大乘起信論將第五第六合爲止觀一門甚合道妙新說佛近智耶近仁回近勇榮枝編以爲道德經彙備足見所出同是一源禮運大旨孔老復同

主張宗事太一故無庸別老於孔更無庸拒神道教於孔子心理之外正宜融洽儒道兩派治人事天以立宗教之模範而佛耶回三大派教皆吾亞洲之教民皆吾亞洲之民但觀道德如何而不以憲法限制各教民也必欲定國教加入憲法應請並尊老子孔子主太一之教箸於憲法曰國民教育不論教民非教民皆本於太一生命宜愛護中華民國各以道德爲修身主要聞孔教會必欲定孔教爲國教而他教會一似疑爲爭優先權者其勢不能偏釋迦摩西穆護一一奉爲教主若堅執一教而與之抗是又召十字軍之役也十字軍之役即因不容毆若堂不容祝虎院不容佛室道觀而起毆若堂即天主教祝虎院即猶太教見西史綱目小注不若主之以太一而不必系以何人之教倘執一教必貽教禍且他教感於不平等之待遇勢必呈請以政教分離定於憲法而國家遂無禁其自由於法律外之權甚非至計歐洲政教分離乃由政府制教會之干政權我國政教分離乃懼他教借憲法奪其利益他日難免不執政教分離轉而求外邦之庇護則民隨教去矣要之現時國家主義之國家乃調和舊時之國教制與近時發達之公認制可謂執一種之折衷主義者也前見報載基督教會擬呈請政教分離深恐雙方各趨極端彼此誤會漸生意見與其留此不完不備之條文毋寧將十九條第二項原語删去改爲以老子孔子主太一之道與他教並行庶於信教自由之中較有中國歷史根據聲明此議並不執定以何人爲教主而爲以太一古宗教喚起人民自救救國之道心在古歷史上共和原理上平心討論以期調和各教醒覺國魂爲他日解除教禍條約張本是否有當應否提交國會公議伏維鈞鑒核奪施行杭縣孫榮枝謹呈

蔡崇清傳

道教之中有飛昇者有拔宅者有坐化羽化者修道之流得其一而不失其爲真人近年有蔡崇清者出

家天門中年脫俗專一潛修如愚寡言終日不能聞其聲氣呼吸自然韜形煉已無慮時或遊天下以忘饑或遊塵市以忘倦無求於人也經云食其母可爲明心了悟者矣不能多見斯人者嘗來長春觀於民國二十四年復到長春觀掛褂忽一日向各殿朝真辭行至本市保安門外車站復返在長春觀十方堂外盤膝而羽化焉實是外相不入內相不出今見之矣時民國二十四年二月十四日也

劉嗣授傳

劉嗣授者先爲儒士漢川田二河人也先世有德於一方母夜夢道士而生幼操舉子業未就長齋茹素由二十歲入天門縣乾鎮驛龍鎮觀投有道某而出家焉凡有絕妙之行必師之後有四川某三人來郎陽傳劍仙之術者遂請學焉此三人曰待汝有大功作大德必授之嗣授日夜觀道書有悟始知前之所趨遇皆爲方伎之流所僞託乃研究堪輿學明了陰陽之理來漢陽元妙觀志在立功以交接仙友而學道由是堪輿精進大善士知聞者甚夥上至鄂湘下至蘇杭往往有其雲蹤訪道教者必親爲指示應接紛紜幾至日無暇晷尤邃於易融象數理貫於一探先天後天之根源嘗謂漢易泥於象數未免穿鑿附會宋易偏於義理未免空譚無濟乃折衷漢宋三易而一之親爲門弟子講解循循善誘心悟者衆又於道德經深窺奧窔得其玄旨後在漢陽玄妙觀爲監院北京白雲觀傳戒身臨參觀求戒因水土不服住堂不隨其班日夜以聞戒律心喜甚愛慕勿已未出堂跪請法卷陳方丈心許知教中振興之器遂擇日而傳焉受戒之後仍回玄妙觀思若積備衣缽貲一百套必能傳焉三鎮戎帥皆樂善好施覺玄妙觀道衆雖多師資缺少若孤而無輔難相以成爲面商長春觀監院大衆曰張耕雲方丈傳戒於同治四年乙丑今已六十年矣民國十四年又逢乙丑不奇其事而奇其年況長春觀修復藏經閣可成雙美如何僉贊許之摒擋一切是年大荒旱四方道友雲集得四百七十衆過於北京之盛矣得天字號聞理樸地字

號童誠義接法嗣之號蔣宗蕘戒期圓滿各回山而行之嗣授又願曰倘祖師護佑再籌二期不料神氣支離兩目失明在漢鎮離明宮就養後歸長春觀於民國二十五年正月二十二日羽化權厝觀內俗門皈依弟子等欲光榮其師必葬於盧山因年向不利於後學故有待焉

拓拔誠貞傳

拓拔誠貞者弱冠從戎也中年出家於武當山師吳宗盛同師兄皆住北京白雲觀嘗言湖北長春觀祖師道場先從事有年今來白雲觀觀光參學復回武昌遂至天台赤城路出徑江甯有故友亦出家爲道士在洞神宮主院留之不許遠遊遂住栖焉得交前清翰林李瑞清過從甚密是年辛亥之變瑞清係漢軍旗員時爲江蘇藩司欻然世變旗人多被戕變慄悚懼望門投止乃求救於誠貞曰盡去其職習吾能救之汝家老稚吾能安之遂變服爲道流同誠貞出滬上瑞清曰吾得慶更生矣恩不敢忘居友家易名爲清道人誠貞復遣伻入南京接其眷屬骨肉團圞家戴德淪肌浹髓雖朋友聞之亦稱德焉清道人以筆翰滿天下若同國而捐軀後世無知其名者故天生俊傑之才又生奇士以護之若拓拔氏身爲道士雖不成仙亦教中之奇士矣

陳誠德傳

陳誠德者字凌霄川東人也世業儒研索四書五經皆心得工書翰初爲四川督熊克武外圍軍醫官精中醫內科可稱妙手能療疑難之症後因克武失敗回川東萑苻四起遂飄梗天門出家至長春觀住居潛修常同道友討論宣教之書鄰博文中學函邀出席宣道其言曰古人講道能頑石點頭是日晚夜結某往登台曰況秦國景教傳來中國有年上有集四寺之僧每年布施餧者飫之寒者衣之病者起之死者葬之吾教長春觀行之千百餘載矣景教稱僧稱廟今基督稱堂稱會一也考中國僧人漢朝統系早

絕實堪浩歎衆學生歡聲鼓掌後水災會粥廠之設同善會籌欒資施診誠德亦預焉較比他診多效日用少酒以自補當於某年月日自見口言雲空仙人多鶴鳳而行道友疑以爲譫語忽是晨無病而竟羽化矣叢林出資購棺賣棺者問死何人也告以故大憾吾病症陳師之療也理應報收半價而泣弔焉葬於洪山前千子岡有墓誌銘

侯永德錄

侯永德者河南汝州人也一字靜恬幼年慕道書勤讀當父母之年不能離家遠遊在籍設錢肆權其子母以計緡復歸嵩山中嶽宮皈依學道師范教成告以學道規模欲求天仙當立三千三百善欲求地仙當立三百善當朝天下名山行萬里路歷受屯邅方能得道修身之基再尋到法財侶地之機會必能出人頭地道德無爲而無不爲由是別師至南陽玄妙觀受戒經中云當齋三千僧道之緣立功叢林普遍大者三十六小者三千方是出家正路後南至武漢各叢林旋至上海白雲觀司賬又入北京白雲觀司賬正値民國之初隆裕后出京古云亂世多神仙同道友入奉省千山醫巫閭山及瀋陽太淸宮執務寮房客堂三四年復入上海白雲觀見道衆不同於昔遂歸武昌長春觀任知客兼化主八年陳監院宇定退座僉咸推繼之時癸亥年次甲子武漢旱甚督軍蕭在觀祈雨有驗願捨洋二仟圓興復藏經閣永首德自維恐無裨實濟次年有善士多人導之曰如修此工大致不難項竹坪善士施洋五千圓商權啓工傳某議佽助一切勢辦任之由是措置更覺裕如形家言道藏閣起十年後豐蔀大備於前今果有驗而後可知堪輿之眞僞選擇之進退矣又劉方丈嗣授議借長春觀傳戒是年大旱道友衆多漢上葉鳳池施助暹羅米二百擔以成其美昕夕不遑所幸戒期圓滿道藏閣告竣後力行農田有大善士胡寅初劉聘卿及同善道友倡導長春觀置荒田千畝無田而有田無產如有產同善友等見永德心樸稱贊之三

十年如一日也觀內每年送診施藥所費鉅萬暑則施茶湯年終則散賑米千擔或數百擔又復捨棺木掩胔骼善善皆備社會有口皆碑以來鶴軒建長春觀平民學校不收學費延名師教授學生百餘人並給紙筆書籍又以陝甘荒凶收養孤兒千百獲慶更生此皆同善翊贊之力而實永德至誠至公有以感格也民國十五年革命軍興武昌圍城日夜炮火槍聲號號震天道友三十餘名在觀未離院中所落炮彈千百無一受傷者可謂臨大難而不懼仲大義於叢林正氣彌綸而神靈爲之呵護矣惟道藏閣瓦碎來鶴軒先農壇三皇殿炮彈洞梁各殿神像金身燦爛如故毫無缺損噫亦異矣同善各堂首來參觀督軍夏斗寅出資回復壯觀二十年湘河大水人民蕩析離居逃至武昌者數萬人政府暨中外大員捐資設粥廠以洪山寶通寺爲第一廠長春觀爲第二粥廠永德率武誠德諸道友等日夜從事慈善義務心力畢瘁由是知名凡上海濟生會冬衣施捨政府捐助棉衣等項皆以長春觀爲慈善機關又民國二十四年天門水災各慈善團體公推永德耐勞赴天門賑饑同道友何理義等有天門五區主任石毓靈相助之幸臻盡美盡善而無僨事至二十五年武昌劃修環城馬路墳墓纍纍白骨暴露閱歷代改朝有平墳之令大概如是善士人等心甚憫之籌款資千元僱人收檢有主無主恐其發生他故稟請市政處程先行出示棺木曹琴萱獨任之每按年拾檢白骨不過百元費今檢白骨統計有萬具裝棺木材一千九百七十餘箇船戶水力掘坑人工費用二千元之上目今各善事永德領率晝夜罔懈預卜日後善舉蒸蒸日上當不僅如此也

以前方丈監院漫漶之跡歷史今則紀之長春觀金石碑記可尋則補刻之以表二壇之光榮備後世之採訪凡後任大小執事以三年恪恭無過所可錄之功績存立籍部姓氏事蹟詳焉

古蹟還井丹說

長春觀向未設純陽呂祖像考舊還丹井地三十五畝丹井有言郭樸鑿之有言白玉蟾開之明初純陽又顯跡也道友某日讀百字碑於井畔或千遍或萬遍呂祖顯化而度時梁山舟侍講題其碑吳穀人記其事南及還丹井北及白鶴泉東至玉虛宮西至熙春臺乃叢林之界限四址又云長春古觀傍城東瑞氣縹緲五雲紅當洪楊後碑版漫滅名山記之未全今聊補於此倘異日碑有出土之日則補載焉

武誠德錄

武誠德者山西大同人也幼攻讀自勵及長爲宣化鎮差官覺塵味無樂趣萌遯世志遂登北嶽恒山出家師方宗乾山東志在立功聞廬山有名勝隨願高隱募建白雲觀數年功竣誠德雲遊天下名山關內外數年歸廬山二層岩結茅旋入鄂住長春觀執巡照民國十八年賑饑相叢林佐監院碩書勞勩人咸欽崇性尤急公好義嘗請中央行政院內政部祈修全國文武聖廟書十數上蒙批通令全國繪圖二十五年國民政府撥鉅欵壹百二十萬圓重修山東曲阜文廟金碧輝煌丹漆黝堊足壯觀瞻而資景仰嗣又通令各省修文武聖廟迄今祀典恢復羣倫鼓舞誠德之功也至其呈請中央墾荒興農導淮意見及崇祀五嶽四瀆追薦歷代先聖賢均先後蒙政府採納蓋羽流而具有國家人民政治卓識者未易覯也平生自奉樸質稍事儲積即繕具條陳上達國民政府亦吾道中之異人也

陳明岷錄 附譚至林化主

陳明岷者平江人也先世有善行爲鄉閭望生平不治家產覺世羈絆莫若悟道修真遂出家長沙斗毋閣後遊奉天太清宮受戒籙葛方丈月潭器之奈南北易地語言歧異乃趨裝南行至鄂垣長春觀由寮房而知客性明敏豁達大度凡應對酬酢諸端萬變繁賾不爽毫釐惠臨者咸欣欣色喜俟永德廣結善

緣明崐治賓客之功居多譚至林化主亦與焉

李崇欽錄 附蔣李二寮

李崇欽者川北南江人也出家陝西太白山有異資卓犖不羣文武廟申請回復興修崇欽偕武誠德簽名上書國民政府蒙批允性嗜學每日書卷不離手二十五年鄂垣修環城馬路劃礙道墳塋白骨纍纍崇欽同蔣李二寮友躬親檢拾骼胔以爲叢林衆道友倡天暑臭氣薰蒸襲入肺腑二李染病月餘始愈其慈惠公益誠有如此者

盧合琳錄

盧合琳者孝感人也出家於太和山紫霄宮投師度者徐本善師兄弟數十名皆賢合琳執務長春觀多年或巡照或知客或賬房終始心氣和平勤慎無比感動機緣有某天乙者從關東來明天象而傳受焉旋歷遊江浙在杭州鳳凰山後構茅而潛修焉數年以上海兵燹回盧阜之陽木瓜洞卽太極觀名勝古蹟也結茅洞後而居之明代有石松隱修道成仙著作等身皆行世田產之充地勢之勝頗饒風趣因子孫守嗣不篤蕩盡太極觀遺產有李道友見之可惜願改爲十方叢林前同長春觀監院侯永德羅浮山道友李鴻翮舉張明山爲監院未滿三年遂他遊復請諸山大衆議定鴻翮爲方丈合琳兼理院務然其胸襟淡泊志氣不在斯也

張教榮錄

張教榮者河南人也有慧根在長春觀炊茗鼎十有三年能靜坐恍惚入神一日口占云坎離二妙玄中玄抽爻換象顚倒顚安爐立鼎乾坤卦橐籥之中萬道全其語法象自然之妙如此嘗言每假寐時若有神助覺則吟哦見道亦光黄間異人也性慈惠爽直在觀所獲勞苦貲見罷癃無告者悉以給之若非分

之財峻拒不受後入滬上桐柏宫下院潛修焉出家太和山紫霄宫師陳某

吴理翔録

吴理翔者籍湖南邵陽縣年二十八歲出家安化大福坪觀音岩投度師姜至明爲弟子學道言教中之高功古法師也實經懺之表率專主祈禱懇誠化福祭祀溫恭朝夕執事有恪神致福而災消無形也求其大法之本源無根柢者不能得傳也能高功必明書記上下三江三鎮可數者昔有陳法師皆然又湖南同學王誠孝書記高功亦能入粤黄浦軍校爲軍官在今武漢可推巨擘者皆出張法師之門牆理翔在漢陽有大士閣久思韜光養晦奈長春觀高功無人監院素稔其樸誠理翔非教内事不爲也今當長春觀修誌之歲理翔年六十矣

官文善士傳

官文者遼陽人也姓王佳氏字秀峯投清内務府漢軍旗志量軼羣同族人爾烈少中入遼陽南千山龍泉寺伴讀爾烈吉士與官文同科第少中爲吏目後恩考三科吏而得補經吏廳陞江蘇布政司爾烈提學三江之名（少中爲江蘇布政時迎癸未狀元某接貴人迎貴人壯元自謙云狀元雖貴三年有少中答云吏作布政古來稀同讀三人均列顯宦傳爲千秋佳話） 咸豐五年洪楊軍盛三月陷武昌巡撫陶恩培死之時官文爲荆州將軍屢破敵于岳家口仙桃鎮及復宜昌沔陽天門等處至是命爲湖廣總督赴襄陽督師凡上游荆宜襄鄖諸郡兵事饟項悉主之胡林翼駐軍金口進規武昌凡下游武漢黄德諸郡兵事饟項悉主之督撫相隔遠往往以徵兵調饟互有違言賴官文書諾秉成斡旋其間得以輯睦九月以官文爲欽差大臣督辦湖北軍務六年冬十一月官文林翼等攻武昌圍久不下戰歿水陸三千人將弁六百以上而敵内亦以糧罄不可守至是各開城東走武漢遂同日克復黄州興國蘄州蘄水廣濟皆復同治三年曾國藩克金陵敘功行賞官文與李鴻章均一等伯爵官至大學士始入正白

旗是時大亂敉平海內宴然官文雖位極大僚性撝謙不伐慈祥愷悌惇宗將禮興復祀典不遺餘力長春觀値兵燹後瓦礫僅存監院棘手官文慨捐俸銀二千八百兩葺建太淸道祖大殿一棟金身輝煌寶殿崢嶸自是玄冠有瞻禮之堂者官文之賜也同治十年歲次辛未正月十二日壬寅午時官文卒九重震悼賜祭一壇贈一等果威伯謚文恭江漢號泣如喪考妣官文工詩詞雖軍書旁午吟哦不輟著有敦詩鈔一百二十卷因燬於營僅存十四卷易學心悟周禮政事詳節等書析原待梓以武昌失陷隨營而佚不可考矣惜哉官文嘗言吾失百萬鉅金不足貴惟此一點心血天下紛紜被祝融攜去誠爲可惜此吾一身之巨憾也然其勛業彪炳載在史册因不第以文章傳也同治三年有遊長春觀七律二首乃某名士無意得之於坊間者並附藝以彰其美

李世忠善士傳

李世忠者原名兆受河南固始人也慷慨好施與賙人急難千金不靳鄉鄰有乾餱睚眦之釁者出私貲爲排難解紛而隱其名人咸德之弱冠遊嵩嶽概然有澄淸天下之志咸豐八年冬十月兆受獻滁州詔更名世忠以參將補用官至欽差大臣幫辦軍務江南提督軍門同治元年世忠破太平軍克天長攻江浦劉元成等爲內應世忠揮隊直前敵披靡元成倒戈殺諸酋大破之遂復縣城傳旨嘉獎時鄂中重罹兵災元氣蕭索創鉅痛深省垣長春觀被燬幾盡世忠樂捐銀七千七百餘兩重建紫微殿玉皇閣三皇殿四官殿來成堂暨客堂齋堂雲水井殿後石砠崔巍迄今廟貌森嚴睪倫景仰世忠之功也湖廣總督官文捐貲修太上殿已竣世忠嘗以不及親修爲憾其恪恭神明之誠如此光緒七年世忠爲安徽巡撫裕祿所害先是裕祿使訐者告世忠叛統兵三十萬由光黃道直出武昌順江漢而下奏上朝野震動詔曾國藩按問國藩躬微行至固始偵所居則草廬堇垣竹籬環水無異農家世忠以豪俠揮霍貧無生產

課兒童十數人課束修以贍家用冠履敝壞望之一老儒生國藩惻然曰先生何爲一寒至此世忠蹙額曰一家八口全賴筆耕歲歉來學者寥寥無以爲衣食計國藩私出銀五百兩以助之世忠大感動乃袖詔出示曰有告兒反者世忠仰天太息曰此十數學生兒豈能造反耶國藩曰我以全家百口保之遂爲疏於朝力雪其誣同治十一年曾國藩卒光緒初裕祿撫皖復奏其怙惡不悛反形已著請速正典刑以免養癰貽患等語詔卽正法臨刑拜首稽首曰吾生不能報國恩死當以陰靈翊贊之也裕祿害我決訴於上帝矣豫皖鄂人哀之爲立祠歲時以祀

蕭耀南善士傳

蕭耀南者黃岡人也常語侯永德曰黃陂古軒轅氏訪廣成子之地遇黃蓋童子之所也至今未改道家尊黃老之始必如是乎耀南督辦鄂省軍務每年歉雨必親臨觀內先農神祇二壇及老氏講道之宮祈禱焉須臾甘霖普降蓋至誠感神也時藏經閣草創篳路藍縷締造艱難耀南捐俸銀二千元爲之倡功德在民至今武漢人士猶謳思勿置

項竹坪善士傳 附沈文田合傳

項竹坪者世居於楚沈文田世居於浙江皆有大德名鄉閭樂戴之慈善不勝舉乙丑歲長春觀興復道藏閣功成將半拮据不堪景象衰颯侯永德爲束手竹坪願捨洋五千元佽之迄今巍然隆棟瞻仰三清者乃竹坪之功也文田亦預焉

蔡輔卿 蕭禹虔 劉宗三善士合傳

蔡蕭劉三善士者漢上慈善之表率也共讐斯人品宇聚善朋於機杼之間翔麟鳳於化壇之上忠誠貫長江交遊滿天下赫赫爗爗濾濾栩栩真善士之本色如英雄豪邁順其流而長往爲河岳爲星辰養浩

氣以常存三善士在觀護經護教護法護壇興立叢林諸善舉者也迭診施藥平民小學掩骼獻捐棺木無不勸助以底於成卒之日武漢人士多號泣者

葉鳳池善士傳

葉鳳池者漢鎮人也前清世襲蔭生屢有功於國簡放陝西候補道逢新舊嬗任時政令多歧以陳樹藩督辦陝省鳳池身秉十一差不勝繁賾而出陝民於水火中登諸衽席之上髠髠英才爲古之遺愛後以大局糜亂爭權勢起鳳池見時勢不可爲遂告歸故里遯迹丘園遵養時晦於道教通緣在長春觀興建祈禱世界和平會一二次以常年永爲祈禱皇經會乙丑年觀内傳戒慨捐白米二百擔以成其美迄今椒聊蕃衍瓜瓞綿延天之報施善人爲不虛矣

劉維楨善士錄 子聘卿附

劉維楨者籍武昌志於武功當洪楊刼前家號素封未罹損害及亂敉平灰燼之後家餘蓋藏蓄積倍蓰昔前清咸豐末御書榦國棟樑四字以旌其閭臨終遺命其嗣聘卿曰長春觀侯道長樸而實可託物色精堪輿者以擇吉壤而葬焉當長春觀置余家湖山莊得地一段面湖朝山勘爲葬區聘卿助叢林殫力廣田下澤藕塘百八十畝中澤倍二三旱田高阜數十畝擇可用之風水爲劉氏墳塋周植松柏外屬叢林香火地長春觀始有產基以廣多矣

胡[illegible]初善士錄

胡[illegible]初者三鎮著名慈善家之一也性質貞純奉若正道歷護長春觀興修慘澹經營不遺餘力嘗云侯當家以慎以勤百廢俱興感應同善雲擁而來若更能以廣香火之田道衆養膳餘饒能招天下高士來武昌但叢林力不能逮惟賴諸君善士共圖之善士撫掌而喜曰告當家今而後訪聞有可置之田產我

出五百洋以助後置得法泗洲荒田五百畝遺道衆開墾一年水淹如此者三叢林力不能支善士又告曰要得心志堅歲久成畜畬也卽此以觀善士之心心向護法不可概見其義正而嘉勉扶持以導我等立功者也

何佩瑢善士錄

何佩瑢者督辦鄂中有慈善大名也知長春觀先農神祇二壇之古每朔望必臨以二壇三殿如常惟觀晉大士閣呂祖純陽殿日就傾圮時虞棟橈慨捐鶴俸以修金碧髹堊蔚然壯觀洵堪媲美於先官李二公也迨經營告蕆又時在觀指導永德提點之不逮有學識爲羣倫師資焉

應龍翔善士錄

應龍翔者漢上名士也殫擘經史能誦墳典索邱以通儒稱每言孔子問禮老子退而有猶龍之歎遂深知儒道同系民國三年幽燕倡議保存道藏全書四年馮國璋徐世昌江朝宗諸名流以爲必可議飭白雲觀方丈陳明賓往滬上書賈商榷一切遂用影印法先照就四千版計直估工料難以蕆事後函報預約中外士林續底於成當時長春觀預購乙丑道藏閣方興修龍翔慨然告永德曰藏經閣如成願以所請之道藏捨施長春觀以壯經庋是年冬閣成十二月初三迓道藏入迄今學者咸受其賜

計國楨善士錄

計國楨者有大志行善之人也計氏出於計然子爲范蠡師今杭州西楊坟有計然子道場其遺蹟也國楨先世未離浙江祖父由甯波至滬上懋遷凡善舉無不與告國楨曰善舉者君子之林也國楨性磊落英資踔躒見機械蒸蒸勃興全國由是貫通長江之利揭櫫漢上以針記名上下江凡有善舉慈善事以身以財其天性然與權子毋計蠅頭迴殊也自民國十六年與永德協手長春觀收養陜甘孤兒數百人國楨曰何不設工廠以教之永德辭以艱於貲國楨以織襪機助之凡觀內每興修必毅然任拔先登之

幟功德蓋不可思議也

孫允平善士錄

孫允平者祖籍安徽人也大父以文學顯常遊幕江左後歸漢上佐某賓幕允平生斯土遵大父教守儒通經蔗杭圖史旋在義大利領事署爲文牘歷多年嘗言祖國之教乃萬國之不及也何者上能祀神中能悅人下能度鬼聖人假神道以化萬國無思不服也勇於善舉見善必爲見不善如探湯然漢上有口皆碑長春觀凡一切善舉靡不倡率初來成堂規模蠡具湫隘不可居允平踴躍捐輸今則矗然峥嵘壯觀瞻而資景仰也允平助瓶之功多焉有子二長子厚次南雄彬彬儒雅寖昌寖熾可預卜也

同善會善士錄

同善會之立也皆好善修德之士相助而成訏謀遠猷籌度諮諏施送診藥粥米寒衣掩骨骼多歷年所欵輒鉅萬衆善易舉其最著者蕭純卿周繡山賀衡夫孫坤山孫允平鄭燮卿徐澤生蘇汰餘黃文植陳經畬躬膺艱鉅不辭勞瘁由是十方善信源源而來竭忱護法者則有計國楨王聘卿曹琴萱王煥亭黃少山黃少卿周少輔楊山民劉文鋅賀少卿賀筱卿盛伯常諶華常張韻軒高松亭易藍生萬松濤高幹卿余濮候楊星垣張少良郭人亮等以上各善信皆翊贊神人乾坤正氣功德在國在民悠久無疆不獨一方一鄉蒙其福澤也

附長春觀菜園莊主錄

劉理航爲余家橋莊主三年山東青島出家

華大師爲法泗洲莊主三年太和山太子磨針井出家

凌　爲卓刀泉東湖莊主二年四川出家

陳　爲安家橋莊主一年蘄水出家

長春觀志

卷三

長春觀志卷三

渤海李理安撰

周髀算經

周天歷度　昔者周公問於商高曰竊聞乎大夫善數也請問古者包犧立周天歷度 注云建章蔀之法易曰包犧仰則觀象於天俯則觀象於地○漢曆志自伏羲畫八卦由數起　夫天不階階而升地不可得尺寸而度請問數安出商高曰數之法出於圓元 注圓方者天地之形陰陽之數 圓出於方方出於矩矩出於九九八十一故折矩以爲句廣三股修四經隅五既方之外半其一矩環而共盤得成三四五兩矩共長二十有五是謂積矩故禹之所以治天下者此數之所生 注禹望山川之形定高下之勢 周公曰大哉言數請問用矩之道商高曰平矩以正繩偃矩以望高覆矩以測深臥矩以知遠環矩以爲圓合矩以爲方方屬地圓屬天天圓地方 注北極之下高人所居六萬里滂沱四隤而下天之中央亦高四旁亦六萬里是爲形狀同歸而不殊途隆高齊軌而易以陳故曰天似蓋笠地法覆盤 方數爲典以方出圓笠以寫天天青黑地黃赤天數之爲笠也青黑爲表丹黃爲裏以象天地之位是故知地者智知天者聖智出於句句出於矩夫矩之於數其裁制萬物唯所爲耳周公曰善哉 「晉天文志」蔡邕所謂周髀者即蓋天之說也其本包犧氏立周天歷度其所傳則周公受於殷商周人志之故曰周髀髀股也股者表也其言天似蓋笠地法覆盤天地各中高外下北極之下爲天地之中其地最高而滂沱四隤三光隱映以爲晝夜

天文詳節

象緯考

序曰昔三代之時俱有太史其所職掌者察天文記時政蓋合占候紀載之事以一人司之漢時太史公掌天官不治民而紬史記金匱石室之書猶是任也至宣帝時以其官爲令行太史公文書其修撰之職以他官領之於是太史之官惟知占候而已蓋必三任合而爲一則象緯有變紀錄無遺斯可以考一代

天文運行之常變而推其休祥然二任蹤廢離隔不相爲謀蓋已久矣天文志莫詳於晉隋至丹元子之步天歌爲完之圖劉向言秋夜之際一句一歌凝神細視則得歌圖合一之旨丹元子非是晉隋人明矣

晉天文志張衡云文曜麗乎天其動者有七日月五星是也日者陽精之宗月者陰精之宗五星五行之精衆星列布體生於地精成於天列居錯峙各有攸屬在野象物在朝象官在人象神其以神差有五列焉是爲三十五名一居中央謂之北斗四布於各方七爲二十八舍日月運行歷示吉凶五緯傳次用告禍福中外之官常明者百有二十四可名者三百二十爲星二千五百微星之數蓋萬一千五百二十庶物蠢蠢咸得繫命不然何得總而理諸後武帝時太史令陳卓總甘石巫咸三家所著星圖大凡二百八十三官一千四百六十四星以爲定紀今略其昭昭以備天官云

中宮

北極紫微宮　北極五星一名天極其紐星天之樞也天運無窮三光迭耀而極星不移故曰居其所而衆星拱之第一星主月太子也第二星主日帝王也亦爲太乙之座謂最赤明者也第三星主五星庶子也其第四星爲后宮第五星爲天樞抱極樞四星曰四輔所以輔佐北極而出度受政也　宗中興天文志坎正北方也北極不於坎乾而於艮丑以艮東北萬物之所成終所成始也作歷者逆推而上之以至於數千百載必得日月合璧五星連珠於建牛之次然後用之爲歷元謂建牛艮丑分野萬物成終成始之地也故北極則居其方爲天之極而七政則會其分爲歷之元

太微宮　太微垣十星天子之宮庭五帝之座十二諸侯府也其外番九卿也一曰軒轅爲權太微爲衡衡主平也南蕃中二星間曰端門東曰左執法廷尉之象也西曰右執法御史大夫之象也東蕃四星曰

上相次相次將上將所謂四輔也西蕃四星曰上將次將次相上相亦四輔也東西蕃有芒及動搖者諸侯天子執法移則刑罰尤急

天市垣　天市垣二十二星主權衡主聚衆東垣十一星曰宋曰南海曰燕曰東海曰徐曰吳越曰齊曰中山曰九河曰趙曰魏西垣十一星曰韓曰楚曰梁曰巴曰蜀曰秦曰周曰鄭曰晉曰河間曰河中

中興天文志凡三垣紫宮在中天市在紫宮東北太微在紫宮東南而大角在紫宮正東故天市在大角左太微在大角右司馬遷云大角者天王帝廷其兩旁各有三星鼎足勾之曰攝提攝提者直斗柄所指以建時節故曰攝提格　原二百七十八

二十八宿

東方蒼龍七宿角二星十二度主造化萬物布君之威信亢四星九度主天子內朝天下之禮法也又曰總攝天下奏事聽訟理獄錄功者也亦爲疏廟主疾疫氐四星十六度爲天子之路寢房四星六度爲明堂天子布政之宮也亦四輔也心三星六度天王位也中星曰明堂爲大辰天子之正位也前星爲太子後星爲庶子尾九星十九度后妃之府後宮之場也箕四星十一度亦謂之天津後宮妃后之位一曰天雞主八風又主口舌主客蠻夷胡貊

北方玄武七宿斗六星二十五度爲丞相太宰之位酌量政事之宜褒進賢良稟受爵祿又主兵牛六星七度天之關梁主犧牲女四星十一度謂之須女者須賤妾之稱婦職之卑者也主婦女之位其星如婦功之式主布帛裁制嫁娶虛二星九度冢宰之官也主邑居廟堂祭祀之事又主風雲死喪危三星十六度主架屋受藏風雨墳墓祠祀室二星十七度亦謂之營室爲太廟天子之宮也壁二星九度主文章天下圖書之秘府也亦主王功

西方白虎七宿奎十六星十六度天之武庫也謂之天豕主兵又主溝瀆婁三星十二度主苑牧犧牲供給郊祀亦爲興兵聚衆胃三星十五度天之廚藏五穀之倉也昴七星十一度主西方主獄事又爲旄頭胡星也又主喪主口舌奏對畢八星十七度主邊兵主弋獵觜三星一度主天之關又爲行軍之藏府主葆旅收斂萬物參七星十度爲忠良孝謹之子又主殺伐主權衡

南方朱鳥七宿井八星三十四度主泉水亦主諸侯帝戚三公之位鬼四星二度主死亡疾病亦主祠事天目也又主視明察奸謀柳八星十四度主飲食倉庫酒醋之位星七星七度主后妃御女之位亦爲賢士張六星十七度主天廟明堂御史之位翼二十二星十九度主太微三公化道文籍軫四星十七度主將軍樂府歌謳之事又爲冢宰輔臣也主車騎

二十八宿　宋天文志王弈按自古言天者皆曰周天三百六十五度四分度之一何從而知審也曰天本無度因日之行一晝夜所躔闊狹強名曰度蓋日之行也三百六十五日之外又行四分日之一以一年而周於天焉以一日所行爲一度故分爲三百六十五度四分度之一范蔚宗謂日之所行在天成度在歷成日是也曰天固有其度而二十八宿亦各有度何從而定之也曰二十八宿亦未始有度也天體沖漠雖分爲三百六十五度然其度難別也故作歷者隸其度於二十八宿用以紀日月所躔而已蓋天之有度猶地之有里也二十八宿所分之度猶九州列縣所占之里也二十八宿各有其度則日之行於天也孟春在某星幾度仲春在星幾度日躔可得而名也九州列縣各有其里則人之行於地也某日至某州幾里某日至某縣幾里驛可得而計也此星度所由起也曰二十八宿之度或闊狹何也曰日之所躔偶與此數相當此闊狹於是分也故說渾天者曰日之所躔或多或寡適當其星者凡二十八故度之多寡於是生焉井斗之舍非無星也然不與日躔相當故其度不得不闊觜鬼之旁非無星也然日躔一

二日而其星適與相當故其度不得不狹也夫其得度闊狹非舉一宿全體盡占此度也古之造歷假說是法以步日躔或者不察謂二十八宿本有其度又見某宿得幾度遂謂舉一宿全體在焉則又非焉原二百七十九十二次度數　宋天文志王弈按星本無次黃帝因日月所會而爲之名

自軫十二度至氐四度爲壽星於辰在辰鄭之分野屬兗州　自氐五度至尾九度爲大火於辰在卯宋之分野屬豫州　自尾十度至南斗十一度爲析木於辰在寅燕之分野屬幽州　自南斗十二度至須女七度爲星紀於辰在丑吳越之分野屬揚州　自須女八度至危十五度爲元枵於辰在子齊之分野屬青州　自危十六度至奎四度爲娵訾於辰在亥衛之分野屬并州　自奎五度至胃六度爲降婁於辰在戌魯之分野屬徐州　自胃七度至畢十一度爲大梁於辰在酉趙之分野屬冀州　自畢十二度至東井十五度爲實沈於辰在申魏之分野屬益州　自東井十六度至柳八度爲鶉首於辰在未秦之分野屬雍州　自柳九度至張十六度爲鶉火於辰在午周之分野屬三河　自張十七度至軫十一度爲鶉尾於辰在巳楚之分野屬荆州　容齋洪氏曰十二國分野上屬二十八宿其爲義多不然前輩固有論之者矣其甚不可曉者莫如晉天文志謂自危至奎爲娵訾衛之分野也屬并州衛本受封於河內商虛後徙楚邱河內乃冀州所部其他邑皆在東郡屬兗州於并州了不相干而并州之下所列郡名乃安定天水隴西酒泉張掖諸郡自係涼州耳又謂自畢至東井爲實沈魏之分野屬益州魏分晉地得河內河東數十縣於益州亦不相干而雍州爲秦其下乃列雲中定襄鴈門代太原上黨諸郡蓋又自屬并州及幽州耳謬亂如此而出於李淳風之手豈非蔽於天而不知地乎

星象上（中元紫微垣上元太微垣下元天市垣）

天有三垣一曰紫微北極之位天地常居爲之神者天乙太乙夾其門者左樞右樞四輔句其尾兩營衛其旁星名十五宰輔相當尚書爲天喉舌柱史立乎巖廊御女非無侍史陰德亦可名陽旁列勾陳上蔭華蓋天皇處其中六甲陳其外天柱翼其旁帝座居其內垣外左右各六珠右是內階左天廚九舍主賓客八穀占黍稌天牀者寢息之地內廚者飲食之需天槍天棓以備不虞文昌六星北斗七宿三公配乎太尊四勢承乎陽守輔相弼於前牢理懲其後喜三師之化弘忌元戈之有咎若乃太微之宮帝座居中幸臣太子以次侍從左右執法在門西東兩垣十宿將相和同九卿五侯謁者三公虎賁常陳並嚴兵而宿衛郎將郎位皆執戟而從戎設內屏以蔽庭坐明堂而出治靈臺觀雲物之祥長垣限邊陲之地少微爲處士之星三台即泰階之位夫惟至治之朝乃有太平之瑞下元之宮是名天市兩垣環之星二十二左有市樓後有天紀主帝屬者正人星厥有三宗居貸物者列車肆亦分三肆於是乎帛度以絜其短長斗斛以平其同異帝座之位侯星之西防女牀之恣肆謹宦者之憑依賴七公之橫列提貫索以揚威

星象下 二十八宿及附近諸星

東方蒼龍七宿則角亢氐房心尾箕也角爲蒼龍之首實主春生之權中貫平道上有天田平星與二門相直衡宿與五柱相連器惟周鼎人惟進賢角南之度庫樓在焉亢主內朝亦名疏廟頡頏赦過折威禁暴大角爲帝廷陽門主邊徼惟左右之攝如鼎足而句繞天行始氐是曰天根天乳行甘露招搖主外兵衛之者則有騎官車騎陣車將軍帝度殺尊罍而燕樂亢池備舟楫以來迎天輻鏘鏘而效駕梗河屹屹而遙臨房主后宮亦爲天駟旁帶鉤鈐謹其鍵閉兩咸爲七曜之途一日爲太陽之主從官主有疾而禱祠罰宿主受金而贖罪心則天子之象大火之名統十二之積卒象衛士於五雲九星如鉤蒼龍之尾神宮方欲解衣傅說居然有子望天江兮茫茫見龜魚之瀰瀰維南有箕不可簸揚力能舉杵何厭糟糠北

方元武七宿則斗牛女虛危室壁也南斗爲廟其北建星誰眠其下惟農丈人戴天弁兮履天淵狗吠猖猖狗國邊聽天雞兮啓天籥十四鱉形如貫索牽牛織女遙相望漸臺輦道路何長援天桴兮擊河鼓左右旗幟紛開張問天田兮幾畝試命牛兮服箱旱則九坎通其水潦則羅偃修其防婢嫚兮婺女扶筐兮緝縷命奚仲兮駕車望天津兮欲渡恨瓠瓜兮易敗抱離珠兮誰與覽十二之諸侯各紛紛而錯處虛爲哭泣有祿斯危曰有命在但莫爲非守如天壘飾若離瑜敗臼之辱何自來歟危爲蓋屋之形旁帶虛梁墳墓密邇人星載之車府駕我天鉤命彼造父相逢杵臼之間且喜天錢之聚營室爲清廟離宮有六星張天綱而出獵見壘壁之縱橫用八魁而掩獸齊三鈇而陳兵繩繩土功吏簇簇羽林軍勢如雷電集我師門螣蛇屈曲在河之濱圖書之府其名曰壁潤爲雲雨奮爲霹靂天廄圓成士工橫列鈇鑕五星是司芻秣西方白虎七宿則奎婁胃昴畢觜參也奎爲府庫軍有南門王良在後執策而行閣道臨於附路天溷藏以外屏司空掌土色尚黃明婁有三星主衆之聚夾左更與右更儲天倉與天庾守之以天大將軍忌星搖而不具天倉曰胃五穀藏之豐則載以天船貯之天囷天廩歟則大陵之下不無積水積尸昴曰旄頭七星曲折左爲河右爲月積天苑兮芻藁鎮天陰於礪石莫信天讒宜令卷舌畢曰罕車雨師是已天高聽卑何須附耳張參旗之九斿列五車之三柱九州攸同諸王來覲啓天關兮遊天街渡天潢兮建天節還憩息於天園聽咸池之在列三星隅置是謂觜觿曲者司怪直者座旗參星帶伐形如白虎屏井蔭其前廁屎承其下南方朱鳥七宿則井鬼柳星張翼軫也井爲水衡鉞居其側四瀆橫分五侯在列兩河南北遙相望酌天罇兮積薪旁闕邱三水紛湯湯引弧矢射天狼軍市野雞鳴喔喔丈人老人相倚薄有子有孫胡不樂鬼主祠事中有積尸外廚烽爟天狗守之天社則句龍之精氣天紀主鳥獸之繁滋柳主草木朱鳥口厥旗維何名曰酒七星鳥頸柳下橫軒轅御女須內平天相不頗天稷成張主觴客下臨

天廟翼主遠客天之樂府前爲東甌翼之南戶軫者車也兩頭爲轄長沙在中軍門翼翼器府重重青邱之側亦有司空

五者金木水火土也星經五星五行之主其行度或入黃道裏或出黃道之表猶日月之行有陰陽也東行曰順西行曰逆順則進而疾逆則退而遲不東不西曰留與日相近而不見曰伏與日同度曰合其順逆行留掩合陵犯變色失次芒角動搖各隨時政之五常五事得失而見又如土木火度行遲金水行速此星之性情有緩急也漢天文志五星循度五穀蕃天下太平晉天文志凡五星所直之辰其國爲得位者歲星以德熒惑爲禮填星有福太白兵強辰星陰陽和所直之辰順其色而角者勝其色害者敗居實有得居虛無得也

木爲歲星於時爲春於事爲貌於性爲仁仁虧貌失厥罰斯形其所居者有福其失次也不寧其周天也一紀會爲方朔先生星經歲木星也人主之象主殺主道德又主福主齊吳以東之國司天下諸侯之過又爲農官明大則君壽民富其精化爲天棓天槍天猾天衝國皇及登青彗星孛星皆乖戾之氣散而爲妖也又月旁妖星有天槍天荆天猿天樓天垣償若等星亦歲之所生也其餘氣又爲烈星又歲星所去國凶所居國吉久則其國有福厚其對爲衡歲有殃天官書察日月之行以揆歲星順逆曰東方木主春日甲乙義失者罰出歲星歲星贏縮以其舍命國所在國不可伐可以罰人其趨舍而前曰贏退舍曰縮其國有變『物理論』歲行一次與太歲相應謂之歲星十二歲而一周天『索隱』凡五星早出爲贏贏爲客晚出爲縮縮爲主人舍所止宿也命名也『天官占』歲星又曰攝提重華應星經星紀星『正義』歲星者東方木之精青帝靈威仰之神蒼龍之宿也色明黃天下安寧「天文志」歲星木於人五常仁也五事貌也仁虧貌失逆春令傷木氣則罰見歲星「漢武故事」西王母使者至東方朔死上問使者對曰朔是木帝精爲歲星下遊人中以觀天下非陛下臣也

火爲熒惑象主兵革芒角動搖喪亂交集常二歲而周天因仁言而退匿「天官書」察剛氣以處熒惑曰南方火主夏日丙丁禮失罰出熒惑熒惑失行是也出則有兵入則兵散以其舍命國熒惑熒惑爲勃亂殘賊疾喪饑兵「天文志」熒惑禮也視也禮虧視失逆夏令傷火氣罰見熒惑「星經」熒惑又名赤星罰星天侯方伯之象火之精也居東方爲懸息西方爲天理南北爲熒惑主旱又主憂主死喪爲大鴻臚爲司空又爲司馬主楚吳越以南又司天下羣臣之過司驕奢亡亂妖孽爲執法之星其國有道則疾行而東無道則留而降罰若環繞勾己芒角動搖變色前後左右不定其殃愈甚其精散爲妖星則爲昭旦昭明蚩尤旗司危天攙赤彗星又月旁妖星若天陰晉若官張天惑天雀赤若蚩尤皆熒惑所生也又其餘氣爲羅星徐廣曰熒惑爲天子之理官內則理政外則理兵文曜鈞熒惑者至陽之精天之使也赤帝赤熛怒之神朱雀之宿「正義」其精爲風伯惑兒童歌謠嬉戲也晉灼云常以十月入太微受制而出行列宿司無道出入無常也二歲而一周天「呂氏春秋」宋景公時熒惑守心公召子韋問焉子韋曰禍當君可移於相公曰相所以治國家也曰可移於百姓曰百姓死寡人將誰爲君曰可移於歲公曰歲饑人餓必死子韋曰君有至德之言天必三賞君是夜熒惑果退三舍

西方太白金星亦曰長庚啓明占與熒惑相類附日先後而行周天亦同於日李白夢此而生「天官書」察日行以處位
太白曰西方秋司兵曰庚辛主殺殺失者罰出太白當出不出當入不入是謂失舍不有破軍必有纂逆「考要」晨出東方爲啓明昏見
西方爲長庚詩曰東有啓明西有長庚是也蓋太白附日而行日且出則謂之啓明開也日既入則謂之長庚庚續也助日之明故謂之
明星太白主兵爲卑遲速靜躁見伏用兵象之吉反之凶「天官占」太白西方金之精白帝白招拒之神白虎之宿上公大將軍之象也
又名殷星太正營星觀星宮星梁星滅星大囂大衰大澤大爽大政明堂文表太皞終星大相天浩序星月緯大司馬位歲一周天「正
義」太白星圓天下和平出早爲月蝕晚爲天矢及彗其精散爲天杵天柎伏靈天敗司奸天狗天殘卒起白彗皆所以示變「星經」月
旁妖星有若星帚星若彗竹彗牆星榣星白雚等星皆太白所生也「又」太白主刑殺主華山陰梁雍益州「天文志」太白義也言也義
虧言失逆秋令傷金氣罰見太白「唐書」李白母夢長庚而生白因以名之

辰星在北惟水之德出入非時寒暑失節亦一歲而周天附日同於太白「天官書」察日辰之會以治辰星之位曰北方水太陰之精主冬日壬癸刑失
者罰出辰星一時不出其時不和四時不出天下大饑「又」兎七命曰小正辰星天攙安周星細爽能星鈎星「天文志」辰智也聽也智
虧聽失逆冬令傷水氣罰見辰星「星經」辰又名司農小武伺晨鼎星主刑殺用兵則爲偏將軍在朝爲廷尉主燕趙代以北之國其精
散爲枉矢破女拂樞滅寶繞綎驚理太奮祀星彗又爲月旁妖星則天美天毚天社天林天麻天蒿端下皆爲辰星所化其餘氣亦爲孛
星張衡云辰星一曰勾星爨星伺星「天官占」辰星北方水之精黑帝叶光紀之神元武之宿也爲宰相之象與太白俱附日而行故其
出入蚤爲月蝕晚爲彗星一歲而一周天「宋均注」辰星正四時之法故得與北辰同名也

塡星屬土居在中央其性舒重亦少變殃其周天也二十八歲黃石公何意遇乎子房「星經」塡星中央黃帝含樞紐之神勾陳之
宿土之精也一名鎭星主福德又主聚衆主土功主正綱紀主太常主周梁之地又爲天子之星主四季光明則歲熟若常春而色赤有
芒則兵荒其精化爲五殘六賊獄漢大賁燭星紺流茀星旬始蟿咎黃彗等星又月旁妖星若天土天伐縱星天樞天翟天沸荊彗皆塡
之所生也又其餘氣爲計星「天官書」歷斗之會以定塡星之位曰中央土主季夏日戊己黃帝主德女象也歲塡一宿其所居國吉
其居久其國福厚其一名曰地侯主歲其所居五星皆從而聚於一舍其下之國可重致天禮德義殺刑盡失而塡星乃爲之動搖「天
文志」塡星信也思心也仁義禮智以信爲主貌言視聽以心爲政故四星皆失塡乃爲之動「晉志」天子失信則塡星大動張衡云
塡星主德厚安危存亡之機司天下女主之過重厚而舒綏其行最遲其爲變亦少二十八歲而一周天「黃石公記」黃石公塡星之
精也黃塡星色也石星質也

凡星之變合散犯守陵歷鬬食彗孛飛流其名不一欲召福而彌災在側身而修德「漢天文志」凡天文在圖籍昭昭可考者經星常

宿中外官皆有州國官宮物類之象其伏見早晚邪正存亡虛實闊陿及五星所行合散犯守陵歷鬭食彗孛飛流日月薄食暈適背穴抱珥虹蜺迅雷風祅怪雲變氣此皆陰陽之精其本在地而上發於天者也政失於此則變見於彼是以明君覩之而寤飭身正事思其咎謝其過則禍除而福至自然之符也『孟康注』合同舍也散五星有變其精散爲祅也犯七寸以內光芒相及也陵相冒過也食星月相陵不見則爲食也『韋昭注』居其宿曰守經之曰歷相擊曰鬭『星經』五行沖和之氣化爲瑞星則有景星周伯含譽格澤歸邪天保見則主吉昌又有奇星宋仁宗英宗皆嘗見其乖戾之氣所生爲客星若老子周伯王蓬絮國皇溫星錯出乎五緯之間又四隅各有三星東南曰盜星西南曰種陵西北曰天狗東北曰女帛又有地維臧光星亦出四隅其見無期其行無度皆主凶荒喪亂「又」光芒偏指曰彗四出曰孛皆五行非常惡氣之所生也其色各隨五行之所化主大兵亂孛尤甚於彗旄頭星亦彗屬也凡妖星各以其所在分野而占之「又」自下而升曰飛自上而降曰流東西橫行亦曰流流星之大者爲奔天使也飛星有五有祥有妖其化而爲天刑星則祥若爲降石頓頑解衔大瀆則妖流星有八亦有妖祥流而爲天使天暉天雁天保則祥地雁梁星營頭則妖若爲天狗尤甚

渾天儀

宣夜既少師承周髀又多違失折衷衆說之中獨取渾天之術其爲儀也雖創始於漢代實原本於虞廷名爲靈憲並祖璣衡遍東西與南朔知啓閉與至分旁羅四氣上應五行聯黃赤之交界分天脊薺子午之次勢奠地平張之以八紀部之以三門三百六十五度周天之數九萬一千餘里去地之程包四游與六合括七政於三辰可閉門而觀象亦舉手而捫星像蟻盤之不滯扶鼇極以常寧二極三垣虛空盡繪經星緯度尺寸分明範陰陽以爲銅參造化而成器有象必形無幽不啓乃知近能則遠合下正則上契蓋自黃帝五官顓頊二正大撓甲子之名羲和四時之定巫咸甘石自昔專家馮相保章於周爲盛漢有洛下閎唐有僧一行五代之王朴元朝之守敬並多法象之垂要以渾天爲準他如呂稱九野董謂十端虞喜安天之論姚信昕天之篇作者固多岐說君子概無取焉

大漢起沒　中興天文志石氏云天漢蓋天一所生凝毓而成者天所以爲東南西北襟帶之限也天下河漢之源蓋出於此故河漢者亦地所以爲東南西北之限也漢張氏云八極之維徑二億三萬二千三百里南北則短減千里東西則廣增千里自地至天半於八極則地之深亦如之唐袁氏云以是觀之天

漢起東北而止西南其脩徑可知矣

卜歲恆言

先農壇碑云豐收五穀可數之
麥收九十九　稻收一百一十　田穀三千六　秬黍二千七　蘗粮二千二　包穀三百七　荳莢四千二　黃荳六百四　豎豆二百七　芝蔴六千五　萬粒歸倉西黏穀欠收之年則不期

日

日者陽氣也又君象也群芳譜　人君德政皆備則日色精明而揚光宋志　聖君在上則日光明五色備具易緯　日暈主雨農圃春秋　暈黑則穀傷大水暈青則糴貴音狄賣穀也　多風暈赤則暑雨霹靂暈黃則風雨時農田治數見則大安祥異賦　日暈兩半向天下大風宋志　日生耳諺云南耳晴北耳雨日生雙耳斷風雨若生長耳而下垂至地名曰日幢音牀　主久晴久雨當明天忽見日仍有雨久雨後天已明徐徐雲開見日是日必晴諺云日出早雨淋漓日出晏晒殺南來雁日沒返照主晴諺云日沒返照晒得猫兒叫日落脂紅主風雨諺云日落胭脂紅無雨也有風返照在日沒前看烏雲接日主雨諺云日落雲裏走雨在半夜後日沒後青光數道下狹上闊直起亘天俗謂之青白露主來日酷熱惟夏秋間有之彙苑芳譜農圃春秋

月

月者闕也太陰之精也陰不可抗陽臣不可敵君故於闕文者爲月以其闕之時多也說文　君道福昌則有黃氣或紫氣宋志　月赤則天將旱附書　月望則月中蟾蜍不見者主大水　月旁有兩珥十日有雨水

終歲無暈天下偃兵宋志雲如人頭在月旁白風黑雨　大風將至月暈如圓　暈而珥時歲平康祥異賦月暈主風看何方有缺風從缺處來　新月下有橫雲截主來日雨諺云初三月下有橫雲初四日裏雨翻盆群芳譜新月落北主年荒穀貴諺云月照後壁人食狗食　要問月出遲但看前月大小前月大則初二夜見月前月小則初三夜見月農圃春秋月如仰瓦不求自下月如彎弓少雨多風范石湖

星

星之爲言精也陽之榮也陽精爲日日分爲星故其字從日下生春秋說題辭至德之朝五星若貫珠坤圖　星圓大如日四邊小小星拱之國興帝紀星大光明奪月者出忠臣孝子天文志　異星如火國有火災梁書占　陰雨初晴明星不宜多見多則復雨諺云乾星照溼土來日依舊雨姚令威叢話　星光閃爍不定主風夏夜星密來日熱農圃春秋星明滅不動主雨　星墜主風群芳譜星自東向西移主來日雨東向南移主來日火災東向北移主境內有盜西向東移主三月內有風雨西向南移主當年水旱災傷西向北移主來日風雨南向東移主旱南向西移主秋霜冬雪南向北移主來日有霧北向東移主連日雨不斷北向西移主水滂田禾北向南移主來日陰而不雨農圃六書

風

大塊噫氣其名爲風莊子得怒之氣則暴得喜之氣則和得金之氣則涼得木之氣則溫得火之氣則炎得水之氣則烈春風自下而上夏風橫行空中秋風自上而上冬風著上而行群芳譜太平之世風不鳴條開甲散萌而已矣董仲舒　春風多夏雨必多諺云行得春風有夏雨一云春風多秋雨必多諺云一場春風對

一場秋雨春天東風必雨諺云春發東風連夜雨農占　夏天北風主雨冬天南風主雪諺云冬南夏北有風便雨諺云南風尾北風頭言南風漸漸大北風一起便大一云西風頭南風脚蓋西風初起飄發以漸而緩南風初來甚緩後則漸急而雨隨之西南風早起至晚必靜諺云西南早到晏弗動草風起東北必有雨俗云東北風雨太公又云東風急備簑笠大抵東風必雨此理之常詩云習習谷風以陰以雨谷風東風也東風主發生故陰陽和而雨澤降西風剛燥自能致旱凡風單日起者亦于單日止雙日起者亦于雙日止日裏起者善夜間起者毒日內息者和冬月夜半息者必大凍曉起大風不久必息古云飄風不終日風之大者于日出時必稍靜謂之風讓日諺云日上三竿不急便寬諺云西南轉西北搓繩來絆屋半夜五更西天明折樹枝又云日晚風和明朝再多又云東風連夜走西風不過酉北風兩頭喧南風旺于午春己卯風樹頭空夏己卯風禾苗空秋己卯風水裏空冬己卯風欄裏空以上出群芳譜五雜組農圃春秋

風暴

正月初三初八十一二十五日晦日龍會日主大風初十日晦日大將軍下界逢大殺星午時三刻主惡風無風卽雨如期皆宜愼渡江河以上出神樞　初九玉皇暴二十九日龍神會暴以上出士商要覽

二月初三初九十二日晦日龍神朝上帝主大風初九十二十四十七日酉時後三刻主惡風無風卽雨並宜謹愼神樞初七春期暴十七馬和尚過江暴二十三日觀音暴二十九龍王朝玉帝暴士商要覽

三月初三初七二十七日龍神朝星辰主大風初三十七二十七日諸靈祇朝上界主午後大風雨並宜愼神樞初三眞武暴初七閻王暴十五眞君暴二十三日天妃誕暴二十八諸神朝上帝暴士商要覽

四月初八十二十七十九日龍會太白主大風初八十九二十三日諸神會逢太白辰時三刻主惡風雨並宜慎神樞初一白龍暴初八太子暴二十五日龍神太白暴士商要覽

五月初五日十一日二十九日天帝朝玉皇主有大風又云初五日十一日十九日天帝釋朝玉皇逢九曜中酉時有惡風並宜慎神樞初五屈原暴十三關帝暴二十一日龍母暴士商要覽

六月初九二十七日地神龍王朝玉皇主大風十六日十九日二十七日是地合日卯辰時時刻有惡風並宜慎神樞十二彭祖暴二十四雷公暴士商要覽

七月初七初九十五二十七神煞交會主大風又西海龍王下魚鬼登天訴事午時後有惡風無風卽雨並宜慎神樞初八神煞交會暴士商要覽

八月初三初八十五二十七日龍神大會主大風初二初八十七十九二十日歲星惡星月建交會有惡風雨並宜慎神樞十四伽藍暴二十一日龍神大會暴士商要覽

九月十一十五十九日龍神朝玉帝主大風宜慎神樞初九重陽暴二十七令風暴士商要覽

十月初八十五二十二日東岳府君朝玉帝主有大風宜慎神樞初五風信暴二十日東岳朝天暴士商要覽

十一月初二初三十九二十二三十六日六合主惡風雨宜慎神樞十四水信暴廿七日西岳朝天暴士商要覽

十二月初三初五初六初八二十二十六日晦日天地神王生天界辰時主有惡風或雨宜慎神樞二十四掃塵暴士商要覽

凡渡江河朱書禹字佩之吉寫上字手心下船無恐怖月令廣義

附燈火占

焰明作聲皆主大風光焰尖者晴焰暗不明主雨晦無故而炮主驚有花主喜事（月令廣義）

雲

雲山川之氣也易曰天降時雨山川發雲陰重則色深黑而風陰稍輕則色淺黑而雨惟晴明則白雲遊颺乃雲之本相（羣芳譜）常以二分二至觀雲氣青爲蟲白爲食亦爲兵荒黑爲水黃爲豐年（晉書占）雲陣起自西南者雨必多諺云西南陣單過也三寸起自東南者無雨諺云太婆八十八不曾見東南陣頭發雲自東北起多風雨風愈急雨愈連綿雲自西北起必黑如潑墨先大風而後雨終易晴又曰雲行東雨無蹤雲行西水沒犂雲行南水潺潺雲行北好晒穀朝看東南晚看西北又曰朝看天頂穿暮看四脚懸但晴則無雨上風雲雖開下風雲不散主雨諺云魚鱗天不雨也風顛言滿天細紋雲起如魚鱗也又雲老鯉班雲暗晒殺老和尚言滿天大片雲起如鯉魚背上紋也秋多雲而無風不雨（農事須大）雲起如樓梯㰖主晴諺云樓梯天晒破磚（切用格言）冬天近晚勿有老鯉班雲起漸合成濃陰者必無雨名曰護霜天（羣芳譜）天河斷有黑雲生謂之野豬渡河天主雨蕭冰崖詩黑豬渡河天不風蒼龍銜燭不敢紅（切用格言）

霞

日與雲相射則紅而成霞　霞如長練主人民安康（農桑要覽）諺云朝霞暮霞無水煎茶此言久晴之霞也朝霞不出市暮霞走千里此言雨後乍晴之霞也（農圃春秋）暮霞有火焰形而乾紅者主旱朝霞雨後乍有定雨

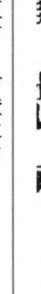

無疑若晴天隔夜原無今朝忽有則當看顏色斷之乾紅主晴有褐色主雨滿天謂之霞得過主晴略有謂之霞不過主雨若西方有浮雲稍厚雨當立至霞如黑灑來日午時大雨霞如牛臥來日辰時大雨霞如蛇狀主人民飢饉羣芳譜

雷

陰陽相薄感而爲雷激而爲霆淮南子 霹靂者天地之怒氣也程正叔 仲春之月雷乃發聲出地雷出則萬物出仲秋之月雷始收聲入地雷入則萬物入雷之迅疾者爲霆一名霹靂羣芳譜 春雷喜甲子日主歲熟秋雷忌甲子日主人多暑病歲凶農桑要覽 雷初發聲在水門者其年有水亥子方爲水門 雷從金門起上田旱下田熟師曠占 雷自夜起必至連陰諺云一夜起雷三日雨當初發生微和者歲内平安猛烈者凶雷聲猛烈者雨雖大而易過殷殷然者反不易晴卯前雷主有雨當頭雷主無雨諺云未雨先雷船去步回言不雨也雲中有雷主陰雨百日無雲而雷主飢疫雷初起其聲格格霹靂者雄雷旱氣也其鳴依依不大霹靂者雌雷水氣也

電

電雷光也陰陽激時有火生焉其光爲電又電爲陽光陽微則光不見仲春陽氣漸盛以擊于陰其光乃見以故仲春始電羣芳譜 在南主晴在北主雨諺云南閃千年北閃眼前又云北閃三夜無雨大怪異言必有風雨也田家雜占 夏秋之夜晴而見電謂之熱閃農占

雨

雨者輔也水從雲下輔時以生養萬物也（群芳譜） 天下太平夜雨日晴言不妨農事也太平之世雨不破塊潤葉津莖而已矣（董仲舒） 五更忽雨日中必晴諺云雨打五更日晒水坑卒然有雨不久必晴道德經云暴雨不終日雨著水面上有浮泡謂之水戴帽主雨未晴諺云一點一個釘下到來朝也不晴久雨雲黑忽然明亮主大雨諺云亮一亮下一丈又云病人怕肚脹雨落怕天亮晏雨難晴謂之黃昏雨諺云開門風閉門雨久雨若午後少住或可望晴久雨若午時乍晴有日色午後雨必多諺云雨住午下無數雨同雪下卒難得晴諺云夾雨夾雪無休無歇甲子日晴主雨月多晴雨則久雨（群芳譜） 一云甲子值雙日多驗雙日謂之雌甲子雖雨無妨（歲時雜占） 三季甲子皆宜晴獨冬甲子宜雨（瑣碎錄） 春甲子雨乘船入市夏甲子雨赤地千里（赤古通用言爲雨阻跬步若千里之難） 秋甲子雨禾頭生耳冬甲子雨雪飛千里四季壬子宜晴此日名水生日春雨人無食夏雨牛無食秋雨鳥無食冬雨魚無食又云雨打六任頭低田只索休一說任子是哥哥爭奈甲寅何更須看甲任日此日若晴拘得過則不防諺云甲寅日雨四十九日天不晴一說壬子雨丁丑晴則陰晴相半二日俱晴則六十日內少雨二日俱雨則六十內不晴凡久雨久晴皆看換甲又云甲日雨下乙日晴乙日雨下十日陰甲午旬中無燥土逢庚必變逢戊必晴久晴逢戊雨久雨望庚晴（農圃春秋） 久雨不晴但看丙丁久晴不雨且看戊已又云丙不藏日是日雖陰雨日必略見也（五雜俎） 壬子癸丑甲寅晴木套釘靴掛斷繩雨打丁已頭四十五日無日頭（圃史）

雹

雹者陰陽相搏之氣蓋沴氣也（程子） 陰包陽爲雹陽包陰爲霰雪六出而成花雹三出而成實陰陽之辨也

陸農師語錄凡雹皆冬愆陽夏之伏陰也主歲穀不豐京房雹乃陰陽不順之氣結成亦有懶龍鱗甲之內寒涷生冰爲雷所發飛走墮落大者如斗升小者如彈丸又蜥蜴含水亦而做雹〇人食雹患疫疾大風顛邪之證五雷經春雹主豐年夏雹小殺秋雹禾遲熟冬雹大臣死農桑要覽正月雹大臣有暴死者人多瘡疥月令通考元旦雹主盜賊瘡疥五月雹殺雞犬婦人任事民不安京房易占九月雹不利牛馬月令通考醬味不正者取雹一二升納入甕內即還本味也本草泰昌元年弘州人張琟晚憩石上有神人言曰律呂律呂上天勅汝此月二十日行硬雨語畢騰空而去至家遍語鄰人使速收麥未及收者至日俱爲雹所傷聞秦晉間多供番僧每遇雲色惡知有雹則番僧急持咒驅之甚至雹不得施棄之山澗或云楞嚴咒能驅雹賈鳳池云係尊勝咒出藏經

虹

日與雨交倏然成質天地之淫氣也朱子雄曰虹雌曰霓虹常雙見鮮盛者雄闇者雌赤白者爲虹青白色爲霓清明後十日虹霓始見小雪日虹藏不見春秋斗運樞虹俗名鱟東鱟晴西鱟雨括云東出日頭西出雨南方刀兵北太平虹食雨主晴雨食虹主雨農圃要覽雲合則雨虹見則止朱子明而長者主晴短而暗者主雨切用格言諺云對日鱟不到晝主雨言西鱟也若鱟下便雨返主晴田家雜占虹掛東一場空虹掛西雨瀰瀰太玄經

露

露者陰液也釋爲露結霜月令章句和氣津液凝而爲露露從地出五經通義凌霄花上露入目損目柏葉上露與菖蒲上露並能明目且洗之本草露氣濃甘者爲甘露王者敬養耆老則降于松柏尊賢容衆則降于竹葦晉中興徵

詳書 甘露美露也神靈之精仁瑞之澤其凝如脂其封如飴一名膏露一名天應 瑞應圖

霧

陰陽之氣亂則爲霧 曾子 霧者百邪之氣爲陰冒陽本于地而行于天 五行志 太平之世霧不塞望浸淫被洎而已矣 漢書 霧氣不順爲陰陽錯亂陰積不解雨未降有霧不可冒行冒之者有毒故田禾花果之類莫不畏霧一云早霧有毒雨後者無毒 農家五行 陰霧凝封樹上數日不開凍而成冰名爲樹介兵象也 宋史 王肅張衡馬均三人俱冒重霧行一人無恙一人病一人死究其故無恙者飲酒病者飽食死者空腹 博物志 江淮間以立春連三日看湖中霧氣高尺寸則水亦至其處如無霧必旱 又以一九日占霧定四月之水高下二九日定五月三九日定六月四九日定七月五九日定八月每以首日看霧高幾寸濃薄以占其月有無水及大小極驗又諺云春霧晴夏霧落秋霧不收雨 颯颯冬霧不收宗是雨黑霧瘴苦氣主火災

月令廣日 冬行夏令則氣霧冥冥 呂覽 其餘月詳註每月下

霜

天氣下降而爲露清風薄之而成霜 乾象卦 陰盛則露凝爲霜霜能殺物而露能滋物性隨時異也 本草綱目 王者誅不原情則霜附木不下地不殺而誅其霜反在草下 京房易傳 唐甯王憲疾時寒甚凝霜封樹名曰樹介憲歎曰此俗所謂樹嫁者也諺云凌樹嫁達官怕吾其死乎已而果薨 唐書 霜初下一朝謂之孤霜主來歲歉連得兩朝以上主歲豐霜降日見霜則清明日霜止或前或後日數皆同田家出秧必待霜止甚驗 羣芳譜 霜降上有鋒芒者吉平者凶主來年旱春霜主雨 萬寶全書 諺云一夜春霜九日晴 便民纂

雪

天地積陰溫則爲雨寒則爲雪大戴禮 太平之世雪不封樹凌沴毒害而已矣拾遺記 諺云若要麥見三日冬無雪麥不結此言雪多主來歲年豐之兆也又云冬雪年豐春雪無用萬寶全書 雪晴而不消謂之等伴主再雪久經日照而不化是來年多水之兆也春雪主大水應在一百二十日農圃春秋 雪者洗也洗除瘴癘蟲蝗也凡花五出雪花六出陰之成數也冬至後三戊爲臘臘前三雪大宜菜麥又殺蟲蝗臘雪密封陰處數十年亦不壞用水浸五穀種則耐旱不生蟲灑凡席間則蠅自去淹藏一切果食不蛀蠹豈非除蟲蝗之驗乎本草剛日

正月

立春正月節晴明少雲歲熟陰則蟲傷禾豆風從乾來西北主暴霜殺物穀貴坎來正北主大寒艮來東北風雨諷五穀熟震來正東多暴雷巽來東南多風有蟲災離來正南旱傷萬物坤來西南冲方爲逆氣主春寒六月有大水兌來正西旱霜疾疫又西風爲虛邪風中之必病如夜半至無害群芳譜 立春天陰無風民安蠶麥倍收東風吉人民安果穀盛臞仙占 東方青雲人病多雨赤雲春旱白雲八月旱黑雲春多雨南方赤雲主夏旱米貴群芳譜 虹見正東春多雨夏有火災秋多水下雨主冰雪先春一日年豐花鏡 立春五後戊爲春社農圃春秋 元旦百年難遇歲朝春遇者其年豐熟農圃春秋 元旦青和人安國泰歲豐又主雜蒂息興旺連三日內無風雨而陰利不見日色其年必大豐彙譜史東方朔占書群芳譜 雨主春旱農占 雨雪年豐主秋水花鏡 唐長壽七年元旦大雪上謂羣臣曰元日雪百穀豐此語有何故實姚壽曰汜勝之書云雪是五穀之精舊唐書 歲朝西北風大水害

農勤歲朝東北五北五穀大熟（圖史）元日東風及南風皆主旱（農圖六書）四方有黑雲主熟青主蝗赤主旱東方有雲歲澇（便民書）日未出時東方有黑雲春多雨南方有黑雲夏雨多西方主秋北方主冬皆如之（圖史）霞主蟲蝗蠶少果菜盛婦女災紅色絲貴（羣芳譜）虹見多旱（花鏡）雷鳴一方不安七月有霜霧主人疫桑賤又主大水（羣芳譜）霜主十月旱（花鏡）四方有黃氣大熟白氣凶青氣蝗蟲赤氣旱黑氣水元旦值甲穀賤人疫乙穀貴民病雨四月旱丁絲棉貴戊米麥魚鹽貴己米貴蠶傷多風雨庚田熟民病金鐵貴辛米平麥麻貴壬絹布豆貴米麥平癸主禾傷多雨人民死一說元日值戊主春旱四十五日值卯大熟（羣芳譜）

二日晴大熟主大安泰蕃息得甲爲上歲得辛小收得卯低田半收得辰風多先旱得酉大熟（彙羣芳譜東方朔占書）

三日晴主上下安又主猪安泰蕃息月暈所宿地小熟東北風水旱調東南風晴主旱西北風主水得辛主水得卯大水得辰晴雨勻得酉民安（彙羣芳譜）

四日晴主春暖羊安泰蕃息值甲爲中歲得辛主水得卯大水得辰七分收得酉民安（彙羣芳譜東方朔占書）

五日晴明民安又主馬安泰蕃息雨田大收蠶不收霧傷穀得申爲下歲得辛丑旱得卯半收得辰歲稔得酉中歲（彙羣芳譜花鏡東方朔占書）

六日晴明大熟又主牛安泰蕃息得辛小旱得卯半收得辰大稔得酉中歲（彙羣芳譜花鏡東方朔占書）

七日晴明民安君臣和會風雨多災得辛半收得卯春澇得辰水得酉中歲（彙農古東方朔占書）

八日晴煖宜穀高田大熟此多雨低田收八日雨元夜不雨雲掩月主春雨多是日不見參星月半看見
紅燈得辛歲稔一云春旱不收得卯春澇主全收得辰先旱後水得酉中歲彙農占東方朔占書
九日得辰主仲夏水災得酉中歲農占
十日得辰主旱得酉中歲月暈主大旱農占
十一日得辰五穀不收冬大雪得酉歲大熟農占
十二日得辰五穀收冬大雪得酉歲大熟月暈主飛蟲多死大冷農占
上元日晴主三春少雨百果熟又云雨打上元燈雲罩中秋月又云雨打上元燈早稻一束草羣芳譜花鏡
風吹上元燈雨打寒食墳農圃春秋有霧主水花鏡
雨水正月中陰多主水少高下並吉花鏡月食粟賤多盜羣芳譜
十六日夜晴主旱惟水鄉宜之雨歲俱收最喜西南風爲入門風低田大熟羣芳譜
十七日爲收日晴主秋成百果蕃茂花鏡
二十三日月暈五穀不成農占
二十四日月暈五穀不成農占
二十五日月暈菜貴農占
晦日風雨歲惡農占
凡月內日蝕人病穀貴齊大飢黃帝占　又主春大旱日赤如血主旱日上有黑雲大旱月蝕人災多盜齊大

惡米貴一曰秦地大旱南風多主旱北風多主澇虹見七日穀貴雷鳴爲失時主疾疫不收應所發之方又云春雷須見冰弗冰弗消晴雹主人民多殃雹主大臣有暴死者人多瘡痍霜下着物見日不消五穀萬物不實雪至地三日即化歲熟人安七日不消秋穀不成甲乙日雨春雨多丙丁戊己夏雨多庚辛秋雨多壬癸冬雨多（彙纂芳譜圖史）霧主水諺云正月霧雨水遍滿路（時令新書）甲子豐年丙子旱戊子蝗蟲庚子亂惟有壬子水滔滔都在正月上旬看（占書）日暈丙丁日主旱戊己水庚辛兵壬癸河河決溢四月同（占書）上旬月一暈主樹木生蟲二暈禾穀蟲三暈主雷震物暈多至六七路多死人（羣芳譜）正月得三亥湖田變成海在月節氣內方準（周益公日記）

二月

驚蟄二月節值朔日主蝗災驚蟄日雷在上旬主春寒黃梅水大中旬主禾傷末旬主蟲侵禾一云驚蟄聞雷米似泥又云未蟄先雷須見冰（彙纂芳譜農圃六書）

朔日值驚蟄主蝗蟲春分主歲歉風雨主人災歲歉（農圃六書）

二日田家謂之上工日宜晴見冰主旱（彙纂芳譜）

八日爲張大帝生日前後必有風雨俗爲請客風送客雨東南風主水西北風主旱夜雨桑柘貴（農圃六書）

十二日爲花朝晴則百果實最怕夜雨若得是夜晴一年晴雨調勻（花鏡）十二日宜晴如晴徹後雖夜雨多亦不怕（時令新書）

十三日謂之收花日晴明主百穀果實倍收（圖史）

十五日爲勸農日晴主年豐白果實羣芳譜

春社立春後五戊爲社社在春分前主歲豐在春分後主歲惡晴明草木蕃茂六畜大旺略有微雨不妨花鏡社公不吃乾粮社婆不吃舊水是日雖晴亦必有微雨圖史

春分二月中晴明煥熱萬物不成羣芳譜春分無雨病人稀農圃六書月無光有災花鏡風從乾來西北多寒坎來正北人多病艮來東北主水暴出震來正東人安年豐巽來東南草木生虫主四月暴寒離來正南多水兌來正西爲逆氣主春寒有青雲歲豐羣芳譜

二十日晴主羅平羣芳譜

凡有內月食主粟賤人饑月無光有災虹見東秋米貴見西絲貴民災雷不鳴五穀不成小兒多災羣芳譜有霜主旱是月宜連霜諺云一夜春霜三日雨三夜春霜九日晴便民纂是月夜雨爲酵頭雨黃梅中雨之多寡應之以十夜爲率主雨水調勻若過期水不及則旱圖史霧主凶諺云二月霧父子不相顧時令新書

三月

清明三月節喜晴惡雨諺云簷前插柳青農人休望晴簷前插柳焦農人好作驕又午前晴早蠶收午後晴晚蠶收月令通攷清明日雨主梅裏有水晴則旱又清明日雨百果損圖史清明無雨少黃梅農圃春秋東北風未雨桑貴東南風中雨桑貴未雨賤西南風精損桑米市貴西北風米市貴雷鳴主小麥貴清明前二日爲寒食人家祭謂之掃松多値風雨是日雨主歲豐諺云雨打墓頭錢金歲好豐年羣芳譜

朔日値清明草木茂値穀雨主年豐民疾疫百蟲生又云井泉空半旱雷鳴主旱羣芳譜

二日雨澤無餘圖史
三日晴主桑貴雨宜蠶主水旱不時　三月初三雨桑葉無人取三月初三晴桑上掛銀瓶是日東風葉稍賤雷鳴小麥貴鏡花上已有霜三月冷五雜
四日雨主澇主桑貴農圃史羣芳譜
六日雨壞牆屋圖史
七日雨決堤防無雨下秋晴南風歲歉彙羣芳譜圖史
八日雨乘船行羣芳譜
九日雨難可期羣芳譜
十一日麥生日喜天晴圖史
穀雨三月中前一日有霜主旱羣芳譜是日雨主魚多農圃六書
十六日西南風主大旱風愈急則愈旱是日爲黃姑浸種日故南方上鄉人有撩起已浸稻種之說又懸百文錢於簷下風力能動則舉家失聲相弔羣芳譜
十七日無雨蒔秧晴圖史
二十七日無雨收稻晴圖史
晦日有雨麥不收圖史
凡月內值日食大人憂其絲綿布米貴楚地大凶黃帝占　月食絲綿米貴無光主水災風不衰九月霜不降

雲甚潤厚大暴雨將至占隋書 虹見九月米貴魚鹽貴雷電多歲稔暴雨至名桃花水主梅雨多農圃六書雪經三日不消秋禾不成米貴又主九月霜不降有三卯宜豆羣芳譜三月無三卯田家米不飽初一雨飄飄人民當食草○三月溝裏白溝底一畝麥諺三月晴則麥有收是月若連雨四日主穀貴俱圃史霧主人災諺云三月霧病人無限數時令新書

四月

立夏四月節晴主旱大晴其年必旱日暈主水文林廣記宜雨諺云立夏不下田家莫耙夜雨多損麥及蠶有風主熱風從乾來西北麥不利坎來正北多雨人病疫艮來東北人疫損穀震來正東雷不時擊物一云羅貴巽來東南歲稔民安離來正南夏旱坤來西南人不安草木傷兌來正西有蝗六畜災南方有雲歲豐集羣芳譜已時東南有青氣年豐否則歲多災應在十月萬寶全書虹見正南貴離位主旱有大災羣芳譜

朔日値立夏地動人不安小滿主災晴歲豐晴而燠主旱日暈主水風主熱有重種雨禾之患風主大風一云大風雨主大水小風雨主小水歲惡米貴諺云四月初一見青天高山平地任開田四月初一滿地塗丟了高田去種湖農夫謂此日最要緊羣芳譜

初四日稻生日喜晴雨主穀貴圃史

初五日至初八日微雨宜早麥羣芳譜

初八日晝雨主旱夜雨果實少麥不收諺云小麥不怕神共鬼吳音叶舉只怕四月初八夜裏雨大的北方麥晝花忌晝雨南方麥夜花忌夜雨又云四月八日雨魚兒下死四月八日晴魚兒上高林集羣芳譜圃史農圃六書

十三日有雨麥不收圃史

十四日晴主歲稔諺云有利無利只看四月十四五雜組黄昏時日月對照主秋旱月令通攷是日晴明得東南風尤吉羣芳譜

小滿四月中有雨主歲大熱花鏡

十六日宜雨如日月對照主秋月令通攷有穀無穀只看四月十六四月十六烏漉禿高低田稻一齊熟十六月上早低田好種圃史月上早色紅主旱遲而自主水花鏡

十八日四月十八雨飄飄高田好種雜半嘈主旱圃史

二十日爲小分龍晴則分懶龍主旱雨則分健龍主水東南風分黑龍主旱正南風分赤龍主大旱西北風分白龍主大水東北風分青龍主小水西南風分黄龍上下大熱田家五行

凡月内若遇日食天下必大旱疫牛無食六畜死宋大凶京房占月食大旱穀荒月無光大旱月内宜風雨頻諺云麥秀風搖稻秀雨澆暴風起東南方人病瀉痢　虹見穀貴　雷不鳴十月蟲不蟄　雹民病秋禾傷日暖夜寒主旱諺云日暖夜寒東海也乾　月内有三卯宜麻羣芳譜　霧主年豐諺云四月霧米麥滿倉庫時令新書

五月

芒種五月節晴明主豐東方朔占書　一云芒種宜雨但須遲諺云雨芒種頭河魚淚流雨芒種脚魚捉不着諺云芒種端午前處處有荒田主無秋羣芳譜　吴楚以芒種後逢丙日進徵音梅小暑逢未日出徵神樞經　閩人以芒種後壬日進徵遇辰則絶花鏡　諺云雨打梅頭無水飲牛雨打梅額井底開拆又云田家忌迎梅雨諺云迎梅一寸送梅一尺然南方應而北方不爾也五雜組　按天道自南而北凡物候先南方故閩粵萬物早熟半

月始及吳楚今驗江南梅雨將罷而淮上方梅雨又踰河北至七月少有微氣而不覺以此言之壬丙進梅不足定擬當易地而論（風上記） 夏至前芒種後雨謂之梅雨半月內驗西南風以定雨候西南風急名曰哭雨風主雨立至若風微最毒應在時裏諺云梅裏一日西南時裏三日潭芒潭種候半月內不宜雷諺云裏裹一聲雷時初三日雨（羣芳譜）梅雨雷低田被水埋（五雜組）月內寒主旱諺云黃梅寒井底乾（圖史）日暖夜寒東海也乾（五雜組）

朔日値芒種六畜災値夏至冬米貴晴主年豐（羣芳譜）此日至十日不雨大風大旱（四時氣候）雨主歉初一雨落水泉浮五月初一若雨落牆崩壁倒難收捉（圖史）

初二雨落井泉枯

初三雨落連大湖（圖史）

端午値夏至榖不收天清主水諺云端陽曬得蓬頭乾十片高田九片浮雨主絲貴（農圃六書）只喜薄陰大風雨主田內無邊蒂言風水多也一云雨主來年大熱（四時雜占）霧主大水（羣芳譜）

十日得辰早禾半收（羣芳譜）

十一得辰五穀不收（羣芳譜）

十三爲白龍生日常有風雨（農圃六書）五月十三日是竹醉日栽竹多茂盛（五雜組）

夏至五月中在端陽前主雨水調諺云夏至端午前坐了種田年（田家五行）夏至連端午家家賣兒女夏至五六不賣牛車便賣屋（圖史）上旬米貴中旬大豐米大賤末旬大歉米大貴（歲時記） 諺云夏至在月頭邊邊愁夏至在月在眈閣糶（抑去聲賣穀曰糶）米翁無雨主旱諺云夏至無雨碓裏無米一說至日晴主三伏晴晴則必熱

夏至屬水主妖屬金主大暑毒値甲寅丁卯粟貴群芳譜日暈主大水便民圖纂日月無光五穀不成人病歲時雜占有雨謂之淋時雨主久雨便民圖攷夏至日雨其年必豐農圃春秋夏至日有雨一點値千金圖史其夜天河星密有雨星疎多雨歲時雜占夏至後半月爲三時半月內謂之時雨頭時三日中時五日三時七日農圃六書時雨最怕在夜時中時雨主大水若到得末時縱有雨亦善諺云夏至未過水袋未破四時占候非從乾來西北寒傷萬物坎來正北寒暑不時山水暴發艮來東北泉湧山崩震來正東八月人災巽來東南九月風落草木傷百果離來正南五穀熟坤來西南六月雨水橫流兌來正西秋雨多又青雲爲蟲白爲喪赤爲兵荒黑爲水黃爲豐群芳譜夏至有雲三伏熱夏至酉臨六月旱重陽戊遇一冬晴農圃史夏至有雷三伏冷重陽無雨一冬晴五雜俎有雷主久雨末時雷主久晴諺云迎梅雨送時雷送了去再不回夏至後四十六日內虹出西南貫坤位主水及蝗災魚少夏至午時正南方有赤氣百穀豐出右萬物平出左赤地千里群芳譜夏至後九九氣候諺云一九二九扇子不離手三九二十七水水甜如密四九三十六汗出如洗浴五九四十五頭戴秋葉舞六九五十四乘涼入佛寺七九六十三牀頭尋被單八九七十二思量蓋夾被九九八十一階前鳴蟋蟀　夏至後三庚入伏伏者何也凡四時之相禪皆相生者也獨夏禪于秋以火克金金所畏也故謂之伏五雜俎

二十日爲大分龍古同小分龍　兩浙諺云二十一有雨歲豐　無雨則旱群芳譜二十分龍廿一雨水車閣在衙堂裏農圃春秋

二十三日雨謂之回龍雨一百二十日晒龍主旱農圃六書

二十五六日諺云熱不熱但看五月二十五六大晴則旱楚俗以廿九三十爲分龍節雨則多水閩俗以夏至後爲分龍四時占候此日陰沉沉穀子壓田塍群芳譜

二十日不雨主人多病（羣芳譜）

凡月內日食大旱大飢人死六畜貴粱大凶（乙巳占）月食主旱粱地惡六畜貴齊地蟲月無光大災旱砲車雲起主暴風拔木東坡詩云今日江頭天色惡砲車雲起風暴作虹見主小水雷不鳴五穀減半上辰上巳日雨主蝗災（彙考羣芳譜花鏡）霧主旱諺云五月霧井底全無措（時令新書）

六月

小暑六月節有雨主久雨諺云小暑日雨落黃梅顛倒轉（農圃春秋）是日東南風兼有白雲成塊主有半月船舶風必大旱（彙考羣芳譜花鏡）

朔日值夏至大荒值小暑山崩河溢值大暑民病遇甲飢風雨穀貴西南風主蟲傷禾（羣芳譜）

初三日六月初三晴山篠枯零六月初三一陣雨夜夜風潮到處暑（五雜俎）霧大熱（羣芳譜）

初六日晴主收乾稻雨主秋水（月令通攷）

大暑六月中夏至日屬金主大暑毒（羣芳譜）

晦日值立秋旱稻遲南風主蟲災不雨人多疾（農占）

凡月內日食六畜五穀貴主旱沛大凶（月令通攷）月食主旱六畜貴沛國惡魯有水災月無光六畜大貴三伏內有西北風主稻秕冬冰堅諺云伏裏西北風臘裏船不通月內宜熱諺云六月不熱五穀不結六月有白雲橫斗下或東方生雲皆主雨浮雲不布主二月旱不喪黑氣主雨虹見米麻貴雷若不鳴蝗生冬民不安電光見南方主晴北方主雨夜晴明而見遠電謂之熱閃七月亦然黑霧相連主雨一云六月有霧主旱諺云六月裏霧要雨直到白露（彙考圃史羣芳譜農圃六書）

七月

立秋七月節七月秋蔣到秋六月秋便罷休（圖史）朝立秋涼颼颼暮立秋熱到頭（五雜組）立秋日晴萬物多不成熟小雨吉大雨傷禾風涼吉熱主來年災旱風從乾來（西北）暴寒多雨坎來（正北）冬多雨雪陰寒艮來（東北）爲逆氣穀不熟糴貴震來（正東）秋多暴雨人不和草木再榮巽來（東南）凶離來（正南）旱坤來（西南）田禾倍收兌來（正西）秋多雨霜重旱禾怕北風晚禾怕南風是日西方有雲及粟雲吉晡時西南黃雲如羣羊坤氣至也主大穀果黑有成黑氣相雜宜桑麻如無此氣主歲多霜赤雲主來年旱西南有赤雲宜粟秋後四十六日內虹出正西貫兌位主旱立秋後虹見爲天收雖大稔亦減分數有雷損晚禾大抵秋收雷多晚田不收己酉日立秋多晴（彙羣芳譜）

朔日値立秋或處暑人多病日食人流亡大水壞城郭繒帛貴歲惡秦國惡之虹見主年內米貴有雷損晚禾（占書）

初三有霧主年豐草木榮盛（花鏡）

七夕有雨名洗車雨麥麻豆賤諺云七夕無洗車八月無蓼花是日遇西南風謂之金風無粃穀（農占）

八日得滿斗主秋成（花鏡）

十五日月食人災來年牛馬貴楚地大旱是日謂之稻竿生日要晴有雨主撈水稻有雷謂之打折竿頭撈不成一云十四十五十六有雨俱主撈水稻俗又謂稻杆生日（農圃六書）

處暑七月中處暑內喜雨諺云秋前無雨水白露枉來淋又云處暑若逢天下雨總然結實也無收（羣芳譜）

十六月上早執月上遲秋雨至有雨主來歲荒是日名爲洗鉢十方寺觀每年四月十五日結夏上堂七

月十五日解夏散堂十六洗鉢有雨便知來年必荒停堂甚驗田家五行
晦日風雨主人多病宜麥布貴油麻貴群芳譜
凡月內日食人災大水歲惡秦國惡之庚辛占日無光蟲災歲凶家塾事親月食人災來年牛馬貴楚地大旱雷大吼有急令雨雪大飢民多死人物相食霧主水諺云七月霧魚行人大路時令新書有三卯田禾熟無則旱種麥雨小吉雨大傷穀群芳譜花鏡

八月

白露八月節日晴主收稻納音屬火主蟲多難種菜群芳譜有雨損穀圖史諺云白露前是雨白露後是見稻花兒日方吐其時雨來不及收花所以多秕農圃六書若雙日白露有雨不損苗單日有雨則損苗如連陰雨不爲害群芳譜
朔日值白露主果穀不登秋分主物貴花鏡晴主連冬旱宜蓄略得雨宜麥一云月月初一要晴惟此月初一要雨諺云八月初一雖得雨九月初一難得晴農圃六書大風雨人不安南風木熟花鏡
十一日半晴吉是日看水深淺可卜來年水旱花鏡
中秋晴主來年大水無月蚌無胎蕎麥無實月有光主兔多魚少雨主來年低田熟上元無燈花鏡雲掩中秋月雨打上元燈陳後山云中秋陰晴天下如一此語未試然亦恐不盡然也五雜俎
秋分八月中晴主不收月令通攷微雨或陰天最吉秋分宜在社前諺云分後社穀米遍天下社後分穀米如錦墩得雨則米粒圓滿多收諺云田怕秋旱人怕老窮旱必熱熱則損稻農圃六書分社同一日低田盡叫屈

（月令通攷）風從乾來（西北）主下年陰雨坎來（正北）多寒艮來（東北）風急主十二月陰寒震來（正東）爲逆氣百花虛發巽來（東南）主十月多暴氣離來（正南）歲惡坤來（西南）土工興民憂兌來（正西）大熟酉時西方有白雲主大稔黑雲相雜宜麻豆赤雲主來年旱秋分後四十六日虹見西北貫乾位多水主虎傷人有霜人多病（鏡花）

秋社立秋後五戊爲社（月令廣義）

十六夜萬里無雲來年大熱諺云十六雲遮月來年防水沒（農圃六書）

十八日爲潮生日前後必有大雨名橫港水（鏡花）

二十四日爲稻藁生日雨則藁腐（圃史）

凡月內日食人多瘡疥月食主飢鄭大凶魚鹽貴人災（鏡花）有三卯三庚低田麥稻吉三庚二卯麥宜高田諺云三卯二庚麥出低坑三庚二卯麥出拘巧（拘巧高地也）八月浮雲不歸二月雷不行是月不宜聞雷有雹雪多病人（農占）霧主歲凶諺云八月霧切莫開倉庫（時令新書）月大小水災少菜（羣芳譜）

九月

寒露九月節前後有害雹主次年有水（農圃六書）

朔日値寒露主冬冷値霜降下雨來歲稔晴明萬物不成風雨來年春旱夏多水微雨吉大雨傷禾虹見主麻貴人災（鏡花）一日至九日凡北風則來年米賤以日占月如一日北風正月賤二日北風二月賤也（圃史）

重陽晴則冬至元旦上元清明四日皆晴雨則皆雨主飢荒諺云九日雨禾成脯又云重九溼漉漉穰草千錢束（田家五行）重陽無雨一冬乾或謂無字當作霧（羣芳譜）重陽戊遇一冬晴（圃史）重陽東北風名石崇口內風萬

物盡結實西北風爲范丹口內風有食不教吃農事須知

十三日晴則一冬多晴農占九月十三晴釘靴掛斷繩五雜組

霜降九月中前後水必退古云霜降水痕收農事須知

凡月內日食主饑疫布帛貴鹽貴女工貴韓大凶已巳占　月食韓國惡趙分牛羊災月常無光主蟲災布帛貴草木不凋主來年三月草木傷虹出西方大小豆貴有雹牛馬不利無霜來年三月柳陰寒草木皆傷雷鳴主穀大貴花鏡霧主凶諺云九月霧貧人便欺富農占

十月

立冬十月節晴主冬暖多魚月令通攷風從乾來西北歲豐坎來正北多霜艮來東北人病震來正東深雪酷寒巽來東南冬溫來年夏旱離來正南五月大疫坤來西南水泛溢魚鹽貴兌來正西米貴羣芳譜雷震萬物不成立冬四十日內虹出正北貫坎位冬少雨春多水冬前霜來年早禾好冬後霜來年晚禾好花鏡

朔日立冬有災異值小雪有東風春米賤西風春米貴其日用十量米若有米綴斗外主來春米兌貴羣芳譜

晴則一冬多晴月令通攷十月初一晴柴火灰樣平田史　十月初一陰柴炭貴如金賣絮婆子看冬朝無風無雨哭號咷五雜組雷鳴人災風雨來年夏旱花鏡西北風來年熱農圃六書

二日雨芝蔴貴羣芳譜

十五日爲五風生日此日有風主終年風雨如期謂之五風信羣芳譜十五十六晴主冬暖月令通攷

小雪十月中雪主穀賤西風春米貴羣芳譜

晦日占與朔日同羣芳譜

凡月內日食主冬旱六畜貴魚鹽貴秦大凶來年秋穀貴黃帝占月食秋穀魚鹽貴衛國惡月無光六畜貴有三卯米價平又十月無壬子留寒待後春雷鳴人災花鏡有霧有沫露主來年水大相去二百里五日水至須看霧着水面則輕離水面則重諺云十月沫露塘瀊十二月沫露塘乾田家五行十月霧水牛岡上臥時令新書立冬後十日爲入液至小雪爲出液得雨謂之液雨亦曰約雨百蟲飲此皆伏蟄至來春雷鳴起蟄乃出也本草綱目雨打丁卯飛禽弗得飽史圖

十一月

大雪十一月節朔日值大雪主有災農圃六書

朔日值冬至節主年荒有風雨宜麥值大雪節主年荒歲凶民災羣芳譜朔日得壬主旱二日得壬小旱三日得壬亦旱四日得壬大熟五日得壬小水六日得壬大水七日得壬河決八日得壬海翻九日得壬大熟十日得壬少收十一十二日得壬五穀不收田家五行

冬至十一月中晴萬物不成又主年內多雨便民圖纂風寒吉風從乾來西北明年夏旱坎來正北明歲稔艮來東北正月多陰雨震風正東雷不止大雨連行巽風東南百蟲害草木離風正南名賊風冬溫乳母多死水旱不時穀貴人疫避之吉夜至則無害坤風西南多水兌風正西明秋多雨一云禾熟東南風名歲露苦飢風中其氣開年疫謹避之羣芳譜西南風主久陰諺云冬至西南百日陰半晴半雨到清明農圃六書青雲北起歲熟民安赤旱黑水白災黃熟無雲凶羣芳譜四十六日內虹出東北方貫艮位春多旱夏多火災京房易占雨則年必晴晴則年必雨露主來年旱雪大來年熟少則來年旱冬至前後有雪主來年水多羣芳譜至前米價長貧兒有處養至前米價落貧兒轉蕭索農事須知冬至日數元旦五十日者民安足若不滿五十日者一日減一升有餘日益

一升最驗四時纂要 冬至後三戊爲入臘史圖 冬至後九九氣候諺云一九二九相逢不出手三九二十七籬頭吹觱篥四九三十六夜眠如露宿五九四十五太陽開門戶六九五十四貧兒爭意氣七九六十三布衲擔頭擔八九七十二猫犬尋陰地九九八十一犂耙一齊出京師諺又云一九二九相逢不出手三九四九圍爐飲酒五九六九訪親探友七九八九沿河看柳按此諺起於近代宋以前未聞之也其以九數不知何故今吳興人言道里遠近必以九對而不言十亦可笑也五雜書 近日九九氣候諺又云一九二九相招不出手三九二十七凌丁掛半壁四九三十六纔方凍得熟五九四十五窮漢街頭舞不要舞不要舞還有春寒四十五大觀集 冬至後一百五日爲寒食容齋隨筆

十七日東北風天有雲主來年有雨大熟史圖

晦日有風雨主來春少水農圃六書

凡內日食人畜俱疫魚鹽貴羅貴牛死燕大凶乙巳占 月食米貴趙燕惡月無光魚鹽貴雷雨春米貴有霧主來年旱雪少主來年旱群芳譜 仲冬行夏令主大旱月令

十二月

小寒十二月節有風雨損畜群芳譜

朔日值小寒主有祥瑞值大寒虎傷人有風雨來春主旱東風主六畜災

己酉日雨主冬春連陰兩月雪主來年旱澇不均群芳譜

大寒十二月有風雨主損鳥獸鏡花

除夜東北風吉諺云今夜東北來年大熟東南風占來年風大農圃六書 除夕犬吠不吠新年無疫癘五雜俎

凡月內有日食主來年水災夏麥不收穀貴牛多死趙大凶占（黃帝） 月食主來年大水穀貴秦國惡九月至十二月常無光主來年穀大貴（羣芳譜） 霧主來年旱酉日尤驗諺云臘月有霧露無水做酒醋（湘潭記） 臘月雷地自雨來（圖史）雷鳴主來年旱澇不均又云雷鳴雪裏陰雨百日虹見主黍穀貴（羣芳譜） 冰後水長主來年水冰後水退主來年旱兩春夾一冬十個牛欄九個空（家塾事親）有暴雨來年六七月內有水（羣芳譜） 十二月爲大禁月宜寒忽有一日稍暖即是大寒之信諺云一朝赤膊三日頭縮大寒不過丑寅大熱不過未申此必稍和（農事須和） 立春在殘年主多煖諺云兩春夾一冬無被煖烘烘又云立春日煖凍殺百鳥卵冬至後三戌爲臘臘前得兩三番雪謂之臘前三白諺云若要麥見三白又云凍殺蝗蟲子又云臘雪是被春雪死鬼（農圃六書）十二月上旬中旬有雪來年梅花盛凡雪日間不積謂之羞明霽而不消謂之等伴主再雪又來年多水（羣芳譜）

閏月

要知來年閏只看冬至剩（圖史）欲知來歲閏先算至之餘更看大小盡決定不差殊如來年該置閏只以今歲冬至後餘日爲率如今歲十一月二十二日冬至本月尚餘八日則來年當閏八月如係小盡則閏七月若冬至在上旬則以望日爲斷十二日足則復起一數若餘十三日則無閏（脩攘偶談）

邗上吳　鵠斗文偶錄

輿圖輯玉

盛京

長白鍾靈混同毓秀　龍興碩彥媲休耶律之風鳳翼元公觿美祭彤之績　表醫巫而萃異燦麗桃花

疏鴨綠以匯源氣凌渤海

奉天府

啓運千祺隆業萬年　賨山璀璨繡嶺艷妍　鴛湖浩淼鴨河潺湲　雲樓則千尺去地海亭則一望連

天　祭彤恩威並施外郡來附陳禪道義相感邊衆言旋　吳立興學勸農政事修舉韋富完城創治功

績昭宣　大業佐成費英東忠直可取勳名首舉順科洛貞亮堪傳

錦州府

巫閭恢雄而作鎮角山層疊以衛京　碧霞晚絢白雲朝升　羅羅翠幕鬱鬱紫荊　羊腸流曲馬市波

平　溫泉滴滴香水盈盈　瑞潭酌瓢而美聖井禱雨而靈　望海堂建覽秀亭成　增置弟子選擇賢

師伯勝聿彰教績外禦邊陲內撫軍士劉斌最著能聲　履道易數精研文獻之謚已及楚材典章大定

太師之贈終榮

昌圖府

鳳凰廳

興　京

仰啓運之巍峨鴻基實肇瞻勒富之萃嵂大業攸隆　蓮山花豔蘭巔香濃　渾河浩浩清水溶溶　訪

何驪故城朋儕可與過山羊舊堡客子易從　顯佑宮高拜玉皇而心肅地藏寺古參金佛而禮恭

甯古塔
碧奇之山幽勝紅字之崖輝煌　舒圖島前眺覽德林石畔徜徉　混江澎湃黑水汪洋　渾春春色成
豔壽綠綠淨垂芳　緬東華之煥麗想西清之堂皇　顏最人呼秀才國史掌執妻室上誇名將王事劻
勷　永成居士無愧寸貞君子有光　名將相之稱顏襄則千秋傳播奇男子之譽絳山則萬古馨香
吉林府
雙城廳
伯都訥廳
長春廳
賓州廳
五常德
黑龍江
峨峨魁嶺屹屹茂峯　望安足慰博科稱隆　河名白合江號黑龍　淨溪浩淼素瀞春容　東樓駐帳
於春日西樓校獵於秋風　多耐站遠分界碑雄
直隸省
順天府
文同商鼎望重燕山　陳宮仰峭拔之峯孔水遡淵源之派　金臺臨易水宜乎代有名賢石鼓貯芹宮
自是文同籀篆　雲表修儀日邊佳氣　鍾帝都之異采秀姑射之仙姿　聳空冀北驟逸步於金臺聲
歷燕都騰英先於玉府　黍谷緹溫蘆溝濬潔　陰功食報藍田產雙璧之英燕翼貽謀竇氏列五株之

桂　玉河源發於玉泉石經碑藏於石洞　彈琴號峽崆峒乃黃帝之山督亢名陂賈島爲浪仙之谷樓桑村畔隣結義之桃園明月山中望穿光之石穴　大石撼盤龍之山頂琉璃來聖水之淵源

遵化州

團圓明月習習清風　龍門峽裏雷震馬蘭峪上霞烘　燕山爲夷漢之限陳宮乃蒼翠所叢　黎河泛泛湹溪溶溶　玉池瀰而不竭劍泉酌而無窮　商鼎則三足奇古石門則對峙穹窿　遮道請留李信則還任可喜詣闕乞代如杞則復官足隆　中梧施惠政而疇若景渤免積弊而誰同　知古參謀佐命功最輔之不屈殉難節雄　張拾臥冰籲天母目獲愈雲望授徒建舍士心樂從

保定府

秀孕伊祁祥鍾濡水　大雄起峭拔之奇峰清苑發懸河之名論　樓名横翠亭有臨漪　天風閣上留葛令之仙蹤龍跡山頭發猛公之遺響　過白溝而思扼吭之忠臣臨滹沱而識堅冰之異事　池鑒蓮花邈矣元人之迹城名栅猗猗歟漢帝之祥

易州

瞻五迴之委折仰萬仞之高標　聚雲嶺壁接天岧嶢　丹霞色絢翠屏光昭　唐河之波浩浩易水之風蕭蕭　桃川泛紫瓜澗擷瓢　於期館前感懷義烈衛公廟裏遐想功超　口號飛狐洵堪據險關名倒馬一任通軺　師度之限契丹一州無恐孝忠之勵將士全軍不囂　祖元珍聖兒之稱文章邁世麻九疇神童之譽經義冠朝　君謨書費入神歷鹽使而勇退通古經史博綜居相位而不驕

承德府

長山横亙雙塔崚嶒　廣仁之嶺表號彌勒之峯呈形　灤水南繞熱河東縈　過王家之營訪白檀

之故城　蓋延馮翊會邏大破劉永王梁司空就拜大敗龐萌

圍場廳

永平府

卑耳效靈起雄圖於霸國引弓沒羽欽射石之英風　灤州有扶蘇之泉山海載孟姜之石　雲歸藍岫霞罩赤峯　河堪飲馬灘環臥龍　蓮塘脈脈蒲泊淙淙　興教勸農德樞著績增戶賓廩德溫奏功楊騰至性格天芝產獨秀劉煥純孝動地泉湧不窮

河間府

胎峯燭天金嶺照地　桂巖飄香春山獻媚　魚陂鑿自任侯鯉淀垂之唐志　棘津則弔太公而興懷柳營則欽條侯而成記　賈島村畔扶笻澹臺城頭曳屣　里問董家社尋劉智　包拯奏除積負之公錢唐介禁毀在官之什器　賦頌卓卓張超過人德行堂堂邢顒冠世　白公秉直貞信不渝廣度修身德言自勵　別邪辨正劉摯則去惡獨嚴謀國盡忠張慤則敢諫不畏

天津府

高士之岡突兀中條之嶺峥嶸　臥龍蟠伏老烏飛鳴　渤海則汪洋浩瀚潞河則綠淨澄泓　樓招清風井結寒冰　登臺而思燕友陳陟而想會盟　閒步石崇宅畔時經高適里前　陸康之令高城衰息驗夫寇盜猥遂之守渤海富實見諸吏民　寬柔則叔和早著壯烈則文朗交稱　竇鼎討論不疲有志著述達夫節義是尙自負功名　元裕雄襟風采足重敦詩純德喜愠不形　賈中黃能守家法張知白乃心朝廷

正定府

朱山千尋蒼巖萬仞　孫子之嶺巍峨孟嘗之岡横亙　黃龍欲潛白馬思奮　河中錦繡鮮明川上胭脂掩映　湯泉常溫恒水獨淨　舒嘯臺畔優游步樂亭前觴詠　莊號平泉德裕堪欽園名海子匡威足敬　委輸不絕鄧晨功高教授不疲伏恭學正　李大亮致賊俯首一腔誠信顏杲卿爲國捐軀千載忠藎　趙王之繫田叔髡鈐而隨行幼主之棄趙雲懷抱而當陣　越石聞雞起舞一世英雄魏收走兔相推三才名傳　元賓摛翰不傍前人味道屬文獨超後進

冀州

山號紫微水名滏瀆　柳城高登花樓遐矚　避暑盛夏亭由袁紹而成賣漿當年臺本太公而築　過麥飯之亭而景仰馮異誠能愛君步養正之堂而懷思有開匪僅娛目　劉官活我劉攀則民歡呼封公復來封隆則人悅服　竇嬰之好儒術忤太后而免官仲舒之治春秋歷兩相而率屬　文懿升堂講論遠近仰宗昌齡入館纂修士人樂讀

趙州

亭亭堯嶺屹屹黃岡　槐水浩浩廣澤湯湯　亭建嘉禾而紀瑞堂號思賢而懷芳　政洽時雍夷吾則真能愛育斛豐粟賤樊準則旱復流亡　十年知名孟敏因游學得力一郡願試耿純欲自效舒長　公緒沈冥著書傳播永和貞靜明經顯揚

深州

紫金璀璨而山明武强刻削而峰露　馬溝馬嘶雁河雁渡　燕蕫進粥具見臣恭凌沺舍冰信彰天助　過孝義之鄉而仰欽登文瑞之堂而傾慕　聿修聲績遠近皆稱敦實治能兄弟並著　對瑯琊之藉稱奇童百藥交推兆鸑鷟之止庭學士文成競譽　發姦謀諷馳獄知古之忠直非虛究學典定樂聲宗

謌之學問素裕

定州

嘉禾穎吐蓮花瓣抽　唐河浩浩恆水悠悠　一泓神渚百尺星溝　弔太子於聞雞臺畔懷韓琦於閱古堂頭　趙滋爲真將帥材軍令獨肅嚴叟有古良吏範政績彌優　孟孫教授於前中山自成文俗吳子講論於後學者益勵功修　寶典有書臺卿則書記淹貫治道成集文博則議論警遒

順德府

鵲山聳拔而勢雄龍岡起伏而脈厚　廣河之澤流若奔濁漳之河聲如吼　鳳池自清狼溝無垢　都從祖乙而遷亭本蘇秦而有　沙邱之臺可登鉅鹿之城足守　張村宋里溯世既遙柴莊棘原歷年更久　時雍化洽夷吾之政長留囹草庭羅劉曠之治不朽　邱陵立學絃誦聲達街衢曲籬墾荒桑棗樹周田畝　風節早著宣侯則游雅無雙耿介不阿賢相則廣平居首　陳彥升廉進勇退卽在毫髮而審詳劉秉忠推材薦賢每因顧問而導誘

廣平府

雞澤稱地馬服成山　漳河汨汨沁水潺潺　泉釀酒而甘洌池磨劍而迴環　入曾子之廟而道心肅過呂仙之祠而俗慮刪　魯丕在職七年境降嘉瑞宋良除守一郡界出醴泉　毛萇治詩仕獻王而供職貫公習左從賈傳而得傳

大名府

瞻彼學堂仰茲沙麓　澶淵想夫會盟瓠河緬夫沈玉　寒泉清澈而涓流御井甘香而渟蓄　清心堂成禮賢臺築　延壽聘賢治學多士嚮趨王尊卻水祀河闔郡尸祝　汲黯臥治淮陽吳祐定交沙穆

京房占易能精東晳遺詩可續

宣化府

五臺拔地九宮淩虛　龍門截陟羊桑言徂　桑乾東泛壺流西趨　冷泉沁齒熱水澡軀　覩金波之潋灩味玉液之芳腴　龍潭千尺鶩泊一區　上花園中花猶可放園蕉亭畔蕉更堪書　上谷晏安王霸能綏邊降敵北邊震懾裴潛克靜撫嚴誅　魏初每誦春秋作文有法武恪好讀周易本敬以居　究理學而惡虛聲環極之力行孰比端士習而正文體周望之督學疇如

江蘇省

江甯府

鍾山爲龍蟠之地石頭乃虎踞之區　宏景棲遲於句曲子陵偃仰於東廬　雁門燕磯勢含飛動雞籠牛首形若畫圖　巖上獻花欲笑峯頭疊玉如鋪　限南北於大江千頃洶湧浴日月於長蕩萬斛灌輸滁河則波濤動地秦淮則綺縠涵虛　丹陽南下元武東趨　蓮花池遊人屢適桃葉渡舟子可呼白鷺中分二水烏龍獨濬一隅　盧家莫愁居然妙妓梁代太子洵屬名儒　白下作鎮建業遷都　冶城之登高世作想新亭之宴戮力非迂　華林園中會心不遠樂遊苑裏修禊自如　尋烏衣之巷而屐蹤過朱雀之桁而杖扶　謝公墩前溯風流於在昔陸機宅畔仰賢哲以如初　鳳凰有臺吟吳宮之花草雞鳴作埭詠齊代之緇襦　義不下累罪自我歸鍾離則獨深惻隱賓禮故老搜求俊乂周俊乃偏得名譽　北顧無憂張浚則朝廷倚重江東有使劉珙則捐瘠皆蘇　抱樸鍊丹羅浮闢內侯自可不拜宏景掛冠神武山中相惟事讀書　中行先生先天之學深邃仲交狂士兩都之賦芳腴

蘇州府

仰姑蘇之崚嶒瞻靈巖之蔚労　雞籠弔司空於當年虎邱緬闔廬於在昔　洞庭則橘柚千苞鄧尉則梅花一色　淼淼荻塘茫茫笠澤　雪灘練瀆如銀瓦浦琴川成碧　消夏灣長採蓮徑窄　祠祀仰夫吳公廟貌瞻夫泰伯　響屧傳音館娃吹笛　雞陂鶴市一任停鞭鱸鄉虹橋儘堪駐舄　東墅留賓南園醉客　韋應物民不忍負清標獨持白居易門可張羅廉靖自飭　紫服有賜劉禹錫丕彰治能詔書見褒陳省華大著風績　梅福久傳仙去變卒吳門梁鴻信異凡人依廡臯伯　造門觀賦楊藏之驚衆未休買石作亭蘇子美讀書不息　寡言少飲丞相顧雍博學多才太守陸績　懷蓴棻於江上季鷹任達不羈盼楊柳於殿中思曼風流足惜　出將入相范希文則社稷多功論政陳言葉清臣則朝廷足翼

太湖廳

太倉州

應奎上燭天星鎮洋下臨海甸　江閒白鶴蹁躚港畔青龍隱現　益壽則菊泉噴香安瀾則花浦增絢佳春水船上無雨無風登江月樓頭以飲以宴　常懋勸分和羅人爲薦賢海牙禱雨致齋天亦從願陳愼練勇籌餉民賴以安龍其示制禁奢俗爲之變　婁東三鳳享父曾與名齊天下七才元美尤推首善　纂輯經史天如則典學有功討論古今時升則料事如見

松江府

金山偏藏寶穴岷岡自產玉人　鳳凰舒翼天馬呈形　松江汨汨柘湖粼粼　青江起於討虜黃浦鑿自春申　八角井洌五色泉明　聽雪軒頭望來瑩澈折桂閣上飄去芳馨　過二陸之草堂訪九峰之書院　民得稼耕貽範之治河巳竣田無斥鹵邱密之築堰先成　知府贈詩何澥則門無私謁下民稱便樊瑩則法定折徵　賦白燕之詩袁景文誠高滿座書金版之册沈民則尤軼羣英　陸深則詞臣居

長春觀志

冠張弼則外裔播名　無名釣徒續儒則茅屋已結宜晚居士時中則蓴舟尚橫　希瀕究心濂洛伯同
力主考亭

川沙廳

常州府

陟黄公之層巔仰春申而寄慕登孟城之雄障緬參軍而興思　芙蓉豔麗梅花紛披　金鵝來集白鹿
相隨　雙河淼淼五瀉瀰瀰　紅映桃花之港碧罩蓮荷之溪　孝瀆雙鯉之浮王祥足奉慧山二泉之
品陸羽堪怡　避暑宮前無邊光景望湖閣下一派淪漪　棲倚飛霞天半之彩霞成綺堂開凝露松頭
之美露如飴　高士伯牙琴瀆依舊賢守任昉釣臺未欹　褚翔徵枯樹更生之異獨孤彰甘露特降之
奇　孔奐神君致譽挺之才吏交推　陽羡買田曾傳蘇軾毗陵講道還有楊時　鄒浩氣節早敦練官
足任張守德望夙著總師爲宜　烟水一舫之遊爭傳希範文章四家之目獨重應旂　博史通經儲同
入東南望負駢四儷六陳其年館閣聲馳

鎮江府

日精輝映於闔郡月華照耀於東都　金山之金多積鐵冶之鐵滿鋪　青龍時見黄鶴易呼　京江開
渡運瀆通渠　泉味則中泠第一陂稻則萬束無逾　登臨則望海送江成江南之絕致眺覽則留雲喜
雨宏一郡之規模　四揚晏安張承恩招撫多力全城完固賀應旂守禦無虞　大雪高眠焦先則嚴詔
難起中流擊楫祖逖則壯情務攄　許渾善詩丁卯之集精麗吳淑好古事類之賦芳腴

淮安府

仰鐵柱之高標瞻鉢池之奇特　洪澤深深射陽脈脈　登亭想韓侯之酬金過祠懷漂母之進食　劉

伶毫古嗜酒著吟枚臯宅存飛書草檄　汲黯臥閤四民守靜大治翁歸下車一郡聞風先栗　鄭宏大拜徵瑞主簿之賀非諛于公決獄持平孝婦之冤得白　登壇拜將韓侯真國士無雙安車蒲輪枚乘雖年高足式　元龍膽志求之古人子山信威敬夫鄰敵

海州

燦爛錦屏晶瑩白玉　羽畎則夏翟煌煌花崖則錦繡簇簇　孔子問官於望山齊侯會盟於夾谷　桑湖泳遊薇河浣浴　朝宗橋長望海樓盡　教藝平賦劉彝信仰慈君除蝗救旱孫洙允歌良牧　孟玉存方寸之印太常宜還寶堅稱祈稷之臣僕射犇恧

揚州府

千尋瓜步百尺峴岡　茅香可聞桃花易覓　邘溝胥浦甓湖射陂　三十六陂之烟雨宜春二十四橋之明月在夕　陳塘尚記舊門董井猶傳古宅　臺成而詩可賦樓高而文可選　溯流風於歐守堂曰平山追遺愛於謝公埭名召伯　六詠之亭未荒四達之齋早闢　戲馬輿高騎鶴志適　營苑火紅隋提柳碧　瓊花植本於觀内一株稱奇金帶呈祥於郡中四朶尤特　陳登則百姓畏愛常深仲舒則易王敬重逾格　金比君子文宗以詔僧儒器重台臣承業之異師德　使人神氣都盡張紘表箋令我風病卽除陳琳書檄　李善文選注就實爲五臣先軀曹憲珠叢撰成當與諸儒抗席

海門廳

通州

碧霞峯高白雲洞邃　狼山踞雄花峽獻媚　玉泉時帶寒光甘井偏饒香氣　綠漪之亭百尺博古成詩棲雲之閣千層明叟作記　錢冶宜縣民業鹽而等農桑王隨任州人就學而遺子弟　姚繼巖之稱

冰鑑清譽益聞顧養謙之擅邊才壯氣彌勵

徐州府

馬陵之嶂鷄鳴之峰　桑峪之泉聲潺湲芒碭之雲氣綿邈　黄運分流睢泗交絡　鄭陂錢成項井昔鑿　徘徊圯上老父之來何奇眺覽留城君臣之遇如昨　彭舘迎賓而謚高沛宮置酒而恩渥　閔騫廟在萬古稱德行之尊劉向墓存千秋仰經術之卓　枌榆成社春秋以彰報祈朱陳列村世代用聯婚姻　崔珙則材望雄威韓愈則言詞蹇諤　徐起則賑殍德隆蘇軾則全城功倬　蕭何酇侯之陟論功行封曹參相國之遷遇事遵約　絳侯之從平定卽伊周名輔何加長孺之諷荒淫雖鄒魯大儒奚怍　向歆則經傳究心勝舍則名節立脚　雙丁並有文才三到悉傳儒學　伯倫嗜酒禹錫探驪　知幾作史師道工文

安徽省

安慶府

獨秀山高大雄峯峻　天柱千尋石樓百丈　白雲紫蓋丹崖碧峯　巖還生雪洞亦生風　蓮石花豔　潮巔香濃　皖江脈脈潛水溶溶　陶士行志在立功惜陰之亭猶在梁昭明心殷事佛分經之臺尚崇　臥冰得鯉而堪奉哭竹生筍而能供　孝義之墩可表慈順之坊足隆　封鮓還時孟監官持操益勵故交飲後張都督執法不容　庭堅詩文退食不廢游酢道學爲政足庸　禹玉文章宏麗元中書翰精工　風流不滅古人伯時則詩書兼擅講授以開後進幼學則程朱久宗　君靜退易進難歸隱白鹿建輔風凝采峻結屋萬松

徽州府

黄山白嶽崚嶒鳥聊紫陽聳矗　蓮洞傳芳桃源避俗　翡翠列眉芙蓉耀目　三十六峯四十七瀨
歙浦千波新江萬斛　漁梁已見安流鮫潭還成淸濆　三子之祠並建黄績墩頭十萬之戶曾封梅鋗
城山　張村訪去高士隱居朱里遊來名賢開族　選妙墨於北野犀文價高採佳硯於武溪金星品獨
父老愛戴羊欣德澤流傳吏民歸心任昉淸廉卓著　呼譚公之巔昌言德深名太守之山彥回孝篤
少微文章矯矯天下仰宗江煥諫諍稜稜舉朝推服　阜民富國台符則不憚陳書任直敢言謝泌則
惟知補牘　究河洛之宗旨韋齋則千秋仰欽集先儒之大成元晦則萬年私淑　講學定宇雙湖著書
雲峰環谷

甯國府

仰齊雲於天際瞻隱雨於巖扃　金壺燦爛石鏡光瑩　涇水則鑑形不爽宛水則照心獨明　五湖浩
淼雙澗潔淸　萬卷堂開人讀書而不倦六勸亭建令教氏而得經　范太守之史才漢書堪續王府君
之德政民爭以平　茂叔嬰城力守死節元暉爲治訟簡刑淸　徐伯洵爲名將太真不愧文人　愚山
之舉試鴻詞詩學獨步定九之留心經濟算法尤精

池州府

九華崚嶒五霞嶻岏　鳳嶺堪登龍巖好陟　桃塢鮮明花山纍𪩘　荻港悠悠蓉溪脈脈　訪虎林之
舊城尋鹿跡之堅石　閣爲文選而開堂因思政而闢　菊英作所陶淵明萬古高人杏花成村杜牧之
千秋詩伯　賢相蕭復州創樓以表去思良宰堯臣人建祠而欽治績　宏良作府留意於學校耕桑子
莊爲官盡心於里甲徭役　謫仙羣什不僅五松之遊昭諫諸詩專憶九華所歷　方綱之七百口共爨
門盧堪旌鍾鏜之十一世同居孝友難覓

太平府

青山特異白紵尤殊　黛牛博望霞罩靈墟　蟂磯藏穴鳩港沿蕪　牛渚燃犀太眞之軍事初靜采石提月謫仙之狂態未除　賞咏亭前仰袁宏之咏史滴翠軒下慕山谷之讀書　還當塗者荀淑領春穀者周瑜　花雲效忠封高東郡吳聽敦孝化及蕪湖　二李之稱伯羽則文偕弟著三龍之目宗器則學與兄俱

廬州府

巖盤伏似龍眠峯騰躍如鹿起　蕊珠勻圓芙蓉艷美　河曰馬腸渚稱雀尾　拓皋流分巢湖波委　九華樓聳一任扶筇萬卷堂開何妨躡屐　仲翁之莊猶存明遠之臺未圮　堯佐以方嚴肅下三至而表去思元章之高潔知軍一郡監瞻操履　文翁則教化當欽仲卿則治行堪企　姚鉉職纂修於史館詞旨清新王珪掌典册於朝廷文章宏侈

鳳陽府

龍盤鱗於曲岫鳳展翅於高岡　荆誠抱璞劍亦耀鋩　濤溝鼓棹碧溪褰裳　芍波留豔蓮池吐芳　登留犢之亭時苗固欽耿介過夢蝶之巷蒙吏豈曰荒唐　文武美才盧植賓蠻服寇德仁善政宋均渡虎除蝗　都尉召馴德行昭著御史桓典忠義炳烺　佐時則將軍魯肅博覽則中散嵇康　本中則能文譽著東萊則講道名芳

潁州府

山萬壽而可呼峯九仙而足別　柳河飛花蘆洲泛雪　賦詩聚星堂裏歐陽修固擅風流宴客會老堂中呂晦叔亦稱賢哲　桑林則千樹凝陰桐宮則萬株成列　堂構之治留愛父著子純花萼之政垂聲

兄軾弟轍　元化年臻百歲人以爲仙曹仁勇冠諸軍世皆許傑　食薺茹糲夢瑾濤廉講學著書西原峻潔

廣德州

雲梯峭拔石壁巃嵸　綺湖淼淼桐水溶浴　樓既稱鼓村亦名鐘　攀蘿亭邊緬昌言之清致釣魚臺上想志和之孤蹤　宏仁禱雨救荒蝗遠我界守卻延儒講學風動鄰封　亘濟則文章莫比盧中則著作成叢　夏侍郎三速從改而見志姜御史八事入陳而効忠

滁州

歸雲靉靆偃月光芒　瑯琊之山秀拔神仙之洞幽藏　明月溪頭皎潔琉璃井上甘香　茶仙會傳曾肇醉翁還仰歐陽　豐樂亭中躧倚石屏路上瞻望　永救仁聲足兼詩酒子開善政豈僅文章　藹樂正音舜儀則智略瀰播博文强記楊貢則詞翰久彰

和州

東華聳標西梁撐柱　名區則龍洞堪傳福地則雞籠足舉　萬柳長隄陰凝千秋古澗灌溥　遏狐城上徘徊毓麟堂前容與　上水心之亭而看花陟清風之樓而聽雨　黨人任貶劉禹錫賦詩自如美意宜宣傳堯俞惟職是處　沈立藏書數萬富誠堪嘉馬蛟飲水一杯清更可語

六安府

天桂屹屹石屋堂堂　山齊雲而捕表嶺遮日而礙光　水面清石燦點泉間玉虹耀芒　試心崖前方寸昭灼觀瀾亭畔大江渺茫　聞尋段氏之宅愛訪焦家之莊　生徒造成歐陽之建書院豐歉足備李榆之行社倉　一代稱榮父子並依楓陛三高播譽弟兄樂隱江鄉

泗州

蹶胭脂之峻嶺陟芙蓉之高岡　洞裏歸雲靉靆山頭清風扇颸　浦名洪澤陂曰蒲陽　玻璃泉潔支祈井香　地先春而葱鬱水浮空而渺茫　臥道遮車侯霸之爲大尹畏威懷惠朱暉之出南陽　多士首推可大彌饒經濟一時紙貴世熹獨擅文章

山東省

濟南府

舜耕成號禹登著名　黑牛嶺峻蒼龍峽横　清河泛泛玉水盈盈　泉畔珍珠錯落川中錦繡鮮新　芙蓉有堂芍藥有廳　㟙山繡江並勝天心水面雙清　太守曾推蕭望文學還仰匡衡　體國上嘉恭懿守城衆感真卿　草生書帶鄭元著書不綴食無鹽酪張易苦學任貧　本良勵精政治廷實早負才名　于覺世孝稱鄉黨田紫綸威服遠人

泰安府

詩頌徂徠書稱岱宗　長城作備夾谷稱雄　井名管仲泉號太公　溪堂饗士樂郊息躬　石篆尙存秦迹崖碑曾紀唐功　范丹清介獨著皇甫方略堪庸　百姓興歌廉公謂四境大治姚蓋恭　夏侯首正足式郭亘盡孝堪宗　文學則公幹誰比廉直則升平孰同　祖延則古俊名播彥國則人鑒讐隆　久約獻言上皆嘉納良輔進諫帝爲改容

武定府

山曰騮山谷稱馬谷　黑潭常盈甘井可掬　普濟橋横謝恩臺矗　呂夷簡勿算農器力本爲先高若訥廢耕職田私利不逐　直言切諫方朔愛君念殷揚名顯親敬臣報母情篤　功名則高適自期忠勇

則張凝足錄　履端則崇祀輝光復興則建祠炳昱

兗州府

尼山崔巍石門崱屴　壽邱爲黃帝所生曲阜乃百禽是宅　西陂泛舟南池着屐　溫泉萬斛阿井千尺　千載泮宮萬年魯壁　登斷機之堂而仰孟母過問津之亭而懷桀溺　賢相則田叔爲優太守則鮑永稱特　澤民之議崇先聖品秩加封克勤之親課諸生戸口增額　蒼頭負兒瑕界誠足上書謫仙作客竹溪信堪躭逸　匡衡人爲解頤朱雲上乃旌直　光義則正論有編巢父則方略成册

濟甯州

沂州府

蒙羽崢嶸焦原崱屴　南城扶笻東臯躡屐　丹井龍潛孝泉鯉獲　登樓而望海無窮陟臺而散金不惜　不立威名者王承顧試講說者孫奭　縈緒隱居是尚早看紀傳成編仲寶經國爲懷匪僅典裁罕匹　次道長者儀容思文君子風格　何水部吟咏精工徐侍郎緝裁巧密　師古則練而明眞卿則忠且直

曹州府

歷山讓畔項阜屯兵　拱列仰看鳳嶺深阻俯探馬陵　虎池雨應龍潭雲興　園歸來而堪賦堂懷賢而足登　清風觀矗明月樓橫　呂公著則郡無留事韓世忠則盜已悉平　師道寓曹唱和則獲無斁　仲淹依戚石交尚有李紘　列七子者吳質謝片玉者郄詵　李迪無忝遺直馬君信屬名臣　公明以耆儒而邀上謦師中以王佐而受薦牘

東昌府

陶邱成嶺丁岡矗巔　鰲磯石聳龍潭珠圓　千尋玉井萬斛文泉　宅稱孫爽墓號魯連　德星堂啓
綠雲樓懸　元徵以廉明表譽國祥以卓異僑遷　正見清才詩篇尤善伯淵博學史務彌專　子明帝
爺加信仲儀士輒思賢　飭躬孝友傳崔吉潛學程朱有鼎延

臨清州

青州府

龍山禱神牛山遊目　八士羅英九仙會族　濰水汪洋澠流屈曲　修禊柳林之濱垂釣棘津之隩
登蓋公之堂而仰遺徽陟富相之亭而懷芳躅　海岱樓橫穆陵關築　陳俊則百姓興歌朱博則豪情
懾服　蹇萬則人頌德芬黃驤則士嘉義馥　嚴光變姓披裘齊國而全身趙岐匿名賣餅市中而溷俗
孟陽經劍閣而書銘徐幹志箕山而寡欲　太沖作賦洛陽無雙景略雄談江東稱獨

登州府

文山集文義門聚義　繫馬駐岡臥龍盤地　暖水縈迴溫泉迢遞　童非堪尋官渠足識　覩海市而
怡情登秦宮而快意　公義克成兩讓之風汝霖獨免橫取之利　劉寵固多長者之稱李篤亦有君子
之謂　風采清峻姜如農中外直聲左懋第　宋荔裳以詩文享盛名高啓元以孝友傳累世

萊州府

天室獨遂石城如闈　明堂霞蔚靈臺日輝　九穴有泊八角成池　濠曰馬家溝號吳兒　亭上三山
縹渺梁間萬匹參差　仲舒大儒諫爭名著慶忌內史廉節譽馳　沙穆靜居銳思河洛之用康成不出
潛心經傳之垂　華野上結黨之章聱下皆肅宏範還有夫之妾士論交推

山西省

太原府

放馬奔騰臥虎蟠屈　覩熊耳與羊腸仰龍鬚與鳳翼　南川洋洋東湖汨汨　暖潭氣蒸寒泉冷逼
宮緣避暑而遊壇因受瑞而陟　樓籌邊而從容臺講武而嚴飭　元發則名帥無雙郭永則賢令第一
閔仲叔舉世皆知其潔清王彥方細人亦畏其正直　安期則東陽之惠政偏多仁傑則社稷之鉅功
莫匹　潘桂則孝子推隆傳山則義士矜式

平定州

高聳如冠圓光若鏡　老君洞裏思元孔子巖前仰聖　冷水宜於夏時溫湯貴在冬令　壽陽古驛文
公止宿而留題井陘故關韓信擊趙而乘勝　本淨則嘉禾生而彰仁子玉則碑石勒而表政　拾金出
付張伯顯清廉足稱鬻婢贖還王纘先盛德當敬

忻州

五峰巉嶒九原迤邐　山有聖人室名居士　綠水悠悠嵐河瀰瀰　勞師臺畔扶笻野史亭前著屐
史魁則集壯教射而一方安王軒則疏河立倉而萬戶喜　長盛則政能堪嘉惟忠則方略足恃　公度
之中詞選名卿特欽圓僧之爲講官時論獨偉

代州

掛月峯高叶斗欒蟲　勾注踞九塞之強泰戲爲一方所矚　旣訪南橋亦尋東峪　天井泉流茹湖水
蓄　陟南樓而開襟過東閣而散目　馬通會水詣司臺以報全災徐綬値饑馳富月而商賑粟　盧太
翼博書而隱絕世甘心魏先生調律而和薦官不欲　周黨則著書以終王霸則守志不辱　崇韜則鐵
券得自上頒大節則銀冶任從民欲

保德州

赤山高標翠峯聳峙　麥子飄香蓮花吐蕊　朱川彌望一灣黃河遠瀉千里　澗中得馬方騰池上臥

龍未徙　砦稱下鎮而橫雄樓號安西而矗起　知軍則道學闡明監押則邊功卓偉　任泰公敏而廉

直可方宋鎮勤能而撫字足恃

平陽府

遠尋秦嶺近訪舜坪　拜來石佛仰厥壽星　龍泉萬斛魚池一泓　九層臺矗一覽樓橫　堂緣稅駕

而闢軒爲待旦而成昔日帝羲伏牛出治當年公子鬬雞怡情　柳霞下不忍欺由於仁惠可愛齊賢上

亦尊憚本其方直足徵　思範早饒智算鄧攸久擅廉明　韓文則忠定成謚衞英則廉節受旌

翟州

蒲州府

五老入昂千佛現身　首陽唐風致咏中條柳絮豔稱　鴉兒溝滿鶩漿泉清　禱龍潭而雨降漁雷澤

而雲蒸　薰風樓聳瑞雲亭橫　過猗氏之城而生慕尋如晦之里而馳神　澄源曾聞陸子秉正還仰

元膺　自悅賦性敦厚騰章爲政廉平　三鳳河東交推元敬十才大歷競說盧綸　嗣堯清廉譽著天

章博學聲宏

解州

雲谷幽邃金門崚嶒　吳坂因封而得號博巖緣舉而彰名　濁澤非濁清澗彌清　洗馬灘頭浪激黑

龍潭畔雲蒸　夏臺堪望虞城足登　石榴園傲金井橋橫　以恕以忠裴夙則人人感切不食不取裴

俠則處處歌賡　清節曾聞世衡善政還仰禹偁　谷中郎君王龜不攖人事陌上道士五倫已變姓名

雲長威震華夏叔寶名重中興　鶴汀御有清望膺之競頌公明

絳州

墨光依舊絳色如新　風嶺之風拂拂雲洞之雲層層　汾洮浸灌古澮澄泓　池因董著渠以羅名　樓曰望河萬頃渺茫而足駭臺曰看鶴百仞陡絕而堪驚　長孫鑿渠倍增收獲元懿斷獄專務寬平　汝績延師訓民修學宮以布教申田布袍蔬食指戒石以矢清　學士醉鄉之稱給酒一斗參軍珠樹之詡磨墨數升

隰州

五鹿攸伏百花鮮妍　芝谷幽深而探覓香巖峭拔以攀援　泉中見月池上生蓮　黃河則千里浩淼紫川則一派淪漣　棲雲閣起聚景樓懸　陟吳王城上過蒲子村前　諭植棗桑霍毅善營磽地建儲羨粟吳君足備凶年　王克敬則名卿交譽李世隆則義士爭傳

潞安府

山名龍耳坂有羊腸　發鳩屏列抱犢書藏　盈盈藍水絳水浩浩濁漳清漳　濯纓之溪澄潔惠澤之地流長　關名上黨鎮曰下良　閣緣聖瑞表異亭以德風垂芳　防水賑饑屯縣薛君著譽給餉開路潞州王祐稱長　晉卿以練達而秉國政崇矩以撫慰而悅黎疆　志異物志遠遊孝宗之爲參軍足重明天文明風角業興之進諸議有光

汾州府

筆架堪擎屏風足樹　翩躚仰看鳳凰飲啄俯窺雀鼠　蕩漾文湖澄瑩汾浦　溪旣稱曹門還好禹　金井之樓高懸黃華之亭矗豎　治有名譽延年足高政具教條馮立可數　友文則三絕足稱延清則

二妙堪詡　宋禮會通出治十旬底功田耔長淸可知一介不取

沁　州

雛巢高懸羊徑仄削　靑果味香紫金光燦　南川流而放舟東泉甘而舉勺　亭以上庬而成臺緣駐驛而作　劉璇教以禮讓循績彰彰國棟便夫公私能聲卓卓　杜豐寬徭薄賦而惟桀民饒德隣履正奉公而不避權灼　李熹念母志尚堪嘉張綱牧民心恤誠確

澤州府

七佛離塵九仙拔俗　標奇已見廡樓稱最還推王屋　丹流浩浩千波白水悠悠萬斛　靈泉瀑布欲飛義井汲綆時續　寨以燕丹而成城緣漢高而築　亭成午壁而瑩瑩堂綴棣華而彧彧　除稅減課堯佐誠念民貧置社立條程顥端期士淑　子英治行昭宣繼宗風節炳炅　逢吉奉使全活偏多廷敬建言風紀彌肅

遼　州

紫金璀燦黃花嫚娟　五指畫地三尖插天　淸漳浩瀚武鄉潺湲　壘以趙奢而著祠緣先軫而傳劉漢耿介性成門無私謁景化守禦力任邑賴以全　有壬戒擾村疃四境民安事集于壁如意學校一州科接弟聯　趙瀚忠貞炳著有光義行昭宣

大同府

錦屏羅列玉峯峥嵘　飛鳳若舞臥龍不驚　雁名鴉兒濼號羊成　溫湯可浴寒泉足烹　樓凝翠而杏靄臺聚仙而飛昇　園中之碧柳競發窟裏之叢桂爭榮　丁暐仁學校首創張思明威惠並行　韓珩受恩不甘向曹氏北面許謙掌記信足爲明帝授經　渾身是膽推趙壁深識有謀仰家屏

寧武府

馬蹄蹀躞虎頭崢嶸　洞因仙人成號塢以昭君得名　龍泉甘美天池鏡渟　汾水灰河泛碧羊渠馬溝流清　宮有汾陽孰步臺高托邏堪登　趙滋則最善經略河灌則尤彰治聲　昌祚兵民輯安所部咸感修吉度支明允宿弊皆清

朔平府

千尋雕嶺萬丈寶峯　玉林光潤翠屏鮮濃　黄河遠來天上紫塞流出地中　東井味甘酌之不竭南泉色徹濟焉靡窮　過戰塲而思將士登釣臺而羨漁翁　魏尚之守雲中夷虜不敢近塞郅都之居雁郡匈奴早已避鋒　臨陣如常大勇會聞賀拔躬耕以養至孝還仰道宗

河南省

開封府

鴻臺仰陟猨洞俯窺　白雲靉靆紫荆紛披　萬龍潛臥五鳳高飛　槐堂貽後而成蔭蓮樓餞别而傾巵　清虚則蘇公作記豐樂則劉子賦詩　步陳橋而仰宋祖遊朱鎮而懷岳飛　造請不勤馮京則跡遠相府關節難到包老則語傳京師　千里神氣沖和誠爲恬淡宣子言旨寡暢獨得要歸　並在翰林韓維韓絳同舉進士宋庠宋祁

陳州府

果熟棗地花紅杏岡　柳湖淼淼沙河洋洋　東門清潔南水渺茫　池傳畢卓渠決翟王　丁蘭臺中事母情切子由亭外讀書聲長　夾轂則巨君致鹿下車則平仲除蝗　置驛薦賢任俠則當時第一生禾來鳳仁聲則黄霸無雙　幼輿嘯歌廟堂不如邱壑深源出處江左用卜興亡　鏤雪惠連咸誇藻綺

給月希逸共曇琳鄉

許　州

首山峰頭黃帝曾與神會召陵岡畔僖公還從楚盟　嶺上紫雲徧覆原中白草叢深　泉既稱聖井亦名靈　尙書臺存馬融講學而築長嘯堂在范公宴客所營　園傳山水鄉著德星　有詔許歸黃霸則治聲愈著遮道願借寇恂則盜衆皆平

歸德府

杏岡色絢桃洞花敷　潭中龍起池上鶯呼　蒙叟漆園化蝶情適孝王梁苑玩兔眸舒　三仁街頭存殷足仰五老堂裏結社堪娛　步升仙之臺老聃脫迹過定昏之店韋固檢書　杜衍寓南郭室僅堪容膝仲淹依學粥糜且任充饑　欒布之哭彭生趣烹非懼灌嬰之平呂氏設謀豈慮　方域能文交遍名下舜齡執法獄無冤呼

彰德府

摩天嶺峻挂月峯欹　迎霞灼灼滴翠霏霏　千尋虎澗十丈鷗陂　試遊龍井還問羊池　堂名晝錦里號浣衣　狎鷗觀魚戲馬鬬鷄　蔡誠買牛給畊田疇開闢李适立社課士文教光輝　鄴王三字成冤萬古共憤左武百戰遭枉千載同悲

衛輝府

龍脊稜稜駝峰矗矗軛駕金牛花啣白鹿　鹿臺散財雁亭繫牘　村名君子咸仰高風祠祀七賢羣欽芳躅　雲叟弈棋飲酒而文辭可觀昭素精易究詩而志行堪服　方秋非可城之候敬暉則縱歸不遗當稼穡出獵之時好禮則進諫倍篤

懷慶府

第一洞天稱王屋無雙景物表太行　月華西吐而照耀日精東見而輝煌　峯名獅子坂號羊腸　花崖獻狀芝嶺垂芳　黃河浩浩白溝湯湯　數問盧墅十椽韓莊　老子村前躡屐虢公臺畔扶笻里開犨政城著安昌　能名則石崇修武善績則潘岳河陽　遊曰竹林叔夜則山陽寄寓墅名處士簡輿則王屋潛藏　子期丕暢元風怡情莊老山簡獨標雅度出鎮荆襄

河南府

許由之嶂蕲巖王彥之崖崱屴　鳳臺千尋龍門萬級　伊聽鳳聲之鳴洛覩龜書之出　金線河通鐵鎖溝溢　或金市連鑣或銅街並轍　華林金谷名園齊開測景觀星高臺早設　汲黯發粟矯制猶賢吳公薦才措治誰及　劉昆惟見有虎渡河鄭瑜不以獻馬赴闕　和靖處士實體有功伊川先生達經不失

陝　州

崖號朱砂坂名黃卷　熊耳則雙尖儼成鹿蹄則四足昭睹　兆鱣飛于講堂效鷄鳴于逆旅　百代田村千秋魏墅　經通非計崔善則徙民不從得罪甘心韓休則均賦終許　水黑一沼世重伯英之書學足三餘人欽季直之語　楊炎心存王室二張切誅姚崇身秉國樞十事備舉

南陽府

大禹導淮於石柱子路問津於黃城　幽幽桐柏鬱鬱蔓荆　泉號黃龍引百流而灌溉湖稱白馬匯諸水而迴縈　看花樓建議事堂成　或玩龍而畫特好或飼鴉而烏有靈　信臣則召父成號君公則杜母交稱　劉寬仁慈蒲鞭示辱羊續廉潔生魚懸庭　高鳳庭中執卷丁鴻觀裏談經　周炳千秋孝子

鐵鉉一代忠臣

汝寧府

邱孕琥珀洞鑿瓏玲　仙居訪跡賢隱尋蹤　步老君停車之地登董奉學道之峰　七盤寬廣六斗龍蓯　植蓮花于港畔生菱角于湖中　韓碑文章照耀范園花竹蒙茸　香奉兩相藻薦四公　范滂嚴整堪畏楊奇慈祥可風　察隱達情富弼不驕名位循常守拙歐陽詎訒勵庸

光州

竹根團光蓮花絢色　白鹿奮蹄錦雞矯翮　青陂悠悠黃河脈脈　玉梁渠開金線泉滴　亭邊歸雁早飛臺上釣魚時獲　一朝致殞陳光立廟誠隆數世同居李植旌門獨特　子素抗章而取憾政府不愧公忠若槑因旱而援引恒暘誠爲切直

汝州

綠石色絢紫金先融　鹿臺玩鹿龍山擾龍　魚齒排而吐霧鳳翅展而凌風　藍溪汩汩黃澗淙淙　淨腸但懷名哲之美洗耳疇繼古人之蹤　婆娑之園宏敞安樂之臺穹隆　汝碑十二魯關兩重　仲儀在州殘書可讀彥國歸洛新法難庸　謙退曾傳馮異謹信還仰臧宮　希顏枕槀田間淸名難學文旆結廬墓上至孝誰同

陝西省

西安府

終南拔地太乙干雲　龍首驪山在望馬嵬鴻坂堪升　洎流金而璀璨泉湧珠而圓匀　杏園進士宴洽柏梁羣臣詩成　馬融書室猶闢老子經臺尙橫　翕歸疾奸盜賊一無遺脫延壽思過兄弟不敢復

爭 敬輿六事之陳其言足韙公綽四方之欵每飯不盈 靑門種瓜召平已去秦代東市賣卜季主原爲楚人 安世謹愼延年寛平 仲蔚博學工詩蓬蒿滿徑季長通儒設敎絳帳列楹

商州

亭亭三要屹屹五峯 棣花兮鬱鬱松桑兮茸茸 三角池瀦五眼泉逢 桃花之驛迤邐竹林之關橫雄 寇亂初平聖朝休息有術歲祲爲厲廷臣全活無窮 泉遼則淸白名著張鵬則寬厚譽隆 元煦守棺不移却助葬而邀免孝風負母遄匿獨奉歸而得終

同州府

鳳谷千重龍門萬尺 祉公匪今將軍自昔 黃斧坂長白堂寨密 龍井不乾蟹眼時溢 雲臺扶節霧市躡屐 漢碑足任摩挲唐碣憑資拂拭 張戩記善而惟求民從蕭復利人而不辭已責 懷金不受伯起則淸白堪遺翻羹無嫌文饒則溫仁足式 楊烱文如懸河瀉水分輪藝館之班嚴浚奏止賜酺然燈深稱拾遺之職

乾州

屹屹梁山幽幽漠谷 雍渭合流涇甘並蓄 尋魯店而扶節訪壞鄉而涉足 大防渠鑿利賴者千家陳潤賑行全活者萬族 良嗣則南衙宰相何高昌容則中書門下不辱 弱夫諫言切直偏愛工理文辭元容吏事精明輒爲校讎卷軸

邠州

觀音岩上扶節果老崖前躡屣 仰古公之陶穴試步桑村緬邠老之讀書閒尋蒲里 皇澗悠悠淸溪瀰瀰 牛川之府猶存通天之臺未圮 露盤承珠仙掌散指 馬璘土龍必撤澍雨如傾嗣宗穴狐盡

殲淫祀遂止　墓旁兔宿孝子堪旌廬裏鶴巢少蒼足紀

鳳翔府

鎮西扶節終南杖策　星洞藏聖皇之符鼓山留史籀之書　清風吼晨明月輝夕　岐水來放龜之人
磻溪坐垂釣之容　或步茂貞之園或尋子厚之宅　頻社蒲生郿塢穀積　彥光惠政州產嘉禾常達
精忠上賜布帛　吳玠大傷兀朮設伏出奇宋端當去扶風乞留加秩　淳風文物成志重若球琳王燾
外臺著書寶同圭璧　博綜羣籍共傾建侯貫串百家羣推李柏

漢中府

飛仙昇騰定軍止宿　卓筆花垂藏劍鋩蓄　廉水讓水標名醴泉香泉分族　黿鼉並生鴛鴦雙伏
琴室絕塵釣臺離俗　嚴礪疏江運餽民無顛躓周渭馳諭斬軍衆皆懾服　李燮則廉方播傳趙文則
仁恕昭昱

興安府

雲霧常靄烟波不停　仰女媧之嘉氏懷將軍之令名　泉推廣濟井羨清平　媯墟可訪禹穴曾經
斐邃開屯絹絲不受行襲遇旱鹵穀自生　郭君助部緡積鄭福通商利興　應祥竭力娛親無忝孝子
賈訓傾貲贖弟不愧賢兄

延安府

碧簪高插錦屏遠張　鴉鴿同衍鳳凰雙翔　黑白源別丹赤流長　甘泉取飲油井塗瘡　拜五賢之
祠而薦藻過萬佛之寺而燒香　軍中一范之謠仲淹則賊驚破土州内二天之頌龐籍則民不忍忘
子溫跪作四字之書他日令器張閨家同八世之爨闔門義方

鄜州

元坡日照大槃風馳　雲霞絢爛芝蘭葳蕤　核桃溝邊憑舒杖履葡萄河上任鑒鬚眉　鄜時則文公祭郊而作草堂則杜甫避難而棲　斬來首級二千岀珍堪仰勝倍精兵十萬种誼可推　延珍上書何懼潘陽謫戍以學爭禮卒膺太僕官資

綏德州

雕山插漢鳳嶺摩天　香爐儼若筆架宛然　石溝資圃金堰利田　龍泉萬斛傾湧牛灘千頃淪漣　風臺祭風而披體月臺玩月而不眠　世衡通貨營田城因富實思敬發倉助貸民賴生全　汝驥帝真愛才講官有寵慧元民盡生畏蠹惡胥捐

榆林府

箭杆鋒藏蓮花艷發　葭蘆漾波莜麥生纈　紅山之市互開碧濤之橋幾折　花塢勝饒竺臺景絶　方翼創耦耕之法民功見多仁愿築受降之城寇路已絶　尹憲別置平砦賜詔允從梁震好讀兵書先登勇决　子雲名動軍中而膽略過人欒道生由將家而經書折節　能文辭嫻韜略王效無忝虎臣上五要陳八難張臣寧愧驍傑

甘肅省

蘭州府

白草原闊黄石坪長　胭脂絢色蓮花垂芳　西溪莫測南水難量　通濟泉頭攜勺溥惠渠畔褰裳　平遠堂中眺矚超然臺上徜徉　馬援服寇歸降郡皆清靜蘇則教民播種歲大豐穰　餘慶淹和居然儒者少雍清正不憚豪强

長春觀志

平涼府

仰望仙山俯窺佛峽　掃竹幽清彈箏歡洽　東溝晝游南源曉汲　柳湖烟稠蓮池露浥　朝陽樓上春好題詩避暑閣中夏容攡榼　圖形以進狄青之方略堪咨設祠而崇劉滬之戰功屢立　晉卿讀史往事可師正甫善文兵略尤合

固原州

化平川廳

涇　州

錦屏璀璨青石玲瓏　鳳山翥鳳龍原臥龍　蓮池紅絢柳湖綠濃　百泉則田園足溉三香則舟楫可通　思潛亭中人靜讀書臺上聲洪　李及則精於吏事王珪則善作先鋒　呂向官兼集賢納諫心亟　龢卿交遍名士著書興濃

鞏昌府

翠屏列列玉筍森森　龍馬呈象鳳凰吐音　蘆溝飄雪松澤成陰　悠江則半月如見溫水則百星若臨　威遠樓前講武讀書臺上成吟　村號耕天仰來帝種鄉名衣錦榮此朝簪　何灌渠稱廣利戴浩歌遍蒼黔　僧慶溫恭涉躐經史退翁明辯博通古今

階　州

七佛同龕五仙共族　蝗螂雙飛鳳凰並宿　萬丈潭邊徘徊十九泉頭湫掬　坐嘯舒懷安靜祛俗清風軒上披襟得要亭前送目　旌忠建廟劉銳光昭頌德立碑洪麟炳昱　當鋒摧拉大眼則淮荊畏威決事清明丁熔則民吏推服

秦州

高張寶蓋遠列翠屏　鳳凰飲啄鸑鷟飛鳴　秦羌蕩漾渭隴澄清　宅因充國會建壘爲武候早營

李參不敢貽憂期於無事姚祐悉憑樂業深得人情　仁裕篆籀成文西江有集廷芳巾衣由禮小泉見稱

慶陽府

爛矣錦屏燦然畫石　走馬興豪撫琴情適　鴛溝泛波鵝池流液　臨川閣上題詩錫慶堂中憶舊

倡法爭利舜民獨辯其非發粟賑饑純仁自任其責　平山用兵之暇著書維勤中郎詣闕之辰封侯獨特

甯夏府

麥垛非仁米鉢自古　湖曰金波泉稱鐵柱　美利無邊惠農如許　口名赤木地足關防橋號紅花人堪杖拄　壯丁墾地朵赤則租賦大增子弟知書文謙則風俗多補　景平料知背逆官列農卿茂遠博通古今世稱學府

西甯府

紅崖崒嵂雪山穹窿　日峰燦爛星嶺昭融　車渠泛泛葱谷溶溶　牛川雲布龍湫雨濃　虎臺九層瞭望如畫鴉堡十里防守若墉　仲武何橋之成洵備緩急史昭學校之設足化愚蒙　仲寬數輩之書拒剝民以賂貴國柱一軍之勇惟陷陣而摧鋒

涼州府

青巖黛染白嶺雲鋪　柏林千樹松山萬株　湖邊看鴨池上觀魚　一碗無溢三井有餘　過明威之

府而心肅陟靈均之臺而眸舒　清潔則孔奮莫比威名則任延難如　高睿兩任南臺信爲儒者幹欒
久居政府宜典國樞
甘州府
朝行合黎夕次窮石　祁連平衍畜牧大蕃焉支鮮明婦女增色　弱水則載毛不勝洪渠則溉田獨異
城堡堅完邊牆嚴飭　李珣奉公不阿恭仁臨事無刻　金涉則明經著稱武孟則力學感激
肅州
崆峒爲廣成所隱崐崙爲王母所居　酒泉千斛鹽池一區　平川堡前駐防聯絡高臺驛外貢使馳驅
校尉被圍趨救會傳段守叛羌來掠擊斬還聞翟酺　子冀服喪洵眞義士祈嘉受拜不減名儒
安西州
龍堆肖羊膞崚嶒　月牙烱烱日海瑩瑩　玉門生還仲升久在邊域陽關西出摩詰曾歌渭城　德
惠則倉慈大著威恩則吾彥交稱　幼安經史該博亘秀廊廟器能　術數尤精如市曾傳叔徹琴書自
適杜門還仰氾騰
鎭西廳
迪化州
新疆省
喀喇沙爾廳
庫車廳
烏什廳

溫宿廳
英古沙爾廳
瑪喇巴什廳
疏勒州
莎車州
福建省
福州府
五華增耀九仙播名　雞籠則劉宅堪訪鳳邱則朱書未湮　鰲江千頃鳳池一泓　桃枝湖上紅繞甘蔗洲頭綠生　閣曰澄瀾待月樓曰拱極戴星　或籀文存迹或仙篆呈形　曾鞏不與閭閻爭利垢仲常爲諸生講經　寧玉碎毋瓦全姚鏌之守誠固不妄刑不妄取歐序之治足徵　陳覎辭官見操林摶退隱全真　介夫深念流移監門嬌嬌德澡不畏權要御史稜稜　畏友則擇之磊落高弟則孔實崢嶸
泉州府
北辰居所南斗垂芒　繡屏大展寶傘高張　登龍可仰牧馬未荒　蓮花結子梅蘤噴香　藍流滮滮莩水湯湯　人懷僕射之澤民誌尚書之塘　叢竹亭古刺桐城長　張遜潔己却金亭已早建夏寅循行撫糗民不能忘　劉國興能先士卒張起雲足祀賢良　敬夫賜劍之持五省皆歸節制稱孝登城之諭羣寇悉就撫降　許子遜喜書不輟黃太秩召對獨長
建甯府
曠紫芝與紅雲仰黃龍與白鶴　卅一福地焦源崔巍十大名山漁梁昭灼　錦水常盈鏡潭不涸　定

漏之泉不爽汲古之井早鑿　晞眞館裏詩題思賢堂上碑斷　桃溪竹塢扶筇欒黼漆園躡屐　長源則民歌稻已滿困劉溉則自笑衫難檢粟　元晦藜羹豆飯任道義以自閑謝公躡屩衣麻變姓名而不覺　蔡沈則父書克成楊榮則相業尤卓

延平府

龜山煎岁牛嶺崚嶒　三郎之貌堪仰九仙之丹早成　翠簾如掛錦被若新　官溝澄澈聖泉甘馨　閬風臺廢落星穴平　子琪則修明學校張泰則勸勵諸生　名賢之生寓居可溯先鋒之死報國堪徵　廖明略則自號竹林居士李愿中則世稱延平先生

汀州府

石鐘響迸銅鼓聲馳　雞籠乃神仙之府獅子爲光佛所依　灘七里而冲浪滌百丈而循涯　伏虎菴前散步盟鷗閣上支頤　昇仙之臺猶在讀書之堂未欹　郭璜不忍民膏朘削鶴齡能使山寇芟夷　賴祿孫孝行誰比裴應章名節堪思

興化府

仰孤標之白巖羡獨秀之烏石　壺公之日月其長穀城之松竹如冪　鯉湖足遊蟹井堪食　荻蘆溪廣鼓棹往來木蘭陂成溉田千百　迎仙之館幾楹登瀛之閣百尺　彥珩發粟賑飢有虞縋城擊賊　創來精宇歐詹偕友讀書刻夫遺文亦之嗣居講席　葆光處士研易最精柳東先生抱經不釋

邵武府

丹竈常靄甘露時飛　百花攢簇千松合圍　靈泉噴馥善溪成漪　瑞榴徵信採芹堪怡　廣祐之廟香爇越王之塚草非　施惠政於閭閻張公手植甘棠之樹息爭端於兄弟況令口吟伐木之詩　成叔

之去銅陵却白金而不受上官之爲御史論青苗而無私　總怕一毛錦生則被擒可惜邑患三虎宏九則焚牒已揮

漳州府

將軍據地爭勝太母拓土留蹤　東屏崒嵂南澳蘢蓯　銅缽韻遠石鼓聲雄　西湖浩浩北溪溶溶　三團水聚九山源逢　留珮之亭百尺貫珠之門兩重　徙倚飛甍閣上逍遙瑞雀堂中　一溪開學置田庶事畢舉明德除苛捕惡四境歡同　高登卓卓王遇熊熊　邦璧明月秋霜臺薦非妄而烜杜毋召父民歌由衷

福甯府

登彈嶺而遊觀陟瓢峯而延佇　香竹團圝蓮花媚嫵　蕉洋移橈桐陂駕櫓　李公之隱千年周仙之湖萬古　閣外飛甍成行橋畔飛鸞結侶　陸垓省金節賦六千免輸劉象勤政惠民百廢具舉　侍講廉介主上深爲嘆嘉御史奏言時論競相推許　事朱熹者楊復禮圖有傳誅似道者虎臣綱目深予

永春州

瞻浮空之千尺仰齊雲之百層　郎官成號師姑表名　虎蹲如伏鳳翥已騰　石花潭上花靄楊柳滎邊柳新　試上登高之閣閒過環翠之亭　盧琦延師境內文風丕變履平獎士邑中科第聯登　莫敢私干仲至則丰裁矯矯不爲阿附體仁則氣骨稜稜

龍巖州

龍門虎崒嵂嶺巇嶒　莫搥石鼓但看銀瓶　鶴湖千頃鰲池一泓　祠拜文公欽教學之神化壘過丞相想駐師之忠貞　水患永除湯相則城隄早築邑人漸化董良則鄉約先行　子儀保障畿南獨重防

守士穎解圍禮縣得免危傾

臺灣府

岩棲老佛岫憩仙人　小看鳳鼻大覩鯤身　潭中甘棠豔麗池上蓮花鮮明　登水仙之宮而陳藻過天妃之廟而薦馨　歐凱戰功死後卽蒙賜祭陳璸治行生辰猶見張燈　士俊賑施不疲鄉里頌德無異孟深孝友彌至有司表門足徵

浙江省府　新設

杭州府

鷲嶺瑰奇虎林清淑　沈山則太守藏魂葛嶺乃神仙託足　攀去萬松遊來三竺　藻溪茗水移橈栁浦梅潭停舳　金池千頃玉泉萬斛　睠懷則六一會名應夢則參寥足錄　蘇隄久成段橋早築　有美畢臻衆樂非獨　夢兒亭上名謝之賢若珍教妓樓頭姓蘇之女如玉　周新則寒鐵難逢軒輗則竹籠何恧　張翥名世出則封公郭文結廬斷而隱谷　景怡作賦一任雀食飽飛亓顒種蔬能令鼠竊漸服

嘉興府

鷹窠曉看日出馬岡晚觀雲封　范蠡之湖可泛鮑郎之浦誰從　鱗湖向記麟跡鶴渚時留鶴蹤　開白雪之窗知州興逸啓青鎖之閣太子情濃　或禾興瞻綠或葵向仰紅　廟尊徐偃祠祀宣公　進兵非時黄幹乃力爭廷議籲天作辨岳珂誠痛念祖宗　舜俞棄官白牛居士矯矯錢顗遭貶烏府先生雄雄　秉衡則十才論當幾亭則雙璧喻工　錫鬯詩什清新考据尤至駿孫賦才敏速宏博難窮

湖州府

瞻東林之蓊鬱仰西塞之屢巖　吳羌客隱菟市入歸　金鐘響徹玉磬音徽　澗中紫花爛熳洲上白蘋萋迷　或瞰碧瀾於一帶或瞻卷畫於四圍　西亭好陟南園可窺　張稷寬恕興頌柳惲清淨成碑士吉惟恐一毫民病布學不使半點心虧　十才幼文並列五隱太初比齊　茅坤之善古文唐宋八家有選友信之工舉業經史萬卷博窺

甯波府

翠崖纍歷丹山輝煌　翁洲則退隱標迹聖嶺則遇仙著芳　耀潭澄徹灌海汪洋　官奴建域逸老表堂　賢州產麥呈祥勸課備至太守埋羹致號廉潔異常　伏劍可憐文種採芝還仰夏黃　民望晚年入山內典一部明臣當日釃酒饒歌十行

定海廳

紹興府

四明千霄九乘儷經　寶林錦阜亭亭石匱金庭卓卓　苧蘿有女爨薪蘭芎遇仙採藥　錢江表淸鑑湖澄濁　漁浦浪搖樵涇風作　鵝池昔闢鰻井舊鑿　聽潮鎭海成樓曲水飽山建閣　梅市避塵而歡蘭亭修禊而樂　筆倉幾層墨池四角　五倫赴召萬民攀轅彰誠劉寵當行老叟賷錢致恪　撾抃救旱衢路之榜堪懸仲淹表心清白之堂可作　子季辭職隱居成小山之名宏之垂綸載魚入上虞之郭　嚴光潔行元纁聘而屢辭鍾意清操明珠賜而堅却　憂國如祁公者無多富詩似放翁者不數

台州府

瓊臺標號玉岘著稱　日生華嶺霞起赤城　石室之芙蓉燦爛洞天之竹葉葱蒨　泉洋盈溢醴井甘馨　分繡建閣交翠作亭　釣臺竿引吟社詩賡　墨沼右軍水碧書堂太白燈靑　阮長之甘處飢寒

攡絮自若駱賓王蕭然厤舍賦詩怡情　顧歡隱居來徒受業伯玉辭疾立館頤神　地廣兵强陶凱之謀可用才儲粟積孔昭之論尤精

金華府

龍峯萴岃鶴巖崢嶸　赤松因初平垂號靑蘿以宋濂得名　金鵝塘畔汩汩石馬澗邊盈盈　溪號廿三長固定里灘稱五百挽亦計人　三賢祠矗八詠樓橫　千年松石欲化幾兩蠟屐已成　黛伏歸耕張安豫招徠有法姦豪斂跡孫家棟剖決如神　文定則近思獨切魯齋則持敬彌眞　制服爲師仁山猶稱弟子從遊日衆白雲已是先生

衢州府

煥仙霞於崚嶺覯明星於高穹　鹿溪汩汩龍井溶溶　樓名婺女而當舍亭稱逸老而息躬　濯纓隨浪捲雪因風　淑士以理義者袁甫爲政務寬恕者逢龍　任滿徑之蓬蒿汪應辰永年院裏與諸人而酬唱趙子晝崇蘭闈中　原憲節高邱蕢則累辟不就四皓首白伯珍則杜門以終　彥舟三處之言誠當葳用五知之傳尤工

嚴州府

嚴陵山矗周顒嶺孤　龍耳誰劃鶴迹莫摹　朱池成浸白水瀁湖　客星之閣千尺太子之城一隅　棊石驅虎釣臺引魚　秉之去官猶留書案沈瑀作令早種桑株　諸生淑自張栻紀事著于袁樞　嚴光釣瀨之居羊裘足適仲若桐廬之慕鸝聲堪娛　賜方干之官九泉足慰酬皇甫之絹一字皆輸　叔正奚慚薦牘義問得賜御書

溫州府

許峰崚嶒陶山蔚労　赤水稱福地而高標華蓋列洞天而奇特　梅花飛英芙蓉絢色　浣紗潭上貯
清斤竹澗邊涵碧　象浦千波龍湫萬尺　堂開戲綵而承歡臺號吹笙而自適　謝公建樓陶隱成室　三
義之暇出一郡攜壺候迎靈運滿歸百姓攀衣淚滴　劉偉龍餉人免顛連世顯煎鹽民無淡食
老希晦足稱卅年卓敬堪惜　裕卿任俠二雁之編足傳君佐結廬五珍之產何易

處州府

吏隱絶塵仙都不俗　試上軒轅之邱還步少微之麓　新嶺鳳飛青田鶴畜　好溪如鏡安流成幅
半月泉邊足遊突星瀨上堪掬　西亭爲楊億逍遙南園乃陸游往復　煙雨賞心鶯花送目　陽冰禱
雨城隍感而應期成式下車水怪懼而竄伏　安國使金不屈節斷難移應麟得士非常卷誠可讀

江西省

南昌府

香爐噴馥石鏡窺妍　龍湫致雨蛟穴生烟　百花洲前豔放萬柳堤畔絲牽　石門如舊鐵柱不遷
梅福徽官可棄陳蕃一榻高懸　王守仁深圖底定周如斗惟議條鞭　陳陶昇天自期不作錦衾之夢
雲卿灌園足給徒勞纁幣之延　鹿卿則宰相欲爲私人而不得士衡則晦菴待以老友而能賢　汝德
在官只僅一考逍亭所至不私一錢

饒州府

康郎地逸馬祖岑幽　芙蓉則紅瓣鮮豔芭蕉則翠色紛稠　扶杖試尋馬跡躡屐且看鳳遊　銀潭照
彰玉澗下鈎　文翁成宅柳公建樓　坊號延賓主客一庭對酌堂開衣彩祖孫五世添籌　九賢堪仰
五老難求　眞卿則四境稱肅沈度則三善足謳　貴與成通考而學博公遷著通旨而文優

廣信府

雲臺可陟風洞足窺　鵝湖蔚茇龜峯險巇　相公府畔霞靄君子亭前草菲　稼軒十笏猶在梅亭百尺未欹　徐中持已清廉措置先裕朱陵勞心撫養逃散爭歸　鴻漸寓居嗜茶成癖九淵卜宅讀書詣微　易操切爲寬和予先則朝士欣慕按莊田還民産公謹則貧人悦怡

南康府

匡廬爲第八洞天蘇山乃五一福地　石壁流丹香爐繞翠　玉澗生光珠溪吐媚　龍菴則諸葛懸像鹿洞則濬之遁世　或濂溪愛蓮或逢吉折桂　敦頤則學爲多士仰宗晦菴則日進諸生講肆　靈運慕勝築舍以居太白好遊題崖不置　馮椅受學朱子最得心傳于光配享功臣誠光廟祭

九江府

馬當一夕風助高良千載霧居　羊腸險隘馬脊崎嶇　湓浦則千波汗漫潯陽則九派灌輸　神泉舉杓浪井提壺　臺常欲馬逕有飛魚　東林立館殊適北亭泛酒堪娛　宋均之渡虎散蝗彰彰政績陶侃之秋霜白日炳炳史書　仁傑遭俊臣之誣雲亭早建居易當江州之貶草堂偏鋤　元結僦居濂溪稱勝敦頤卜築蓮峯特殊　貸粟旌門嘉陳競之同爨贈詩餞飲寵李受之歸廬

建昌府

秦人避世麻姑修真　丹霞之洞堪探金峰之崖可升　紅泉不竭丹井獨澄　溫湯熱沸冷水寒凝　擁青倚髻照碧鼇巾　熙春開宴秋雨會朋　首標則不假他兵撫諭親往天爵則特請自將甲冑躬櫻　正臣之居部郎朝皆仰望泰伯之爲博士人盡服膺　張昇因災陳言學士一章侃侃羅圯端化爲本建儲二疏稜稜

撫州府

金窟輝煌銀峰炳煜　花嶺生嬌梅岑絕俗　池上黑龍掀騰泉頭黃蜂飛逐　右軍之宅猶存夫人之壇久築　墨沼洗墨玉田種玉　黃幹捕蝗勸羅百姓感深眞卿築陂灌田四民恩沐　建勳交仰三王講學羣推諸陸　樂史寰宇一記信足流傳陸筠翼孟諸條洵堪私淑　玉光劍氣伯宗已出人頭伊洛淵源與弼還追前躅

臨江府

都督雄勁仙女嬋娟　金灘絢色玉澗呈鮮　梅福宅址猶在都尉城築何年　李潛下令使民胥懼以身試法何時閱牘知狀不妨沈寇於淵　叔度遺書墨莊依舊長源勸誦松枝可然　言行皆誠邊子猷則平生質直存沒盡禮施聖揆則至性纏綿

瑞州府

舉子才真旺賢名確　米山產米精圓荷山開荷照灼　珠湖光生鏡築影卓　龍口龍騰鮎州鮎躍　待月開軒齊雲建閣　宅憶子眞城懷康樂　嚴宗則黃金難賄劉羽則青菜不却　元發之貶天鑒直而上知忠祖儉之移夜讀書而朝賣藥　夢炎則錦江四俊可齊況文則平恕二字難學

袁州府

金山焰生玉岡光射　石姥現蹤玉女留迹　金鰲之州千尋清龍之潭百尺　稽古閣中聚朋讀書臺畔謝客　甘守之祠尚存湛郎之橋未易　韓愈爲賢刺史男女贖沒得歸希顏作好長官野肆治生皆力　張栻教條畢具尤崇古先守仁撫字多方在起瘡痏　仲質融經通史不尙浮華爾公博學洽聞屢辭徵辟

吉安府

金船何人取去玉笥有客棲蹤　鷓鴣成嶺駱駝名峯　鑑湖之繞澄澈琴亭之響淨琮　吉水無妨常涉恐灘但願莫逢　興文占大魁之兆流帖表不貪之衷　勉耘意篤愛竹情鍾　劉陵則修政足取孟嘉則盛德可風　今人卽是古人片心早見余耀害人適以害己息訟還仰程宗　靖節先生著辨名揺楙溪居士能文譽洪　聚集勤王之兵鳳叔則誠能貫日號召忠義之士淵伯則氣可干虹

贛州府

玉房初啓金屋未扃　試搜雞穴還適螺亭　蛟湖萬頃龍潭一泓　淩雲冉冉御風冷冷　閱道鑿溪革弊敦頤潔己愛民　大有則勤王禦寇洪邁則移粟濟鄰　可大受封人號小鍾越國漢謀及第時稱天子門生　天民不樂好官但恐貽笑顏閔會開多引古事無妨辨折公卿

甯都府

銅鉢擊而嘹喨石鼓敲而春容　桃林生豔蓮花發紅　綿江淼淼璜溪淙淙　或陟淩雲亭上或過探石寨中　力戰陳霖始終不屈興學莊濟遠近向風　時舉之連彈蔡京爲諫官而不愧介夫之不狗安石予條例而甯從　善伯經濟胸羅參謀孰及和公海宇遊遍歸隱疇同

南安府

旭岫光生月巖輝吐　飛鳳翺翔騰龍掀舞　紅飛蓉江之湄綠映蕉溪之渚　酌天池而慧生飲陰井而瘴愈　薦丞相以馨香祀御史以簋簠　松竹夾道蔡挺之蔭行人有功禮義復明鹿卿之中前教多補　九成貶徙書卷獨躭解潛謫居忠義自許　材甫自焚高節山嶽昭垂南宿赴火孤忠天日光楚蔡運勁直甯諧世人王夔剛廉不畏强禦

湖北省

武昌府

白羊可乘黃鵠欲飛　登南岡而憶郭璞之筮陟西塞而歌志和之辭　蓴湖之蓴肥美簭谷之簭紛波禰衡殺身空傳鸚鵡之賦鮑姑超世上覩蘋花之溪　釣臺醉飲鶴樓題詩　風來松閣雲護瓜圻銀山之寺肅穆鐵壁之書淋漓　庾亮之鎮武昌而人心得謝尚之督江夏而軍士依　沃土剽民崔廣略嚴威當用渡江遣卒柳公綽省問尤宜　恭武淸德上聞生嘆萬年小異座覓無疑

漢陽府

陽臺爲神女而賦尉武因上將而名　桃花飛片香爐噴響　郎官之湖不朽吳王之磯久成　煉丹井洌卓錫泉淸　亭邊秋興殊逸樓上春風頓生　登太白之樓飛觴足記過大禹之廟導漾堪銘　烝徒歡呼陶侃平江夏之亂識者稱快陳升戢告訐之萌　八世同居昌宗之孝友堪重卅年歷官純甫之稱述足憑

安陸府

聖人過而稱嶺太子駐而名岡　火門負書陸羽從師有得荆山得玉卞和抱獻誠良　鴈橋橫亘疊湖渺茫　覆釜之洲之隱新羅之泉僧嘗　過亭標名浩然人仰登樓作賦仲宣自傷　陟石城而思羊祜遊蘭臺而憶襄王　伐竹造舟李參不破民產登陣擐甲蕭漢可憐身亡　漳水讀書曾聞唐介郢州寄問猶有大防　老父隴頭獨耕未忍勞人縱欲魯驛成均立教不甘摘句尋章

荆門州

襄陽府

覽風景於峴山仰脩煉於元嶽　過鳳林而息肩登鹿門而採藥　三十六巖若懸七十二峯如削　淸涼之河可遊滄浪之水足濯　沔渚蛟斬壇溪馬躍　磨針潤上悟生沈碑潭底功卓　太子有文可選仲宣之賦曾作　杜里扶笻張園躡屩　胡烈作守沛恩若布春陽關羽督軍摧枯如掃秋籜　陶侃則士慶非誇杜預則民歌無怍　刻木幽谷丁蘭孝子堪稱躬耕南陽諸葛名儒難學　五常則眉白誠良百里非驥跡所託　杜審言配四友之文章孟浩然臥一生之邱壑　日休自號酒民非虛子美世稱詩史誠確

鄖陽府

看飛騰之白馬觀天矯之黃龍　列九室于遠岫聚五星於高峯　鰲水一泓汩汩鳳溪萬斛溶溶　愛步登爽亭畔聞尋至喜館中　文悅則保全足恃希亮則部勒有功　曾槐甃城禦寇才足孫需建學課士聲洪

德安府

霞映桃花雲橫竹塢　採所產於葛藤聽能言於鸚鵡　雙水繞城九井穿土　步釣魚臺畔想名臣之爲人忠過渡蟻橋邊憶大魁乃由自取　乘風破浪宗慤志在成名插架藏書李繁心殷稽古　李白則偶遊七澤蔡羿則晚居別墅　文疆則黃童聲隆世英則號士氣吐　鄭毅夫化龍就浴異事堪傳令孤揆跨馬長吟高隱誰伍

黃州府

黃岡演迤赤壁蘢蓯　麒麟遊于郊藪鳳凰棲于梧桐　龍眼磯峻燕子崖崇　聖人湖邊遐思至德君子泉畔欽仰高風　楊葉之洲捲碧竹根之潭印空　竹樓團翠杏村飛紅　太守之西陵草長居士之

東坡雲濃　員半千則文雅粉澤杜牧之則德教從容　呂陽盜源之清保甲獨飭秉正賊砦之定剿撫
兼庸　蘇軾黄州之移田夫野老相造陳慥岐亭之遁菴居蔬食以終　兩潘則大臨大觀譽滿二林則
敏脩敏功聲洪　杜于皇則詩句豪健劉子壯則文章沈雄

荆州府

羊腸屈曲虎頭高昂　文公憩而講論程子遊而徜徉　觀音洞裏稱勝羅漢谷中垂芳　牛湖激激鶴
澤洋洋　八角之井已湮六眼之泉堪嘗　登樓縱觀棲霞絢爛陟亭遠望合江渺茫　一柱觀頭杖策
三穴橋畔褰裳　東之以相才薦而無怍九齡以直道黜而何妨　庾易文史自娛堅辭餉米劉虬魚鳥
托契樂徙遠鄉　文俊上言偏流嶺外劉蛻及第己破天荒

宜昌府

溼溼黄牛呦呦白鹿　明月生光清風解溽　西瀼既成草堂東湖亦縛茅屋　纓緣濯而愈新紗由浣
而彌縟　篤學坊高爾雅臺矗　步騭則威信早著西陵陸抗則克捷由任都督　思敬則愛民特深王
羲則抗節寧辱　李衡岳名義堪嘉龔大惠孝行足錄

施南府

屹屹金柱羅羅書屏　瘦驢可策班鳩當鳴　參天文筆照地客星　黑河泛泛白水盈盈　萬頃之湖
浩淼九渡之溪澄泓　造竹王之祠憶夜郎舊著才武過巴公之塚想大柵昔擅威名　公許則節費疏
利李固則辟田教耕　童天申殉難不辭助教之官宜贈陳世凱被創不退提督之任足膺

湖南省

長沙府

翩翩五鳳矯矯六龍　金盤可托玉笥能容　洲上白茅沃若湖頭青草蘢葱　桃溪時飄花雨蘭澗遠送香風　瓣香三賢薦藻五忠　道林精舍堪仰嶽麓書院尤隆　賢傳賈生作賦示廣良才廖守贊業足庸　中立民人不忘信爲善政相感朱熹學者爭至端知教化堪宗　景元則教養不倦立信則廉愛無窮　裴休霜華之過顛山留笏李植醴泉之寓杜門息躬　原吉得君喜民安而吏治東陽輔政善匡救而彌縫

岳州府

佛嶺岩嶢君山嵸峙　虎洞之祈不虚鴨欄之鬭如昨　洞庭盪壁粘天華容浮杯流杓　青草披敷赤沙的爍　岳陽樓上詩成細腰宮前花落　張說作守江山助厥吟懷王旦來官鬼怪避其鋒鍔　陽坪竹箭崢崢明甫子靜卓卓

澧州

白雲匝地紫霞亘天　光芒銀劍照灼金蓮　蘭江浩瀚珮浦潺湲　蹇裳茹水酌飲蒙泉　聚螢仰羨夫車胥繫馬遐思夫馬援　大吏稱能陳頵則殊俗安定蠻酋懷德應詹則數郡晏然　湘侯議禮曾成吏部之選卓卓羣玉工詩久著校書之授翩翩

寶慶府

武岡以衆蠻成號文山因賢令得名　雲根堪憩砥柱不傾　水稱三渡潭曰雙清　茱萸遍植紫苑叢生　弔三忠而薦藻仰十賢而服膺　公綽之來武岡請降有賊敦頤之攝州事懷德胥民　李傑則諠高郡族致堯則事列鄉人

衡州府

朱陵爲第三洞天祝融乃廿四福地　岣嶁久擅主名紫蓋獨居尊貴　白沙洲畔鷗閒鳥石港中魚戲
晏公潭上堪遊蔡子池邊足憩　亭外練光堂中雪霽　龐士元才非百里治中始足展長張齊賢活
厥五人通判誰能異議　耒陽作客曾說少陵衡山結廬還傳李泌　劉巴則帷幄運籌羅含則文章增
麗

桂陽州

天窗宏開石門對峙　繡龍昂頭錦雞振尾　鍾水洋洋屯湖瀰瀰　溫湯澡身肥泉漱齒　石林讀書
固住治館欹眠亦美　唐羌諫傳貢荔上報章而悅從李椿請減月錢民刻石以歡紀　務農桑謝刀劍
李譽之德化堪思均賦役賑饑民陳紹之生全足恃

常德府

茶林去囂桃源避俗　木瓜爲李白所經綠蘿乃道書稱福　茫水生香橘洲播馥　崖婆井洌堪斟萊
公泉清足掬　招屈亭前呼魂歸老橋邊憩足　遍植桃李武陵之圃猶存到處登臨司馬之詩遍讀
廖立楚才坐廢自率躬耕不違李衡奴橘會栽後人衣食差足

辰州府

大酉棲真小酉隱學　玉田耕耘金洞棲託　武溪澄清錦江噴薄　訪諸葛之軍營尋劉尚之城郭
宗均立學文教振興馬援征蠻武功炳爍　再雄智謀可任詔諸蠻而服從有年文學堪稱著逸經而淵
博

鳳凰廳

永綏廳

乾州廳

晃廳州

沅州府

巖門一徑躡屩石梯千仞置身　羅公之頂坦夷辛女之巖峻削　雪湫欣看雪花蓮池愛摘蓮萼　賦詩芙蓉之樓傳韻鯨音之閣　往返惟琴書自帶昌齡之拾葉非虛恢復以川陝爲心若海之上言誠確

居官勤慎允推尚文均田公平信傳危嶽

永州府

萬石森森羣玉矗矗　石燕飛翔金雞呷喔　湘水瀟水浩浩千波愚溪浯溪悠悠萬斛　袁家渴土爰憩遊筇鈷鉧潭邊聊成小築　稽古號閣讀書名堂　宗元之貶司馬一身厄鬱難抒元結之刺道州萬物安乂可卜　純仁安置不以章惇介懷張浚謫居每爲金人側目　作諸生之領袖才士升卿致二程之從遊名儒茂叔

靖州

八仙接袂五老齊眉　雪峯積雪煙墩凝煙　洲種芙蓉池栽瑞蓮　礦開金井源湧劍泉　受降欽逢原之勇讀易仰了翁之賢　黃燦則風稜表著朱顏則惠政昭宣　求名士以教子孫光僭得收後裔峰族姓共相歸附光富亦與班聯

郴州

靈壽產木土富儲銀　馬嶺爲蘇耽所憩魚鮮則周子曾經　千秋水側村聚八尺洪中棹行　蛟潭霧起螺溪雲蒸　莊稱貢士曾置臺號仙居久成　欒巴定婚喪之禮許荆息兄弟之爭　爲政多佳茂叔

涖官足式讀書有得初平雖老堪矜　曹靖能令虎遁應春樂與鷗盟　朱輅政彰而甘露降觀象孝感而瑞芝生

永順府

仰夫飛鳳覩厥蟠龍　茅花秋燦竹葉春濃　牛灘涵碧象潭映空　十泉派別七眼源同　銅柱屹立霞閣穹窿　儒猛擒酋被恩獨厚世麟征賊進秩尤隆　食粥盡哀定國則傷心毋歿撫姪若出漢景則抱恨兄終

四川省

成都府

仰瞻赤岸遙睇青城　雪山千堆雪積雲頂十丈雲橫　錦江豔麗金水鮮明　浣花溪難棹過折柳橋邊人行　籌邊則德裕多智讀書則光祖傳聲　過石室而懷文守尋舊宅而憶君平　齊魯比觀文翁則尚儒教洽袴襦易轍廉守則來暮興歌　趙忭鶴琴之隨誠堪治蜀仲孫龜鑑之上不可弛兵

資州

東皋崒嵂南巖穹窿　書臺日照印石霞烘　江頭聚雁水裏潛龍　桂湖十里花放蘭溪一派香濃　韋維之教耕桑頌聲沸沸祖禹之興學校德政隆隆　軼才子淵甘泉洞簫賦作通儒文伯祭祀禮樂議工　韓騶則樂章足重舜臣則易傳堪宗

直隸綿州

鹿堂遐陟雁門任登　置營緬懷諸葛讀書遐想長卿　豔生蓉渚香播茶坪　孝泉姜著丹井許名　馬尾堡前四路通達鹿頭關外千里蕩平　十萬活全李蘩宜久任卬蜀一切罷取于佚當上薦朝廷

讓水廉泉柏年善答青山釆石太白交稱

直隸茂州

龍洞幽深鷹門高迴　筆架燊毫花巖布景　過松溪而買橈履桃川而喚艇　浴彼溫泉汲茲新井

堂中列岫呈青亭外練光散影　何祇作守夷服久無叛心伯常治州蠻降不敢乘境　陳敏公勤不懈

二十年威信大行名蟠綏輯有方三百戶徵派無梗

甯遠府

相公嶺上兵防觀音巖頭坐憩　精被馬鞍秀蟠螺髻　江畔金沙鮮明河邊玉虹豔麗　三渡泛舟雙

橋按轡　邛都置縣相如略定垂勳孟獲成城諸葛縱擒得計　張翕則遺愛獨傳馮顥則善政多異

張嶷開道千里皆清梁毗却遺一金不實　蔣忠銳氣彌勵流矢中而足輿哀高名治聲早彰舉家焚而

堪隕涕

保甯府

明月峽高淩雲山矗　駕鶴往來蟠龍起伏　溪畔海棠妖嬈澗邊菖蒲馥郁　玉女之漿堪嘗君子之

泉可掬　籌筆出師宜傳捧硯賦詩足錄　桐客則慈父交稱壽昌則神明競服　李繁之免和糴民得

不飢趙開之精理財用恒見足　子駿甦東人之困一路福星黃裳爲先事之憂千秩奏牘

順慶府

書巖奇跡琴洞傳聲　鳳頭昂聳龍角崢嶸　龍湫不涸鰲水常盈　銅魚之洲十里鴛鴦之池一泓

抱朴菴中靜處相如宅畔閒行　李問上皇眞卿何爲遭貶設擒妖賊朱昂獨得稱能　承祚總三國而

成書人欽良史濟川進諸將而聽講戎樂横經

敘州府

仰看文印俯拾朱提　芙蓉鮮豔海棠蕤蕤　牌鐫小桃之字吉占瑞蓮之池　淸風閣面山嶺鎖江亭瞰水湄　一郡皆安太守襲豪得計諸夷盡靡戎州討寇生威　洪謨修內攘外主上納其箴規廷落樂道著書士林足以風勵

直隸敘永廳

文筆上聳木案下齊　青龍可參天馬難羈　鵝池則金羽時泛魚槽則錦鯉爭躋　永福作橋行人方便萬壽建寺善信皈依　龍頭昂聳鳳尾參差　金沙江頭風翻綺縠石城河畔日照淪漪　晉安營邊駐防白善西窗隘口戍守誠宜

重慶府

峽前明月常圓山裏慶雲如積　星宿耀芒綾錦煥色　訪白君之幽居尋葛仙之古宅　海棠比美人之粧蓮花配君子之德　三仙足欽四賢足式　王堂爲賢太守張喬表陳嚴顏無降將軍張飛義釋程子之成易傳士盡源淵有漸尹焞之闢齋居人求見面不得　蹇義脩史賜第有光汝愚上書被放堪惜

直隸酉陽州

盤十二而堪陟洞十八而足棲　槌黃牛而共慶占白歲以偕怡　黔江淼淼酉水瀰瀰　萬卷堂存憑資覽閱三賢祠在位易攀躋　舉衆討夷士美堪居觀察引兵破賊君平克任指揮　教授生徒學尹則聖經不失捍禦鄉里方升則膽略能施

直隸忠州

倚天之嶺千層望月之峰萬尺　金盤燦光翠屏彰飾　灘名御史疇昔宴遊暢酣泉號姜維當年開鑿洋溢　屈原之塔堪登巴子之臺好陟　別駕陸贄十年之瘴癘能居刺史香山一切之紀綱具飭　張遼能敵名將甘甯譙周可師通儒文立

夔州府

赤甲炳煥白鹽晶瑩　頭洞魚躍巫峽猿鳴　虎鬚灘頭時聞棹樂娥眉磧上每聽歌聲　三鈞鎮設八陣圖成　宅傳杜甫留劵村爲昭君得名　鐵鎖橫江吾彥拒王濬之衆戰艦臨水李靖破蕭銑之兵　子美吟詩夔萬豈能適意邵雍演易雲遊尙足怡情　勸定三秦扶氏嘉蒙賜姓逍遙一室志堂珪自題名

綏定府

仰八疊之參天瞻九節之拔地　垂虹布光聯珠生媚　明井之鹽堪煎丙穴之魚可餌　園種修竹高人之屐常留場設抽茶君子之芳偶寄　慈父爭慕桐客則治尙清平刺史交稱適之則政不苛細　楊晨當文機之任援筆立成羅戩進孫吳之書爲諭足示

龍安府

雪欄瑩白雲峯聳昂　仰降生而尋禹穴懷耽隱而訪竇岡　濺珠則萬顆成斛瀑布則千尋莫量　泉以廉而表譽水以讓而流芳　舊俗不馴昂信惠威洽著從遊甚衆晏真教授多方　潘蕃布信宣威蠻人莫犯何卿刻木分處慈母難忘

潼川府

白崖雪凝青石霧貯　飛鳥遠翔臥龍伏處　萬頃澤邊停橈雙橋河畔播艣　一泓沉水非今千尺湧

泉自古　子弟知學彭乘爲師父老歡迎趙忭行部　舜欽飲酒讀史取重祈公遐開出資助邊見知嚴武

直隸眉州

北平高峯道陵拔宅而去東山精舍公著讀書不疲　筆架環居而工字鐵桶立寨以示威　神渠可溉翁泉足資　桃源三春泛舟眺覽蠶市二月作樂娛嬉　了翁尊禮高年力行鄉飲昌裔樂成後進大揭學規　令伯陳情荷停召於武帝老泉發憤獲上薦於韓琦　公弼直臣禍福無計季常豪士菴蔬亦宜

嘉定府

九頂巉巉八面歷歷　山中修文洞裏治易　揚雄太元之揣摩郭璞爾雅之注釋　寶磬之川奔騰珮玉之泉涓滴　鶴洲煙積龍池雲蒸　粟亭重蔡廉之名嘯臺記孫登之迹　文華五事之上宜付史官汝實四諫之稱常垂竹帛

直隸邛州

霧峯高標霞嶂攢聚　白鶴來巢丹鳳忞舞　池頭牡丹鮮明洲畔芙蓉媚嫵　宅是王孫舊第躧履遨遊井標卓女名泉攜瓢挹取　念厥農事張及不涸田決隄憫兹旱荒安郁猶籲天得雨　南叔人稱國士自期汗簡垂名了翁世仰先生疇可著書繼武

直隸瀘州

月臺平敞雲石高昂　訪使君遊賞之地尋先氏讀書之莊　三泉任酌雙井可嘗　鰲亭留迹雁塔垂芳　夷請借留文敏早彰治績邊無滋擾劉平更善兵防　侍中崢崢董允則武侯獎許使君皎皎何隨則常璩稱揚

雅州府

萬勝之岡崚嶒九折之坂迴曲　銅山起鑄不羨鄧通遺規箭爐興工但欽諸葛前躅　棠池四面植棠竹溪十里環竹　對花樓外徘徊搖香亭前往復　何充殉節果然南家之雄文常陳晉信是中國之福光實蜀中俊傑殘寇蕩平元卿宋代功臣諸州覆育

廣東省

廣州府

望氣靈洲會傳郭璞得仙雲岫共説安期　龍巖境憩高侶虎嶂道通外夷　歸猿終化大鵬若飛　寶珠江上照耀珊瑚洲畔光輝　蒲澗之蒲九節荔灣之荔千枝　趙佗存墓陸賈留祠　朝漢臺聳於岡頂越華館構自江湄　銅鼎可採玉鏡未移　一郡化行許荆足慕分陰重惜陶侃堪思

直隸連州

仰白鶴之仙山陟蒼龍之峻嶺　白羅新鮮翠巾秀整　玩飛瀑於蓮潭釣石龜於花井　煉丹功深流盃興永　夢得則文學振興王晙則民猺安靜　增學田立義塚可大之鴻猷著存破賊巢諭猺衆昭文之駿業彪炳　花謝月沈之句文德儒林獨高清雄君翠之篇賓于五季誰並

韶州府

山有芙蓉蓮花洞稱紫微碧落　銀瓶金盞無殊筆架香爐儼若　桂水湛深桃溪不惡　杯池任泛千觴曹溪乂試一勺　臺白逍遥關名夢覺　楊萬里仁者有勇合郡奮擊而賊擒林光朝儒生知兵自將摧鋒而寇却　曲江之進金鑑風度焉如侍御之成錦文才思獨博

直隸南雄州

巖山仙女山曰謝公　洪崖迤邐青嶂蘢葱　墨溪則淵渟自若錫泉則傾湧不窮　叱馭何適來雁可逢　九齡宅外雲護六祖塔前草茸　敝可衣而粗可餐劉實奉己何儉桑宜種而蠶宜業孟誠教民有功　驍勇曾聞汝南守風度誰似曲江公

惠州府

鳳凰飲啄蝴蝶翩躚　何君闢逍遙而隱葛洪棲朱明而仙　瀞生明月而堪坐洞擁歸雲而足眠　鳥宿朝斗不後鷄鳴見日獨先　松風亭中濤聲可聽梅花村畔玉骨堪憐　侍講故居修篁森列丞相舊宅喬木蘙然　不損一卒不費斗糧擒魁曾說陳敬霜雪陽和戎馬俎豆征賊還聞大川

潮州府

玉簡峯頭徘徊金城山畔容與　夫子名留貴人譽著　鳳水招鳳而來儀鱷溪驅鱷而遠處　玉河成帶以瑩瑩銀港瀚衣而楚楚　拙窩避塵蒙齋閉戶　延師而文教蔚起固仰昌黎高風網暴而異事足傳更欽堯佐芳矩　褒賢之勸農祈歲耕饁何妨曾良之表膂書碑清白可取

直隸嘉應州

梅峯片片飄雪桂嶺枝枝噴香　西巖則綠榕成蔭南洞則異果堪嘗　池頭飛雁掀舞湖中老蚌潛藏　溫泉九派冷泉一方　相公之坪猶在將軍之地未荒　鐵漢樓邊憑弔武婆城上徜徉　百瘴悉蠲會尹則藥囊務置一囚不死柯州則治化彌張　藍奎之氣節文章人稱夫子無間侯度之勤廉清白民詠我公不忘

肇慶府

能言好聽鸚鵡和鳴樂覩鳳皇　飛逢石燕叱遇羚羊　吟聞龍水鼓聽鼉江　傳甘清於酒井播芬馥

於蓮塘　浣花滴滴漱玉鏘鏘　晚節試尋菊圃先春還訪梅場　世美誓清則特投杯於江水希仁表
潔則不持硯於歸裝　張君高列台司東粵建功誠偉莫予首膺狀選南山自命非常

高州府

潘山雄鎮一郡謝建秀立孤峯　皓鷺振羽白馬舒驂　五藍一渡足駕三橋四郡皆通　零綠色豔溫
泉氣融　橋思駐馬亭仰歸鴻　宅尋力士荒址院緬子瞻舊蹤　楊芳則化俗彰績韋覲則安民有功
與魁盜而極言胆略疇如孔守釋良民之被掠慈愛無逾項忠　石邑而居汝愚憤將何極賓江而謫
文德恨足填胸　稱五節於閫門羅郭佐忠能貫日配六生以奉祀陳思賢氣可干虹

廉州府

綠蘆垂花黃稻吐穎　疊巒鮮新花石明靚　綠雲滿拖明月獨冏　珠池光生鐘灣響迴　鼓遺而諸
葛名留柱立而馬援功永　還珠而占清操直鉤而彰素秉　費貽清簡江山生色而廉名孟嘗神明民
吏攀車而留請　林錦則祠祀一方陶弼則碑鐫四境　鍾振誠文獻足遺唐鯉乃鎖鑰堪領

雷州府

屯雲成態覆盂肖形　或稱五石或號七星　羅湖皎潔抱泉澄瑩　鹿洲則香聞十里鴉水則青繞一
城　百花臺建三賢堂成　柳郢經書之頒士風丕變張紘少長之諭禮教興行　何庾則民以何渠而
志德戴郡則民以戴隄而刻銘　景賢文績著聞欣頒御筆文亭純謹表譽最重鄉評

瓊州府

婺星曾說黎母福地還傳陶公　獅子馬鞍峭拔龍堆雁塔巃嵸　港分南北湖戒西東　惠通泉邊茶
美清水池上荷濃　長樂之居可訪買愁之村莫通　招討則惠威足重府君則廉介堪風　蘇內翰田

間行歌遇來春夢婆李參軍海濱頭健乃作祝雞翁　唐佐則佳士名著蔡徽則儒者譽隆

直隸羅定州

笑石牛之礪角仰天馬之騰空　飛舞看夫四鳳蜿蜒羨厥雙龍　河頭飄桂潭畔植榕　錦江濯濯銀水溶溶　石稱和尚閣號太公　東之愷悌臨民何堪嬌詔廖軫精明馭吏儘足書庸　夢箕一境勒碑頌德爾庚四民奉祀歌功　陳原集孝友居家而用兵有制黄文煜清廉自守而化俗尤隆

廣西省

桂林府

柏山凝脂桂嶺散馥　洞中羅漢栖身巖裏真仙寄躅　西湖乃一郡奇秀稱獨南溪爲兩江舟楫所通亭以超然而曠觀齋以無倦而自勗　延之性耽著作五君成吟裴邈志在立功三始非欲　公順從遊一鶴堪目劉晞托疾蟄龍有題

柳州府

仙侶山中看弈老君洞内觀書　蕉花暢茂楓樹扶疎　鸑州水美鳳井泉腴　羅池廟中黄蕉丹荔劉賛墓上碧藻清酟　子厚被遷州人順賴去華遭貶中侍嫉誣　糾彈不避權豪光伷何愧教授必尊經傳罩昌不虛

慶遠府

九子成翠三仙終袖　青鳥栖巖白龍蟠岫　銀海飛流金城奔湊　御書之閣霞烘放鶴之亭雲覆世堪負險伸己則計擒有方山谷謫居若著則敬禮如舊　馮京數與荆公論辨不嫌齟齬何日從蘇軾交遊獨見親厚

思恩府

羅洪洞隱韋公巖藏　古漏則四時聞滴大明則數里見光　明鏡湖邊冏朗寶珠池畔輝煌　黃牛灘險白鶴泉芳　居政創城室家得慶保聚王舉開道車馬如履康莊　宋迪盡心稱廉不置黃暘致仕立像甯忘

泗城府

餞陽西入迎暉東昇　累峯則一帶迤邐凌霄則萬尺崚嶒　俯窺靈洞仰看界亭　蓮花灼灼麥林青青　紅江浩淼碧水澄泓　訪來往之八渡登迴環之泗城

平樂府

雙童行樂及時八仙長壽得訣　金芝足供賞玩蓮花可資採擷　魚灘易過龍門難越　金沙井芳甘露泉洌　梅花園裏遊觀荔枝亭畔飲啜　超先分俸期買山而篤交情高登卻金請置田而表廉節　胡銓被貶下澤之車可乘鄒浩遭遷感應之泉忽裂　朱熹愛尋繹勳書莫加仁杰樂唱酬材句殊絕

梧州府

冲霄阿曲尋劍都嶠洞天結茆　金鵝展翅白鶴舒翹　蓮塘子結桃水花飄　讀書堂上容與釣魚臺畔逍遙　賈父民歌得聞百姓底定叔倫上製叨賜衆夷撫招　牟子鑽研老聃期於理感思忠從學公甫樂以終期

直隸鬱林州

賞心白沙白石悅目玉虛玉田　九岐峯律雙角嬋娟　烏江噴飲綠洪潺湲　修竹亭前躡屐尋山堂外停鞭　或訪李龍宅所或過綠珠井邊　陸翔華安輯流亡人羨業復賈有福蠲除逋欠民慶安全

救海公而上章仁甫奪官奚愧憤蕭寇而搏戰振祖遇害當憐
潯州府
吏隱洞中覓吏仙人山上呼仙　羅叢可登重陽之會咸集藤峽已斷三將之功永鐫　陸井種橘謝池栽蓮　平政堂儆思古樓懸　陸績壓船鬱石之名嘖嘖德明植柏甘棠之愛綿綿
南甯府
三台輝煌五星錯落　仙女依巖道人栖壑　嘉井可蔛辣泉試酌　翔雲橋畔扶節清風堂前躡屩　邊疆無犯陶弼暇即鐫詩州守不迎劉瑄職居講學　著書嗜古雲舉編摩足娛窮勝探幽舜臣賡詠多樂
太平府
雄踞遙瞻白虎飛騰仰覩青龍　探金櫃於巖裏尋銀甕於山中　神湖不涸靈波易通　昭德臺前好來貢使通利橋上足便行蹤　汪浩撫蠻田任不拘常法羅僑訓士較前大變陋風　祥龍奮志從師舉鄉已驗士奇遠逃負母盡孝彌隆
鎮安府
扶蘇列十大之內昭陽坐百人於中　蓮珠照乘芭筆書空　鳳凰絢采獅子稱雄　龍潭則渟深莫測鵝泉則迸出不窮　飛仙絕跡美花成叢　明江如凝白練涑水若磨青銅
雲南省
雲南府
五華絢色萬松成圍　東祀金馬西祭碧雞　金鯉躍躍鴛鴦依依　亭湧月而足玩樓聽瀑而堪怡

司馬則士人受經始開文教武侯則孟獲不反致嘆天威　政事文章王昇譽著理道經史蘭茂名馳許叔入而受經得在本鄉設教志成赴而學字足爲舉國相資

大理府

翠屏百尺而岧嶢蒼山千仞而聳矗　觀音峯際高瞻羅漢巖頭遠矚　泉噴珍珠池營綠玉　赤水千波金沙萬斛　婦負之石堅剛念珠之樹葱郁　公哂足畏雲漢如神吾父有稱買銓誰續　注經隱處存誠爲世仰瞻去鋤就言廷直乃人歎服

臨安府

火焰常熾水泉不枯　掛榜徵慶捧印堪娛　瓜水千斛草海一區　放棹西溪垂釣南湖　適知州之莊而覽眺遊文彥之宅而躊躇　省費恤民陳允則存心無愧叱賄定罪任彬則持正不渝　士類心傾督學曾聞希載時賢論璧諫垣還仰劉洙

楚雄府

探勝九臺無盡採美五樓靡窮　書案誇麗文筆稱雄　白羊舐土而濾得烏牛飲水而井通　亭矗千尋會講會來多士樓高百尺迎恩得自九重　黃莫雪寃守城才能堪仰孔童除耗增穀治績可風　鳴鳳不嫌醜妻知府聞言增敬九疇讓產諸弟朝廷賜匾加隆

瀓江府

金蓮吐豔玉筍標奇　迴龍宛轉舞鳳高飛　鏡光照水錦色耀溪　豐樂亭前躡屐太平橋畔扶藜　羅拜而前必登民壽重來按部鑄像以祀可久人偏既去興思　孫信事親天降甘露王珪盡孝墓產靈芝

景東廳

蒙樂綿亘邦泰聳昂　鶴籠置於圓嶺錦屛列自高岡　筧泉澄徹鹽井甘香　玉筆建城固防守於一郡板橋設驛通往來於四方　張吉忘在南蠻禮讓爲教陶篥遣來國學孝義早彰

廣南府

蓮山之蓮舒豔花架之花爭榮　南江則千斛若積西洋則一瀉如傾

廣西州

氣堪鍾秀靈可通元　翠屛耀地紅石燭天　千頃馬浸萬斛龍泉　李松之宿弊概除壓官而追送無已時雍之善政尤著去任而立祠獨虔　繩武上嘉乃勳得叨祭葬李璜下重其績請祀鄉賢　龍馬之跡尚在煉丹之竈依然

順寧府

瞻奇石於蠕蝶仰慶雲於樂平　交鳳翔翥天馬飛騰　虎墟之河浩淼象脚之井澄泓　聚書樓中經史悅目巒景亭上花竹怡情　可教則惠由備旱巽之則功在嬰城　勇敢爭先良輔陣亡足惜固守拒賊雍熙戰歿堪矜

曲靖府

連雲朝靄瑞霞晚烘　適野而麒麟見登高而鳳凰逢　涼水解渴溫泉滌躬　拜元禮之祠而歎息祭英烈之廟而敬恭　李恢則平定勳著馬忠則畏愛聲隆　稱保障者霍弋歌格天者焦公　邊境晏安子才奏績民瘼軫念汝清樹功

武定州

霞披紅峽嵐擁翠峯　飛騰天馬夭矯盤龍　桃源灌溉多利蓮井清甘不窮　亭號凌泉拔地臺稱禮斗摩空　政普民安張敬則治州著績警絕盜息董旻則練勇成功　堯年發憤讀書教授以開風氣忠惠招降被害激烈以見英雄

麗江府

山頭仰月洞裏承風　金華燦燦石寶昭融　河上桃樹花絢岸頭桑木陰濃　龍寶成隄千年依舊象跪有石一片留縱　興造爲懷會傳胡信琴書自適還仰水公　洗十餘人之寃趙德廉明足重立三不愛之誓尹端剛介誰同

元江州

寶山照耀玉臺光瑩　鸚鵡奏語龍爪呈形　溫玉之泉清碧瑞木之井甘馨　便民爲懷汪輔禦軍撫衆奉祀生慕元穗遷治建城　力莫能支施大節獨昭死節賊不敢犯馬雲衢偏著能聲　虎伏兔馴其紀之孝親競羨刲股刻木應堂之奉母交稱

普洱府

班鳩山上雲鎖普洱峯頭茶香　錦袍遠掛玉屏高張　漫河泳游足紀董井沐浴垂芳　祭風臺矗普澤橋長　孔明之塔猶在諸葛之營未荒

蒙化廳

巍寶耀光懸珠絢色　鳳凰翺翔金牛散逸　錦水之波漾紋滄江之浪成織　鐵索之橋堅穩竹掃之寺淨拭　胡光講學新院譽髦卿恩作沛育才置田英俊戴德　因災而疏時事孟升則主上褒嘉秉臬而嚴紀綱文瑞則鄉人矜式

永昌府

栖賢得所臥佛自如　橄欖樹結瑪瑙石儲　變橋橫亘九渡迴紆　陟書臺而敬仰登石塔而躊躇李輻遠人歸心欵㩦不作文昌編戶尸祝惠愛廣孚　絕域執忠封侯則呂凱無愧隱居不仕樂道則楊元有餘

永北廳

烏鴉飛鳴老虎拏攫　象鼻吸川獅頭觸嶽　龍潭眼穿牛甸湖拓　祭鋒臺上劍尚光芒磨崖碑間字多駁落　爲民經久先芬循卓堪欽率部歸朝八合忠誠獨確　邀鄰治酒復吾重義還金奉母避山景傳承顏積學

開化府

曦西華之照耀仰東文之休明　六詔則雲烟繚繞八戛則崖壁嶒崚　獅子怒吼鳳凰和鳴　潭號異龍千田灌溉　塘稱綠水一鑑澄泓　濟熱則瘴毒可解睹兕則誓約久成

東川府

七雄並峙萬額合并　聲傳石鼓彩煥翠屏　金沙皓皓壁谷盈盈　牛瀾風礪龍泉氣蒸

鎮沅州

馬容路窄鳥連道平　東河放棹南浪濯纓

昭通府

瞻龍峒之崒嵂仰鳳山之崚嶒　金沙浩淼白水迴縈　萬福寺中頂禮九皇廟裏將誠　志略成書李京則履遍雲南之境祿逆遭變李峴則死於教授之庭　救元戎而接鋒天堦可憐陳歿負幼主而藏筍可寶却幸逃生

貴州省

貴陽府

來仙記跡望夫存形　銀盤燦爛銅鼓砰轟　沼上蓮花香聞盛夏洲邊芳杜色絢朝晴　仙籬茅結石田犂耕　席書延師士聞古道正學之誨文奇繩己人有冷面寒鐵之稱　將軍頌碑從儀無愧侍郎清節孔鏞足膺　阿重則威行南裔徐資則節著藎臣　易貴杜門校書循吏自退詹英上疏言務參軍有聲

思州府

賫爐璀燦玉屏光輝　峰際蓮花綻瓣崖前楊柳垂絲　黄道波威綺穀清江浪促漣漪　捧日之樓照耀涵雲之館迷離　檀凱綏靖得宜復任增秩賀讓撫馭有法告歸立祠　爭禮余翺謫平溪而譽播忤璫鄧渼戍清浪而名垂　劉貴之贊稱臣忠順可許侯位之强諫主梗直無私

思南府

播雅號於中和錫嘉名以仁壽　十種圖畫駢羅萬卷縹緗美富　珍珠泉飛金盞水溜　淨修閣起聚英樓構　苗民歸附冉爲守而方新要害深防龐築城而早就　大均善教文學足膺嘉謨從遊進士堪授　山盜心盜湜之持論難磨殺人媚人宗慶力爭豈謬

鎮遠府

岫中漏日石上落星　二仙對影五老呈形　瀑布千尋灑落湧珠萬顆圓勻　聽松閣建玩易堂成　劉宇害虎之除忠信能格程爀淫祠之毀正直足伸　何瑄沉毅剛方以名丞而舉政應期方正樂易信君子而甘貧

銅仁府

南洞幽深東山奇崛　緬將軍之雄材懷仙女之麗質　印江潺湲提溪洋溢　跨鰲亭橫澄江樓直田載結廬而親庶政馴撫有方張隆按日而課諸生訓迪盡職　時舉則能聲早彰鳴仲則名言足式師虞治尚簡靜吏畏民懷明楷人稱驍騰解圍討賊

松桃廳

黎平府

祥徵萬福瑞靄太平　盤繞試看實帶光輝還仰錦屏　八舟之江匯聚九曲之河迴縈　思政建閣大觀作亭　再思樹功土人祀切汝順勸學苗士心傾　萬年守城抗肆刼之流寇騰蛟誓死拒興師之總兵

安順府

白石晶瑩紅崖豔異　筆山天成硯臺巧製　泉畔珍珠光圓井邊胭脂色媚　觀星臺上輝煌飛雲閣前躞蹀　外攘內撫伯价則聲聞大彰建學修城孫森則經畫宏濟　大武片言折獄而篤行堪嘉九德多方賑飢而清操彌勵

興義府

碧雲朝靄丹霞晚烘　臥牛蟠地飛鳳淩空　清漣池上波漾普濟泉頭源逢　卻金舉爵丁璣則蠻人感悅築城壘石家民則苗子畏從　沈勗侍親城開懷甕楊彝就子軒建萬松　陳忠之擢同知守城著績宗魯之遷巡撫平賊多功

普安廳

都匀府

瞻九龍之天矯仰七星之煇煌　花巖飛片梅岫生香　魚河流遠馬尾渡長　來遠驛前按轡謫仙橋

上扶節　石亶建學興賢民咸悅服陳原善謀能斷城賴保障　盡拜先生子儀讀書不輟紛來士子爾瞻講學無荒　邦憲威震蠻中遇戰而善摧强敵尙象名高朝宁因飢而請免逋糧

八寨廳

平越府

月潭通地星峯插天　琴坡之琴韻嫋嫋鼓臺之鼓聲淵淵　椒溪一派香沁柳湖十里絲牽　石上對弈殊適亭中禮斗自虔　在軍不廢詩書郭英則儒將無比作郡惟務興學冠南則良守誰先　尹珍從師經術足選尹貢交友名德堪鐫

石阡府

鐫字崖蟲掛榜山崇　蓮花豔麗杉木龍葱　寒陂灌地溫泉澡躬　勸農亭前耜舉來賓橋上人逢　載道遮留李鑑誠能變俗逃亡復業丁昶洵善賑窮　民志守堡致亡襲後堪慰嘉賓救父被殺賜旌見隆

大定府

東山與西崖跨勝南霽並北鎭稱奇　七星磊落五老參差　三潮應候一碗無虧　湧珠顆顆如貫瀑雪紛紛欲飛　仁壽寺中步履豐樂橋畔扶藜　除莽布屯陳桓早克通道闔門舉火良相已蒙建祠李珉直聲中官屛懾大英淸節百姓懷恩

遵義府

紫霞絢晚碧雲靄朝　錦屛照地石筍干霄　九節之灘激浪三漲之水應潮　懷白堂前仰止會仙亭上逍遙　楊端復州賜襲榮寵景遷內附鑄印光昭　忠君愛民世華則土地入輸金助馬楊燦則國用饒

長春觀志

卷四

長春觀志卷四

原序

千山李經軒祕本

靖聞自古善用兵者以謀爲主機變次之其賢智之士卽情爲用假事合機故情者事之源機者動之端假令情發掖搵謀伸紫塞奸邪造作草寇興妖軍未舉揚穹窿先兆賢者觀象預爲提防至於事起大兵顯彰吾不獲已出師應之或部兵出國遠涉晨驅或師徒在道權住野營或與彼相近未舉鋒鏑或兩壘相望約日交軍或居處城邑以伺便情或調發偏裨暗擊明迎或力弱固守以待發兵或初獲利中復敗傾如此等類千變萬狀出於一時但彼我意立軍未出征而至於刃接其成敗終始俱有兆應上則形於日月星斗風雷雲電虹霞氣霧下則形於山川草木土地震崩百鳥異怪畜六見祥至於敵人建謀巧詐隱設奇伏俾我軍中自生變亂每有一事起一象兆黃帝占風論兵曰凡聚百人皆有氣色天象示變鳥獸呈怪者何也蓋兵所擁執者莫非堅利建意立情者莫非殺戮白刃旣交專爲殘殄此必然之理也故與作在下則顯應在上天垂象兆預使人知胙負成敗斷由主客惟有賢者能詳情度事逐景興思應物隨形而爲攻守可前則舉不移時勢乖則掩關固守不畏勁敵亦不强進師旣在野必要成功但學廣者智學寡者愚天雖示象愚者莫知若只恃勇强直前貪戰憑力取功何異無目之人必敗大事靖今自黃帝爲始以至晉漢書撮取諸家兵道要妙以至口課主客迎背應軍所宜勝負情願選纂類聚作爲誦歌計七百首目之曰望江南使後之學者習而歌曰貴乎誦記如有事兆勝負速明交對覺舉必應機權輔翊聖主民康時泰不惟名德建立亦能助濟全生若能以戰止戰則可以坐致昇平如不能詳事破敵徒

使謬名誤國可不惜哉

貞觀七年中秋前一日三原李靖序

李衞公望江南目錄卷上

李衛公望江南目錄卷下

李衛公望江南卷上

委壬第一 二十六首

李誠德書

兵之道切忌起無名不止少功虛効力逡巡反禍復危傾容易勿言兵

統軍帥不可比鹹梅相政乖虧猶可救朝綱雖失亦能回兵敗國傾危

當權將其責重如山社稷存亡全在爾安危君父一時間須要立功還

銓大將須要素知名非是等閒虛譽職莫將軍印任狂生輕擁甲兵行

諸屬幕必是選賢良勿取門高當勢位無私親舊與鄉邦曲順定爲殃

攻敵策謀乃勝之原勿使迎共交血刃休憑角力葬兵官勇是禍之端

經曰善戰者不怒善勝者不爭非智者不能行非賢者不能用也

統軍帥智慮有明謀善識天文能勇敢更兼威德賞勤勞士卒自英豪

爲將帥筮卜識機緣更用一人高術士精通占候要知言凶吉預聞先

覘彼勢虛實要先評兵有正奇將勝敗有無强弱在軍精料敵不須驚

量彼敵將勇戒驕盈整暇正須期死戰凱旋猶懼有驕兵養氣勿輕迎

戰危事主將戒貪行闔計豈應求小利師行自古有常經紀律要精明

參彼將得性好攻心仔細究情隨彼好中行離間詭相親設利誘前擒覆兵敗將攻其便究其情發其機

統軍帥剛暴自殘兵有勇有勞無賞罰却將傲慢事行刑彼將定欺凌

將向道測候要分明莫爲恃多蒙躁進勿從剛暴速兼程彼伏潛慮兵

途頓止調節要均停力若有餘兵有鋭縱逢强賊亦堪征不致有惶驚
量强弱彼我孰優長敵若勢雄兵將廣吾軍衰弱亦難當主帥要參詳
將權柄識務辨春秋須是先施仁與惠後行刑戮擇其尤威令自然收
賞與罰須是要均平不可狥私行喜怒稍偏親舊失軍情如此禍災生
水與陸兩勢作艨艟有勢形水亦有陸舟車捷力不相爭專在將能明
統軍帥不可委行刑莫以軍威行殺戮人生一失永無生悞損命天嗔
統軍帥職爵受皇恩莫以暫時輕賞罰休生外意信奸人叛背怎成名
如信佞叛背事皆訛自古兩邦難並立當朝忠孝賜恩多世代盡包羅
狂寇走乘馬復還京結局奏功須均賞莫將親識冒功陞及掩勇無名
鋒城壘謹守保邊隅莫恃雄强侵彼境復從奸佞起兵夫虛國死無辜
太平世積食養雄兵不可輒忘征戰意常時論武使精兵防寇犯邊庭
吾勢鋭人馬總精雄財寶滿軍用足盈更詳天象審穹災禍免軍中宏

經曰善用兵者非信義不立非陰陽不順非奇正不列非詭譎不戰謀藏於心事見於迹心與迹同者敗心與迹異者勝

風角第二 二十五首

興兵道風角最爲先若是逆風權且住後來風助合蒼天大戰我當先
春屬木風自震方來纔起微微聲不大終無禍福不須猜疑慮却成災
離與兌壬癸子三方飄作如春依逐分不須多慮與張惶有寇整兵當
四季內或有猛風聲倒瓦揚沙急似箭隨來方所擺精兵急備彼軍情

猛風過如箭便無蹤名曰飄飄當速備風聲纔斷賊來攻日後愈爲凶
兵行處黠黠久陰沉不雨又無光色現下人謀上恨情深仔細好搜尋
軍出國風自背邊生大則大贏爲大勝小風小勝總堪征天意助吾行
軍大舉方出帝王城迎面風來軍恐懼合將人馬結營停守過待時更
軍行次風猛逆狂吹出陣若逢如此兆不如抽退得全歸免損將兵危
吾擊彼參審主人方莫問四時幷氣候風來後助便無妨迎面主災殃
敵居所風起自他方便有精兵宜固守若言舉動禍之殃實語莫猜量
假令法且論在三冬彼國守乾吾欲討風生西北不堪征以此較餘宮
雖是應還卽應他方也是彼贏吾負象候其風止或攻傍不可不參詳
假令法彼國在離間我擁軍前時正夏南征北敵若冬寒隨象擊傾殘
八方法推此定成功好事急乘他事逆勿拘朝暮速呑攻莫放彼從容
已亥角辰戌便爲商丑未寅申皆屬徵宮音子午正相當卯酉羽音方
占風法中子是貪狼丑戌謂之公正位奸邪辰未自然當細審看來方
亥卯位賊陰内中藏己酉謂之寬大日廉貞寅午位其方加意細推詳
占飄起容易認納音徵羽宮商幷角姓盡爲主客辨方蹤勝負在其中
納音土欲得角來風土是客軍水是主風從亡亥發來衝客敗主收功
納音土風向羽來吹水被土凌能克伏定知主敗客來追莫要展旌旆卯酉日也
軍營内忽有旋風來吹折鎗旂並倒屋奸謀惡黨並來催暗有賊兵欺又防火

風來處如式作泥人葦箭挑弓披髮向望空搭箭射來蹤禳壓禍消鎔
風夜起晝則不聞聲寇則夜行明則伏遣人窺覘莫教停防備夜偷營
邦與邑風猛似雷聲折木飛沙並走石搖門拔戶禍應生第一怕三刑
軍營內風猛突然來若在歲刑憂歲內月刑月內必爲災准備莫遲回
乾與坎艮震巽離宮坤兌八方真正位敵軍居守起方風狂戰我無攻
吾攻彼審令看風情令不順方兵莫擊風如順我心攻城降虜出前迎
營下畢風卒似雷聲吹倒鎗旂並帳幙須防敵騎欲偷營大戰血交并天風起有雷聲吼三朝五日同
兵行次風卒亂軍旗人馬驚奔皆恐懼前程必有廟堂基祭拜免災危
臨陣次風向後飄來旗幟翩翩吹向敵天威默助凱歌回賊敗息塵埃
臨陣次風起四維間兵近塞邊先備敵更從豹尾擊黃旛殺敵不爲難

占雲第三 二十四首

兵若進先要識浮雲雲氣順時當急戰勿令雲散後交兵莫問晝陰晴
商音姓軍政見從營白與黑時吾大忌青雲亦勝赤雲凶黃者兩平蹤
角音姓青氣見晴空黃赤二雲軍亦勝黑雲陰助喜光鋒白色定爲凶
宮音姓黃色要先逢青色氣來軍火敗更兼兵死將無功黑氣利先攻
徵音姓赤色火燒金非火尅金成大器青雲黃助黑雲凶將軍禍殃深
羽音姓惟是要青青列陣賊來先自走赤黃白黑總非嬴宜退不宜征
雲起處形色重而烏暗伏賊兵軍不見露其形體在高隅一半是番胡

雲起處低覆似人形此是賊兵謀我象須防入境起征凶遣將用精兵
雲似虎或如豹行形及似穿連長匹練暴師入境劫偷營排陣整兵迎（練一作聽）
四方現雲色競騰過黯淡相親來我塞賊來請命赤爲和賢將莫蹉跎
雲起現片片或舒長有似舒繩排椽木名爲愁氣不相當現處將憂喪
雲氣赤猶更接連綿有似長藤無繼續外邦賊起入中原主戰在秋天
雲起赤那更滿蒼天必定賊來侵我界黑雲中赤亦徒然吾將必遷延
雲來往有似兩龍爭只在外軍盤頂上賊邦兵起必逢凶我師顯英雄
雲似鳥盤繞在其中此時上方天助順不宜復見黑雲峯連赤亦爲凶
甲乙日大忌白雲前若奔吾軍勢還急理當速退捨平川守固在高原
丙丁日若遇黑雲攔莫恃兵多兼將勇也宜堅守引師還征戰必遭殃
戊己日前面有雲青忽止忽行權且住軍人訛語審詳聽施德惠於兵
庚辛日前忌赤雲來勢緊迫吾須大戰彼軍得勝我軍摧守險固顛危（過旬中却行）
壬癸日雲忌暗而黄此兆主災軍將損無緣兵廣恣猖狂謀者審而詳
現雲氣擇士細詳看晝夜同心精審究莫將此事以爲閒風色便相干
軍營上雲若似飛鳥有似蓋來幷伏虎此爲勝氣不須疑攻敗定疎虞
軍營上雲若飛灰揚若似臥魚或乍見此爲衰氣不慮張不動將兵凶
城頭上突出赤色雲或是黄紅雲出見城中不久喜來臻以此得和平

占氣第四　二十二首

占氣色雞羽爲輪車車者勿離牙帳內敵人千里外須知圖變在須臾
軍旣舉惟以氣爲先兵若精雄加氣銳超關投石可攻前鼓作在英賢
將軍善識得氣妖祥風角鳥雲能總解機策謀略應相當取勝應功良
軍進擊覘氣合參詳不必攻城幷野戰度其形狀自酌量稍錯便乖張
城營內氣似鳳如龍更若大山幷類蓋猶如火赤降城中其下不堪攻下必有貴人
高空現拂拂又微微透關輕籠烟靉靆一般黃氣色依依慶賀兩朝期
猛將氣兩相連虎連掛翳蔽天兼掠地蔓爪蓋路覆平川堅守莫爭先不可交戰
猛將氣樓閣及旌幢或似長堤形淼淼更如華蓋與王良其下莫能當
猛將氣黑色似龍形或似虎形並猛獸當其敵上或城營不可向前征
猛將氣持戟又持刀林下森森弓弩樣色兼青白若脂膏將士盡雄豪
猛將氣顯赫又冲天或似雙蛇上岳樣又如倉廩及濃烟休戰最爲先
猛將氣如虎黑霞遮或似門樓旗立內又氣出如蛟蛇若其下將堪誇
暴兵氣如火又如煙或似旗旛並戰馬低頭仰面向軍前觸戰血成川
伏兵氣渾渾又能圓黑氣中間環赤色又如赤杵黑霞連其下立戈鋋狀如赤杵在黑氣中
降兵氣似乎盡低頭形似成行相把手三朝五日敵兵求指日倒戈矛
伏兵氣彷彿狀若樓兼有似人形黑赤或如山岳立崗邱其下有戈矛
兵發日天氣久陰沉雨不又無光彩色奸人謀事恨壞心仔細速推尋
現氣色日月氣來冲北面氣來還北伏氣南南伏或西東常以此爲宗

將軍位善識妖祥氣風角烏雲皆總解機籌謀略又相當征討應功强

城上氣結似大羊形象主血流圍邑破好持降類出門迎方免血殘兵

占蒙氣鬱鬱繞城營其氣迴迴如帛遶分毫不入此城中休擊此般城

城營寨有氣入城中必主奸謀事已定安排大戰奪吾城謹守令嚴明

軍上氣漸漸變成雲或作山形於直上內中將軍有機謀要擊且休休

臨陣次赤氣後前生必有伏兵埋氣下事雖謹慎探其情固守莫胡行

占敗氣如崗又如虵赤氣照天營上起又如破屋壞毡軍其下死如麻

占敗氣捲帚似豬羊藤蔓死蛇並死狗塵埃走路又驚獐不戰自奔忙

占敗氣羣烏似低頭或類楊灰魚臥樣懸鐘映暈或牽牛纔戰若星流

敗軍氣鳩尾及鷹飛或似壞山並破屋彼軍氣現敗無疑一戰自奔馳

占敗氣掃帚又如虹捲席懸衣灰色樣臥尸無首覆船同戰彼不須攻

敗軍氣乍有乍微纖一去一來皆斷續又如霞氣入青天俱是敗之先

敗軍氣千萬似人頭更有偃魚零落樹如灰瓦礫覆城樓其下血交流

黑氣現其象若胡人又似虜兵排列陣八方夷夏起烟塵民戮瓦燒焚

占霧第五 十首

天霧者不止四時生陽不順時陰成霧陰不和上霧昏沉邪氣事難精

天之霧五七日當占有雨時時且平吉若無雨時疫瘟瀰民病有災愆

相對敵有霧敵邊來似雨紛紛來勢急如煙入眼目難開馬步一齊來

兵發日霧起晝昏昏一似霧來無洒雨此爲天泣淚紛紛須駐賞三軍
久陰霧顔色帶紅鮮更被黃風吹上去兵戈卽日展平川速備莫遷延
城營上有霧似懸屍爲將且須觀此象所居營寨卽挪移不去將當之
軍營內大霧數朝昏晝夜不開相對敵客軍先敗走奔衝排陣襲其蹤
城營內大霧起城頭白色似煙兵戰起三朝五日簇戈矛准備好方遊
大黃霧勝罩掩山川乍合乍開防詐僞須防內外有相連不悟血侵田
周迴霧城內沒些兒欲要攻城攻不得其城天助有軍威謹守自安宜

占霞第六 十一首

占霞色似氣不相成形若似雲雲不是形如掩掃氣紛紛識者自詳因
兵發日占顧面前霞甲乙怕逢霞色白丙丁黑氣向前遮大戰不應差
兵發日霞氣日辰并縱有前程應大戰逢霞生日應須贏均日不宜征甲乙日黃戊己日黑之類前應字一作勿
觀霞氣霞氣日辰裁兵進前途交戰勝開疆王帛積成堆人馬盡驅來裁一作諧
兵發日五氣辨災祥角姓怕逢霞氣白羽音黃氣莫禁當宮姓怕青蒼
商音姓前怕赤霞攔徵姓黑霞并黑氣皆爲鬼賊怕相殘不得視爲閒赤一作黑攔一作爭
城營上五色氣并霞盡是賊軍天預顯早須爲計好防他否則死如麻賊一作敗
霞與氣二件或相兼雲若色黃赤白好霞如黑色亦同占髣髴在良賢
霞似虎氣卽便爲龍龍虎相交軍必戰臨時勝負更看風逐我彼軍凶
出軍日霞氣莫前攔我彼氣來風臾須後他前銳後寬嚴軍馬獲平安

攻城寨先料水源情上有大流堪決灌不須交刃損兵員勿縱暴剛權

占虹霓第七十一首

占虹霓因雨影東西晨現必當雨未止晚來東現日光輝術者細觀之
兵行次虹貫日邊傍禦備兵伏前有阻且須審細自商量移寨必災殃
虹霓現城寨可攻之虹直入來爲病疫淺紅兵瘴要須知移寨必災宜
虹赤白盡是阻軍行若是横橋攔着路且須盤治犒軍兵不久却回程
虹入井盡是敗軍　或有鼠形營上現忽然交戰血成坑防擊保成營
虹如暈更復似弓形有若白虹形斷續兼之五六見城營皆主血光成
虹霓現更或似弓形有若暈來如斷續兵興五日便回程久主必災成
白赤虹單見色無雙如氣冲天或横過嵩尤旗號動戈鎗起處必爲殃
虹起處頭尾地侵天其虹見時非有雨晴天見者血成川民更有災愆
白虹見晝見地侵天其地一方皆主亂衆人喧鬧有災躔年内應其占
白赤虹晝見莫興兵更有虹霓垂軍上彼軍殺將且須停動必有災迎

占雨第八十七首

凡論雨二氣是陰陽升則爲雲降則雨若逢兵動合災祥良將要參詳
師在道或始出效城雷雨如傾溪澗阻沐屍凶象不堪行勿要與天爭
兵始進雨急立成泥名曰沐屍當立止别詮吉日與良時强進必山危
軍發日微雨洒軍行此是潤軍兵必利旌旗前指最爲精所向定傾巔

兵始進旗幟遶於鎗半雨半晴霞氣過且須盤泊好參詳去卽陣難當

天數日半雨半兼晴營內有奸謀結叛先晴後雨叛難成先雨後晴興

風發日風兩逆沾人天意示知教我記不須前進恐危身見陣潰亡軍 軍行志如軍行

暴風猛雨倒折旗鎗大雨不止者天之怒也軍不可進宜待天象和明別擇日時門戶軍行方吉也以出瀋陽十里應如此前清

天雨物形體不能聲其分凶災主兵寇功臣遭戮國須傾固守得平平

天雨血賢退進邪人血染金草皆不喜急移營塞賞三軍無罪受王刑

天雨烏爪翅及諸般若在彼軍他主敗我軍逢此不能安必見損兵官

天雨蛩在敵不能攻或髓或魚皆吉兆我軍見者使回程不動必遭凶

天雨毛主將信邪奸急宜謹廉須固守莫將輕慢事非凡天意報君顏 應庚子妖言有猪鬃煎

無雲霧一色見天晴此象無雲而雨降謂之天泣事難禁主帥未安心

黑雲現橫截在天河見此天河新作換來朝有雨報君家此語不會差

天河內閃電見光明隨卽來朝遭大雨自然霶霈若盆傾平地水汪盈

月生暈月暈暈參星或暈井宿遭雨降五朝七日不差分空裏似盆傾

密雲見雨陣黑濃濃驀地攔前霹靂天雷驚擁來攻　有雨不多分

占雷第九二十二首

老陽極出地變成雷出聲之先收聲後此爲災怪號非時兵起主荒飢

占雷法大怕出非時皆是守官無政法酷民枉法有天知天怒震權威

兵發日風吼忽雷鳴戰馬肅驚旗倒折前程必有賊來迎大戰血交幷

兵發日雲氣與雷聲雲趂我軍霄逐後天威神助大軍行此去必須贏

兵發日雷動我軍營天助威靈軍得勝若居彼上我軍勞細奔聽其聲

冬三月何事忽雷鳴只利客居非利主高旗先舉定須贏後戰必無成

雷霹靂樹木及諸般若在彼軍營寨上天威殺氣我難當移寨始爲安

營寨上雷止一聲鳴定是令來應迅速不然急詔事叮寧上將好詳聽

營郡邑天上忽雷鳴欲似雷鳴還不是多應土地營郡傾否則戰將爭

兵發日風送迅雷聲天意欲將兵仔細不宜先舉恐傷危遇敵恐遭催

無雲氣天色十分晴驀地一聲如雷響或如霹靂野鷄驚龍出沒災刑

經曰謂之天設亦主兵火又曰龍出應前清乙未二月十六日之兆也

將軍衆驀地一聲雷次後幷無雷附矣將兵軍衆必行之舉處可先爲

春三月甲子共庚寅乙丑戊子幷辛卯雷鳴霹靂恐傷人大戰月旬驚

將戰次臨陣有雷聲從我軍中鳴至敵敵軍必敗我軍贏反此亦同情

天陰久不雨數朝期忽有雷聲我軍上前程得捷便占宜反此我軍危

雷四起南北與西東其勢往還鳴不定合當迴避不須遲大戰兩傷之

聲渾渾其勢又圓長起處來方我軍上若還征戰定無妨又助我軍强

霹靂震手帳震聲雄急速搜尋休住要須知營寨有奸克尋覓莫從容

密雲見踴躍若傾河或有雷聲先大作其時有雨也無多說處莫偏頗

雷聲震連日不收聲此象正爲失信事爲他官令不能清天令與人聞

雷震電隨卽雲飛空陰氣勝陽因得此賊臣將起事須疑主吏惡心知
雷忽震震處衆人驚若雷非雷聲怒惡我軍之止必催傾移寨免憂驚

占天第十 十一首

天之道爲父又爲君清淨麗明爲順吉昏暗散陰缺忠臣諂佞近王廷
天氣赤陰地一般紅人物盡來如屠血來兵必戰有災兇收兵莫西東
宋咸淳甲戌秋月初六庚辰酉時在天有一丈餘高映地如血當年十二月過江至丙子納降江淮軍民如塗炭
天之道哀嚮又兼鳴此處必至興王道異謀奪位少良臣年內見其因
天之道其象號乾方或若分爲於兩半分地別上亂征傷人主見憂惶
天之道忽裂見樓台皆主兵荒人事亂千般祥瑞忽爲災其怪報人才
天河分忽若似鎗尖兵革當興逢此兆諸州郡府見憂煎塗炭遍山川
天色白慘慘甚昏朦久陰不雨陰謀事必爲兵大事難靖年內始知通
天忽嚮鳴鬧在蒼窮多是子憂當父感天鳴臣怒鑒君同君主可寬刑
天道慘慘色變深黃必主大風二三日船行急上莫徜徉預報君忙防
天忽見有紅赤紅黃貫北斗極星遠繞君生賢聖主非常此事甚相當
天久旱無雨水盆流此是天時雨不潤不能下降令人憂禾穀豈全收

占日第十一 五十五首

太陽位爲主正爲君兆主國君家國事通行循度總和平昏蝕憂驚
日傍氣赤色若懸鐘所見之時須當死不論春夏及秋冬所舉總成空

日生暈上下兩重交必有彼疆亡將過中謀獨霸不成韜終是舉鎗刀
日左右白氣若虹交兆主血流成大戰緣君失政作成妖無法可禳消
日光暈暈耳有陰風方右并同爲兆吉三般變易日時逢日月在羅籠
日邊耳經日日有抱暈於野背有降軍降將至也
日光暈有暈要須知缺處預須防備吉忽然不缺亦須疑三日雨淋漓
日中暈土蓋下爲陰向暈則凶背之吉若無征戰有風聲雲氣兩還成
暈不合垂在兩邊生城內有謀人不就且饒緩慢看君情一事也無成
暈邊氣入則外軍贏隨氣攻之應大勝忽然內出外軍傾勝負預先明
暈邊耳一耳喜來生兩耳欲來相解意又言敗將攝公卿此術甚分明
日月背順吉背須兇若背東方西面勝背西東面獲其功南地并皆同
占日月主客要先知晝把太陽光作主夜憑星月驗安危容認氣隨時日月爲主雲霞氣爲客
相門敵日門對城營友戰血流看主客必須主敗客軍贏日度算還生
日中暈日被白虹穿天下大兵看即起又兼烈士報仇寃奮怒氣冲天
荊軻入秦時有此兆　戊申年癸亥月十五有朝鮮人刺日相伊藤之兆
兵發日偶偶蝕并虧莫往前程尋大戰天垂威象遣人知去則將難歸
冠纓日日上卽爲冠在下爲纓驚捧日冠爲喜兆將須歡纓則將心攢
兩日門少時及明朝倘或必聞如此兆外藩草莽競興妖進步卽嚎啕
日邊氣如杵赤而明卽顯不當將軍出執迷堅往損其兵一半不回程

日邊暈抱日一邊生順抱敵人須可擊如還逆抱戰無羸隨象舉其兵
日下氣赤氣列三層天下流亡兵競起黎民失業禍災生鹿走霸團爭
日四耳俱在四隅邊宮廟儲君生太子歡欣期降定三年人馬罷征權
日中氣上下黑衝過長子建謀興太業速當根究莫蹉跎遲便舉兵戈
兩陣近青氣日邊生其狀分明如半月順其行氣速前征交戰必須羸
太陽畔八字氣分明下若鹿轡形勢走將亡兵淸禍災成固守保關營
太陽畔雲氣傘張形又若飛煙星在裏火星傍出血成坑堅守不宜行
太陽畔突出泰山端紫氣盤旋供不散城中軍勝賊當殘臨陣審詳看
太陽畔氣蓋日當中白色東西連卯酉主憂社稷重災凶改號任神龍
龍名曰張門　光緒三十四年戊申年十月初一日之兆應國孝
太陽畔九曜旋於邊似火如燈光爛爛九州大亂水滔天王道苦憂煎又主兵戈
太陽畔牛門競爭食更有傍邊持戟立戟人無首影依稀宗廟必傾危
太陽畔如幕又如花相續不間斷間斷嬪妃皇后亂其家術士見生涯
太陽畔氣似剪刀形更有散花桃杏雜君王失政后妃稱鮮潔愈爲精
太陽畔氣若壁形圓其影團圓如暈色羣邦臣下反謀專奪我境邊田主小臣謀反分國
太陽畔一樹蒂根成兩氣橫生長洩出弑君自縊叛臣情隨地應其徵
太陽畔如鼠樹枝間又如雞形雙翅舉看看洪水作爲難移寨向高山
太陽畔帆幔氣堪疑又若破船來向岸仍居**乾**位帝京基帆落勢傾時

太陽畔五色氣鮮明若有奔麞形象具忠臣遭戮又妖興不可不留情
太陽畔一字在中張大禍裕來先露兆奸兇懷恨作妖祥齋醮早消瀼
太陽畔氣色似人兵若在雖邊移塞上君王易代表臨炯賢者得其情
太陽畔兩手在其傍更有金星圓出現后妃作孽亂生狂乾地應其殃
太陽畔舉首若兩分或作暈形居兩手君王地位欲分更不散决然成
太陽畔青氣散如飛變作雁行分勢列萬邦小國賊臣欺謀反禍相隨
太陽畔若對斗牛間更有一虹迎面見三公流國戰無還遷改莫辭難
日邊氣皆應在蚩尤申酉且須看獬豹喪門申未午時求見處便着愁
日外之有耳兩邊生必有和通同好事兩軍不戰結歡欣四海得安寧
看天象日月氣來冲北面氣冲北面旺南冲南旺任西東取此以爲宗
日色異黃赤病之源色若白時多死兆更兼兵起禍凶年疾疫湊來躔
日五色或有氣稜層其分國王權政失眈連酒色損生靈脩德滅奢矜
日紫色名曰疾萎蕤其分起兵多喪敗且宜脩德壓天機勿起禍當時
日有耳兩耳戰均平厚處必贏君占取一邊有耳一邊贏無戰喜交兵
日邊青其分國堪傷或似火光兼火影皆爲災亂殄忠良防備賊臨疆
日生暈須有暈形圓其形如暈圓其圓皆主邦臣叛謀專奪取境邊田
日四耳頂上卽爲冠兩下爲纓須近日下爲履象不爲權回抱日須端

日上爲冠下爲履象不爲纓朝抱日吉

太陽門競與日爭時更有傍人持戟立戟人無首影依稀宗廟必傾危
太陽位下復見形圓便若白來其色黑主更國變別憂權一日見憂煎
日出現便若似胭脂蔭地滿天血如染此爲天殺苦軍權七日兩平川無雨主火災

占月第十二 二十三首

太陰位爲后又爲臣此有象形凶吉定行兵主帥要知明一一細分清
占圓月下小彼軍多若總太詩占我衆全無大小必相和清白定回戈
出軍夜月看好參詳有兔主人占大吉兔無反是客軍强仔細審形看
占夜月五色氣相當此去交兵須謹慎直須拚得賞兒郎慳吝必相傷
太陰内有暈使人驚其象分明如刀字朝臣謀反事將成密究速加刑
守彼壘吾督將須攻月色無光灰粉樣拔城不過一旬中守將亦須凶
看夜月五色氣相充皆是將災宜謹慎直須重賞宴軍中堅執禍相逢
月生暈厚薄四方停此是三軍均力象一邊有抱一邊横順抱若神兵
月生暈暈有耳乖生將有火災難閃避三朝有雨得安寧無雨禍還成
月生暈暈内有流星當有貴人奔出走客星入側將當驚國亦不安寧
月有赭莫戰最爲良若或不依須見敗客軍得勝主軍傷且宜守封疆
相鬬敵月滿色無光客勝主衰須謹慎忽然交戰主難當城内欲投降
雙月現現則有兵荒兩兩三三俱荒亂當其現處有猖狂人馬兩逃亡
兩月門候景犯梁朝倘或遭逢如此兆外藩雄略有謀韜俱廢若冰消

兵在外月蝕八分强若欲還鄉須罷戰忽然蝕盡倒城亡將死向郊荒
太平夕月破作三分四海荒荒興逆叛都緣人主寵奢昏草寇輒稱尊
月黃色分野現明光此是將軍遷職象彼臨我象兩無傷各身守封疆
月邊氣其象若羣豬羽姓將軍兵大吉宮音角徵不拘占把捉顧方隅
十五夜月缺不團圓一面凸凹三兩處近臣怪怨奪君權急究反情原
金入月星朗月無光星蝕太陰臣造逆月明星暗將身亡星沒客軍傷
金與月俱出在西方星北北方軍必勝星南南面將身强月白將兵亡
金月暈星暗月昏昏客必敗亡須好認水星三暈將臣奔天象顯然分
月有暈白虹向中穿天下大兵看即起更兼壯士執仇寃大怒氣冲天聶政刺位倪之兆

占星第十三四十二首

兵要法爲主認星辰伏逆遲留須固守更看金現便宜行俱伏兩均平
兵要訣爲主認金星若也伏藏休動作逆行宜戰亦均平順則最宜行星退宜退星進宜進
金與火統帥職星無須算行藏知決勝何須堅執講與孤諸事細參圖
二星合相犯必爲災分野居當須有事本藩太守禍之胎修德免災來
三星聚晉宋爲兼唐此地將軍須就獄總兵帥主作猖狂斬首獻明王
四星聚平地會張星王莽赤眉兵造起後來光武掃餘兵晉魏也曾更
五星聚漢祖得其時秦滅漢興東林會君王起事合天機星會尾如箕
星落寨爲將恐遭殃宜速移營方見吉强堅舊所必凶傷天降禍相當

星相打攻守兩茫茫遇賊血流處滿野攻城不下好提防晏犒賞兒郎
金星畔邊有小星侵相去不過咫尺遠客兵當敗將消沉兵敗只如今凡金星爲將星專主兵權兆
金星疾急戰定應贏行若緩時須固守星高攻戰有功名低窨莫深征
金茫角隨角出軍征若見滔火如掃帚亦如天狗食妖兵其下血成坑如縷赴水其下必敗
占宿星伏現在西東星若近南南必勝忽然近北北宜征專祖是爲宗
金星出出在卯中央東面軍强莫與戰西出西方不可當勿與動鋒鏑
金西伏木出現東方軍在西南休進戰二星同出現東方西若戰須亡或水或木星
金東伏木出現西方東北二方須敗走忽然同出在西方東面不能當
同伏現相去尺餘間交戰將兵須有應水居月上戰應先月內必師還
攙星現分野屬何方若是正臨災在卽忽然頭尾也遭殃仁德可修禳
星一個無尾赤衆青直下落來營寨上急須遷去別爲營此地定無成已動敗未動易政
金彗現名號是經天其分用兵兵必敗未曾動處却兵連人馬滿郊田
星彗隕其地定爲災必有火焚軍寨柵衆防將帥涉沙泥移寨莫徘徊
軍營內斗大墜星來或是作聲長數丈其間大戰將星移急去免災危
軍營內星殞落其間洩尾或長三五尺皆爲敗陣莫相殘急去免災奸孔明祖逖皆有此兆
軍營內星殞作驢鳴兆是敗軍并殺將便須移寨不須停天意甚分明
營寨內星火殞其中芒角光明衆拽尾急須移寨避災凶不去禍重重
出軍法夜與日皆殊彼上有星衆月朗我軍上面暗稀疏進戰决成輸

星墜須分作二三星此是兵戈將欲動須防敵國別來侵陰賊姦謀生
吾守壁月內一星明必是外奸來入壘期於半月害吾城搜捉審奸情
提大衆欲打彼城牆月左有星占上角城中賢將有謀方速退莫施張
敵守壘我力有餘攻月下有星相近駐彼城奸欲亂吾中門戶審其蹤
圖彼久月皆一星隨壁內敵人謀走北其城沉潰不須摧捷報凱歌回
歡敵壘月背有三星伏若連珠敵便遁不須攻打自安平拔衆勿殘生
軍馬進月半見三星形似三台將捧月攻城不下戰無成擇地設營停候過旬日別看氣候
攻彼壘月下見三星城內詐降設巧計急當准備出師征莫信詐爲城
圍敵壘月角露三星亦類三台侵抱月其城難取枉亡兵別處謀設羸
彗星見出在月傍邊必有弑君幷弑父國中紛擾禍相連更立易桑田
金臨水三五寸金分少掃合憂生哭泣又兼門將見災凶偏將喪效中
星墜地鳴下似雷聲着把便如焚薪狀此爲天狗食人民百日見災星
彗星現但看出何方定主國君喪性命不過百日見驚亡滅滅在君王
太白犯昴畢畢星纏定主逆臣謀國主馬奔人走喪中原入昴赦人原
金與水水曜若侵凌定主破軍幷殺將水軍星上客軍羸在下主和平
彗星現從北向南行經過垣牆天市界外邊兵寇界相臨損將血成坑應壬子革民起

占北斗第十四十六首

凡北斗斗乃號星魁天上衆星難相犯若來相犯有災危占候者須知

斗口內彗現出光芒海內兵戈俱大起江河流絕業成荒民作甲兵粮
北斗內穿出彗星輝國內主君邊寨將陰謀惡黨起旌麾着意謹防危
北斗下氣若破車輪白色漸生浸口內飢荒不稔寇成羣餘禍不堪論
黑色氣守定斗口邊父子相吞天下歉水潦城郭少乾田災害四方傳
占北斗第一是妖星却要分明軍始吉忽然不現衆星明主將落奸情妖星乃貪狠星也
占北斗夜夜白霞遮不過七旬兵火起橫屍千里臥如痲忌戰日西斜

斗爲主霞爲客有索戰不可出

占北斗黄氣在其中吉事欲來君且記不過旬日喜重重萬姓賀堯風
占北斗赤氣在其中萬萬雄風徒費力攻城盡死不成功枉耗庫廒空
占北斗兼有小星多天下不安人失業荒涼米貴遞相磨處處動干戈
青蒼氣漸入斗星中定有賊來侵郡邑不然裨將欲謀凶大忌是三冬
占北斗明閃電光輝定主好人初出世輔賢明德助人君此兆卽非輕
占北斗太白入其中定主將軍逢戰死城營難守亂人民大小在東西太白入斗將星失度也
黑雲氣夜散斗星中如此三朝當有雨急須準備候天晴此理甚分明
占北斗若直或伸之沖入斗中奸事有犯其星位各占之術士亦須知
占北斗通夜黑雲遮定主朝來須有雨急披雨笠候天涯應兆不能差

房尾斗室婁畢張軫八星值宿之日行兵大吉

李衛公望江南卷下

占地第十五二十一首

地之道與月一般稱爲母爲臣生萬物發生含育盡乾坤明辨豈無靈

統軍帥下寨要安營先是須知吉凶地莫令悮犯損軍兵此理要精明

地名好川破不堪安大路乂中休下寨伏屍古墓見多般將帥要知言主虛驚賊來破寨

山窄地泣滴莫安營兩路中間休立寨龍頭天灶怎持兵仔細與軍尋天灶者大谷之口龍頭者大山之端

戰場地古廟與靈臺攻破成營移故地盡言凶敗與傷殘細說與軍官

山谷中下寨忌逢之前高後下居之險地無草木主憂疑明將總須知

大驛路前後總須疑或在高岡或在水長深溪澗最無疑下寨得便宜

營已下須識有災非地上忽生諸怪類往來天象看來情主將要知因

占其地毛羽忽然生必主人君遭厄難大兵侵國亂朝庭百事應憂驚

田上地忽然便生毛處處盡生人總見此爲謀逆血流郊百日主凶妖

易曰憂喪之兆如生毛在地橫亂無根在地　光緒庚子有猪猔箭之謠實地上處有見者

城營內火燄忽然光將士敗亡看在速急須移寨免災殃不去禍難當

城忽裂必主起干戈山中地或如雷吼敵軍來時看如何急避莫蹉跎

營寨地泉水及生塵有戰不離於月內早排兵甲敵邊營移寨避災迍先移後戰

地營地無故動還搖大戰必應於歲月直須移、禍應消不去將身招

城營內地動起兵戈但且移營於吉地不然刑禍將身多陣敗自消磨

城營內或然地生毛所統精兵當便起須臾不起禍應遭禳醮保功勞
地營內地上起錢花有似馬蹄同此兆移營擁士定歸家應驗決無差
城營內地忽現崩頹禍起兵連緣此兆移營修義滅凶災不信將身摧
城營內忽見地生丹敵騎欲來突衝我差人截路莫輕閑移營庶幾安
城營內花草忽然生急去莫令軍疾病經旬不動將身頃智士切須明
城營內地上忽然黃五穀或生坼地長將軍祿位福無疆士馬樂安康

占樹第十六 五首

城中樹忽然總萎黃威氣助吾軍必勝陰神祐我必成强主將喜非常
營廁畔樹木自崩摧若進軍前師敗辱不然近彼賊衝來移去免凶災
諸樹木花開不當時營內見之須速備定知賊衆欲來圍移寨免災危
營寨內樹木被雷驚或是震傷人與物此爲傷敗被天嗔移寨免憂心
諸樹木忽地出奇枝異花奇葉人罕見必生異事報軍知將帥看修爲

占蜂第十七 五首

軍寨內蜂衆泊於營兵欲動移應不久修磨器甲莫教停總令便須行
軍行次蜂蝶接連來定有伏兵居艸莽好防林木與山崖先探保無災
軍下寨蜂蝶遍天飛防有賊來攻我寨急須固守莫遲回主將要先知
軍營內蜂惡亂叮人或是反軍與謀將必然軍將有災危謹守賊欺追
軍營內蜂子遍飛遊必主將軍多口舌若還移寨沒災危記此在心機

占鼠第十八 十首

占見鼠其物宿名虚主道主奸皆主賊若來爲怪將兵虞不信禍難除

逢見鼠白色是金精若順軍行軍大勝逆軍來者禍相生吉凶甚分明

逢赤鼠來往在軍前此是伏軍藏詭計搜尋斜谷道傍邊急備莫遲延

軍營内鼠齩屋椽楹忽見壁間搬出土移營在近改遷寧排備向前程

軍營内行鼠尾舒長將主有災須醮謝夜深谷谷罷戈鋋太白報人言

營寨内驀地鼠成行欲似弔人聲不罷此須爲禍將身當禳謝得平康

營寨内白日鼠搬兒不是火災應大水三日五日速遷移不出偶相隨

寨中鼠能舞向人前必有内奸通外敵且須搜捉莫遲延速備災爲先

軍營鼠血染將衣冠或齩鼓旂皆不利信須修謝拜星官移寨且求安

將軍臥眼上被鼠傷必有奸賊來在即或傷腰下不相當賊散客軍强

經曰鼠者賊也如有便易必主奸賊入也

占蛇第十九 十二首

兵發日路上遇横蛇或入水中應大勝蛇還赤地戰無涯勝負較些些 泊住遇百外動則吉

兵行次蛇赤忌逢之慎備前程來勒戰訓兵激賞布恩威厚薄勿偏虧

軍發次驀把見交蛇講武揚兵須宴犒不然上將中風邪身喪掩黄沙

蛇赤色大小外邊來來入我軍兵欲敵更防引得外奸乖德向好通開

長蛇見飲水在營傍抽退還鄉方始吉不然移寨九天方禳禍免災殃

兵行次蛇貫路邊傍備禦伏兵前道阻且須仔細更思量終不使開疆
蛇入井俱是敗軍形或似杵形營內現若還交戰血成坑堅守我軍營
蛇貫道白赤動軍情必有賊兵攔道路只宜盤泊賞軍兵不久却回程
但有異蛇之蛇攔路回師罷戰大吉
蛇如鳥更有似弓形或似白蛇形斷續兼之五六見城營泣淚血交并
蛟蛇見營寨必宜攻更有青蛇人疾病黃蛇疫瘴總成凶移寨免災凶
兵行次水裏怕蛇逢更有魚龍蛩數見悉皆進退事無涯速退莫咨嗟如見龍蛇蛩并同
下營畢繞寨大蛇栖必有賊兵來打寨高强營壘蠢旌旗謹愼好防之

占獸第二十 二十四首

城營內馬夜轉槽鳴軍欲離營將大戰早排驍勇名嚴明法令整齊行
軍營內馬戰石兼沙必有賊兵吾大獲將軍免勝遠方誇大小總榮華
軍營內牛舞向人前欲罷戰爭休士卒干戈不舉却回旋各賀太平年
馬廊內天火忽然燒看卽大兵將欲起且須修德禍方消勿使自身招
城營內驢馬作人言聽取語言爲定准更看馬後殺軍年方始報仇寃
軍營內牛馬夜間鳴必有暴兵來覓鬭更須防備夜偷營速暗布精兵
城營內生產兩頭奇或有足多生八隻四足兩頭禍不移裂土應逾期
占走獸獸字體相將或有怪形須要審由其分野兩相煎其兆理關天
兵屯次野衆人於營急急殺來將祭獻三軍從此得安寧齋沐要嚴精

城營內鹿子入其中殺取三牲將祭獻急當移寨免災凶否則禍重重
軍營側驀地有毫豬須備伏兵來犯我便宜先舉莫躊躇移營始無虞
軍營內或有野猪來若戰先贏多役敗速移營寨避其災修謝莫遲回
軍營內兔走在其中雖有雄兵終不戰都緣箭敵欲和同不在苦邀功
軍營內狸獸夜頻鳴恰似豺狼同此兆必知將士欲離營不久禍災生
兵屯次豺狗入於營內有奸人相結外急須搜捉察原情莫遣叛縱橫
軍營內狗怪遺人猜急殺血流於地埋深分凶吉與君張要辨虎豺狼
兵發日野戰截軍行宜向隊前衝透過必然隊伍兩縱橫良將要須明
兵行次虎狼及熊羆若在軍前狂亂走此行旬日戰無疑先舉得天機
諸禽獸異色及無名有爪有牙爲我怕無牙無爪亦應輕此兆甚分明
營前後野獸亂縱橫殺取太牢天地祭三軍言得保安寧有戰必須贏
城營內白鹿入營來將士兵災方欲起若還無角主兵回移寨免災危
兵屯次鹿走入軍營必有降人來見我期於三日事分明或喜長威聲
狼與虎切忌入軍中隊伍突衝並截路不過數日有危凶謹備勿交攻
虎相食兆不出三年內有大兵當至此來黃三尺以禳災敵將被擒來
城營內獐入及登城若遇此妖多是火不然孝服與兵爭祈謝保安寧
兵行次路上遇猿猴嚴令小心防恐怖理當排槊整戈矛預備盡良籌
狼與虎遶寨作悲鳴似哭似號軍大敗將軍兵敗事多驚屍疊澗溝平

狼奔走直撞入吾軍不出三朝並五日敵來降我引朝君被我受恩皇
野猪鹿從外入營中定有降人來投我只於三日見分明引使履王庭
狼與虎卒見使人驚我在徒師前去後須防大戰血成坑不遇聖賢明
兵行次狸走入軍中不住夜鳴圍繞寨先因風火事重重埋伏且藏兵
城營內驀地自來獐三日七朝須大戰不然講武教旗鎗速斬免災殃
牛與馬產出似人形定主胡人侵大國不分南北亂人民且候聖朝生
狼與虎號泣又傷人五日七朝兵定至臨時勝負預鋪陳方許敗來軍

占水族第二十一 七首

兵行次水族忌逢之但是魚龍蛟蜃類悉皆不吉兆災危抽退却相宜
龍現壘室宅及池中必有大臣謀逆叛且須作急探奸凶莫待有奔衝王莽朱溫時龍現池沼
軍行次龍門在軍前必是交鋒亡命戰黃龍得勝黑龍偏平地血成川
城營內魚鼈現其形防有內奸謀叛逆不然水漲浸軍兵速去得安寧
城營內龜蟹入其中更有聚蠅億萬數軍兵潰喪不從容看卽去營空甲午兵到平壤如是軍敗
軍行次路上見黿鼉或有戰爭營寨內不宜前進有兵戈細審莫奔波
城營內龜鼈入其營盡是頓遲亡敗象速當移寨免災凶不去禍災生

占鳥第二十二 八十一首

占飛鳥軍旋要知因或是縱橫或逐我或來逆我或成羣仔細說來情
鷹搧鷂勢速入軍營必是義兄圖義弟不然義弟欲謀兄奸禍兩般情

兵行次鷹鶚面前飛所向近兵應大勝必能捉彼將兵歸天意助神威

城營內鷄子搦食蛇定有奸謀陰禍起早須排備莫惶驚有戰損精兵

兵行次鷄鶚捉飛禽此兆前程須有戰得其首領盡生擒主將稱其心

兵行次鷹鶻盡同占鷹不畏鶻鶻不搦兩軍通好守盟言各擁士回還（鷹一作雁）

城營內或見杜鵑來應有負冤人來雪佞臣謀間損賢方天遣叫聲哀

羣鳥噪隊隊逐營飛防有賊兵來刼寨早須整備設關機遲慢致災危

城營內衆鳥噪聲鳴必有暴兵來刼營不然有戰損於兵移轉最爲精

羣鳥隊飛去又飛來不問下營並在路此行千里定難回仔細察天災

羣鳥聚飛起忽然驚盡向滿天鳴噪鬧不過三日火燒營或有刼寨兵

城營內四面鳥聲鳴千萬結成鳴噪去急難固守本城營堅執戰傷兵

城營內鳥夜結羣鳴必有暴兵來覓戰不然成寨有虛驚探後用心敢

城營內衆鳥泊營牆頭向此營皆盡叫人驚不起是天殃不免見傷亡

城營內烏鵲驀然驚內有奸人連外賊提防大戰血成坑謀反害英明

城營內烏鵲忽圍牆當有敵兵來打寨不然疾病大災殃營內欲來降

城營內鳥噪兩三聲必有命來應在即早須奉候出門迎此意且須聽

鳥相打防擊又奸爭斬斷罪愆懲法象若無敵戰禍應生固守始爲精

城營內鳥集奪巢飛必有鬭爭相競事不然下吏欲爲非防慎見分離

臨陣次鳥向四方鳴選取鳥聲鳴叫處但從此地出軍征百戰百回贏

兵發日前面有聲鳴亂叫亂鳴防伏截或然有戰莫先圖詳緩保無虞
兵行次鳥衆集旌旂若見中軍加喜氣將軍增爵位遷移在即不爲遲
兵發日鳥衆逐軍行未見彼軍防隱伏若逢敵戰利先征攻戰必先贏
兵行次横陣列鳥來防有伏兵衝隊伍搜羅前後用心猜不信必爲災
兵行次鳥衆後頭來若遇前隨應大勝直來衝我且宜回退却免凶災
兵行次鳥立在軍旗必有奸人言賊勢今旬來月好防之偷號運謀機
兵行次軍上鳥鳴飛不論下營將布陣若同此端合天機必勝莫遲疑
下營次鳥衆集牙旗急宰三牲將祭禱不然軍敗主分離美物報人知
城營內白鵲入軍營若作巢窩兵大起急須移寨免災凶否則禍重重
下營次鳥衆集營中防有外兵來告我亦慮諸將起奸凶即去莫從容
寨始定白鵲入營來此是金星呈怪象有人相害處謀乖移營免其災
城營內靈鵲作巢窩不去營空兼火起速當移寨禍消磨久住殺傷多
羣鵲噪頭向敵軍營隨鵲戰之軍必勝一般羣鵲事無成在外也須驚
頭指敵噪我軍勝不將敵噪則虛驚
城營內野雉入軍中若在德鄉來即去或臨川殺侯爲凶仔細審西東
城營內驀地降鴛鴦必有奸人生戶內不然朋友害忠良自衛己身强
城營內燕鴿忽維城定有天災兼禍起軍中刑尅事叮嚀禳壓始平安
城營內水鳥忽啣魚將至門橋并臺屋必應大水漫街衢預辨早防虞

鳴去異一樣似鵝聲必有官災並口舌遠須齋醮慎交爭方始免災形
鵝與鴨或解作人聲家內必登三品祿一門子孫盡享榮吉兆自天生
城營內雞母作雄聲或在夜鳴家有禍門庭陰暗不惶驚禳謝始安寧
兵行次軍上百勞鳴兆是軍分爲兩路兼防禍起察奸情主將要須明
古詩云莫作東伯勞西飛雁故爲分軍之兆
伯勞鳴鬧噪在軍前大禍預知須早覺不逾兩月事應然此象應關天
伯勞鳴啼叫在營軍南北敵人困我將東西只是有虛聲此象甚分明
城營內梟鳥噪聲鳴如在德鄉分隊伍如居刑敵及奔驚預叫使人聽
下營次衆鳥集羣鳴如在德鄉猶自可若還刑上血成坑此兆細詳聽
兵發日百鳥忽迎軍此是天威來助順賊人歸向息邊塵端的立功勛
兵行次衆鳥覆於營必有大軍來擊我皂旂黃桿引師行禳壓必登程
兵行日禽乃或朝君將有福神天助佑必然旬日立功勛官爵超羣顯
雞聲鬧半夜及黃昏半夜精兵行在速黃昏啼後有回兵太白報人聞衆鷄主國事一鷄主家咎
燕雀鬧隣境動兵爭更有黑頭黃鳥至腹黃身黑不知名彼已出精兵
城營內鷄鳥共嚀爭鳥若羸時軍外盛鷄羸上勝甚分明偷寨兩般情
鴉鳴噪無故噪城營此是用兵災欲起人家被噪有凶情禍發不安寧
城營內鶩鳥入其城定有兵災並疫瘴人民饑餓失耕耘修德免災成
城營內黃鳥赤其頭必有官災三日內兼防災叛有因由熒惑禍堪憂熒惑禍者大災也

城營內赤鳥入於營更有野雞並野雉須防風火與虛驚皂幟壓爲精水克火故用皂旗

如見赤色鳥入軍營覆將帳幕以皂旗白桿立帳前三日厭吉

城營內大鳥遶其中不是將軍亡瘴疫及防外寇損其躬先兆已呈凶

城營內異鳥忽然來好憤外歸刑禍事不然將軍主身災齋醮保無乖

城營內夜靜有鳩鳥此是暴兵來逼我便須防禦速移營卽將事安寧

城營內衆鳥鶱翺翔障日翳天成陣起必知內外將猖狂仔細可消詳

彼軍上衆鳥泊其中定見拋營軍敗走不然潛伏刷營空仔細審其蹤

彼軍上衆鳥鬧紛紛聚散只看三五日不然潛伏擬謀人防禦始參真

諸鳴鳥不利叫三聲一語五聲將快利若逢此數不堪聽一任徹更鳴易云三多凶故不利

城營內鳥散作巢窩其地欲荒堪在卽速須移寨莫蹉蛇不去禍來磨

占飛鳥何事入軍營若在德鄉加喜氣若從刑地是凶聲百鳥一般聽

攻城次羣鳥出牆頭內有敵圍軍欲出外軍急備整干戈用意設良籌

軍營內百鳥立旗頭相聚數枚人總見將軍遷位作公侯喜慶吉無休

鷹與鷂逐鳥奔吾軍前來暴客來勢猛速當整備莫因循常守險關津

下營次鳥立樹枝間或在牙旂毛羽掩須防敵騎欲相殘三日內生奸

城營內異鳥入其中宿處不知人不識終須血染草頭紅防備有奸通

占鳥鳥結伴後隨軍路寇敵人應過去我軍不久却回程相賀喜平安

城營內巨鳥忽留停防備賊人來索戰兆當催衆早收兵不去補還成

城營內巨鳥至紛紛地分欲荒人在卽早須排備莫留停號令速驅兵
臨陣次聆取鳥聲鳴若在我軍頭上叫切忌備敵莫交兵在彼我軍贏
臨陣次鳥向彼軍飛便整旗鎗征敵吉統軍大帥不須疑天助得其時
臨陣次鳥向敵軍來一隻一隻猶可吉或排或陣叫聲哀勿戰速當回
彼軍壘羣鳥出高飛內有雄兵來突我其城雖下速當回不悞將身危
城營內雞雁入其中必有外奸通敵事忽然揚鳥更爲凶遇戰豈成功
羣鳥至五五及三三營上往來聲不絕四邊飛叫認收還軍潰散兵殘
兵發日鳥鳥後隨聲此是順天天助我靈禽預報戰須贏將士有權情
臨陣次敵上鳥來衝進戰必當傷將士如從我後却宜攻賊敗定生擒
城營內夜靜有鳩鳴軍欲還鄉宜准備此爲天意事丁寧爲將莫憂驚

占怪第一十三　四十四首

戈矛上忽有火光明兆主三軍輕命戰管須交戰我軍贏青幟不宜兵火青燄小如鬼火者主兵憂
帥衣服無故血痕班防有奸人來害已急須焚燬禍回還不爾將遭殘
抽刀劍血點自然成戰有大功須在近又兼鈴鐸不搖鳴遇賊不須贏
出軍日龍見衆人驚急令回師休强去若令堅執往前行折損馬和兵
將軍帳無故似人搖兆主敵人兵潰散稍驅兵馬向前交瓦解與冰消
將軍帳床動衆人驚反有血主俱作怪若還臨陣禍無輕身喪掩黃坰
將軍袂驀地起飛騰此是將軍領折衆官兵雖象敵相陵火急整回程

軍纔繞被澤與交田或有石盤從地湧此爲吉兆可攻前君聖宰臣賢
安營訖分市已週闈碎石或生無數目將軍不久罷軍權天地應照然
軍營內田地陡然高必得敵人來土貢關旂贏彼不須勞休士少鎗刀
軍營內元處是平田地彼始臨徹似長將軍官職必陞遷祿位事遐年
軍營內地下或生黃照得敵人兵興馬凱旋歸國長威光天下舉宮商
軍營內氣出地中央滿塞便教人勿訝敵人怯戰愈乖張獲將得封疆
軍營內地上水泉生此是潤軍天助順須當先敵將和兵捷報入朝京
軍止歇地上忽生塵若有震聲人總怪三朝五日定還軍大戰苦勞心
營寨內地上血紛紛此象大凶人速避麻衣布帽逆將軍休望有功勛
軍營內地上艾方生青嫩葉香人盡識師徒將捷事非輕惡疾使人驚七年之病求三年之艾故爲病兆
安營內街徑已編成地上忽然土裂拆不如准備速移營不信火亡傾
營寨內地陷或成坑大陷大虧微小負俱爲虧敗喪軍情火速去移營
軍營內地陷幾人驚若更似催征戰鼓此殷凶象速移營少緩禍災成
地營內半夜忽鍋鳴定有暴兵來刧寨并防謀反及奸生列陣後相迎
軍營內螻蟻滿營生好備奸謀陰禍起幷虞地道人奸兵早備得平年
軍邑內天上忽聞聲欲似雷聲還不是多應土地見英靈不久戰兵行
諸怪見不可廣傳聞防有奸人知仔細亦防彼內有賢英知我兆元情
城營內晝夜有虛驚營所田爲神廟地遠移營寨莫居停不去賊偷營

城營內旂鼓自搖鳴此是天威來助我十番出戰九須贏上將稱其情
城營內鼓角急聲雄此是乾坤興廢事戈予大舉禍重重萬姓失畔農
城營內鼓角自然鳴必有敵軍來擊我急須整備待來兵着意與交征
城營內鼓打不多鳴一丈高懸幷九尺都虞副將驗鎚聲七拜解妖精各七拜後打
城營內鼓打不能鳴主將戰輪遭寇虜早須收拾便回程不去損其兵移寨兵得
或晝夜大將劍刀鳴刺客奸人在庭近急須搜捉莫教停不信血光成
營與邑井沸聞其聲或溢水泉皆是敗更還龍見也同情覩此便移營
城營內獨鼓自然鳴此兆敵人來擊我隨鳴火急整精兵遠探向前征
城營角吹聲遠而微韻斷聲長人怪訝兆當我衆有災危固守免災穨
金鼙鼓自裂七分餘此是三軍因沒兆速當求解醮移居不可侈行誅
鎗旗戰無故倒交加象主病災如臥草四門宰犬灑田沙子候設旋佳子時以犬血洒西門地上
鈴與驛風息自然鳴鼓角雄聲音振他必須勝敵怪軍行擁衆返回程
或晝夜飲宴在其中驀地蓋鳴人總訝賊人已起影無蹤急譴將邀冲
杯器內清水忽然紅有似血來人盡訝此爲祥瑞立奇功戰急總無凶
軍營內戰馬忽然嘶跑攤搖身非時亂賊兵降伏要相欺祭享上知天
軍器甲夜後更生光折毀月形方上窖離營百步正相當遠去更宜長
風不起旗號自飛揚前指敵軍並陣次必當我勝用心腸得勝早回鄉
臨陣次馬匹忽然驚欲速欲慊多退縮牽纏不動自遲情回首免軍驚

占怪異說與衆賢知正是一人行踏處當逢奇異預先知兵衆豈無知衆人皆知

禳厭第二十四十一首

禳厭法其理事情深首見諸般奇異怪或逢要日要時辰厭法要精明
軍行日春正及春分須用長鎗前列勝次排弓弩在中軍决勝定須聞
軍行日立夏至皆同令下三軍諸將士須排戈戟作先鋒將士定英雄
軍行日秋始與秋分金氣旺時須要順先將弓矢向前行得勝遠方聞
軍行日凛列正當冬得氣一陽回一候首令刀劍向前衝逢戰得全功
東方陣角姓七人從純着青衣青隊伏青衣青馬作先鋒衣陣號青龍
南方陣徵姓最爲雄七箇赤衣乘赤馬赤旂招動號長空朱雀陣先鋒
西方陣商姓白衣兵七箇健兒來白馬白旂獨角引前程爲首向先行
北方陣羽姓顯然明騾馬烏衣如北斗黑旂元武隊前行賊將勢摧傾
中央隊宮姓要黄衣七箇黄旗黄色馬勾陳大將助堪依敵國定橫屍
凡行軍甲子甲辰申三箇甲頭旬同有前祛大馬擺令眞整頓要辛勤
凡行軍甲午甲寅旬甲戌都來爲一處當時刀劍在前行具陳勤來兵
揚兵吉頓在九天方諸惡不成加喜氣更宜上將見恩光安得有乖張

太乙所云九天之上可以陳兵九地之下可以潛伏

占夢第二十五九首

凡占夢本出自微茫得一夢來三事應方知凶吉爲君張神魄預知祥

將軍夢雲外兒飛龍急去戰時須獲捷不過百日帝王封位顯立奇功
將軍夢魚變作蛟龍百戰自然皆百勝相敵來捉必無凶大將職加封
將軍夢打鼓大聲鳴小鼓小聲軍小勝不鳴固守莫先征勝負取其聲
將軍夢夢得大魚形若得小魚軍小勝電光霹靂主軍鳴此象最爲靈
將軍夢見水及波濤或與敵人相角競須來挑戰莫輕交堅守我門橋
將軍夢天上作雷鳴破敵勤王有此兆無拘明暗與陰晴擁士向前程
將軍夢身涉大高山遇戰必贏功顯著相逢敵戰急功殘莫放片時間
將軍夢夢見火舟船順水順風帆幔順戰之獲捷獨爲先快樂似神仙

周易占候二十六 三十七首

聖人道作易變爻辭擲卦要知凶與吉切須臨手動占儀懇意合天機
凡占易動靜卦爻裝先辨剛柔分彼我更分主客要知當決勝自昭彰
論主客後舉我爲尊旗底住坐並爲主光身行者號爲賓此理甚分明
入他國我即論爲賓若是他來攻我寨我爲主者汝爲賓此理合天文
凡占易先論六親方六煞彼鄉比和尅應殺世主總漂揚官鬼子孫量
彼與我子鬼取爲先子孫旺相吾軍勝鬼爻囚死彼遭愆反此亦如然
世爲我應象便爲他世尅應兮當我勝應爻尅世我無家比者各安家
內卦我外卦屬他邦內尅外時無大損子孫發動急施張大戰我軍強
官爻動却在內爻興若得子孫傍發動未來攻我不會贏彼敗怎回程

凡占戰世爲我應爲他內爲我外爲他子爲我官爲他比和者兩爲吉
子孫動有氣甚分明我若擊他全獲捷他來攻我敗無門我將立功勛
占賊信官鬼上二爻無氣動居爻五六雖然已動不相遭衆賊自回巢
占賊信鬼發內三爻或有官爻生有氣賊軍來速在逡巡急備點三軍
占賊信卦裏子孫興六位官爻全不見話中空自說來晴不見信和音
占賊信應動是爲他其賊來時須是到到時攻我將須拿來將喪黃沙
占賊信兄弟動如何三四爻中他尅我逡巡來到不蹉跎到後却安和
占賊信父母主文書若遇吉神天主位朝廷加祿永安和賊智設機多
占賊信卦象動妻財大喜來交爻已動若來相戰見兵乖我將得和諧
凡占易奇偶與剛柔陽爻爲九陰爻六陽爻多象我須周柔少我軍憂
入他境我即用官爻官旺子孫休我勝若然反此少功勞術士自詳消
入他國大要看財鄉子動財興皆出現處處獲捷有衣粮飽賞喜還鄉
爻上見無鬼又無孫但有應爻生世上以應爲他我世軍此克定軍情
世爻旺若尅應爻宮遠便提兵前去吉自知天助喜重重主將得奇功
兄獨發有寇伏埋藏且莫提兵行遠路急行前必有驚惶不信見災殃
財爻動便是我軍粮出國尋糧我軍旺無財難旺恐飢荒仔細好推詳
世若墓我軍且屯應爻被尅休囚位來軍必敗損人兵我象喜忻忻
官臨火尅我應偷營水立官鄉休立寨土臨官鬼四方兵不可亂提兵

木官旺必定有雄兵金火不宜立世應兩家流血定交爭火鬼刼層層
兄爻尅防奪我軍糧木動舟車火燄褰文書父母合穹蒼嚴令下兒郎
爻辭位九六號陰陽中半子然皆相守比和世應兩無傷各自主刀鎗
外卦靜內動見凶爻空亡臨象虛驚事更兼不定事無毫固守且平交
歸魂卦三四動爻凶若制鬼爻凶轉遂若逢天喜好回軍不久却抽兵
易之位六親與五鄉外卦世爻子孫旺三般有氣我無傷勿要落空亡
凡占課內卦動外平安動爻無鬼虛驚恐爻凶動稔凶張術者細參詳
外卦動內卦動興爻內外動爻俱動發若然我戰動鎗刀大戰殺聲高
鬼爻旺三四動交爻定生賊兵侵我陣急須回首莫相交動則我軍咷
四德用其課我軍强春占雷巽寅卯木夏火巳午得離鄉此理要知詳
秋乾位中西喜逢臨三冬亥子坎官卦土王用事艮和坤丑未辰戌冲

太乙式二十七 三十一首

太乙式逆順論陰陽五日六時成一局八門九曜遂時當凶吉利門方計六十時也
爲述者太乙式須知起造凶喪須得此出行蒞任動兵機用者得便宜
出軍日出門向何方開休生門三路吉一齊臨合自然良主將得安康
乙丙丁名曰是三奇天上若臨三吉路自然神助合天機任往莫憂疑
九星位當位八宮方惟有中宮寄在二術人運式細消詳依此我軍强
甲加丙龍及首爲先丙甲相臨鳥跌穴時中得此自然全得勝凱歌旋

太乙遁月奇合生門下有六丁加臨者此時攝政顯公卿上榮進書呈
開門合日奇六七方此爲地遁安營吉藏兵設伏免憂殃所獻日精長
星奇合休門有陰人舉善薦賢求猛將和仇說敵哲明言此法合先賢
月奇合生門見九天祭禱神祇行聖術布伏作法此間言神妙不虛傳
生門月奇合得九天所臨之位謂神遁宜作布籌行聖術祭神祇
日奇合九地見開門探賊機楊虛陣遙虛設假利偷營鬼遁隱神兵
日休并九地上加臨龍遁祭龍宜水戰祈求雨澤奏天庭掩敵有才能
生門下辛儀艮位安此處一方爲虎遁招安反賊討交關將帥總平安
論雲遁龍走有奇門便把鐵礫噴噀酒令軍佈望必昇平雲遁自相陳
論風遁白虎號張狂運式天星加地一察風起順祝吾邦此理合天蒼
九天上大利我軍陣九地伏藏宜密事逃潛云合避凶星隱伏喜忻請
五不遇甲午丙從辰乙日巳時丁日卯更兼戊日在於寅都是忌行軍
五不擊弔一九天法九地真符直使位生門通兵五般傷此法遁中藏
六儀刑謀事總難成遇着此時遭失陷奇門雖有也難生大忌用兵行
不符使都忌在三宮戊怕坤宮中在艮干離酉巽必爲凶災與甲辰同
三奇墓謀是沒人多好事中間須減力奇門難遇也難過固守免蹉跎
乙奇墓未上望坤方兩奇戊地酉中是丁奇同位戊乾張都是審明方
三奇將遊在六儀中子庚丑辛寅乾上卯五爲倒順行蹤八方四維宮

六癸丁天網四張時舉用所謀皆不定周天網者有高低坎地一宮隧
如急難事速要逃之刀刃對肩居左右行遇六十步無疑此事要君知
開門照六戊合奇門前程貴客相伏助陰人酒肉待相迎拜訪喜忻忻
休門外喜笑得錢財出門三旬五十里虵鼠陰人及小孩出外免無厄
生門上之奇合此門公吏官人生紫皂逢之軍馬六三程特應與軍門
傷門内補盜可移趁柱門有難前潛吉景門凡事不安居獻策稍通疎
死門上收戰莫逢之出獵更宜朝北向若還征戰賊亡威决勝要逢之
驚門路捕盜捉逃亡出行一二三十里路路道不通鵲噪狂論訟喜公方

占六壬二十八 四十五首

看行動咫取日辰推若在貴人前實事三傳同去此無疑反此却難移
看天馬辰戌亦同前若在支干應空發更還加季不留連人馬鬧喧喧
占虛實後六作天空若在支干虛事定天空爲煞最朦朧虛妄禍重重
占主客勝負早須知甲乙丙丁并戊子陰時出戰主凶危此事决無疑
占宿次今夜定如何太乙天罡太冲上支干見者恐奔遇准備禦兵戈
看歲月冲破時推之上將行年居此位行師身必有凶危禳壓始無虧
月將加所得之時看支干上見鬼罡星者主驚請將帥行年上見魁罡者宜禳
看六害用將及傳中若見定知他捷利更兼惡將定重凶不鬬却無凶
後三五前四將年辰若被日冲兼破害被刑之者負於人好記認爲眞

參詳取太歲頭上神居尅貴人處許事太陰六合僞爲真防備見傷人
聞賊去太吉是其元若在干時應未去若臨干後是虛傳勿聽此狂言
他軍走虛實好參陳神尅日辰天馬併傳楊定去必無人此兆决然真
經險路惟是忌天罡加孟前行喜不喜罡臨四冲巳中傷加季後逃亡
兵行次四季獄神凶春卯雷居震位此句一作春卯夏午秋酉冬子又乇來居震位四字辰年艮上一作
日辰年上忌相逢臨着失勛功
遊都將幷殺人重傷若遇德狼神幷合加臨不尅又加詳降　我軍强
又加祥應作有嘉祥
遊都將尅日至行年約束我軍牢固守若教見戰必遭㥩不鬭却爲賢
主年上須要尅遊都尅德此宮爲大勝多因拴捉賊首徒半虜半降誅
遊都將玄武與勾陳白虎年將須審稔休囚絶氣不傷人旺相却殘舟
元武將斷倒與前無同尅後三皆大勝後三來尅主皆凶却是審其中
勾陳將忌尅主行年若尅行年多敗死行年無尅見勛全細審去參詳勾陳尅玄武主勝
凶神將又尅主行年若遇行年尅前四此時交戰勝當先喜躍信起前
軍勝負六害卦中凶更作惡神並惡將直須固守候時風懼愼莫前冲上將本命見天喜興白虎凶無敗
遊都將臨日在如今辰上見之明日是支干不見用前神三二是朝廷
聞賊去仔細驗天罡若在孟方獨未去忽然加仲已商量加季發他鄉
三傳將遙日覓支干將尅支干休進戰三神彼尅我軍安必獲彼旗旛

課中惡忌見戰雌神傳送是春登明夏秋寅冬巳憂傷人日與喜神親

行軍課惟有伏吟時兵伏自然軍勿進預憂中道有儉奇神課要知幾

行兵課切忌反吟凶若遇喜神應解退惡神立敗禍來冲反覆我軍中

熒惑煞只是丙丁神如在金方兵已退亦無征戰不傷人發動愈重迍

看課內太白是庚辛若在東方奸賊至天罡加孟急如神驚備要專勤

課中聖惟是戰雄併四季孟神雄將位兵戰對冲是也若居喜將得相生旺相更爲榮

看課上與下要相生上尅下兮須損失逢占惡將必須驚吉將喜無爭

何煞重天狗是其殃無殺福神相次惡天雲併者也無防三害可商量

勾陳將玄武共相親帶煞併加爲惡煞若逢相尅不宜軍有煞便相侵

三刑內最惡是天罡或是季神爲日上中加四煞必相傷夜半恐驚忙

魁罡臨日主大將死臨辰主小將死日辰俱臨俱死

課驚怖日上細推尋辰巳大冲加日上若逢蛇雀見凶危復手也如之

大吉加日宜急去不可住辰上見太冲必有風雨若神后太乙加日辰夜有盜賊旺相必見無氣則不見

課驚怖辰巳卯三辰無殺相兼天馬併用之發課不宜人虛殺總相親

移伏起陽日在中傳陰則莫傳君記取覺知如此見由緣照處是推源

欲捕捉玄武定三傳相尅三傳皆捉得相生不尅是無緣好記不虛言

三傳尅尅日易前擒快出疾行方始得奸人移伏恐軍侵離日却難尋

傳卦中蛇雀與勾陳蛇主虛驚雀主火亦兼音信又公文仔細好推論

傳白虎相尅戰傷人無氣不傷途死損天空依舊是空陳旺處是窮貧
占行路逐日定占之有氣青龍并六合錢財倉庫定無疑多獲綵縑持
將一二發持忌勾陳若見後三並五六因爲發卦不宜軍遜步必遭迍
將軍吏支干審占之大吉小吉支干上天罡加並以同推不戰兩無疑
後五六即是我軍傷六師有人虚許説日辰不尅也無妨尅日不宜良

勘合真機

千山經軒氏藏

（奇）晨候楊精細用心日光主旱紫爲霖看他碧色將寒凍傍有濃雲一日陰氣灌陽光陽失色雲凝不動雨降臨教君仔細詳推看此訣應當直萬金

（偶）陰精有暈白如昏將見興雲雨意凝綠色必寒丹必旱色青虹現霧溟溟

（斗）北斗口中生白雲霎時飛上掩灼星來朝後日甘霖降契合天機妙法靈

（雲）白雲掃盡遍長空將起號天刮地風更有逆風雲走急地蒸礎潤雨來縱白氣經天卯酉時時臨子午雨淋漓或然子午時中見卯酉甘霖我預知

（天河）天河有氣似蛇行來日雲凝陰霧生雲氣或如豬度過三朝之內雨如傾

（晨奇）曉日傍生五色霞今朝風雨必無差夕陽五色交輝照來日晴空絶點瑕

（晨望）侵晨高處識凝眸一朵濃雲似黑頭直到此方臨此地斜飛他處潤他州

（虎煞）要知何方有雨來虎雲起處莫疑猜何堪撤手行持去頃刻之中霹靂雷

(明機)天文地煞總須知混合三才看化機若向一途窮妙理天時人事恐相違

(達理)陽極陰生理甚明古云熱極則風生天機地煞將符合叱咤雷神許汝靈

(氣候)池魚撥刺鳥翻飛體倦神昏思若癡游氣滿天凝復散散而復聚雨來時

(號令)雷霆卦榜在天邊口授心傳幾萬年不與凡夫問禮義認得眞時是神仙

黑雲靉靆朝昏見電光閃灼雨連綿若居八表觀高下四方上下亦如然

朝乾暮選月當天雖有雲容觀早晚太陽過頂亦徒占若還平日方爲定午時將末未時先

烏猪吐火成羣隊叫天相應風雨會翌日淋淋雨不開至晚陰霾方可退

烟籠寶鼎見陽光濛濛晚雨徧山崗赤氣徧天煩烈日白虹貫斗雨禾傷

要知雷霆聲緊慢早晚從教仔細詳白雲伴斗雷聲小白雲沒斗雨浪浪白雲漫天方有雨白羊過海雨商羊

赤雞紫鵝雷霆起黑雲對映兩相妨火雲對映水爲災天氣陰霾霧不開陰烟籠火歸西上東西相映霧雲霾

火雲相映三日雨映黑雲滂沱驟雨來忽然雲旋起高空必定來朝主暴風雲旋小時風亦小旋大震怒撼山峯

雲台突兀到天心對天相應雨如傾更看東西南北上若還不應半陰晴

金沙布地人難識風雨相交不須詰忽然有虹接天涯依舊山頭現紅日若是平分三日淋太陽散彩雨爲霖若還凝露紅波漲黑雲相應霧沉沉若是火雲相對照依然紅日現天心

太陽露足看高低忽然平頂亦齊眉若還平頂太陽現齊眉平頂出蛟螭青煙疊嶂露沉沉濃淡須教認

得真淡煙無脚陽光現濃煙有脚雨爲淫
雲垂四野忽然來若垂三向不爲災或有大風或虹現翌朝依舊又天開
烏猪渡河三五隻三更雨至無差遲若還一箇過天河半日陰晴難定奪
黑雲之內起魚鱗俄然雷雹雨盈庭若是火雲鱗甲現黑雲定捲大天晴
聖人傳此泄天機定知時刻莫差持傳者必傳莫輕泄天機難識俗人知

跋 孜白猿奇書補入

余觀衞公所述兵法在世傳之者有取勝神速易爲通曉應驗無差敗敵於須臾之間彼莫知吾得利之道者惟望江南最爲奇焉其所述人事國計天地風雨日月星斗雲雷氣霧禍福成敗靡不詠載然收得者往往篇目不周多寡差錯至得多者不過二三百余自與人久戰交兵洹水設伏叢來大敗晉師還軍莘邑軍行在道有一野老持書采獻焉諸偏裨免行圍獵庶全稼苗觀其書目乃李衞所治兵法望江南曲展視品題甚數五百茲始得定本余襲成敗裘晉軍可爲喜者得此書遂滿平生願雖窮冬盛酷未嘗去手比天使野老資余軍政贊我有梁殄逐狂寇貞明三年中休安劉鄩謹　跋

陳後主禎明三年乃禎祥之禎五代梁均王貞明三年乃利貞之貞已孜明白劉鄩乃後梁之名將

長春觀志

文藝

白玉蟾眞人武昌懷古十詠

渤海李理安撰

南樓

凭暖朱欄醉已蘇樓前眼纈望中疎漢陽草樹看來短洲岸漁家淡欲無薄暮鴉翻千點墨晴空鴈草數行書多情庾亮吟魂遠風泛蘆花秋滿湖

黃鶴樓

白雲黃鶴跡成遺何獨當年丁令威洞裏不知朝市改人間再到子孫非笛聲吹斷秋江黯月影飛來夜漏稀大醉倚樓呼費禕蓬萊山下幾斜暉

赤壁

不說江山笑老權盡稱造化戲曹瞞飛烏遶樹孤回首斷戟沉沙怒激湍豪傑已隨霜葉盡興亡儘付浪花翻書堂莫唱坡仙賦戰骨草中吟夜寒

吳王宮

不將膽命賦周郎安得兒孫見太康三國興亡成夢事一川烟草斷人腸黃旗紫蓋伊巴蜀翠殿朱樓自武昌縱謂西山非王氣金陵能得幾時王

靈竹寺

孝之一字協天倫信可通天感鬼神霜滿竹林安得筍心傾淚雨自生春祇聞郭巨曾埋子豈得曾參亦殺人鑿隧及泉愚爾耳斯人盍是舜之臣

奇章臺

登臺日費萬緡錢賓從如雲劍履駢食鼎歌鐘移楚地貂金珮玉整唐天緬懷珷鉞熊旂裏尙有冰辭雹語傳偃月堂中人用事牛家僧儒得稱賢

江漢亭

西風黃葉滿秋城水鳥飛無沙磧腥淮浪白如頭似白沔山青與眼俱青何人得見蓮花座此地空餘江漢亭一自仙翁跨雲斷遺蹤渺在蓼花汀

鸚鵡洲

無人爲叫禰平原表祖犆人豈識文鶴在雞羣懷月露豹將虎變欠風雲鳳凰池上纔方酒池在城南鸚鵡洲邊已自墳道大不容才見忌漁陽撾斷不堪聞

西塞

落盡桃花水滿湖西山西塞長新蒲斜風細雨今如許青笠綠簑誰又無聖主龍飛邦有道醉仙睡到日高栖何時堯舜無巢許我也人呼粘壁枯

南浦

越禽胡馬易空疎水遠天長夢亦迂南北故人鴻去外古今陳迹雨晴初雲連碧草別愁黯風渺綠波征騎孤三徑淒涼一杯酒夜深重讀寄來書

歸雁亭

嗟子尙未髮星星今日杯茶歸雁亭幾見霜翎巢白草數行書足篆青冥方將寄字來苕霅莫便翻身過洞庭握手亭前話今古仇池仙骨有餘青

席上偶成呈主簿兄

原氣推宗分不疎一相思亦檢輿圖三生骨肉幾囘別萬里音書半字無風雨每思君對楊江湖長只影
爲徒春城烟鎖南臺暮兩地襟情片月孤

提棲雲堂

高人占斷一生閒長得青山在眼看碁子縱橫星點亂琴絃戛擊玉聲寒無心捫掩苔三徑觀花庭栽竹
萬竿中有玄機人不會清風明月兩丸丹

呼喚體自述

只貪飲酒與吟詩煉得丹成身欲飛囊刼會爲觀大士前生又是派禪師蓬萊舊路今尋著兜率陀天始
覺非料我年當三十六青雲白鶴是歸期

張子衍爲至德知觀鄢冲真求詩

一簇樓臺水上居琅風韻竹動笙竽魚龍飛舞半帆雨鷗鷺眠呼兩岸蘆雪覆高低春玉樹月明表裏夜
冰壺漁郎倚櫂桃花落認得扶桑宮殿無

送蜀李道士

我居瓊海子潼川相望西南路八千乃祖青牛今不返予家白鹿尙閑眠雲萍草測眞如夢琴劍相逢亦
宿緣多少西風黃葉恨待須貰酒泛湖船

舟行適興

天知一舸過扶胥排辦千山作畫圖暮靄催詩歸彩筆秋光入酒透冰壺篙高點水月破碎雲脚行天星
有無岸柳江風共招手西風吹我出賁隅一作入羅浮

清聽堂

白龍過澗玉琮琤澗外松聲擊戛鳴烟鎖簷牙春二月月移簾額夜三更琴彈白雪陽春調曲轉高山流水聲清聽堂中杳無夢我將乘興跨長鯨

大都督制侍方岩先生召彭白飲於州治之春野亭因和蘇子美韻

夕陽花木丹青活烟月山林水墨昏碧縷倦飛縈寶鼎紅波驚漲溢金樽掀髯醉接君謨筆擊缶吟招子美魂因逐尚方雙鳬至亦隨桃李入春園

題天寧寺海月亭

晝潮夜汐大江東江上東寶剎雄飯了從容陪海月禪餘宴寂享松風寺有松風堂　主賓無間諸塵淨心目相忘萬象空橙熟手香吟筆滑餘情渺在夕陽中

柳塘送春

急雨將春過柳塘春因底事亦歸忙經時不放荷花葉昨夜盡收梔子香判斷千林成夢去安排一夏納風凉開眉無覓愁來處數筆晴雲盡水鄉

舟行西湖詩贈諸友

二十年來雲水身今凡七度踏京塵絲長歲月能多少粟大功名徒苦辛白日戲陪人世事綠烟鎖斷洞門春雲巖月岫今何處一聽猨聲一愴神

梅花

一自花光爲寫眞至今冷落水之濱惟三更月其知己此一瓣香專爲春清所以清冰骨格損兮又損玉精神雪中好興誰爲作只有竹如君子人

慶長春

霧捲千山萬里晴壺天春滿氣盈盈花心露滴無塵慮柳眼風開不世情稚子執迷遊廣莫老仙高會約
蓬瀛坐傾碧酒歎無極醉裏雲車倒載行

倦住持

出家移入道人家換上清虛冷鐵枷既悟幻緣非實相何堪病目認空花胥疏不及南山豹跨時真成坎
井蛙好藉十年閒杖屨水雲遊歷興無涯

月韜光

萬籟沈沈秋氣豪游雲薄薄天㵎高庾樓遠渚不成賞倚棹停盃空望勞月本圓明自如故逢時掩靄光
宜韜人生真爲物逆旅憂喜去來無所逃

初任長春觀

而今歷盡范萊蕪釜破廚空甑亦無敎杖蹩頤觀寂寞入門掩口笑盧胡安排冷淡爲生計指點虛無是
所需不掛一毫閒打坐更於何處覓衣珠

舊隱

野懷惟憶玩林坰杖履時時踏軟青眼界寬舒無物隔耳根清淨絕塵聽遶籬花本新粧靚脫粟齊鹽舊
典刑盡日經年無箇事也勝鵬運上青冥

洗心

心田荆棘剪除平火棗交梨二樹生靈物本然無少剩空花鎖落自分明若珠若鑒圓而靜如玉如冰潔
又清莫道又玄傳不得活機時復向人呈

無爭

翠魔束首龍心兵萬戶千門賀太平良夜雲收雍月白聖時海晏及河清全勝夢到華胥國不論時拘芥子城清淨本然無變壞寶珠含攝大光明

好爭

人我山高古一涯萬峯遮眼戢槎牙塵封古道無歸路烟鎖靈源不到家爭肯束心如縛虎祇須瞋目効鳴蛙一毫纔觸心兵發直得模尸亂似麻

隨流

沿流端坐泛星槎悟徹靈源却是家經卷詩囊閒戲具藥鑪丹鼎老生涯清溪道士邀明月白石先生臥翠霞相對兩忘三益友一篇秋水一盃茶

居山

盤石巍巍權寶座悉莎冗冗代青氈雲巖月竇排幽勝風伯山靈助法筵溪水茂林俱演道野花飛鳥盡通玄須臾逕及無何有不待言傳總是仙

合俗

誰家雞犬放知求一片頑心不肯收耳目鎮爲聲色役形骸常作利名囚向從薪者爭分鹿懶逐庖丁學解牛顛倒是非無暫息轉輪生滅幾時休

參玄

嚼破重玄色色真金花出水淨無塵壺天風物時時別洞府雲霞刻刻新應化因緣俱幻相亘初消息自通神叢林草木無分別自是人中真箇人

迷家

弱喪淪流路轉差蛉蛢千古不還家檀槐身世同行螘蠻觸閻浮等戰蝸聲色纏綿濃似密是非翻攪亂如麻誰能自立衝天志跳出迷津上月槎

獨行

印破玄玄得縱收須看毫末盡天遊忘懷物外求雞犬恒服從人喚馬牛有質揮斤無犯鼻無情墮甑不回頭寥寥月白風清夜江海飄飄一葉舟

味眞

清淨無爲體妙玄一毫纔起汚心田伸眉頃刻生多事啓口分明落二邊有底坐同株塊累幾多空被葛藤纏聚頭作相干何事勘破般般不值錢

實德

纔生一念鬼神知旡本良心不可欺濟物利生忘取舍從人屈己事謙卑私邪偏亢尋常撥忠孝仁慈上下移恭謹至誠無諂曲人天何處不相宜

塵緣

交辨東西別有功此心難與世情同瓊漿淡靜無知味濁酒喧呼自作叢鮓甕乍開蠅滿側虛舟閒纜水連空蕙蘭不惱無人見依舊清香拂晚風

像法

立像明真便失真朦朧昏眼更添塵丹青自此遮玄藏土木何年露法身幻出因緣徒誑世橫生機巧暗繩人慢神諱鬼彌天過不畏閻家老子嗔

教網

入門戴上鐵籠頭牽去棄來不自由鉗束只依吾教誡封緘不許外參求天堂妄相謀求福地獄虛聲譚作憂久久薰成倡鬼倗妖邪惑魅死時休

趨時

侯門似海我如魚懸箔高門一一趨口自囁嚅心局促身將擎跽足趦趄道尊德遺斯爲妄俗網塵情自是拘元本棄家圖筒甚思量渾錯用工夫

俗念

茫茫苦海浩無邊宂宂凡情總倒顛眞僞顢頇無所辨是非淆亂孰能詮傾城共認狂爲聖滿地惟看正作偏舉愛便宜爭敢逆何年栽活火中蓮

心亂

貧窮叨濫富驕淫無足勞勞分外尋觸處施張行跡僞動中搜索計謀深不生公正仁慈念但蓄私邪利欲心積惡貫盈無可逭非災横禍一時侵

妄作

鑿破天眞事事訛日增人僞不知多間神野鬼爭呈幻走骨行屍自作魔利己害他常設險貪生競物謾張羅隨生惡孽空擔負果報臨身奈若何

看經書

通書也勝不通書及至通書可笑渠只向口頭閒咀嚼幾會心上自躊躇是非人我旋增長利欲私邪肯破除向上一機明不得之乎也者竟何如

黜聰明

非破聰明總作愚聰明惟恐自糊塗文華秀麗知而得湍淨圓明會也無多在舌光呈伎倆少能心地用功夫何時宇泰天光發始信虛閒卽道樞

化空

造化相謾人不識變態神通誰委悉電轉機關不可防黯黯前程暗如漆翻掌存亡與消恩朝四暮三顛倒七憂喜橫生沒奈何一團虛幻看成實

建化

元眞非相相非眞建化門庭總屬塵塵裏孰能開正眼物中誰解露全身解粘釋縛無多子拔萃超羣有幾人自料本行非大器且宜清靜自頤神

住院

閭閻膠擾無休局人事將迎勞檢束徒輩擎擔冷鐵枷院門住守風流獄一毫失照心同俗聚塊拈來泥裏浴慚愧西風著力吹斷雲縹緲依岩谷

論經

羣經權作躡天梯黃葉拈來暫止啼過雨試看荷出水因風尤喜絮沾泥豈宜鼯鼠乘車馬未見鶢鶋樂鼓鼙上里巴歌殆成俗陽春唱出轉增疑

自縛

有生翻攪不知空戈戟槎牙塞滿胸非是海中窮徹底我人山上長奇峯迷繩自縛三千匝法網橫囚一萬重妄想欲超生死窟知他閻老肯相從

壇場

聚頭作相巧相籠直得睪愚立下風弄假像眞眞作妄將無作有有何功指空畫空未心得依實主實還在中呈盡許多閒伎倆化人不覺自盲聾

未濟

劫運消磨惡轉遷幾人曾結善因緣火坑炙熁身翻焰苦海瀰漫浪接天有底揭竿趨灌瀆幾多鳴棹泛漁船昔年任老今安在不見虹鈎犗餌懸

忘外

具足莊嚴古道場活人芝草返魂香全提法界藏真境未放吾宗出葆光堯是桀非俱莫辨鶴長鳧短兩相忘太平無象家家遇拂袖歸來入醉鄉

塵累

萬塵堆裏喜擎擔衣要尖新食要甘費用關心深計度向求如意引貪婪名纏自作投籠鳥利縛尋爲作繭蠶分外閒愁認爲樂騰騰不覺一生澉

尋山

咄嗟性癖愛尋山及至山閒却憶還俯仰坡陀艱負荷崎嶇磴節倦躋攀力疲飢虎時臨側獷獵傭樵暮叩關爭似定心如山立卓然隨處自安閒

遊仙人澗

信步登臨學采眞公和遺躅鶴山鄰道鄉自屬雲霞侶地僻元無車馬塵石底靈泉寒浸月殿前古柏暗藏春草堂喚起山童問還有呼風長嘯人

訪五老巖

五巖壁立列山顔洞將深沉積翠環華蓋彌羅懸玉室石門幽邃透玄關物經換世人何往人去朝元鶴
未還雅操不聞遺跡在一天明月嘯臺閒

溫邦瑞壽日

阮宇朝來氣象佳暗添福壽在君家人間幻境他時識物外真風此日誇保命玉壺收絳雪延生金鼎煉
丹砂肯來共飲玄洲上坐看蟠桃幾度花

北宮懷古

杖藜徐步覓宮庭大化潛移入杳冥草木別沾新雨露亭臺無復舊丹青瑤階滅裂余蹤跡玉陛摧殘在
典刑水鳥不知人换世夕陽依舊聚沙汀

憶故宮

積木雲屯結建章長驅胥靡固金湯釀成蠻觸鯨吞力變作檀羅蝸戰場一夜宮闈餘燼末百年人物盡
荒涼載思鼎沸繁華日誰信西風草不黄

燕然感舊

金源失鹿走中州不覺灰飛五鳳樓掖衛宮庭成草野衣冠人物盡沙邱鼓鼙驚破華胥夢雲水初期汗
漫遊佇看西風小搖落白蘋紅蓼幾經秋

同前

活機傳得已忘年今見人天道兩全卓立吾宗超萬古圓融事理具三玄宏開寶藏無鉗揵密應樞環拂
正偏挽轉銀河乾作屋瑞光揮霍鎮燕然

祝清和真人壽

捧日開天下玉京玄門砥柱海山英三千甲子世間出九萬靈仙方外盟壽帝永堅松化石年齡輕越芥

塡城眞容浩刼常如此坐看黃流幾度淸

顏蓋大師九月五日壽

素履麻姑金母儔偶乘風馭降中州蟠桃不吝東方朔火棗親傳許遠遊香靄雲和淸持室玉芝瓊蕊宴

神洲蓬萊淸淺閒談笑紅葉黃花幾度秋

送賈講師之東平

芰荷香裏送君行可掬歡容出鳳城暖日鬱蒸歸旆急薰風披拂羽衣輕驚回故國三年夢數盡征途十

二程別後東西南北客幾時重遇話班荆

送趙子眞送藏經于朝廷正統年修道藏

憶昔同遊金鳳臺臨高望遠思悠哉重來又作燕山別不意翻爲驛馬催寶藏玄輝天上去塞塵秋色鬢

邊來歸期已定終年約莫遣丹心一寸灰

悼郭超然

寶藏翻謄總不眞遺編斷簡卽蒙塵驚回卓爾音容古夢破瀘然氣象新浸假臂雞人境暮穩乘神馬帝

鄉春鳴珂逕及通明殿不管關情淚溼巾

送王大師赴闕

補天親及翠華宮挽轉銀河別有功鶴報金書來紫府雲融彩色見蒼穹布揮惠澤沾枯朽搖蕩仁飈發

蔽蒙瑞應合傳天上去坐觀鵬翼又搏風

題遇仙宮活死人墓

靈源痛飲解吾宗浩刧師眞面目同醉眼忽開天地窄夢魂驚覺海山空輝輝金玉花爭發璨璨珠玕樹作叢借問終南千古意百川無語自朝東

紫峯老師南行

乾坤徹視一蘧廬變動不居遊太虛觴物昏明承影似從人俯仰桔槔如洪津浩汗橫慈艇古道峥嵘運德車多少步趨瞠若從絕塵奔逸到華胥

同前

阿師先得箇中眞紫蓋峯前舊主人呼吸一風號萬籟圓明孤月照通津北臨燕薊光塵混南渡梁園草木新到處不煩吹暖律從容寒谷爲回春

題老子過關圖

皓首童顏幻化身青牛薄鞏踐黃塵月敧天笠溪山曉風慶函關草木新跨古騰今乘日馭入無出有化飈輪欲窮妙處非名相不許丹青畫與人

悼張文叔和林返真

活火丹鑪計已遲風雲閒置不哦詩衝開八極神遊日勘破三生夢斷時楚些招魂聊復爾越吟思舊亦奚爲空遺腐骨寒林下春去秋來塞鴈悲

送左法師赴闕

元放傳家幾代孫數年矩步謁金門纔聞風旆離天闕又報星軺復帝閽分應王公希薊訓功呼神鬼劾劉根燒山符在隨時用輔正除邪仰至尊

餞趙法師赴闕

驛程冰雪路賒長別語怱怱酒一觴篋貯羽符增氣燄匣藏神劍動光芒祓除氛祲從王事驅馭風雷及帝鄉竚看一吹山鬼伏蒐畋無復見彷徨

于公大師挽詞

阿師紫府謫仙儔畢竟終期汗漫遊心迹兩忘三昧了世緣七十一年休葉凫飛去山啣月鄂笛聲遺黃鶴樓望極渺茫滄海闊斷雲飄忽鳳麟洲

警世

春去秋來不暫停兩輪催促太無情蝸牛角上爭名利石火星中寄死生閻老判勾難抵當酆都决去沒期程有條坦坦分明道爭奈迷人不肯行

跋真理融會堂

滑滑靜盡卽成純舉目圓融大法身交際不拘通理竅活機潛運卽吾神百川汩汩朝東海萬曜煌煌拱北辰說與春風舊消息野花芳草一時新

跋坐忘圖

乃公形似橛株枸坐斷逷逷轉塗條忽有無同混沌乾坤俯仰一蘧廬忘懷健羨遨東鶴不肯輕飛葉縣凫聚塊積塵休比擬寥天大地莫非吾

誠齋

誠意正心居此齋名師良友喜相陪庭前翠竹迎風立堦下紅葵向日開曉樹不聞天籟靜夜窗分得月華來桐飛一葉還知否已布秋容遍九垓

憶三山時在燕京長春宮

昔在梁園載笑歌採芝風韻氣峨峨方池曲沼景如許瘦竹疎梅清更多玄圃鰲頭心自解草堂龜背意如何惟餘夜夜三山月依舊金花蘸碧波

道性

明明不是物了了亦非心浩浩通天地冥冥貫古今有無常顯化生滅妄浮沉神鬼莫能測聲聞何處尋

稟受

骸骨生從地靈明稟自天六門陰鬼伏亘古谷神全性月光輝普心珠照應圓萬緣齊泯滅安穩到重玄

委形

天倪收委質化物舞强陽擾擾是非海區區名利場百年身頃刻千古夢悠揚向上忽透脱元神歸帝鄉

大身

乾坤融大體俯仰一蘧廬萬曜高懸鑒羣生類數與有無神變化消長氣吹嘘未出洪鑪外那能遊太虚

夜坐

枯坐塵心滅忘言道味長不名蝸境界無夢蟻封疆炕煖頻燒葉鑪溫旋炷香夜深何限意明月滿虚堂

觀中

苔蘚侵新砌松陰亂古壇養茶燃木葉撥火炷山檀壁月穿茅屋香風動藥欄洒然清況味同志莫盟寒

丈室

丈室容真境蘧廬映寶臺戸扃三界隱簾捲九天開擊玉雲軿集鳴金鶴馭催洞中人不老碧酒鎮相陪

世事

世事元無限人生自有倪不明樞始用終被物情迷獻笑防遮目臨危悔噬臍未然先薦得扶超上天梯

雲遊

解放虛舟纜踈開冷鐵枷罄聲閒日用百衲舊生涯踽踽人間世飄飄象外家虹竿好收拾鈎餌飲雲霞

春

卜築喜栽培功隨造化開蔬畦臨井側藥圃近牆偎次第榮桃李慇懃闢草萊不知人世事日用信優哉

朝

昧爽擊金鐘虛堂振祖風隨宜皆妙用或使盡神功寶鼎雲蟠結茅簷氣鬱葱孜孜爲利者寧共此時同

坐

擁褐蒲團坐黃塵不到門黜聰非拱默忘我復吾存祖意何須錄玄虛且勿論本然祇這是安穩度朝昏

日用

要行卽行要坐卽坐忺時歌困時臥解語無舌人逍遙如此過高閑雲和不用彈免勞更覓松風利

全真

全本無虧真元不妄本全本真一模兩樣開口落名言揚眉成影像主人拂袖便歸來還鄉曲調如何唱

玄妙

萬緣休處更何言向上機關沒口傳此外別求玄妙理大家總被葛藤纏

精神

古老精靈馳騁神通縱横自在變化無窮出入金石蹋弄虛空乾坤輕觸百雜碎一喝髑髏三日聾威如虎勢如龍莫教撞入葛藤中

魂魄

性是主人形是宅遊卽爲魂止卽魄若將分別論玄機毫末有差天地隔

藏天下於天下

無道處疾迴轉有道處莫留戀虛空分付與虛空天眼龍睛不可見

主賓

誰是無主人喚時開眼顧六戶放光明四門常擁護主是賓賓是主主人公休暮故月華亭上行枯木堂中住一朝脫却臭皮衫三生十方惟獨步

右一十八事答廉先生所問

客人扇頭

螮蝀臆中蟠龍蛇腕下走達則天下通窮則一身守默然默然緘口緘口好將萬里奮鵬心換作三山釣鼇手

七言絕句

勉進三首

大道無形體若虛肯心於此著工夫雲收月出青霄上一段光明何處無

心鏡

收拾菱花不記年晃然孤月下瑤天虛堂掛起驚神鬼瑩靜光明滿大千

仙凡

身在玄門四十年醯雞衝破甕中天縱橫自在寬如許蝸角蠅頭不直錢

玄門

得失循環不可爭平懷本分道中行仙凡一例俱休問記取元初作麽生

其二

天光宇泰自分明射透閻浮破鐵城遍界疎通無擁塞山河大地坦然平

其三

天機消息有無間斡運乾坤萬象閒撥動亘初關捩子一時春色滿人寰

其四

天府無容無不容一毫包盡太虛空打開封鎖交君見笑倒厖眉祖老翁

同前

羣仙高會話方壺笑指蓬萊水漸枯莫更飯牛歌白石好尋因象索玄珠

林泉

草木叢林總是玄冷冷寒玉漱流泉坐忘遺照人誰解露滴松梢月正圓

修眞

修真真處亦何修咄盡諸緣萬事休成就本然功德性步隨明月上瀛洲

神仙

神仙其向外邊尋正是元初一片心洒落萬塵籠不住立教太上萬年春

雲山集

知常眞人姬志眞撰

瑤臺第一層

一點元眞被妄想招來幻化身蟪蛄朝菌須臾情識結習迷雲火坑千丈機詐萬端白浪黃塵謾横陳向汙泥坑陷苦海沉淪　紛紛存亡得失是非榮辱苦因循有時開悟癡團粉碎眼孔如輪性珠穿透方信葆光函蓋乾坤自通神有壺天不夜洞府長春

木蘭花慢

眩烏飛兔走競出沒疾如梭更影戲浮生繩提幻化擴弄教唆吹噓往來變態鬧紛紛平地起風波止是蠅頭蝸角古今翻攪如魔　蹉跎勘破驚回塵夢冷笑呵呵悟本有元初靈明好在無少無多收藏更休點汙對野雲溪水唱山歌月下無人獨步杖挑兩笠煙蓑

其二

笑平生幻惑遇牢落物華秋對世路羊腸人心蠆尾剛變爲柔紛紜戰酣白蟻向槐檀影裏覓封侯一覺黃粱未熟百年光景都休　推求往古來今成底事盡何樓勘富貴浮雲功名畫餅身世浮漚分明眼底見假便一刀兩段不隨流躍出迷津欲浪月明滄海歸舟

其三

選峯巒佳處結茅屋伴蒼松有藥圃芝田耕雲釣月香藹靈風凭欄俯觀寰海皷洪濤千丈接長空幾度蓬萊清淺杳冥滄混魚龍　三山聖種猶存聾瞽輩覓無蹤笑阿母蟠桃安期遺棗引誘兒童任公巨緇

好在犗鈎懸五十引長虹蹲坐三年不見若如何日相逢

水龍吟

萬塵諸累重重一時穎脫如懸解青鞋拄杖鶉衣百衲浴身輕快南北東西浪萍風梗去留何礙許昂藏笑傲行歌立舞縈心事無纖芥　不問壺天境界更誰分區中方外如雲似水優游散誕縱横自在轉首襟期世緣空幻到頭終壞待他時與躡雲霞堆裏結無爲會

其二

此身幸脱塵樊累宜更選清涼地山靈招我峯屏岫晃回環凝翠白石清泉竹軒松逕草堂林際揀憑高穩處儲風養月更誰問人間世　歷盡湖天景致笑桃源落花流水箇中時復靈仙高會彩雲揺曳談笑滄溟幾番塵土刼灰彈指倒金壺碧酒鯨波一吸且陶陶醉

其三

古今興廢存亡落花滿地香風掃茫茫苦海洪波千丈無窮膠擾俱在天真浪遊塵境執迷顛倒自玄都別後流離宛轉誰更問長安道　但念功名未了聚愁眉苦縈懷抱幾時會得三田靈秀活人芝草霞彩雲英竹風松月藥鑪丹竈煉深根固蒂長生久視永無衰老

酹江月

初機學道道無形著脚如何蹤跡只在靈源方寸地體正元初端的激濁揚清明眞學爲掃蕩諸邪僻迷雲消散豁通方外虛實　主人堂上無爲環樞應運不許纖塵及徑入無何眞境界明秀高峯玉立瑞氣冲融祥光赫弈忘盡塵樊質逍遥遊宴壽同高厚無極

喜遷鶯

欲明眞便趣掃蕩多少亡羊歧路脫落皮毛惟成眞實絕盡向時行步一朵玉蓮開展不受纖塵點汚收絳雪飲玄霜依舊神丹圓聚　自得無疑慮獨向翠微手植無根樹顆氣橫空靈源浴月光彩一時揮布萬斛賽珠莫比擁護收藏堅固神莫測鬼難呼功滿驂鸞歸去

水調歌頭

端坐懶成癖雲水興何加襟懷洗書塵物別有好生涯選甚瀛洲仙闕鬧市花街柳陌觸處光華切莫問龍虎白雪與黃芽　不躭詩不殢酒不拈花從來本面公事何必向人誇畫覽故山風物夜被玄天星斗百衲掩雲霞神鬼莫能測頃刻遍河沙

其二

漂泊異鄉客踏碎軟紅塵歸來處處庭戶簾幙捲黃昏南北東西行色費盡芒鞋多少何處覓天根光曜問何有亘古窅然存　入無何遊太漠越崑崙風仙底箇消息未許等閑聞亂眼空華容桂魄團圓如舊穿流水無痕尚賴抹擔伯高捲嶺頭雲

滿江紅慢

萬論千經俱涉獵欲求眞覺驗古今行迹移在口頭渾錯不向心中團練就多生浩刼空牢落會本眞神口未能言方學　無一物空索索常清淨通寥廓下功夫涵養不須霍白雪陽春誰與和村歌社酒爭跳躍看牛毛如許幾人知同麟角

滿庭芳

全本無虧眞元不妄從來何少何多靈源亘古天地與同科奈染諸緣萬境生情識招致羣魔難超越虛生浪死若海任奔波　聰明求出離回機一念決證無何拗元初本有些子殺訛應現頭頭總是明在依

舊山河高懸鑑又還打破拍手笑呵呵

李老先生慶八十

南極儲祥少微呈瑞八旬應現人寰水雲疎散金鼎鍊神丹香盡長春洞府逍遥占物外高閑無衰老龜旋鶴遶相對具怡顔　殷勤重禱祝溫爐澹炷劫外旃檀念亘初容貌不許凋殘通古今如亘暮蟠桃見幾度華繁常常在金壺碧酒高會列仙班

李社長壽

桃蘂蒸紅杏開微白仲春風物宜人蓂疎九葉隴右降天眞應瑞葱葱佳氣賓貌炷刧外濃薰鳴金玉琅琅聲裏高會洞中賓　良辰當勸勉仙風道骨早早離塵悟人間虛幻著莫因循看取蟠桃結子靈芝秀不羡莊椿常如此洞天深處獨步翫長春

金童捧路盤

夢幻閻浮捨故趨新倏忽化機潛换天地一坵墟會心冥冲漠野雲舒卷寄迹虛舟鑒形止水風激游絲斷空玉宇無塵清澈混物我寃親相忘鵬鷃鎮樗散此際鷇食鶉居逍遥遊晏　聞乎無聲視無色罷金鎚去膜作空花觀窗戸有餘清泯人牛蹤跡素華明煥勝概幽遐洞靈縹緲直許羣眞翫步坦途搖頭捬臂到醉鄉勝入高陽池館世情遠浮生瞬息歸來晚

玉女搖仙珮

先天有物未始難名彷彿氤氳元氣太極形生雞黄乍判散作萬殊千異總被形囚累恣營營念慮多方百計競聲利揚波皷浪唯是無窮四事而已空膠擾人間販骨番騰終成何濟　誰信火傳棄舊物禪迎新弄我真同兒戲勘破搖頭伸眉一笑照徹多生凝滯妄構閑非是總休論枉玷林泉風味秋盡夜雲收

空界纖塵不動月明如水人長在碧桃影裏醺醺醉

東風第一枝

遠樊籠虛舟不繫披覽閑中真趣未嘗羨珂里榮名未嘗羨金闈矩步乾坤俯仰開扃牖晃朗庭衢會襟期徑入無何脫巾奮然箕踞　也不慕龍蟠鳳舉也不問文林武庫欲事爲無事無爲欲思慮何思何慮翛然不澹涉人世居居于于向故園管領光風歸來似嫌遲暮

江神子慢

玉童朝報徹仙夢斷華胥太平國素屏側金鑪熒炭襯雲心虛白玉封坼一瓣纔拈清馥馥氤氳滿靈空無間隔遍飄三境融融通高厚貫金石　神州初凝玉釜記不萌枝上微露春色幾人識塵凡阻豈許垂爪明得氣綿密洞府高真俱默會遊蜂蝶紛紛無處覓杳然曳縷虛凝入寥天一

春從天上來

纍纍塵埃嘆自古悠悠不省沈埋利名場上人我叢中單認這箇形骸念本來一點誰無分都是仙材謾疑猜喚千聲酩酊不肯頭回　何日夢中驚覺管識破從前白蟻庭槐洞天深處霞友雲朋談冰咀雪相陪對紫芝幽圃香風裏碧酒傾盃信悠哉有龍虎蟠遶沉醉蓬萊

天壽節

帝錫嘉祥正九五龍飛大業繁昌斡旋洪造整頓乾坤雷轟電掣成章向玉京金闕威音震膽裂遐荒勝陶唐應羣眞交會四海平康　帝論普天率土但蠢爾生民共賴胥匡蛸翹蠕蝡葵藿傾心曷報惠澤恩光炷蘭薰瑞靄祈黃屋枝葉聯芳祝吾皇願龍圖永固聖壽無疆

望海潮

春冰初泮長川洶湧桃花碧漲波瀾海若幸臨馮夷自笑靈源退鷁來還塗抹興闌珊便截斷懸流撥轉機關回首人間底事膠擾蟻循環　蘧蘧世夢驚殘顧雲間岫幌月貫山顏芳草藉茵森松偃蓋羣巒聳碧欄杆天地許多寬方自在無拘心契金蘭寄語功成事遂佳處莫盟寒

婆羅門引

一毫不立萬緣俱遣露眞詮沖虛躡景冷然莫向他方物外別覓洞中天是韓獹逐塊陽焰爲泉　亘初本源只這是更無玄默究端端的的體用完全分分朗朗放一段光明不記年還會得心月團圓

侍香金童

天壤之間蕩蕩無拘束一二襟期資野服何處會心宜卜築萬壑松風一溪寒玉　扁茅堂濟灶溫鑪香味馥聽雅奏雲和塵外曲列岫窗分真面目未到蓬瀛乃平生足

倖言玉女

覿面相逢一顧眼中人識會心冥處遙山寸碧洞天雲影磊落翠巖蟠石芝英好在幾經秋色　淺淺蓬瀛談笑間滄海易採眞攜手共遊天地一人閒盡恁電轉風翻塵物玉峯高會莫通消息

鷓鴣天

雲散風清雨後天新荷擎露碎珠圓清泉汩汩流塵外白石巖巖賴醉眠　山色裏外聲邊留連風月話重玄溪童欲問人間事笑指漫空柳撒綿

臨江仙

舉世紛紛爭富貴道人獨占清貧清貧柔弱得安身心閑無事過隨分樂天真　一點浩然如古鏡圓明不受微塵護持功滿自通神超凌三界外遊賞四時春

萬年春

夢到華胥半天宮闕塵凡表異香縹緲曳縷雲霞繞　浩浩靈空不夜神光皎誰人曉與君知道永刼春難老

重陽日遊瓊花島

燕山重九約朋儔杖屨瓊花島上遊荒徑披榛穿古洞危崖聳石玩神洲蒼松古柏蕭森日紅葉黃花冷淡秋一事無懷幽興盡却尋歸路棹輕舟

武陵春

造物化成虛境界人我是非叢蠻觸交侵各用功都在夢魂中　勸飲一杯方外酒兩頰鎮日長紅醉眼朦朧望碧空著莫辨西東

柳梢青

人靜月明時節漸煑著鑪中火滅心宇灰寒古桐絲斷燼花凝結　惺惺夢及華胥迴表裏冰凝玉潔瑞氣沖融丹雲縹緲五明宮闕

一剪梅

雲水鄉中卽是家性躭邱壑志傲煙霞淸虛已戰勝紛華世事從他擾擾如麻　客至何妨不點茶相忘交結冷淡生涯坐中無物向人誇唯有延生一粒丹砂

巫山一段雲

寂照山御喞月虛心出岫雲不留不礙貫天輪來往自通神　誰向空中作主端坐放行收聚有無光曜遍乾坤眞宰默然存

其二

法雨神仙秀靈風瑞草香洞天無處不清涼日月景遐長　玉珮金鐺搖曳飛步太虛遊戲五雲深處飲瓊漿醉沉太平鄉

草堂集

五峯白雲子王先生撰

詞　滿庭芳

因臘月二十二日迺重陽師祖憫化妙行眞人降跡丹陽　師父順化慈願真人昇霞衆道友修齋畢以詞贈之

雪霽郊園，冰凝池沼，時當深入窮冬。重陽此日，降跡闡真風。還是丹陽師父，辭塵世、飛上天宮。玄元理，一昇一降，顯現至神功。無窮真匠手，京南陝右，河北山東。但兒童耆老，誰不欽崇。應物隨機順化，垂方便、三教通同。諸公等，從今已往，何日再相逢。

詠三教

釋演空寂，道談清靜，儒宗百行周全。三枝既立，遞互闡良緣。尼父名揚至聖，如來證、大覺金仙。吾門祖，老君睿號，今古自相傳。玄玄同一體，誰高誰下，誰後誰先。共扶持邦國，普化人天。渾似滄溟大海，分異派、流泛諸川。然如是，周遊去處，終久盡歸源。

平州節使完顏驃騎命作醮索詞

和氣融融，日遲風軟，艷陽物景相宜。園林鋪繡，桃李正芳菲。燕語鶯聲鬭巧，黃金嫩、柳帶低垂。香風細，仙姿是日，分瑞向深閨。神儀何秀發，溫顏玉潤，鶴態依稀。志謙和慈惠，大善常持。遐壽不須重祝，真元性、自有仙期。俗緣斷，人間夢覺，還去宴瑤池。佑國雄才，皇家貴戚，銜恩守鎮平山。一方安堵，何幸感怡顏。視衆猶同赤子，寬刑憲、矜恤愚頑。無歌曲，政聲流美，應遍滿人寰。公餘重積德，投誠奉教，使保心閑。又遠蒙見召，祇建靈壇。醮謝諸天聖衆，仗青詞、開啓陰關。從今後，高真降鑒，名係上仙班。望海潮

玉鑪三澗雪 本名西江月

和秦先生

策杖水雲遊歷一身到處爲家洞天高卧養丹砂茅屋柴籬入畫　收拾黄茅白雪合和玉液金沙龍中甘味不須誇奪箇仙魁無價

贈平州菩薩堂劉僧

大道豈分貴賤人人箇箇圓成休教方寸萬緣生念念常歸清靜　達了這翻消息不須屈體勞形靈臺皎潔勝冰輪照破無明種性

謝道友訪及

魯拙倦貪世利疎慵性愛山居深承道友喜相呼來結良緣妙趣　但願徐登壽域更祈重悟虚無塵勞放下萬緣除高卧白雲深處

勉道友

全眞妙道先把我人山放倒妙道全眞决要收拾精氣神功圓行滿撇下皮囊都不管行滿功圓朝拜丹陽師父前無爲清靜虎繞龍蟠歸大定清靜無爲子母和同出入隨逍遙自在去去來來絶罣礙自在逍遙一任山林與市朝人非人是識破全然渾小事人是人非恰似春風耳畔吹真功真行意馬心猿休內縱真行眞功十二時中鍊氣冲

贈羅家莊道友

羅家一境曲水環山相掩映地秀人賢慕道崇真種善緣邀予至此供養慇懃心不止報德無方惟願家家福壽昌

羅家莊梁秀才叔姪處化地建庵

長嶺峯前羅家莊後來山去水真明秀而今若把道菴修他年應引神仙湊　爲寫新詞聊充讚祝福緣善慶從來有叔姪暫結有爲緣子孫永享無窮壽

誡釋道相辯

禪道本來無辯證皆因古聖强名不須方外謾勞形人人俱有分箇箇總圓成但把萬緣齊放下切須戒斷無明給孤園内任縱横泥牛哮吼處日午打三更

警世

人本是神仙只爲當初縱馬猿換骨更形無定止連綿使塵情種種牽　若解固根原玉鼎金鑪聚汞鉛鍛鍊三千功行滿還元復返逢瀛變遷

余隱居崐崙山清神洞常習不睡因久坐不覺雪降其夜稍暖巖溜半溶似乎有聲俄然而起出戶視之四圍山色盡爲更變

因倚松而作是詞寄同道

世事紛紛何事苦死去生來輪販無停住有幸高真開法宇引人同上無生路　路上行人當聽屬屬付虔誠念道忘思慮清静功夫昭且著無生路上常相遇

七言律　慧劍五首

利物從來吹斷毛安邦輔主鎮凶豪忿生殺氣乾坤窄怒發陣雲天地高三尺寒光驚鬼魅千條冷豔破邪妖一聲霹靂九霄外化作飛龍不見毫

非是雌雄别有鋒除邪破怪射寒空澹臺落處七星燦周處揮時萬派紅素色陰陽無可攝清光天地不

能籠自從戰罷蚩尤後已得清平不施功
匣中取出絕纖塵季札歸天無挂人寧受黃巢安社稷喜酬漢主定君臣動搖三尺諸邦息揮掃八方萬
國賓當謝軒轅傳在世故教除佞佐明君
三尺龍泉射斗牛不平之事便分憂磨開殺氣千魔息錯出陳雲百怪愁雪刃如風涼九夏霜鋒似月鑑
三秋休休了却太平事推向天邊永不收
吾獲寶劍已多年入地穿山得自然瑞氣鑄成羣怪匿清光磨就萬邪遷輝輝光焰射星斗燦燦鋒鋩覆
地天閑挂碧霄宮殿側不須重舉作神仙

警世

紛紛俗事日時忙昧了靈源勿忖量利害場中揮舌劍是非浪裏鬭唇鎗人間冗冗光陰速物外寥寥春
晝長只此榮華何可並豈知沙界遍仙鄉

題紙扇

和氣氤氳滿洞天孕成靈質行功圓醉眠青嶂聞禽語喚出長生久覩篇

題龍門九龍觀

咫尺仙鄉路不長靈臺無垢悟眞常三焦暑氣穿腸熱一舉清風透骨涼

天壇

龍門晝夜水潺潺霧鎖煙籠沒淺山碧洞深藏無限景孰知蓬島在人間

題隱泉

飄飄風袖謁仙壇壇上無人獨往還玉液滿斟時自飲笙簧誰奏碧霄間

山勢迴環枕涌泉洞門高啓出雲煙挽迴世態紛紛境占得人間一洞天

遊長春觀贈何監院　官文

古觀焚如歲月遷問誰火裏種青蓮春風料峭雙峯樹鬱氣絪緼萬縷烟每意滄桑增閱歷欲尋洞府學神仙有緣到此休空返且上回頭普渡船

緗符湘鄂又勞人鼓枻中流好問津盪影當空盟皦日結茅立願避紅塵江山無恙登臨感風景依稀物候新蓬島會心原不遠仙蹤萬古慶長春

同治二年大亂初平湖廣總督官文蒞鄂遊長春觀一望荒涼焦土棖觸不已因作七律二首以贈何住持合春惜墨蹟零落不可復睹光緒季年某名士無意得之於古書肆間今併附載於此再三玩讀覺情景纏綿悱惻淒淒動人蓋官督飽經軍書多歷年所至是天下敉平回頭是岸或者有出塵之想歟稽其捐鉅貲重修長春觀而益信因果之說爲可徵也

碑誌

重陽祖師開道碑

原夫至道出自先天太上卓爾立其宗累聖襲而張其後靈源妙本既發而不蒙幽楗玄關大開而弗閉從此設教代不乏人然而順世汗降乘時步驟去聖逾遠靈光不屬波瀾既蕩異派爭流枝葉方聯而紛華競出散無名之大樸遺罔象之玄珠忘本迷源隨聲逐色正塗壅底道關荒涼由是聖人復起究天元一氣之初洪造更新應歷數萬靈之會天挺神授而力振頹綱祖建宗承而載維新紐棄華摭實援溺導迷革弊鼎新而玄關復啓焉重陽祖師乃其人也姓王氏諱嚞字知明道號重陽子本京兆咸陽人骨相魁梧神襟逸邁冥通廣漠密契參寥智徹眞源行超法海大量以虛無爲體骸屋非干玄功與造化爲儔情塵頓息破幻如摧枯拉朽斷疑如碎菌拔茅穩掛洪鍾高懸寶鑒真自甘河之遇密授神丹靈徒酌水之通衢智藏是以性天凝寂覺海汪洋塊坐南時淵默之雷聲忽震烏飛劉蔣圓明之月照無邊猶示地文深扃天府活死名墓示絕之重甦靈位爲牌表亘初之自在瓊英特秀而識之者希石髓重開而遇之者罕於是方求續焰知音之徒預知其在東海之濱也遂焚菴拂迹策杖雲行語人曰吾將於邱劉譚中捉馬矣世莫知其意謂徒以害風命之而皆不信也時大定七年夏四月發程東邁及寧海登萊揭虹蜺之竿施雲霞之餌方便神化未及數年引出受道之器者七人內果得邱劉譚馬焉乃道中之龍也遂號馬公爲丹陽子譚公爲長真子劉公爲長生子邱公爲長春子四子之亞有玉陽子王公廣寧子郝公及清淨散人皆目擊頓悟各令隨方立志鍊己修真唯挈四子直抵大梁寓於岳臺坊磁器王氏之逆旅朝夕相從切磋琢磨曲盡其妙一日乃謂四子曰汝等性命各自護持儻有所疑質于丹陽吾將赴師真之約矣翌日果生霞焉時大定庚寅正月初四日也春秋五十有八其恍惚神變載之別錄不可具述還其

骸骨而葬于終南時膺大朝隆興崇奉道德長春眞人起而應召之後玄風大振教門日盛至于嗣教清和眞人遂命徒衆營其所葬之地爲重陽宮此昇霞之地遂崇修爲朝元宮焉試嘗論之世之所謂得道者必詳其迹之所爲所謂得仙者必議其事之怪誕所謂長生者必欲留形住世而已殊不知神變出異幻惑靡常乃好奇者之所慕誠道家之所謂狡猾也至於自本自根自亘古以固存而不壞者豈尋俗之所易見易知哉祖師之來傳此而已則氣運之變不可役化機之動未始出逍遥於廣漠之鄉放任於曠垠之野隱顯莫測應變無方細入毫芒大包宇宙在有非有居空不空清淨本然古今常若祖師以此立本以此應世至於蛻形蛻法而直入於不死不生混淪胳合與道爲一焉此亦妄測其迹耳固非其所以迹也其所以跡者雖大辯者不可言詰矣輒鞭駑鈍敬爲之銘

元貞壽海　混混茫茫　葆光天府　純純常常　祖師西來　傳此妙旨　揮翟靈空
息黥補劓　四子相從　無爲一宗　同心仰事　亘古眞容　丹成厭世　如蟬出蛻
蛻形蛻法　復乎無際　時不可拘　方不能礙　出入有無　神通自在　規此靈蹤
建之一宮　薪薪續焰　敷暢玄風

終南山雲棲觀碑

全眞之旨醞釀有年薪焰相傳古今不絕然而藏身深杳未易發暢者蓄葆光滅迹遺物離人而爲於獨者也其教以重玄向上爲宗以無爲清淨爲常以法相應感爲末撫實去華還淳迎樸得老氏之心印者歟皇統之初重陽祖師傑出塵表存神過化方始輝光遂以是道傳諸海濱數子所謂馬譚劉邱之倫也雖復强本而其教未始大弘也至於國朝隆興長春眞人起而應召之後玄風大振化洽諸方學徒所在隨立宮觀往古來今未有如是之盛也門下有任公先生者其族相臺人也捨俗投玄北遊燕薊師事雲

長春觀志

棲眞人從道有年密傳其妙乙酉春下山飛舄行化於秦晉之間以及終南至於重陽萬壽之宮東約五里有墅曰梁家莊世傳古有洞淸菴乃重陽神化之所立也未詳其實經易世之後荒蕪四合通𧾷𧾷之徑而已因有是迹及承京兆府總管給據令射占開辦住持先生乃率其門弟李志懃温志淸等數十輩同心戮力經營建立復成是觀前後約七十餘畝徑穿修竹環以淸流堂殿僅完廊廡序列方壺在後特室處幽乃蒙宣差權省移剌公主張贊成其事淸利眞人爲之題其額曰棲雲以爲祝延聖壽之鄉薦享祈禳之地心香頻炷光揚玄祖之風性燭常然開示全眞之化落成之日命刻翠珉以傳不朽勉爲之銘云

圓機日新　乃全乃眞　持以重靜　保以眞淳　祖師之來　如新斯旨　東海之濱
傳之數子　大振玄風　神丹普示　浩刼難逢　尤宜立志　歸其門者　豈不爾思
夙興夜寐　勉而效之

皇朝聖祖御極之初思徵有道長春眞人應召之後化洽無垠道日重光玄風大振簪裳之呂霧集雲臻宮觀之修星羅碁布遐荒若此况中夏乎兹洛京之南及一舍古墅曰朱葛左連嵩少右顧龍門萬安之山峙其前伊洛之川注其北中立道觀曰棲雲覈其迹之本末實棲雲眞人門下四子經始而建之也辛已秋眞人開道盤山方來修煉之士多往質疑令聞遠播黄冠野服遊其門者不可勝計亦當時輔教之首出者而四子一曰崔志隱二曰管志道次曰董道亨次曰李志希俱在席下參學有年皆蒙印可其心莫逆相與爲友甲午秋九月共議采眞之遊乃自北而南遍歷燕趙齊魯之間乘流坎止未及覃懷當是時也始經壬辰之革河南拱北城郭墟厲居民索寞自關而東千有餘里悉爲屯戍之地荒蕪塞路人烟杳絶唯荷戈之役者往來而已丙申夏四月數子渡孟津而游洛京暮及陳昌遇故人石公見而驚喜相

待甚厚眷戀不已留居數月周覽山川明秀與心會處以安蓬蓽而及朱葛顧視四方何異深山大澤迴絕人境棲真養浩不無助焉訪其鄰實董導亭之故里也備知土地磽肥彼此畔埒皆荒蕪四塞蒺藋參天殊無主者惟存廢址瓦礫而已數子於是議經道觀爲之張本繼而王楊江李尋至同心戮力有爭先卜築埠茨芟薙墾撥摧枯拉朽剪荒榛枳棘之叢解穢除紛樹火棗交梨之木朝勤暮止日改月化幾二十年是觀浸興立正殿以奉三清後真堂以尊衆聖雲會在右芬積居東附近門牆膏腴之田六百畝栽培覆護果實之木千餘株檜柏蕭森門庭清肅養生儲蓄取諸左右而豐敬接方來兼有自他之利尊師報本奉國薰修祝贊璿圖祈禳士庶雲霞萃止師眞往還乃爲東道主也甫成而後額之曰棲雲蓋取其師之道號云冀不忘師也三子之能事既畢從歸汴唯李志希主之有年而不替克成其事善守者也崔子復贊成其像歲次昭陽大淵獻春正月執事者不遠而來致敬祈予贊語以紀其實義不可辭勉從而直書其銘曰

大哉至道　無門無旁　不卽不離　四達皇皇　聖人得之　終身所存　老氏發源
傳嗣萬世　近代重陽　其龍其光　長春相繼　眞風益彰　棲雲至德　知白守黑
惠慈利物　爲天下則　四子明儁　克紹箕裘　采真龜洛　朱葛興修　琳宇一區
芝田六頃　火棗千株　具瞻萬境　晨香夕燈　衆善奉行　自天降佑　何福不臻

盤山棲雲觀碑

道無形埒得人則行山無高下有仙卽名此物理之冥符人事之脗合也漁陽西北之山本名四正古有田盤先生者田其姓也未詳何代自齊而來棲遲此山歲歷已久得道成眞雖獷獷庸樵莫不敬仰遠近風化人因名此山爲盤山焉茲山之顏紫峯之下懷抱爽塏明秀端正號曰中盤縹緲雲霞之洞府也累

經刼伐爲浮圖氏所居會金天失馭刼火流行陵谷推遷物更人換復爲茂林豐草豺虎之所據焉時膺大朝隆興崇奉道德棲霞長春眞人起而應召甲申正月復還燕然建長春宮由是玄風大振四方翕然道俗景仰學徒雲集門下有棲雲子者密通玄奧頗喜林泉飛鳥擇地其徒有張志格等庚辰歲預及此山薙荒擗徑披尋故址巧與心會遂營卜築辛巳春承本州同知許公議請棲雲眞人住持此山應命而至居無幾參學奔赴虛往實歸日數之而不及也席下皆茂德耆宿履踐皆抱樸明眞徒輩日增遂營爲觀丙戌春疏請長春眞人作黃籙醮事眞人因題其額曰雲棲觀焉厥後名播諸方京師官僚士庶復請出山住燕京大長觀丁亥秋眞人昇霞之後大師由是率衆南邁所過者化郡縣郊迎隨立宮觀創新葺故者不可勝數皆其門弟所主焉特於南京重陽祖師昇霞之所鄭重傾心搆朝元宮最爲壯麗也原夫棲雲大師立德建功造始於中盤大成於梁苑其贊助眞風輔成玄教亦由時之盛者也此特紀其實迹而師之所以迹者殆不可以言傳也後之學者亦宜勉旃敬爲之銘

田公先生　人物之英　玉石之榮　泉源之清　神變罔測　不留影迹　山有其名
公懷其實　久假浮屠　於今始歸　猿鶴並集　雲霞以依　棲雲老師　復主張是
敷暢玄風　無遠不至　王之與田　削去二邊　千載一合　薪火之傳　松風竹月
水聲山色　出示吾宗　惟居之得　山舟密移　行莫遲遲　重玄向上　勉而効之

高唐重修慧冲道觀碑

無何之鄉廣漠之野有方外之遊者二子焉一曰延眞次曰永眞延姓賈氏名志希永姓李氏名志端延眞之祖出於鈞永眞之家起於嵐鈞南嵐北途經數千之二子者相與遊於世胥如志也俱以服膺道術爲業繼長春清和之風而歷久不渝其純信之篤而能刳心厲志掃除狂妄以至骨立而能超卓於世俗

者其所見無全牛而游刃恢恢有餘地耳時無止分無常水金禪代之交陵谷變遷之際諸夏雲擾朔南未寧生民塗炭迫側而心迹自致灰槁者有之況久於其道者乎懷玉於中同塵於外人無識者壬辰之運延與永相遇於潔水之城眼目擊神會相視而笑莫逆於心遂與爲友或裹飯相餉或力作自娛二十餘年猶斷金臭蘭未始相離也崇墉之顔有菴之故基二子於是拓摭瓦甓治平高下採之築之堂之構之畦蔬園圃倚阜臨溪列植蒼官雜以文木閬苑壺天之邃靈源洞府之幽未異此也是謂慧沖道觀之二子者揭揭然於其間雖市井之喧闐而耳若無聞境色之紛華而目若無見機械不藏於胸次虛白不昧於厥中所作與人同所養與人異真修混沌氏之術者歟與夫登壠而爭先坐乾沒而無足者固有間矣詎可同日而語哉亦內外之不相及已丙辰夏五月朔叙而銘之其銘曰

玄教心銘　賫深性成　了眞非妄　惟一惟精　大體完全　必靜必清　中主而正
自成而門　道傳二子　延永其名　斷金之友　蘭若斯馨　俯存方輿　仰事圓靈
若愚若慧　如醉如醒　在攖而寧　與物皆作　山路不迷　洞扉無鑰　秀木蕭森
靈苗間錯　忘懷市井　無異邱壑　雞犬放收　籧廬寄託　爵蠟世味　分甘天爵
膏粱不願　隨宜飲啄　無幾無時　仰參寥廓

玉清宮碑

胡天游

原夫發揮帝載之先張闓王猷之始通署調陽爰賫乎賫弼司天主土乃寄乎沃心於是雷雨平屯股肱佐難飛揚壯傑之心慷慨經綸之氣莫不思以動日月思以列箕辰燿洪伐于鐘旒之前鎭光跡於帶河之表舟壑俄徙風霜再淪歌舞恒留山川不歇可爲豪矣可爲煒矣然而域中之略雖廣叄同之思未宏語玄趣則眇其鴻毛傲真風且未當一吷是以通明有契高哲所懷既崇世載之勤兼蹈負遐之步鵬搖

天咫舍九萬而脅風鯨徙溟波豈三千而論澥是以歸劉謝漢仙師之松石可尋變姓沼吳滄海之鴟夷何遠亦有果市丹砂一絃成曲金堂水玉千洞飛形鎬京榮靈龜之名使者騁中山之道若乃理極歸根情殷濟世朱門黃屋初無往往之心白日青天正復去而奚遠渺迹外臣叅　有亂者倘更可得而言與先生邱氏諱處機字通密登州人也下斗星於山阜蘭期則世孝旣宣訪真誥於華陽許邁則陰功且篤稚川珠珮上宿貽祥貞白金爐天人入夢蘅薇降位張陵開鳴鵠之山嬰敷誕靈元祿抱函關之氣生宋高宗紹興十八年當金皇統紀號之八載芝眉月宇方頤綠瞳超斧子之丰神得道君之好相雖鸞轡未振而霞標已翔髫種時有善相者見曰神仙宗伯也若夫羨門跨青騾之岸安期留赤舄之鄉波明樓堞如開方丈之圖山對蓬萊即是青邱之宅岩前採椽石乳恒逢洞口彈碁瑤姝乍見先生年十九游而樂之于是遁世因頓塵容卷沛澤之霖才溯幽微思之瓊居方以外寄迹全眞嗣重陽之北宗受東華之大道新篁入聽奏松風於樓上白石可餐和雲液於巖間雖山邱夙具無煩證道之功而雌牝猶勤追含谷神之妙旣乃右英密告太白靈覘司馬高赤城之轡扶晨標絳籍之名丹文素檗方速徐福之車玉鉞珠旄先布茀盈之浩道成無上靈洽杳冥扇玄飈於宇宙之間暢瑞號於王公之口斯時也四域鼎分九州幅裂風埃澒洞坤輿蒼黃璇魁斗柄不度南箕和叔日輪終睽北陸彼思會獵于吳會此欲刊碣於燕然或懼長江天塹代馬之隊更飲于佛貍或　乙酉魚歌五龍之師並窮于　並以左手爲重得人者昌翹懷先覺之資請示太平之術先生默識道消知非我用言違車幣獨嘯雲邁未幾天眷朔方帝唯北顧耀黃星于紫蒙之墅起飛龍於沈墨之鄉元太祖成吉思皇帝雄武肇圖英飈廓社載聞素德實企貞風希三顧之勤佇同車之載（二語本元祖詔）　命虎節授鶴書旌璧殷然裹輪侯駕先生審大兆之已歸念人羣于可濟倘在功而宏施是已行而逾崇然後隨使軺經絕域賓車騎出師之道跋履非艱張博望持節之鄉邅迴

且屆雪磧夜邈熱坂朝領山臨檀特異德顯之求經水涉流沙似伯陽之去國遂見元帝于武帳焉天酒既傾雲軿始設虛漢文之席側對賈生陳齊國之燎下顏東野坐而論道禮重三公咨而稱師敬隆太傅視夫聘道士于華井之旁召軒轅於朱明之戶威儀絕等固不同年而語矣然後告以清淨之理語以無爲之道述衞生之經則云寡欲陋長年之樂帝曰保躬其義正其猷遠詎似齊東五利煽事禨祥海上虛生恣其誕惑寇謙之重臺之上魏后遙祠李少君縠導之方漢皇親受者乎唯時太祖志炫極威力謀窮併滅國五十既異周武之東征絕塞九千未厭莎車之西略或㮣 歸之首或盡俞林之族海荒蒲類曉絕夷歌山繞焉支宵聞痛哭先生以爲天道好生帝王去殺必信老氏三寶當以慈愛爲先太祖敬納焉曰天遣仙師以悟朕志顧命左史書之於冊爾乃賜宗師之大爵呼神仙而不名比博陸之高勛崇張星之歲德誠異數也太祖軍儲或缺環衞是資先生偶煆煉金濟其時乏暫方玉貢咸驚大術之奇衡以蕭規且茂關中之績又亡金而後民人俘纍先生哀之招免奴掠爲良者以萬千計方令江陵士庶歡辭黑獺之營鄴下衣冠終免季龍之暴其匡善者宏矣其被物者遠矣俄而水徙雷驚山摧岸蹶動隕星于處士徵坼石於文公桓德闓之白鶴方來陶安君之赤龍且至時乎脫屣且就羽化焉元太祖二十二載歲次丁亥則宋理宗寶慶三年時也務光躒景殿丁空虛左之求木正排煙姬后僉升堂之拜詔於大都立長春宮奉焉自是而來被教逾廣終南棲遁之地卽敝樓居棲霞桑梓之鄉先開月館濰縣城北玉清宮者蓋亦奉靈像之所也若乃城留黃歇卽表荆祠夢入周公猶希魯殿羽客經行之地實起丹堂聞乞食之鄉非無賓館況以壤隣阡穀境接枌榆仰雲軿於倒景劉根則遺躅未遙溯芳跡于仙年長史則舊垓斯在御史中郎尙集同舟之侶祁連公主還留訪道之詞創自初元閱乎三代市朝遞改塵刼再遷甲館飛廉奄然搖落竹宮羅荐幾見蕪芝田凋風雨之英桂樹歇山阿之秀縉紳父老等雩歌暘雨饗蜡時

年驚蕙帶之傷秋感雲旂于斷曉綴珠露於瓊裾之側寢閬扉于綺甃之間爰究經營規乎更始於是從如雨之羣命成風之枝徵梓材於徠甫討青䃰於巴功龍首軒䩉翬題矯夭三危窅窕八景鍠鈜春窗則青鳥交窺雕檻則斑虬並簇花迎鳳舞照畫壁而俱迴鳥學鸞歌度林芳而不下靈芝煥炫迷茫法寶之游璇閣森華駭耀徐宣之矚靈氛雜遝仙會容與羽蓋兮霄幕左啼猿兮右鳴鶴浮邱兮甯公來隨烟兮去隨風四度者昁澤之鐘萬應者法嬰之曲穆穆乎肅肅乎蓋可得而瞻不可得而狎也昔者庖犧作御宛華降方野而授河圖炎皇應期大庭下濟陰而敷太乙公孫親大傀之訪文命著雲華之拜是知皇王乘籙愛賫邁世之師大道拯時必啓蒼生之佑若乃乘震威而揭訓道天命以敷誠不嗜殺人之言實唯至教之本是則山中宰相功崇宣室之前衣白尚書道冠雲臺之上視夫錫子傳陽先明恭愛真行導夏惟逃勤儉理貫一揆風斯其劭與僕也乾坤抱策江海浮舟仰止高真服膺寤寐馬文淵翙游頃日壯志雖横李鄴侯餐吸煙泉幽思且揭延望青牛之跡徘徊碧雞之祠仙公杵臼空爾殊聞羽士塵沙翻希再見因茲郡會須事制文爰敘璠徽載揚靈德配廣野萇生之碣異淮甸八公之碑褚先生金庭翠刻十倍寧論陶都水地胏貞珉千秋倘合銘曰

靈寶出法天元轉輪無名者道立極惟真或隱或顯繼世繼人漢妙金泐唐精劍神東華協歷北海騰鯤骨錄奇鶴雜標緯雲方流素璧實抱貞筠定凝散想藏密會眞宏契天隱隆跡帝賓賫用軌裏標障宙閈交暉五老冥德三元試通十二年窮甲申霞池風鼓月嶠麟蹲來看塚雪去畫城門封殘青帝風偃毗嵐石室更祕咸池謝春光高炫紫瑞牓鏤銀闕臨玄水幔引長林沙平聚玉霧暗霏金琦葉雕字玕花粲文屏心雀翦鐘乳龍肱丹碑發拜素詠留陰虹銷山遠風遞香尋雨隨少女石似佳人地迴綖嶠水卽虞淵青天白鵠永望茅君

長春眞人成道碑

眞人族姓邱氏諱處機字通密道號長春子祖居登州之棲霞宿禀仙姿聰明博達神襟逸邁識度不凡未弱冠之一年穎然頓悟棄累投玄而參訪焉大定丁亥春正月重陽自陜右而來訪求知友始及崐崙眞人聞而往觀之目擊神會遂師事焉親炙左右重玄理窟日以發明繼而同志偕來謂丹陽子馬公長眞子譚公長生子劉公玉陽子王公廣寧子郝公數子同心遂結方外之心交泛全眞之法海荷師資授受皆能服膺而各得所傳居無幾重陽惟挈馬譚劉邱而行聲傳四海已而泛汴復寓岳臺坊之邸中頓致數子久之付後事於丹陽無疾而返真焉四子護靈櫬而歸殯於終南襄事既畢各議所之分方立志於是眞人乃遊秦隴戢迹磻溪簞瓢不置簑笠隨身物俱忘心宇泰定六年而造妙以至出處語默動容周旋無非道用玄關啓鑰天府開扃知藏充盈辭源浩瀚一言之出人競誦之聞其風者梯山航海以來觀遊其門者步武樞衣而上問聲名藉甚山斗具瞻大定戊申二月世宗遣使徵赴闕庭掌行萬春醮事特旨住全眞堂屢承接見問傑安之道眞人諭以抑情寡欲養氣頤神發明道德之宗剖析天人之理上大悅而益敬之明昌辛亥復之海上而居濱都之太虛觀同道者咸師尊之請益則以功行罪福爲戒泛應則如酌水投器隨方圓大小取足而已其人多以自埋於民草衣木食者有之志操相尙世莫知其所以也故教未易大行乎天下時應皇朝膺運奄有區夏朔南始通德譽上逺己卯冬十月上遣便宜劉仲祿卒輕騎數十攙搶開道逕及海濱奉召徵師眞人以天意所存下辭而發輒侍行者一十八人皆叢林之傑出者指程西北跋涉艱虞萬里龍沙纔及行在上嘉來遠之誠重慰勞之一日問以長生之藥眞人曰有衞生之經無長生之藥上嘉其誠每召就坐即勸以少殺戮減嗜欲及慈孝之說命史錄之癸未春特旨復燕敕建長春宮主盟玄教天下之冠裳者咸隸焉仍賜金符其徒乘傳往還奏對敕蠲門下賦役

自是玄風大振道日重明營建者碁布星羅參謁者雲駢霧集教門宏闡古所未聞眞人年登髦耋席燧燕山普應諸方遠近咸化祈晴禱雨尅期而應蓋天人之相通毫髮無間也丁亥六月天大雷雨太液池岸崩而水竭北口山壁摧而聲震師聞之曰山之摧池之枯吾將與之俱乎秋七月朔後九日果示寂焉享年八十有一葬靈骨於白雲觀之處順堂戊子嗣教清和眞人承朝旨封尊號曰長春宏道通密眞人嘗試言之眞人降世厭德以常握太上之玄珠佩重陽之法印志堅金石性潔冰霜泯浩刧之塵情破多生之習障靈風拂袂性月横空大明乎根榦泉源滋蔓乎波瀾枝葉知常安靜復命致虛金丹大藥之成火棗交梨之實神通自在應變無方具天地之大全復古今之大體周行不殆獨化卓然此眞人所以成已而爲天下大宗師也道之所在物自歸之和氣横流無遠不至崇修宮觀建立門庭敬圖象外之尊敷暢玄中之教指天真而闢徑路濟苦海而作舟航登之者必通行之者必至凡有足者皆欲及其於道也此眞人所以闡化羣迷維持正教也曩者國朝初興天兵暫試血流川谷肉厭坵原黃鉞一麾伏屍萬里馬蹄之所及無餘地兵刃之所臨無遺民玉石俱焚金湯齊粉幸我真人應召行在徵言再奏天意方回許順命者不誅指降城而獲免諭將帥以慇物勉豪傑以濟人在急者拯以多方遇俘者出以貲購婢僕之亡從道者皆恕卑賤之役進善則放良人救於塗炭之中奪命鋒鏑之下使悛惡而從善皆道化之弘敷也天下之受庇者多矣亦有不知其然者雖利天下不言所利眞人有之德挾天壤性超帝先或者以耳目聞見妄測之皆得其迹也跡則非其所以也其所以跡者大智不能知大辯不能言猶戴天而莫知其高履地而莫知其厚妄測之者皆聽瑩也李公大師不遠而來命紀眞迹之崖略將刊諸石以壽其傳亦報本尊師禮也義不敢辭輒從是說謹齋沐而直書其銘曰

長春仙公　冰雪其膺　山海之秀　人物之英　微慮必克　純碎而精　直超幻境

高居九清　降爲帝師　光耀神京　獨往獨來　卽本卽迹　化機萬變　吾宗惟一
長生久視　重德之積　千載逢遇　沈淪頓息　不識不知　玄恩波及　大庇吾門
昊天罔極

鄜陵黃籙大齋之碑

道運而有氣氣變而有形形之變而有巨細洪纖飛潛動植氣之運則有升沉消長生滅廢興若萬象之斡旋無首無尾若四時之代謝不古不今此天理之常然造物者之無盡藏也在氣運故新之革時數終始之交未有安而待命順而不悍者也當其時則急於得而以力取差其時則執其失而以力爭以致伏屍萬里殺人盈城有死於鋒鏑者有死於木石者有死於火水者歷代無休連年不息原野厭人之肉川谷流人之血蓋逆天背時故如是也湯武而下禪代之際莫不如斯爰自大朝隆興金源失統干戈不息以迄今日幾四十矣馬蹄之所及則金湯虀粉兵刃之所臨則人物刦灰變谷爲陵視南成北比屋被誅十門九絕孑身不免萬無一存漏誅殘喘者孤苦伶仃覆宗絕嗣者窮年索寞憑誰薦拔空負寒心況在黃流之外疆場之郊當此之危甚於他所驚魂滯魄長劫難伸須仗玄勳殆能解脫今蒙醮主某官等興大慈願發上善心乃就某觀修設無上黃籙大齋供養三清玉虛諸聖位昇仙與度魂相對明善惡之殊途南昌與北府爲鄰示仙凡之異格潔清壇墠整肅方隅延降高眞希垂景貺仍敦請南京朝元宮雲棲眞人掌行醮事意者薦拔某路無主孤魂泊各家先亡滯魄有親無力附簡提靈伏異孝子順孫思宗念祖各罄丹誠具瞻眞聖香花燈燭精爲慧照光輝星斗壇場權作彌羅境界俱沾惠澤淹沉枯朽俱獲重蘇高蹈慈航鬱結幽明皆承濟度親疏慶賴宗祖超昇上願皇圖永固聖德惟新邊鄙休兵士民樂十方三界六道四生　有識無情俱蒙道廕今此玄壇潔備法事嚴行略序片言紀之於石

京兆普度碑

已未冬十月西涼府太子下官八合宿有素願修建無上黃籙醮事卽本府迎祥觀自春抵秋葺營殿堂封治壇墠不遠敦請棲雲眞人作大濟度師主張法席越某日招集羽流布陳儀象發文預告三界明真上下神祇齋戒精思庇物藏事望前三日肇行典恭祀列聖三百六十分位意者薦濟宗族遠亡近化汨率土無主孤魂兼有親乏祀之家投壇附薦自此及彼無戚無疎俱賴薰修普祈超度如是行道三日兩夜望後一日未爽散壇乃畢盡誠竭力亦仁孝之用心也嘗試言之天地一氣我同根方萬化之弛張布衆形而區別雜以五行之生尅均以四序之推遷其變日新化亦罔極此氣動用之常也而又一受其形執以爲我有於是相與摩刃對待則有強弱廢興死而後已殊不知氣之所役時之所運數之所存理之所在一僨一起有始有終得失存亡天之所造孰能禦之爲之者敗執之者失逆之者滅順之者昌角智者窮角力者負蓋人之不可勝天久矣方今皇朝應運奄有諸夏朔南漢北東海西涼異軌殊途咸歸一統天下無二道率土無兩心向之兵革屠裂備經之矣彼之宗祀覆絶俱見之矣以今較昔萬無一存以已方人身獲安吉枝葉滋蔓有人爵之徒納自天之祐以身之幸思天下之不幸以已之親念天下之無親合氣同根得無感慨是以允懷素願披露丹衷仗玄元救物之慈啓黃籙大齋之法仰衆真之普力冀三境之垂光照燭幽冥開通陰府收攝萬氣久沈之魄悉歸源混合百神無主之魂皆拔萃共乘和氣幽贊皇圖一混車書載櫜弓矢多方順化四海歸仁亦臣子之至願也醮筵潔備法事嚴行刻石紀功庶傳不朽撫實而直書其銘曰

夫物芸芸　各復其根　往而不返　無主之魂　執守之魄　不得其門　依草付木

莫知所存　況在兵塵　連年不息　殄殲勦絶　萬不存一　驚魂失措　轉徙沈溺

隨化往來　動經刧石　今承醮主　發上善心　崇修黄籙　拔擢幽沈　普天率土
往古來今　無疎無戚　俱賴威音　虚魄以歸　遊魂復本　介見者潛　豕立者泯
何彼何此　咸居範圍　沖氣冥會　承平庶幾

黄籙大齋碑

人生天地間如蘧廬逆旅之暫寄距以百年光景之速猶白駒之過隙忽然而已未有常而不化者也而人在數十年中或壽或夭形有定數各不自知朝夕如是求其出化機之表入太漠之鄉者幾人哉自是而下孰能勉之夫爲子者乃父母之委蛻也生死之間將何以報是以生當愛敬死當哀戚禋祀不忘禮之常也載思其親向之在世爲身爲我及諸萬慶誘引七情六欲之所謾昧無時不妄無時不爲過積邱山善無絲忽今也骨骸委地魂魄投空滅而不續則若存而不滅果安在哉其在此乎在彼乎墮冥府之考校乎遊天上之宫闕乎其出入於六道四生乎其復生於人世乎噫未可知也有居無事而推之者矣若有真宰所司以幽明之異趣昧然罔識冥悠悠而已可不大哀耶是以孝心不忘思親報本其恩罔極泣血傷心匪仗玄勳憑何薦拔固當竭誠致敬披露丹衷祈禱高真希垂開度幸冀靈魂超越苦趣不逢亦感通之理也兹辰某人奉薦亡父母於今月日化當薦享之辰謹修黄籙大齋供聖若干分位敦請某師掌行醮事及命玄壇清衆表上章依科行道某日爲始發牒至某日焚詞告畢既來兹會潔赴靈壇各罄丹誠同心薦拔乃孝子仁人之盡心也威儀既備法事嚴行報本之誠宜書諸石以示來者亦勸善之亹亹也其銘曰

子之事親　死如奉生　以享一薦　泣血投誠　父母之靈　泊乎冥冥　思以報本
盡天之經　詣此琳宫　玉清之境　祈以涓潔　氣濁悉屏　羣真輻輳　衆聖同盟

雲霞耕集　師德咸臻　慈雲法雨　如雷如霆　火庭煉度　炊累超昇

南昌觀碑

道無棄物物無非道通六合之内外貫萬有之洪纖莫不皆存是以天得之而清地得之而寧三景得之而明四序得之而運聖人得之所以垂世立教蓋稟無名之樸降爲鎮化之師妙用滋彰神功昭著靈源一發正派横流雖步驟之殊時亦汗隆而順世道無增損用有行藏開闢以來洪荒莫紀中古以來概舉其人伏羲之時鬱華子神農之時大成子黄帝之時廣成子顓頊之時赤精子高辛之時籙圖子堯有務成子舜有尹壽子禹有真行子湯有錫則子之人也之德也皆出繇傳道代爲帝師玄派洪瀾波及羣品具載玄藏間有銷聲拂迹嘉遁忘名者莫知紀極殷周之世老氏出焉挫鋭解紛隨機應化復之以虛極靜篤申之以治人事天二篇四輔之存諸子百家之學瓊林競秀蘭友爭芳霜心雪噫聽之倫被褐懷玉帔星冠之侶負笈擔簦經籍圖崇之支分科律典章之蔓衍製玉醴瓊漿之飲服五金八石之丹或鍊形月行氣或吐故納新辟惡祛邪行符治鬼此應世養形之急皆輔道之事非爲道之道也其於歸根復命之理有所忽諸近代重陽天挺神授絶累捐塵建立夫根幹泉源掃蕩乎波瀾枝葉輔之以清淨眞實應之以柔順謙沖具天地之大全完古今之大體也道傳東海數子皆能皷舞服膺聞風唱和天下化之洎乎皇朝聖祖御極之初兼崇道德長春真人應召之後大闡門庭室中之席不虛戶外之屨常滿及嗣教清和真人作大宗師寵膺上命簪裳接迹宮觀相望雖遐荒遠裔深山大澤皆有其人茲歷亭之北里不及舍聚落之墅曰屯莊富里之觀曰南昌爰自葆光大師之所建也師姓朱氏名志明本土居人葆光則其道號云盛年穎悟損俗而道師重抱陽子劉志甫即太古真人之高弟也大師親靈左右日改月花大蒙印可中年復經父母之邦周覽故居荒蕪四塞仍存基址而已大師率徒就荒開徑墾擗其地以畝計

者頃之半及蒙州主張候給文以主之於是捄之築之經之營之鳩工締構會未浹辰大成其事太上有殿雲會有堂瞻眞境之粹容副輿人之至願薦蘋蘩於穀日篤香火於晨昏不替皇圖延洪實命善沾遐邇波及生靈報本尊師酬恩育德其在茲乎甫成之始請名於宗師額之曰南昌功成之後師藏其狂言與其不可言者而往矣古今相繼而傳者皆不聞可見之迹也迹非其本也其本則恬淡寂寞虛無無爲乃天地之平道德之正存乎吾宗而已非見聞之可安也所以紛華泯絕枯朽回春人非幻化之人物非幻境之物比聖人之所以教人而有師資之道焉官觀之作取象以明有孚顒若之理所以爲國薰修厥有旨哉知觀劉某不遠而來祈余紀實將追述前人之功業冀未來之勉旃故不可以蹇淺辭姑從其說而直書其銘曰

歷代眞仙　樞寰應圓　汙隆順世　隱顯從天　重陽發源　長春尤盛　大振眞風
全提正令　有曰抱陽　其嗣葆光　太古之孫　道價諸方　故里經營　圓成勝概
福羽以持　德輜以載　遊居寢息　焚修敢忘　皇壽以祝　地久天長　民福以祈
簡簡穰穰　愍懃旦夕　一炷心香

開州神清觀記

夫道之所以興乎世世之所以興乎道道與世交則俱欲玄　化忘其覬覦攘竊之行人日遷善舉安其性命之情而無犯分亂常者不幾乎平泰之時矣道之於世豈小補哉方膺皇朝革命百廢俱作長春眞人應召之後稅駕燕然石髓重開瓊函再啓天下之嚮風者奔趨接迹其立志超卓爲人之所不能爲者有張公先生乃其人也名志信號逍遙子彰川人賦性剛決芥視塵累丁貞祐南遷之亂居民嘯聚互相攻剽先生慮禍所及以身爲大患自逸而之深山窮谷思所以出世之方而未之得也聞棲雲王老師開

道盤山而方來之學道者多從之遂不遠千里跰足往覲其所以而聶許焉久之獲預席下鄭重參謁曾無少怠曲盡其妙辭師下山鶉居鷇食心之所存非向之有我者之能爲也特以天地爲蘧廬形骸爲逆旅衣絮帶索面垢首蓬歲時寒暑之易一如也自始及終其志不變若有人之形而無人之情視塵物之往來人事之膠擾猶鳥雀蚊虻之過乎前未嘗介意非有得於中者能如是乎蓋塗隙守神藏身深眇而得其所謂大本大宗自亘古以固存者歟世以迹觀之特見其制行清苦而人不堪庸詎窺其閫奥而識之哉丁亥秋七月先生步及瀍澗是俗洒然異之有尸而祝之之意焉縣令趙候見而敦請留居於靈顯真君之廟時往餉之自是遊其門者日數之而不及也其徒數百人坐不教立不議虛往實歸者有之會首蔡公喜其爲人也以己廟側之田文而昇之別爲卜築締構俾居而廬之安撫使王公嘉其制行嚴謹裁成贊助浸興是觀崇修正殿以奉三清次建堂廚以延靜侶丈室序列以宜福地告成走請於宗師眞人額之曰神清嘗試論之人由道立道由人弘得之於中應之於外是以亢倉子之在魯而細民有社而稷之之思列禦寇之適齊而五漿有爭而饋之之敬蓋存亡之性以混天地萬物之性則無所不通保己之和以合天地萬物之和則無所不至由是觀之動高厚感鬼神人水火貫金石巨細皆應而况於人乎天飲人以和者孰不愛敬之哉道遙子張公可謂有矣其徒趙志完誦其人之志操思其所居之陳迹將刊諸石以壽其傳囑予爲文固辭不可撫其說而紀之太歲强圉大荒落春正月望後五日記

重建長春觀大殿功德碑序

且夫善爲至寶德能配天若長春古觀江楚名區道子雲集之處黃冠皈依之所叨檀樾勸成之德荷十方盡盂之仁自遭兵燹瓦礫荒涼道衆飄流莫能栖止目擊心惻無所措置是以住持何合春叩募　欽差大臣太子太保文華殿大學士湖廣總督部堂官大人捐俸金足色銀二千八百兩葺修太上道祖大

殿一棟金容樂寓座之區玄冠有禮瞻之堂永垂萬古福澤綿長惟願麟鳳早降熊夢呈祥暮鼓晨鐘頌鴻施之大德誦經禮懺祝福壽以添長謹泐石銘永誌不朽云

大清同治二年八月吉日長春觀住持何合春暨道衆等公立蓋以勝地名區幸長春之不老修仙傳道賴古觀之常存宏開兜率之天東來紫氣參透虛無之境北對青山慨自咸豐壬子兵燹之餘楚省蕩平恭蒙欽差大臣幫辦軍務江南提督軍門李官印世忠樂善捐功德銀三千六百兩赤金三兩換銀四千一百九十兩三錢七分共計銀七千七百九十兩三錢七分外助捐錢一百四十串文重建紫微殿玉皇閣三皇殿四官殿來成堂暨客堂並殿後登山石工砌岸於今廟貌森嚴回復壯觀由大護法之德意充周也住持何合春感再造之恩獲無量之福由是子午鐘開響徹三清之座道德經講功成九轉之丹白雲深處依然寶殿琳宮黃鶴飛來仍是充書玉几蒲團坐定妙占造化之緣叢林方興共仰長生之主口碑如頌心篆莫銘此人人之歌慰願代代之公侯斫山泐石以誌千秋不朽云爾

大清同治三年歲次甲子季春吉日

住持何合春暨執事衆等謹敬泐

江夏李印昌南坪　撰書

重修長春觀三皇殿碑記

凡物皆有所極而定於一尊天地神祇森布昭列人之欽奉之者非推類至於異極亦不足蓋尊仰之忱道家者流崇奉祖師　於正殿望老子洪三清而後殿以奉三皇聞嘗繹異意亦猶學宮大成殿祀至聖而又別楹爲啓聖祠匪獨昭廳自出者人道之源聊以敦本厚俗也三皇者天皇地皇人皇載列古籍豈惟道家所宜祖耶含生賦氣之倫皆所自出固極邃古之原始人類之尊嚴爲理之不可外者出會城

賓陽門不數武長春觀爲肇自元代以祀邱眞人玄風遞衍道流之桀起者輩出後殿巋然高峙以奉三皇蓋創建有年矣一日猝遭兵燹遽當嚴陣豆磩之衝梁棟摧毀瓦桷飛騰璿題委之灰燼瓊霄倫爲草棘若是者之數年而未有以復也維時道宗嗣法侯永德方提點觀事本其闡宜宗教之誠懇以勸募當世大殿法堂右垣左城以暨庋經之閣來鶴之軒既次第修葺而所謂之三皇殿者地則臨山犖埊塹則拔地於霄工碑而費鉅未易從事也軍長夏君靈炳方警備於武昌顧之興歎慨然斥鉅金簡從役進提點而付以興修之事經始民國二十年三月吉日上樑之辰夏君親蒞將畢焚香展拜執事者駿奔蹌濟有嚴有恪退而勅主工者必愼以堅毋法毋陋越數月而落成丹楹刻桷鳥革翬飛煥然巍擬而有昭也由是而斯觀之前後殿廡門廊乃克臻完好如未經喪亂者側聞道之大原出於天知道者罔不敬天而教之民世稱鍊師羽客類皆心存利濟多爲趨患御災而有眞人有功德於民甚著故當時隆以勅建各以長春而祀之非第紺宇琳宮崇飾觀美而已其法嗣蔚起至今猶守遺風以利人淳物爲本夏君乃心嘉之特斥私財以宏斯舉以導楊公蓋吾知上帝鑑觀不爽將有灑沈澹貴俾斯民同登仁壽之域而無疵癘天札之患用心偉而志願誠庶幾後之覽者猶懷基扃固護之思無輕於摧壞也爰伐石撰銘付侯道人刻之用紀重興之所自云銘茫茫百代何新何腐凶暴熸之仁則修舉宛彼崇觀颯然靈宇允範道涼選稽遂古用端人極倫物斯主海則揚塵天或倚材奈此橫涼孰爲檔柱既觸偉懷乃資澄叙萬廢俱興有施無拒窣䆫虹梁秩百堵璟切金蟾纚牽玉帝須還蓋觀瓊宮紫府神臨至誠爰居爰處永邀靈貺長奠三楚

監利龔耕廬撰文

歲在重光協洽嘉玄月襄陽孫　泉書丹

長春觀善信功德記

出會城賓陽門度弓橋而東有宮觀嵬然據山腹者長春觀也入門循級而上殿閣參差前則平疇無際廛市翼之後則鍊氣之舍櫛比而居國變後其風少弛余往來武昌幾四十年初無方外之結契頃則茲以此地爲適蓋吾省治城二氏之宮釋氏則洪山之寶通寺最著老氏之觀則無踰茲築者若按以流傳之文字金石之鐫載則洪山之寺唐宋以降班班可攷而長春觀自赭亂寇焚官文恭李世忠脩復而外杳無沿革可稽元明而後舊典可數者在方志僅傳爲元代創建明清之世迎春東郊於循其故事在文士筆札王凝齋則紀爲道人化形成老君象於康熙時彭漁帆謂有鞠復智者誠感神通甦數百冠帔之槁餓吾今於此數者中推求其所謂數百道流者可想見伊昔聚徒之夥頤其所謂有元創建者尤關係六百年開山之緣起正可引申以垂示百世者考元史老子傳長春邱師尊年未冠便從事全眞學嶄然北完一花七葉之中青吉斯汗禮敬之特有改所居宮曰長春在本傳中雖未稱其飛鸞荆湖然所授諸弟子當日上承師旨拯救蒙古深踐中原億萬俘僇之民　持牒尾南下之韃軍隨地出人水火則韃軍所屠掠之處即邱氏弟子施教之處於是荆湖之地以長春名其宮觀皈依盛德者在荆門路有至元十七年會陽子開山之長春道院而鄂州路復有此開山之長春觀然則長春勒石之宮觀所在即全真功德沛施之所在也乃余於今提點觀事侯嗣法永德深歎其興古觀之責有可永式玄循者夫今日之廛刼重重萬靈趨死非適同乎長春子丁蒙韃色目人殘殺之時也哉提點獨於此數年中振刷精神提倡道德闡演律宗大闡玄風以誠懇篤至激動有氣力之信官善長爲之贈輸道典全藏爲之倡建庋經之桀閣爲之旁拓來鶴之高軒爲之崇飾普門純陽棲靈之法堂其時夕奔走四衆喜捨之義資用之於諷靈文以蘄海宇之奠安用之於施診樂以活刦餘之童叟用之於雩禱以希霖澤以來蘇用之於教育以

溉孤寒之失學用之於諷技以資道衆以生存於漏澤之餒魄則封樹之於關厢之病涉則橋梁之復總揭修舉命曰同善以慈惠廣布之於時望治者瘡疾而危者輟來而歎者愚無知者弱不振者化去之遊者行次　者咸稱量而受提點之施提點曰衲何敢然衲但奉吾玄教慈儉以行幸獲儌福於一時之信官善長等咸默契吾先師救度活刦之旨惻然自行其心之所安衲特以玄門爲之挹注耳先旣爲諸善長之提倡終乃得諸檀施之佑助法門緣會夫豈偶然衲亦何功之有乎雖然諸大君子俠腸熱抱焉可虛也敢託諸先生之文以不朽之可乎余曰諾爰爲鉤考有觀以來之舊典用補前缺以詔方來焉是爲記

羅田王葆心撰文

夏口李鳳高書并篆額

民國十九年歲次庚午吉月

湖北省政府批奉第一二四零四號

原具呈人長春觀住持侯永德

呈二件爲雙峯山石脈雀觀風景絕勝由
懇布告禁止琢伐由

呈悉查前省會附近每有無知工人圖營私利任意掘取土石致將名勝山腹及近山地段挖成坑穴不獨有礙觀瞻實屬破壞省會形勢迭經飭屬嚴禁在卷茲據前情仍令候行省會公安局暨武昌縣分別查案嚴禁並佈告周知可也此批

主席夏斗寅

中華民國二十二年七月十九日

武昌縣政府佈告 第二二四四號

爲佈告事案奉

湖北省政府奉字第一二四零五號訓令開爲令遵事案據長春觀住持侯永德呈稱竊考武昌賓陽門外雙峯山位置長春觀間壁山勢崱屴石脈盤伏登高遠矚風景淸幽良田美池閭閻櫛比誠修養之勝區也惟前淸咸豐年間兵燹屢遭名蹟荒蕪廢盡撫今追昔感慨良深因之無知民衆該山無人負責遂將山石砍琢應用凡鄰右及紳衆人等僉謂此山爲中國數千年來文化歷史悠關載在誌典誠恐日日而伐是以若彼濯濯而古蹟從此湮滅弗彰矣道衲遂約集衆姓住戶將雙峯山地址四圍界以垣牆藉資保護不數月而工竣誠恐無知人等將該山石脈仍行砍伐大煞風景且長春觀廟宇與之毗連丁丁杵杵之聲拍耳相聞神祇旣感不安且有志參煉羽流亦聞聲而咨嗟是以瀝陳下情祈恩頒佈告所有雙峯山石脈禁止琢伐以安神人而慰衆願等情據此除批呈悉查前省會附近每有無知工人圖營私利任意挖取土石致將名勝山腹及近山地段挖成坑穴不獨有礙觀瞻實屬破壞省會形勢迭經飭屬嚴禁在卷茲據前情仍候令行省會公安局暨武昌縣分別案查嚴禁並佈告週知可也等語掛發並分令省會公安局遵照辦理暨民政廳知照外合行令仰該縣遵照辦理具報此令等因奉此合亟佈告仰該地人民一體週知毋得任意琢伐致干究辦切切此佈

中華民國二十二年七月二十七日

縣長張海宇

湖北省會公安局第三分局佈告行字第二九號

同文

局長張　喬

中華民國二十二年七月二十九日

淸和眞人北遊語錄

癸巳秋七月北京華陽觀衆集夜坐

師曰自今秋涼夜漸長不可早寢莫待招呼卽來會話不必句句談玄是道至於古人成敗世之善惡之事道無不存凡稱人善己慕之稱人之不善己惡之慕善惡惡之念既存於心必自有心去取者行之有力則至於全善之地言之有益兼聽者足以戒亦有所益若存心悠悠不擇人之善否凡己之所行亦必不擇因循苟且流入惡境終不自省談成敗善惡雖未盡學者之道猶有所益不賢於飽食終日縱心者哉况修行之害三欲爲重（食睡色）不節食卽多睡睡爲尤重情慾之所自出學人先能制此三欲誠入道之門人莫不知然少有制之者蓋制之者志也敗之者氣也志所以帥氣此志卑而氣盛不能勝也必欲制之先減睡睡日就月將無求速效自然昏濁之氣不生漸得省力吾在山東時亦嘗如此稍覺昏倦卽覓動作日復一日至一十四五日遂如自然心地精爽衆等當行之凡學道雖卒未能到通天徹地處先作箇謹愼君子亦不虧己然大聖大賢皆自此出他人只縱心爲樂殊不知制得心有無窮眞樂

師曰吾近日甚欲不言只爲師家因緣須當有言然教法於人有益甚博吾山東住觀時但行寬裕之道又以此教人果得十數年間不起爭端凡主叢林勸諭衆人能尊賢容衆和睦不皇實爲福田善行當時衆中間有一二人弗率十九不容吾亦優容之但恐其人墮落兼或害事不免少責然亦須方便使人受得不惟自己不苦動心又得有過之人易悛改耳白鶴觀方丈師與衆坐有人獻新李分食之師因舉隋時故事云當時天下一統宮中創三山五湖四海十六院奇葩異事畢植其中時西院楊梅一株一夕滋

蔓其大蔽畝楊隋姓也時皆爲榮慶東院玉李一株亦復如此及結其實則梅酸而李甘人皆棄梅就李
又池中一大鯉魚有王字在額後隋滅天下宗唐唐李姓人始悟之也故知興亡必有定數爲五行運氣
推移不得不然凡居陰陽之中者莫不有數所以人不能出陰陽㲉中惟天上無陰無陽是謂純陽俯視
日月運行轉變時數在運氣之外又豈有寒暑春秋興亡否泰之數邪人處陰陽之中故爲陰陽所轉曾
不知元有箇不屬陰陽轉換底在學道之人不與物校遇有事來輕省過得至於禍福壽夭生死去來交
變乎前而下動其心則是出陰陽之外居天之上也如此則心得平常物自齊矣逍遙自在遊於物之中
而不爲物所轉也先必心上逍遥然後齊得物故莊子首章説逍遥遊有旨哉

利濟行并引

江夏濮智詮撰
童賓秋書

長春觀住持侯道人永德主觀十餘年修橋補路施藥施茶育孤兒置義冢凡屬善舉力所能及者靡不爲之歲費綦鉅四出募化歷寒暑弗倦武漢縉紳皆樂與之游即販夫走卒亦鮮不知侯道人者自古各教中有苦行一派功在利濟與冥心習靜者不同若道人者殆其流亞歟一日道人値余賓秋座賓秋謂余曰道人之願力可謂閎矣其人其事有足傳者公深於詩盍揺諸吟詠賓秋不敏願書而泐石以風來茲不亦可乎余重道人之爲人韙其言率爾操觚並敘其緣起如此民國二十五年歲次丙子年時九月十日

長春觀主侯道人　然不自有其身我問道人胡苦辛朝奔暮走風與塵人謂道人慈且仁滿腔熱血滿腔春不諷黃庭玉軸經不燒丹汞慕飛昇不規禹步參天真道其所道道所存治路不平橋塞堙施醫施藥濟貧民孤兒收養木欣欣百年樹人灌溉勤爾悲枯骨委荒榛雲房起視熹微晨出門不用車兩輪搜骼拾齒掩以窀前年洪波漂四鄰道人赤脚立江津往東無數活窮鱗洛陽以下大江濆道人之名孰不聞道人何術石點金發囊動需千萬緡笑眼化緣人可嗔百年一日志不紛四體勤於農夫耘卓哉苦行欽鬼神得之方外慚冠巾清風兩袖福人羣宣揚爾教元化甄楚山峨峨水粼粼道人聲欬少所親賓秋如是爲我云乃以俚詞述古芬穹窿無盡功德垠賓秋試書鐫諸珉豈曰聯結香火因後誰繼者薪傳薪

宋故廬山紫衣萬道士碑銘

江夏李　簪撰并書

弟南式篆蓋

道冲名也若虛字也九江廬山家也萬氏姓也師幼而超慧角立秀出鶴骨松貌直不容私七歲辭親求師視冠冕如脫梏桎遂事通玄府羅貫凝爲師十六誦清虛之經業悟道樞之妙旨一試合格而書名金簡後隨師還鄂由是師脫然內抱明敏異才遠訪崆峒之道外善鼓琴深造伯牙之趣雲遊四方登閣皂而授籙持正法以救人泊棲皇都化隨躬行名出心隱遇內道場衆不敢掩其名籍而奏上共行法事例賜紫衣信知才足稱服而服非濫授也繼而東還復居江夏持科戒愈嚴宣經典愈精升堂者比跡及門者成羣故所謂芝蘭所處難覆馨香竟推補天慶觀主敍升道正公私悉辦然素非師之志也一日勇退便覺擴浩然之氣矣先是　國朝給金字牌於天下寺觀作無量之福鄂所給者久拘於官而未得焉師主領日乃謂道衆曰若得此牌可以廣度徒弟遂力爲申陳得之迄今撥放不絕衆皆賴焉則仁德之濟何啻山岳此志最可尚者晚年廣闢堂庵以燕息招延賓客以懽娛眞得和光同塵之理曾莫知師致心於山水納性於玄珠啄腐吞腥吸新吐故寓跡人世期於谷神不死惜乎薰膏自迫霓旌難駐於建中靖國元年暮秋遺形而化春秋七十三門人不能留其蹤但泣對香火而已余與師投分深密往而弔焉弟子泣前袖出師遺言曰可託吾友書之余義不負平昔之雅且慰夫餐霞遁俗之懷步師之堂想師之容躊躇瞻仰歸而默座勉而爲銘曰

生兮若浮　死兮還靜　鳳簫響絕　玄風誰整　銘石永傳　雪月空影

此碑由宋至民國二十五年八百三十六年因火車站于還丹井左開汽車路挖出保存以紀古蹟

孫劉大倫　吳大亨　李延年

弟子夏處厚　潘處常　袁處明　高處鈞

建中定國元年十月十三日泣血立石